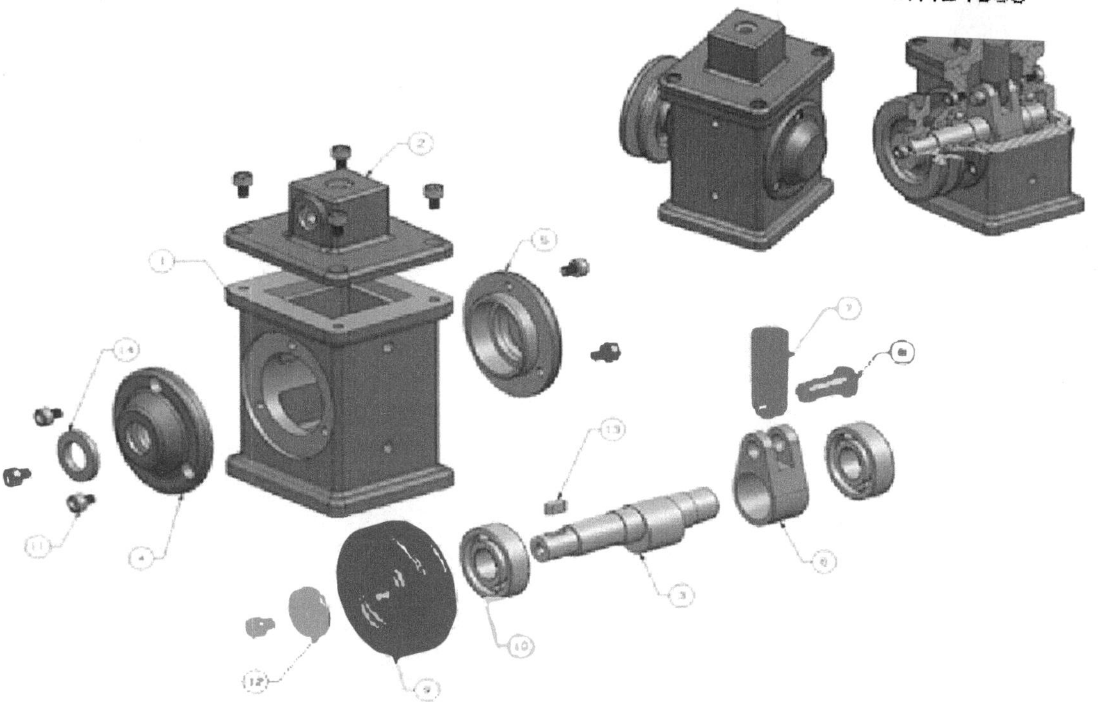

Inventor를 활용한

3D모델링 Basic

박홍주 저

도서출판 GS인터비전

머리말

Autodesk사의 Inventor는 대표적인 컴퓨터 활용 설계(Computer Aided Design) 소프트웨어의 하나로, 다양한 분야의 설계, 시각화, 시뮬레이션, 분석에 사용한다.

Inventor는 3D Part Design을 통해 부품을 모델링하고, 해당 부품을 조립(Assembly)할 수 있다. 또 기계분야의 표준부품인 베어링, 볼트, 핀 등은 프로그램 중에 있는 디자인센터에 데이터화 되어 있어 설계자가 마음대로 이용할 수 있다. 그리고 조립된 부품들은 구동시뮬레이션을 통해 움직임을 사전에 분석/확인할 수 있다. 모델링된 부품은 세부적인 2D 도면으로 작성 및 편집과 출력이 가능하고 다양한 CAD소프트웨어와 자료 공유를 할 수 있는 데이터 변환도 가능하다.

본 교재는 인벤터 2016버전을 기반으로 작성되었으며, 인벤터를 처음 접하는 초보자를 위해 쉽게 배울 수 있도록 기초 예제부터 하나하나 따라 하기 방식으로 구성하여 3D모델링의 기본적인 방법을 습득할 수 있게 하였다.

Autodesk사는 Inventor와 AutoCAD를 교육기관과 학생에게 일정기간의 무료 라이선스를 제공하고 있으며 손쉽게 소프트웨어를 구하여 자유롭게 학생들이 교육받고 공부할 수 있도록 기회를 제공하고 있다.
(홈페이지http://www.autodesk.co.kr/education)

저자의 설계경험을 바탕으로 인벤터를 이용한 3D설계를 학습하고자 하는 사람들에게 많은 도움이 되기를 바라며 많은 사람들에게 좋은 교재가 되었으면 한다.

저자 박홍주

차 례

1
Chapter

Inventor 환경설정 및 시작하기

1-1 Inventor 2016 실행하기

1) 바탕화면에서 Autodesk Inventor Professional 2016 아이콘을 더블클릭하여 실행한다.

2) Inventor가 실행되면 다음과 같은 시작하기 화면이 표시된다.

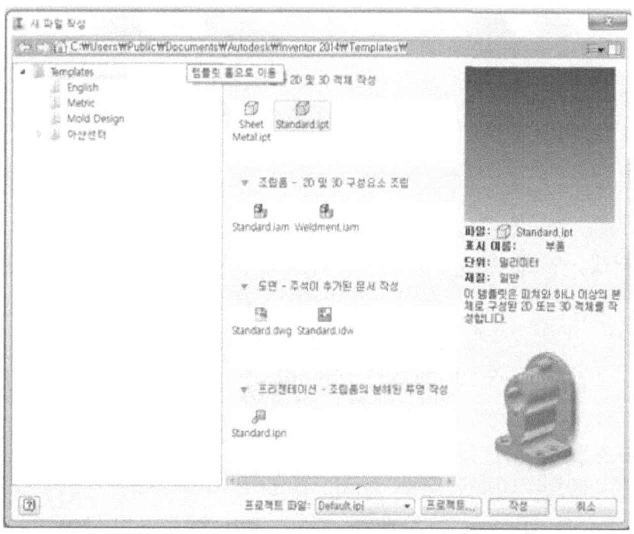

- Catalog.ipt : 표준규격품(볼트, 너트, 베어링 등)을 제공한다.
- Sheet Metal.ipt : 판금 환경을 제공한다.
- Standard.iam : 조립환경을 제공한다.
- Standard.ipt : 단품(Part) 환경을 제공한다.
- Standard.idw : 2차원 도면작성환경을 제공한다.
- Standard.ipn : 분해 및 조립(프레젠테이션) 환경을 제공한다.
  프레젠테이션 파일(*.ipn)을 사용하여 조립품의 분해된 뷰를 작성할 수 있고, 단계별 조립 순서를 표시하는 애니메이션을 작성할 수도 있다. 애니메이션은 조립품의 각 단계에서 뷰 변경 사항 및 구성요소의 가시성 상태를 포함 할 수도 있다.
- 실무에서 사용하는 부품과 조립을 해서 구동시킬 수 있는 프레젠테이션 환경을 사용하는 파일
- Weldment.iam : 용접환경을 제공한다.

- [기본값]탭 : 프로그램을 설치할 때 지정한 기본 단위로 템플릿을 표현한다.
- [English]탭 : 영국식 단위(인치와 피트 단위) 그룹으로 구성되어 있다.
- [Metic]탭 : 미터법 단위(밀리미터와 미터 단위) 그룹으로 구성되어 있다.

1-2 Inventor 2016의 화면 구성

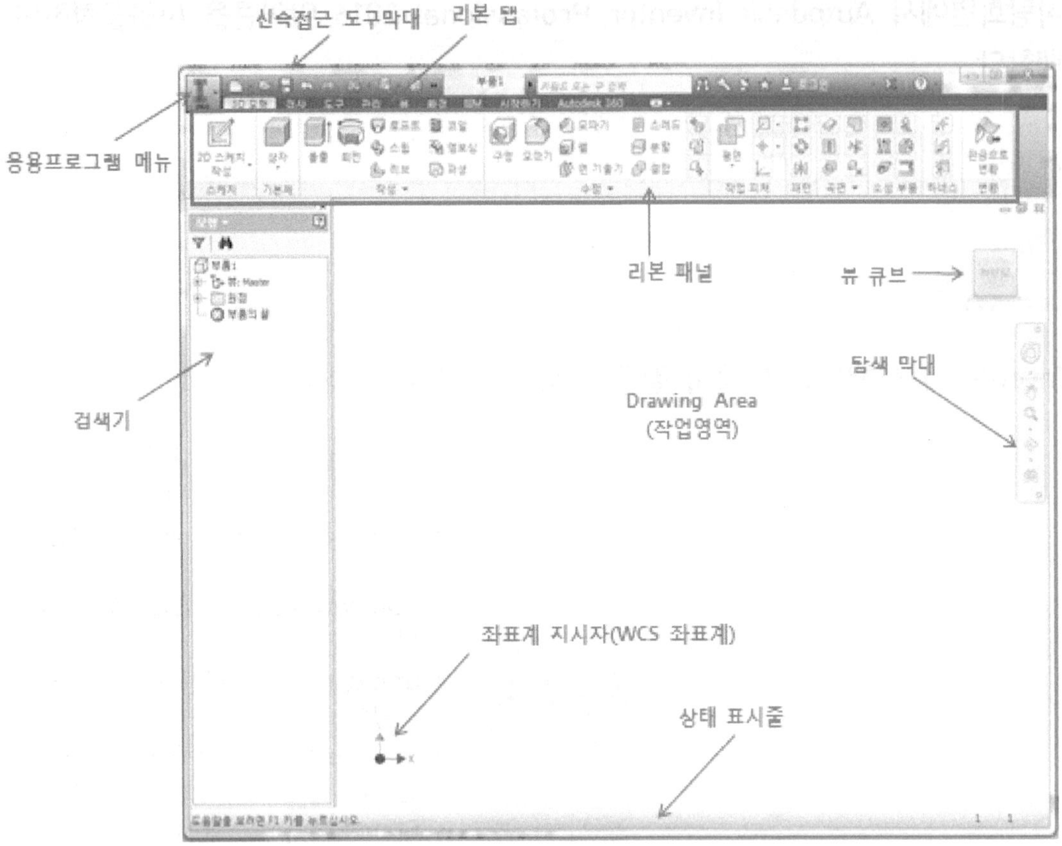

- **응용프로그램 메뉴** : 새로 만들기, 열기, 저장, 인쇄 등을 할 수 있다. [옵션]을 선택하여 응용프로그램에 대한 사항을 설정할 수 있다.
- **신속접근 도구막대** : 파일 저장 및 불러오기, 객체 선택 및 재질 변경 등을 할 수 있다.
- **리본 탭** : 모형, 검사, 도구, 스케치 등의 작업도구 등의 메뉴를 선택할 수 있다. 각 환경에 맞게 다른 메뉴 구성을 보인다.
- **리본 패널** : 스케치 메뉴에는 그리기, 구속조건, 수정 등의 패널이 있고 각 패널에는 작업에 필요한 아이콘들이 들어 있다. 각각의 탭에 들어있는 아이콘들의 전체 묶음이 리본이다.
- **검색기** : 작업한 내용을 검색하고 검색한 내용은 마우스 오른쪽 버튼을 클릭 했을 때 하위 메뉴에 따라 필요한 작업을 할 수 있다. 작업 히스토리 영역이다.
- **뷰 큐브** : 모델링한 부품을 정면도, 평면도, 측면도, 또는 모서리 등 원하는 각도의 위치에서 볼 수 있다. 물체를 자유롭게 회전을 할 수 있다. 그래픽창에 모델의 투상을 손쉽게 변경할 수 있다.
- **탐색 막대** : 화면에서 보고자 하는 물체의 방향, 크기, 위치 등을 변경할 수 있는 전체 탐색 휠, 줌, 자유회전, 면보기 등의 기능이 있다. 화면 조정에 관련한 빠른 메뉴이다.
- **좌표계 지시자** : 뷰 큐브 또는 자유회전 등의 기능을 이용하여 부품의 자세를 변경 시켰을 때 X, Y, Z 방향의 기울어진 모양을 보여준다. 부품의 자세를 변경시키면 부품, 뷰 큐브, 좌표계 지시자가 동시에 같은 각도로 변경된다.
- **그래픽 영역** : 부품을 스케치하거나 모델링 또는 도면을 그리는 등의 실제 작업을 하는 공간이다.

1-3 응용 프로그램 옵션 설정하기

[응용 프로그램] 아이콘을 클릭 - [옵션]을 선택한다.

1) [일반] 탭

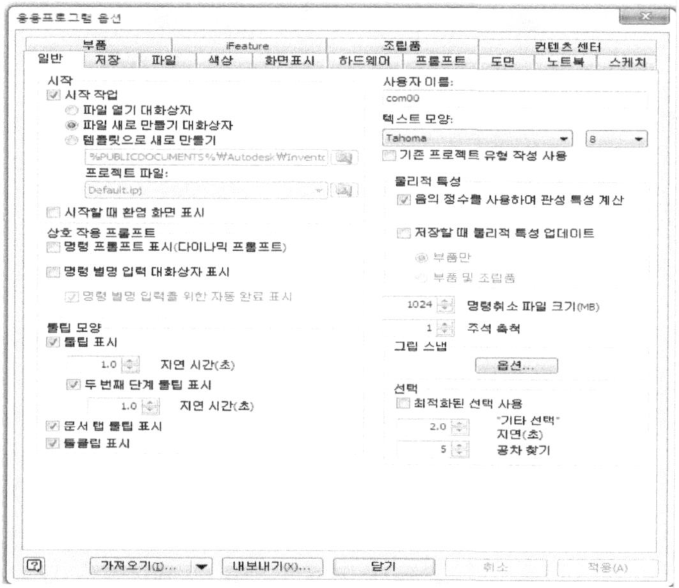

- **툴팁 모양** : 툴팁 표시에 체크를 할 경우 각종 아이콘에 마우스를 갖다 대면 해당 아이콘에 대한 간단한 설명이 설정된 지연시간 후에 나타나고 그 상태에서 기다리면 두 번째 단계의 상세한 설명이 설정된 시간 후에 나타난다. 0.1초 단위로 설정할 수 있다.
- **사용자 이름** : 도면을 Inventor 프로그램을 사용하여 작성할 때 도면의 작성자 이름이 자동으로 입력된다.
- **텍스트 모양** : 설정된 텍스트 모양은 탐색기 또는 각 아이콘을 선택했을 때 나타나는 대화상자의 글꼴로 등록된다.
- **명령 취소 파일 크기** : 명령 취소를 반복하여 누르면 방금 실행한 명령부터 그 이전에 실행했던 명령이 차례대로 취소가 되는데 파일크기를 크게 설정하면 명령취소를 많은 단계까지 거슬러 올라갈 수 있다. 이 파일은 임시파일이고 4MB 단위로 크게 할 수 있다.

2) [저장] 탭

- **저장 알림 타이머** : 1 ~ 9999분 사이에서 시간 간격을 설정한다. 기본값은 30분이며 지정한 시간 기간이 지나면 저장 알림말풍선이 표시된다.

3) [색상] 탭

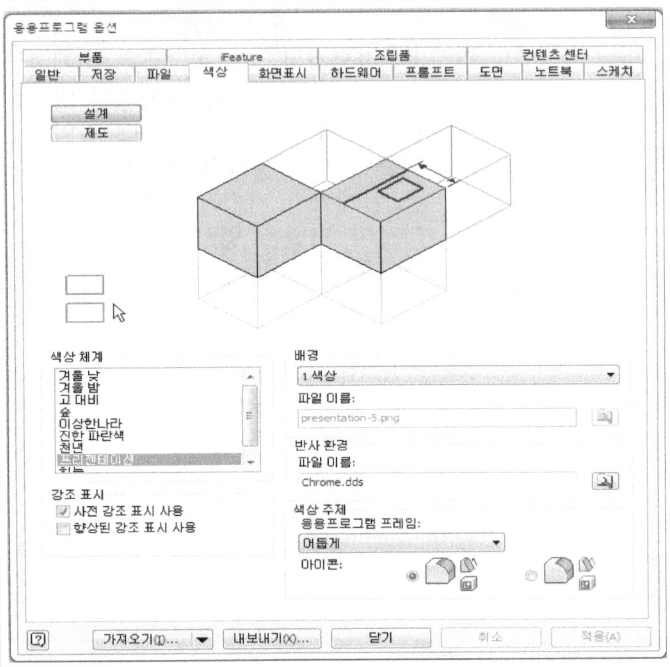

- **색상 체계** : 화면의 색깔을 흰색바탕으로 하기 위해서는 [프레젠테이션]으로 선택한다.

4) [도면] 탭

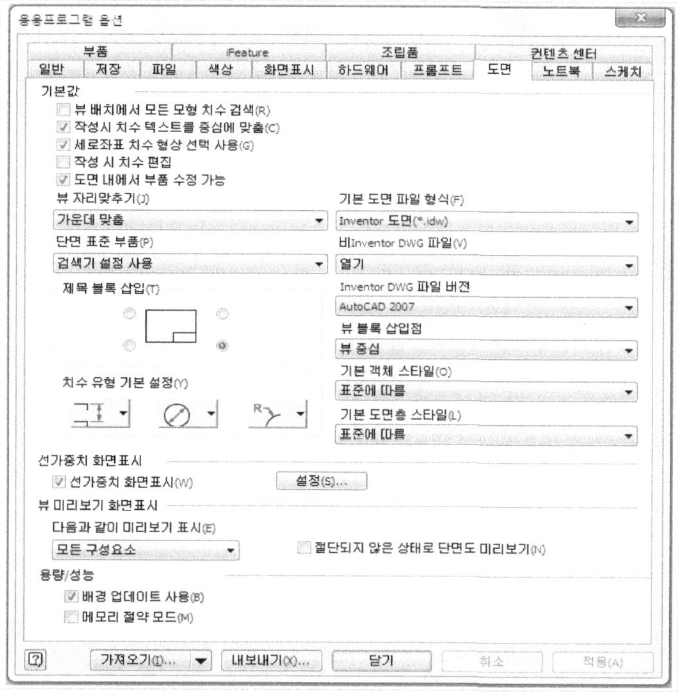

- **기본도면 파일 형식** : 도면 저장 형식을 Inventor의 기본형식인 idw형식으로 할 것인지 dwg 파일 형식으로 할 것인지를 설정한다.
- **Inventor DWG 파일 버전** : Inventor에서 생성된 dwg 파일을 AutoCAD의 어떤 버전형식으로 생성할 것인지를 설정한다.

◆ 도면 파일

도면 파일(*.idw)은 각 부품 또는 조립품, 프리젠테이션 파일등을 도면으로 작성할 수 있는 도면 제작 파일이다. 도면 파일에는 도면 작성에 필요한 치수, 주석 및 뷰등 도면 구성요소가 포함될 수 있고, 자동화된 부품 리스트 및 항목 품번 기호를 포함할 수도 있다. 또한 인벤터에서 설계자체가 모든 템플릿 파일에 연동성을 가지고 있어, 부품 파일을 수정하거나, 조립품의 구속 위치를 변경, 프리젠테이션 내용이 변경이 되면, 연관된 모든 파일이 변경된 내용으로 변경이 되고, 도면 파일의 내용 또한 변경된 사항으로 자동 반영된다.

보통의 경우 2D 도면을 먼저 작성하고 그 도면을 토대로 3D 형상을 만들어 왔다. 그러나 거의 모든 디지털 프로토타이핑 프로그램들의 설계 형태는 기본 스케치를 통한 프로파일 작성 후 바로 3D형상으로 제작하고 조립품 또는 각 부품파일을 차후에 2D도면으로 작성하는 작업 형태를 띠고 있다. 또한 다른 도면 파일(*.dwg) 파일은 기본적으로 도면 작성방법은 *.idw와 동일하다. 단지 저장이 AutoCAD 표준도면 파일인 DWG 형식으로 저장이 된다.

이 도면 파일은 AutoCAD에서 열고 저장할 수 있으며, 도면에 추가적인 작업을 수행할 수 있다. 이것은 AutoCAD 사용자와 설계 데이터를 공유해야 하는 경우 매우 유용하나, AutoCAD에서는 이미 작성된 인벤터 모델에 대해서는 수정이 불가능하며 추가적인 작업만 가능하다. 또한 인벤터 도면을 DWG로 변형시킨 파일이기 때문에 인벤터에서 수정되면 자동으로 DWG파일에서도 수정된 내용이 적용된다.

5) [스케치] 탭

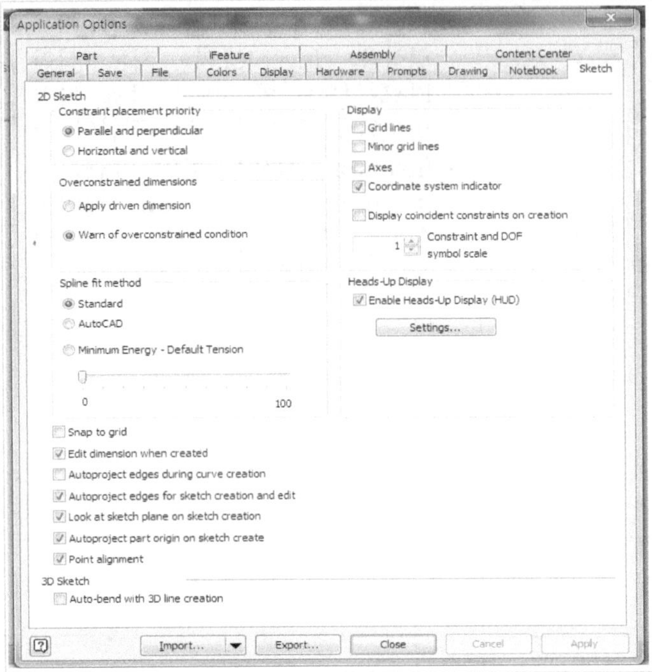

- 그리드선, 작은 그리드선, 축, 좌표계 지시자 등은 모델링 작업에서 크게 필요치 않으므로 표시하지 않도록 설정한다.

6) Full Navigation Wheel

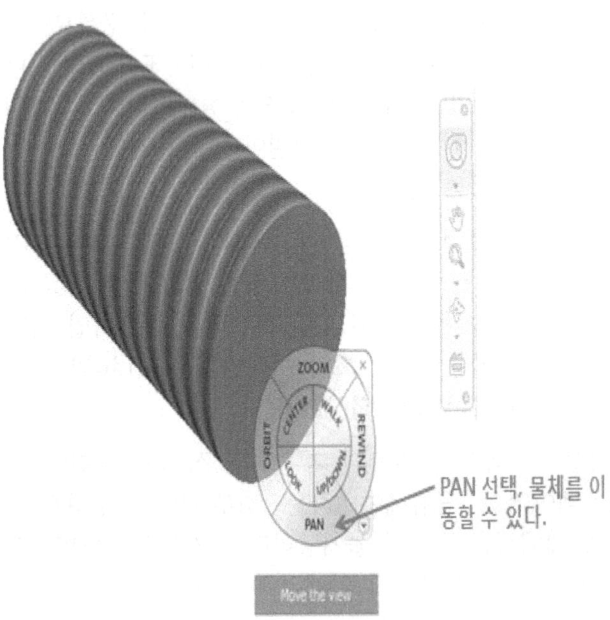

- Navigation을 이용하여 물체를 이동, 확대/축소, 궤도를 이용하여 물체를 회전, 보았던 이전 상태로 전환, 중심을 바꿔주는 것, 둘러보기(옆 부분을 둘러보는 것), 보행시선(걸어가면서 보는 듯한 느낌을 주는 기능), 초점을 바꿔주는 기능 등을 할 수 있다.

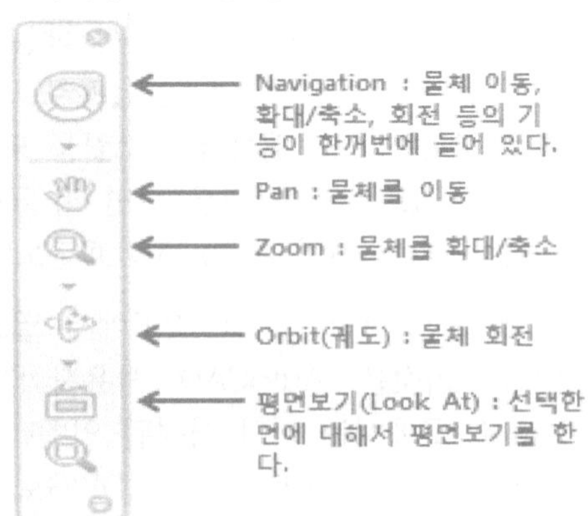

- 평면보기 : Page up + 평면 선택

7) 파트의 질량 측정

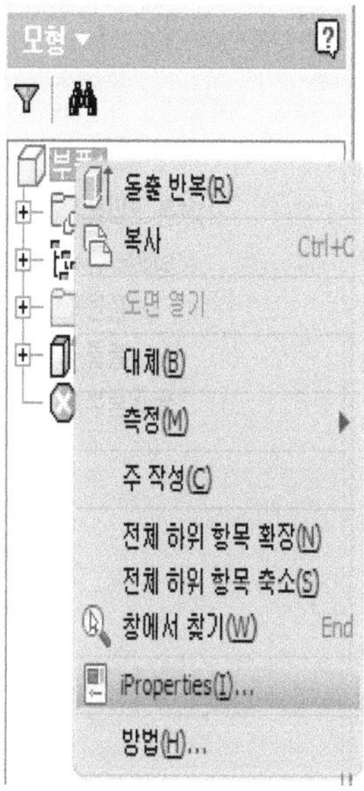

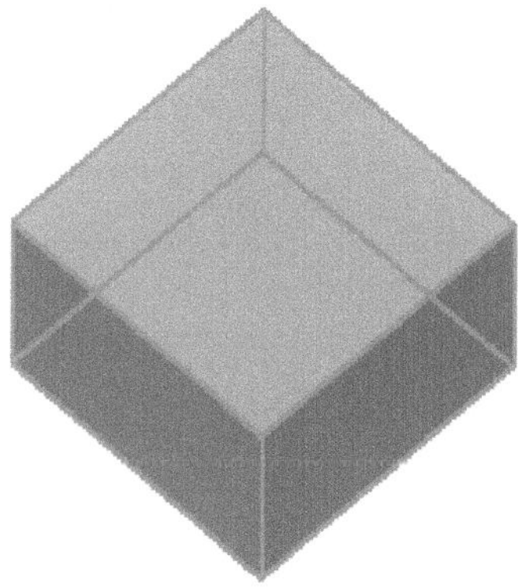

- 을 클릭 → [IProperties]를 선택하거나 검색기에서 상단의 부품명 위 에서 마우스 우측 버튼 [IProperties (I)...]를 선택한다.

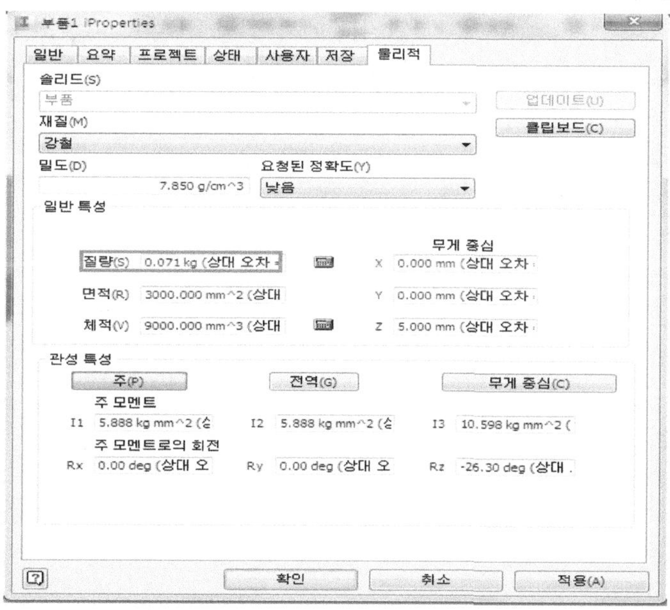

- [물리적]탭을 선택, 재질을 선택하면 질량이 표시된다.

8) 단위 변경

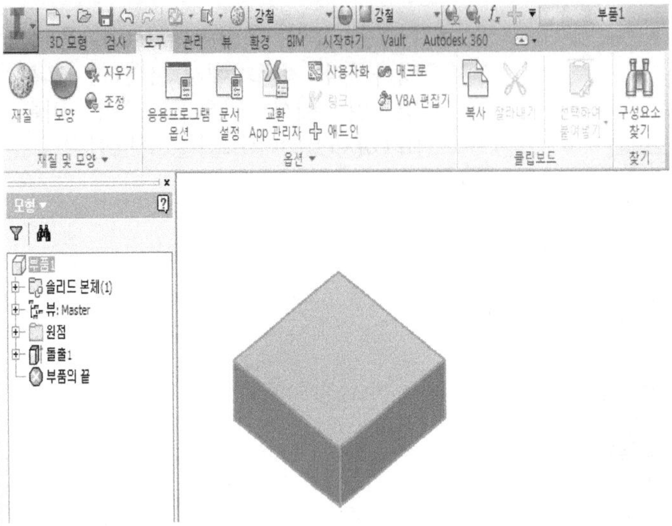

▪ [도구]-[문서 설정]을 선택한다.

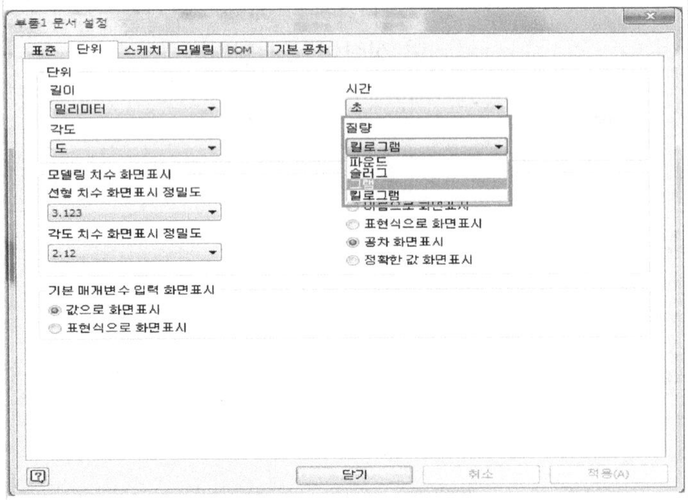

▪ [단위]탭에서 질량 단위 및 길이 단위 등을 변경할 수 있다.

9) Inventor 단축키

F1	활성 명령 또는 대화상자에 대한 도움말	C	조립품 구속조건 추가
F2	그래픽 윈도우를 초점이동	D	스케치 또는 도면에 치수 추가
F3	그래픽 윈도우에서 줌 확대 또는 축소	E	윤곽을 돌출시킴
F4	그래픽 윈도우에서 객체 회전	F	도면에 형상 공차를 추가
F5	이전 뷰로 되돌아감	H	구멍피처 추가
F6	등각투영 뷰	L	선 또는 호 작성
F7	그래픽 슬라이스(단면 보기)	O	세로 좌표 치수 추가
F8	구속조건 보기	P	조립품에 구성요소 배치
F9	구속조건 숨기기	R	회전 피처 작성
B	도면에 부품번호 추가	S	면 또는 평면에 스케치 작성

T	현재 프레젠테이션 파일에서 부품 미세 조정
ESC	명령 종료
Del	선택한 객체 삭제
BackSpace	활성 선 도구에서 마지막으로 스케치한 세그먼트 제거
Alt+마우스 끌기	조립품에서 메이트 구속조건 적용. 스케치에서는 스플라인 쉐이프 점들을이 동시킴
Ctrl + Shift	선택 세트에 객체 추가 또는 제거
Shift + 마우스 오른쪽 클릭	선택 도구 메뉴 활성화
Shift + 휠	뷰 회전
Ctrl + Enter	정확한 입력 스케치 점을 입력할 때 추정 기능을 사용할 수 없게 함
Ctrl + Y	명령 복구 활성화(마지막 명령 취소를 취소)
Ctrl + Z	명령 취소 활성화(마지막 동작을 취소)
Space Bar	줌 회전에서 "공통뷰"와 "회전"을 상호 전환하는 키이다.
Page Up+평면선택	선택한 평면이 수직 보기 된다.
휠 더블 클릭	전체 화면 보기

◆ 면 선택하고 스케치 들어가면 3D 모서리 자동투영 설정하기

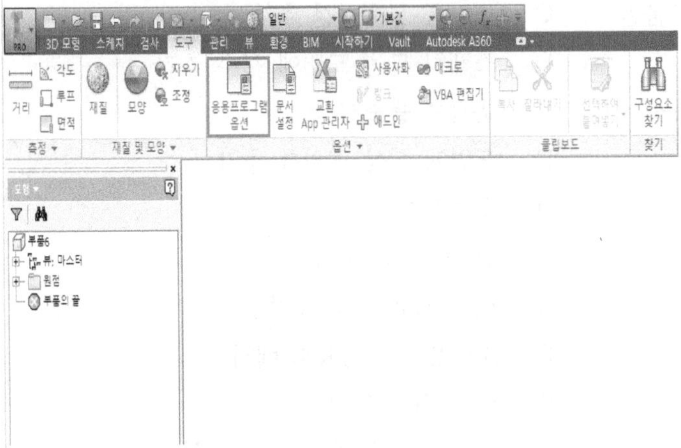

① [도구]탭에서 [응용프로그램 옵션]을 선택한다.

② [스케치]탭에서 [스케치 작성 및 편집을 위한 모서리 자동투영]을 선택하면 3D 모형의 면을 선택하고 스케치를 실행하면 선택한 면에 모서리가 자동으로 투영된다.

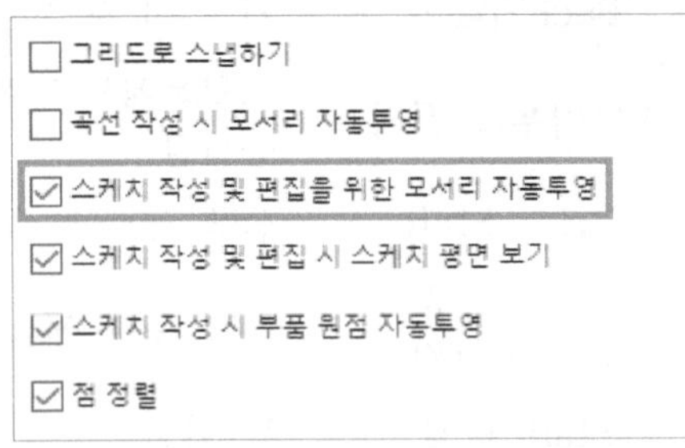

③ 모서리가 다음과 같이 노랑색으로 투영되었다.

④ [스케치]탭에서 [스케치 작성 및 편집을 위한 모서리 자동투영]을 선택하지 않으면 3D 모형의 면을 선택하고 스케치를 실행하면 선택한 면에 모서리가 자동으로 투영되지 않는다.

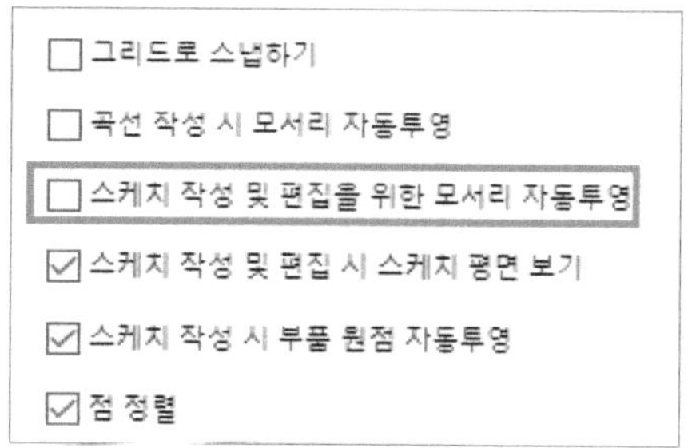

⑤ 모서리가 다음과 같이 투영되지 않는다.

◆ 치수 편집 표시

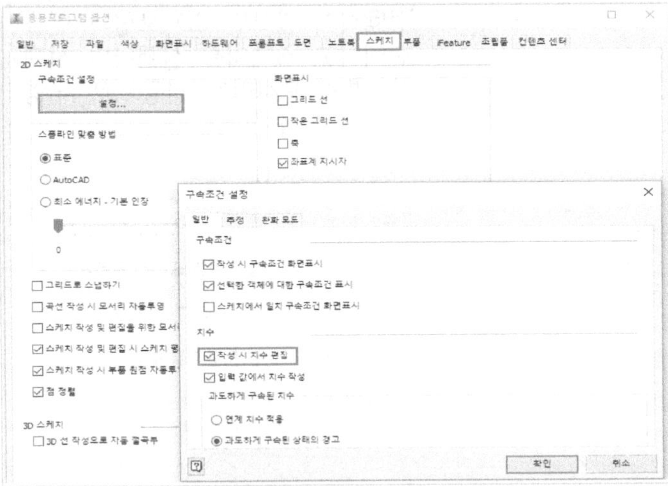

① [도구]탭에서 [응용프로그램 옵션]을 선택한다.

② [스케치]-[설정]을 선택하고 [작성 시 치수편집]을 체크한다.

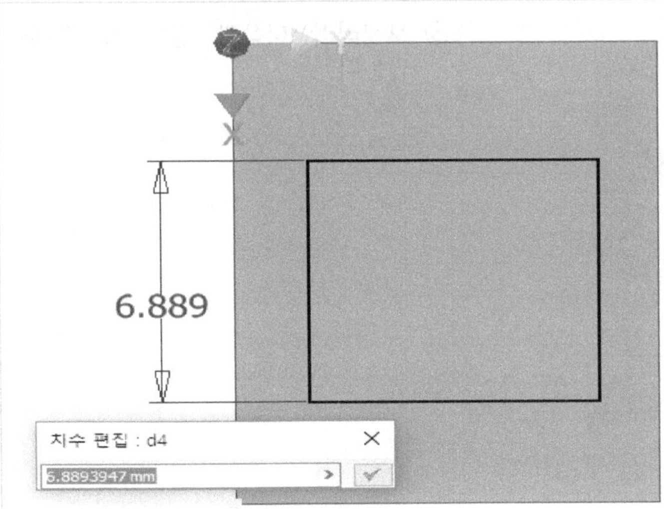

③ 지능형 치수를 실행하고 다음과 같이 치수를 기입하면 [치수 편집] 창이 표시되고 바로 해당 치수를 입력할 수 있다.

◆ 마킹 메뉴

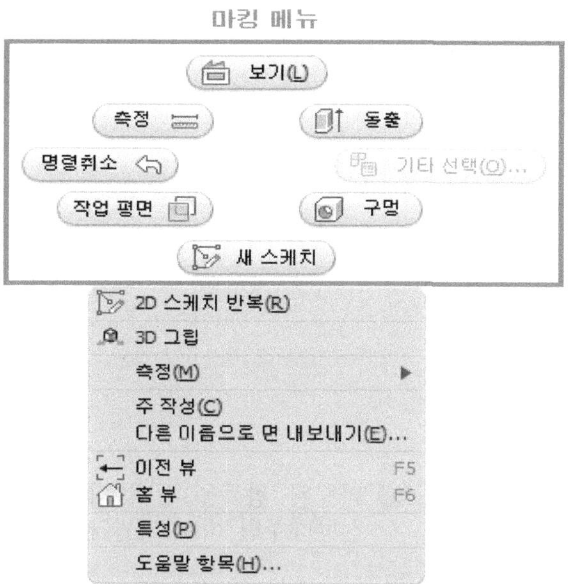

① 지능형 치수를 실행하고 다음과 같이 치수를 기입하면 [치수 편집]창이 표시되고 바로 해당 치수를 입력할 수 있다.
현재 선택된 상태에서 수행할 수 있는 작업이 표시되고 선택할 수 있다.

◆ 마킹 메뉴 사용자화

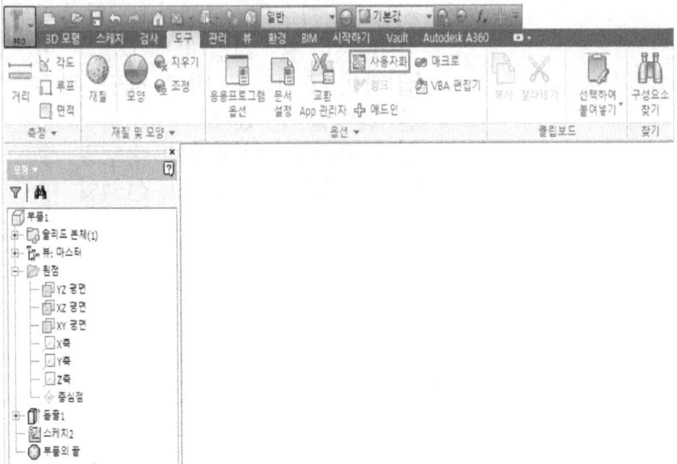

① [도구]-[사용자화]를 선택한다.

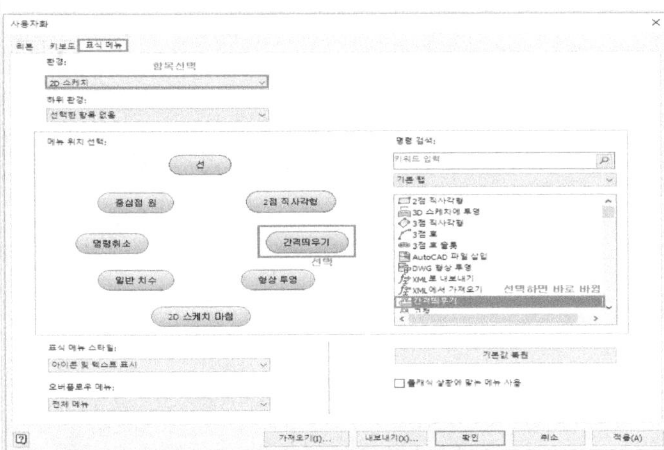

② 마킹된 항목을 선택 다음과 같이 선택해주면 바로 바뀐다.

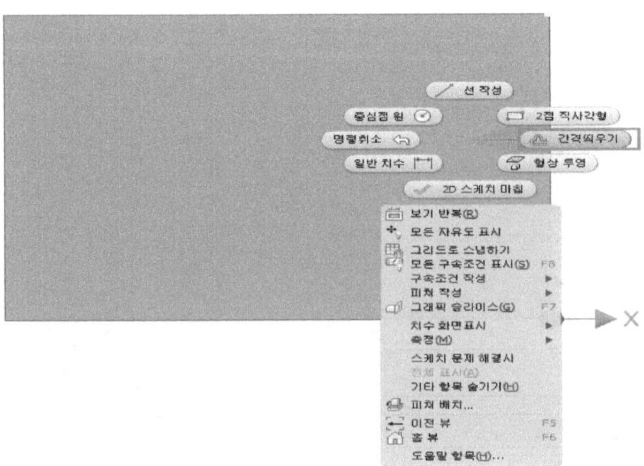

③ 다음과 같이 사용자가 선택한 항목으로 변경되었다.

◆ 좌표와 센터 점 크기 변경

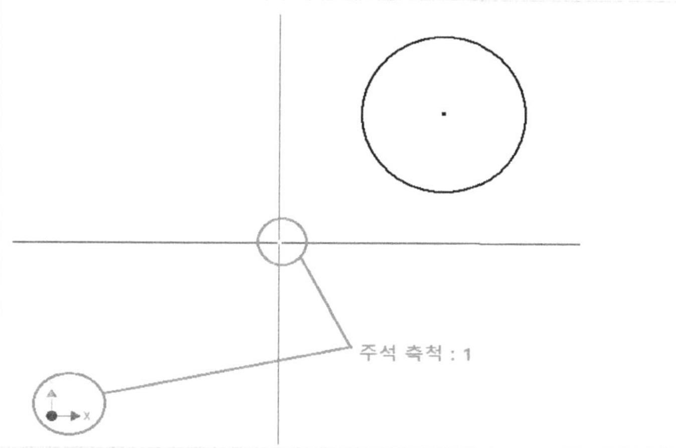

① [도구]탭에서 [응용프로그램 옵션]을 선택한다.

② [일반]-[주석 축척]을 선택하고 1을 지정한다.

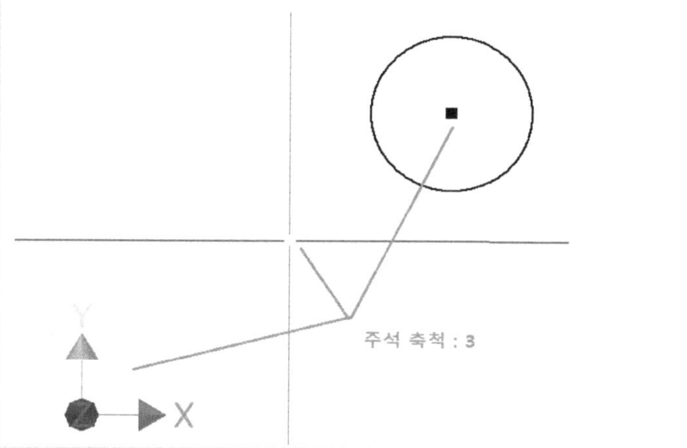

① [도구]탭에서 [응용프로그램 옵션]을 선택한다.

② [일반]-[주석 축척]을 선택하고 3을 지정한다.

◆ 큐브에서 현재 뷰를 해당뷰로 설정

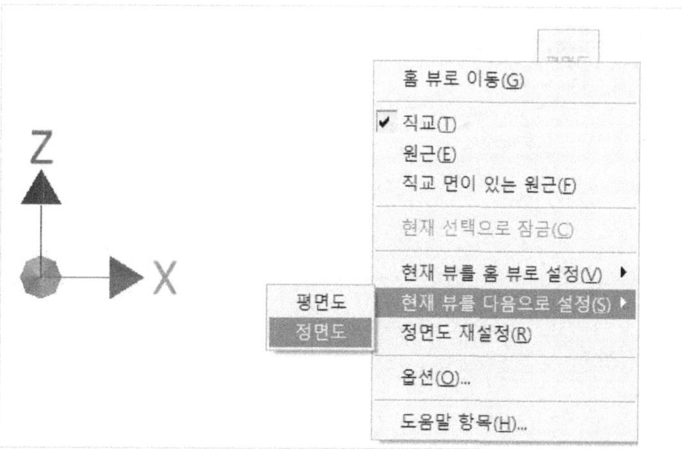

① 큐브 위에서 마우스 우측 버튼을 눌러 [현재 뷰를 다음으로 설정]-[정면도]로 선택한다.

◆ 평면의 이름 변경

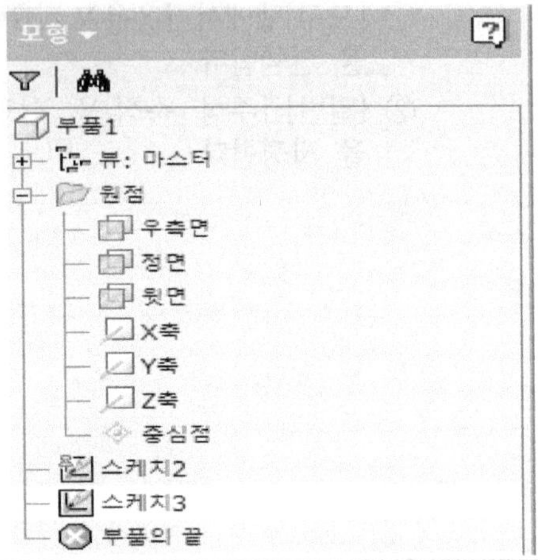

① 큐브 위에서 마우스 우측 버튼을 눌러 [현재 뷰를 다음으로 설정]-[정면도]로 선택한다.

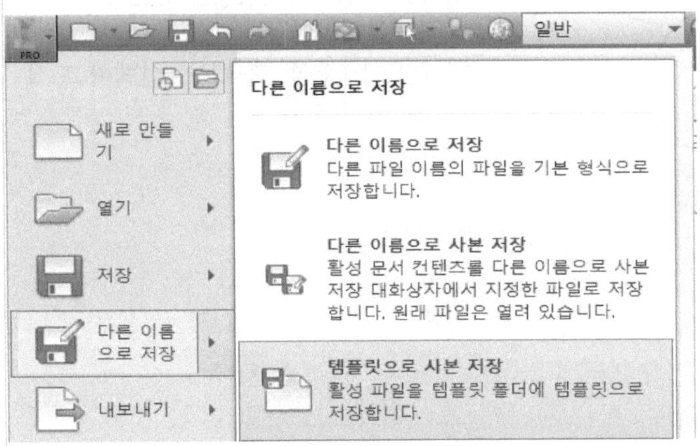

② [I]-[다른 이름으로 저장]-[템플릿으로 사본 저장]을 선택한다.

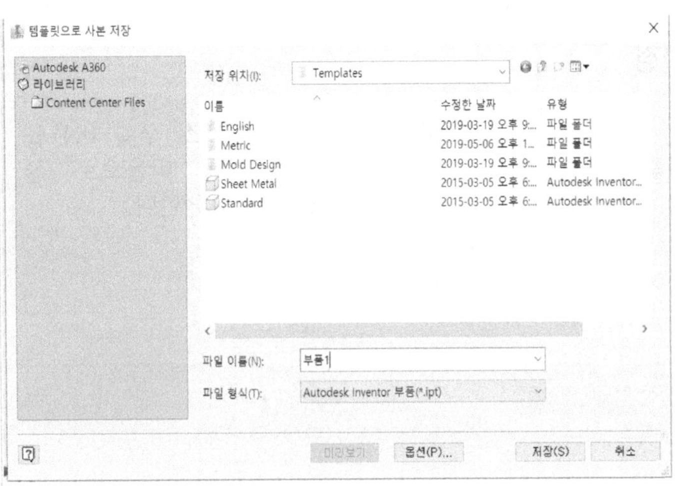

③ 부품.Ipt로 저장한다.

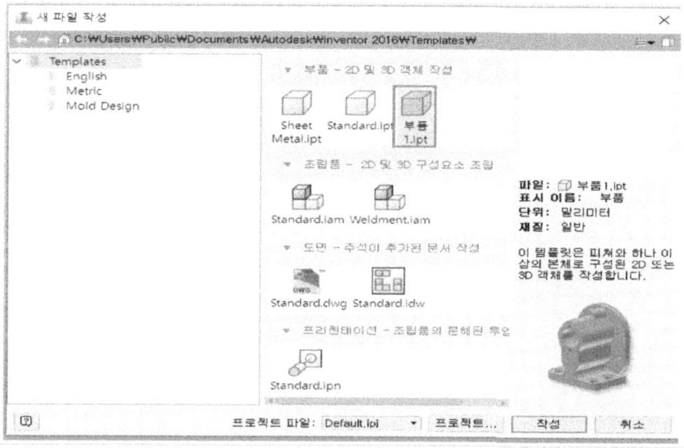

④ [새로 만들기]-[Templates]를 선택, 부품.ipt를 선택한다.

◆ 질량 계산

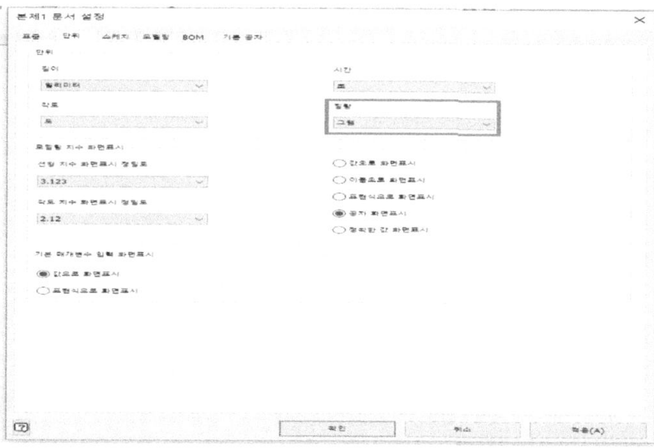

① [도구]-[문서 설정]-[단위]에서 "그램"을 선택한다.

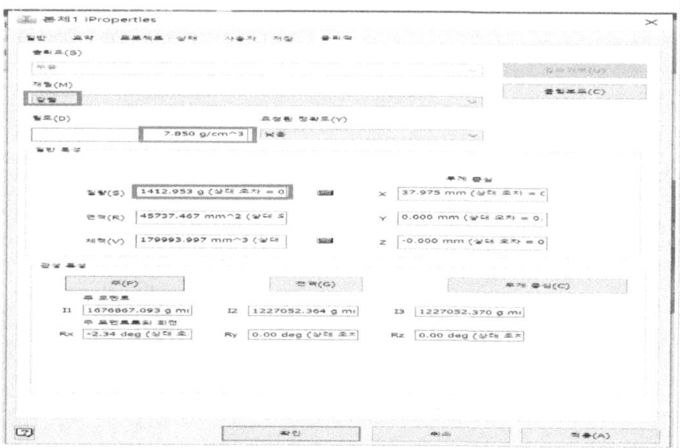

② 재질 : 강철, 밀도 : 7.850 g/cm^3 확인, [업데이트]를 선택한다.

- 질량 : 1412.953 g

2

Chapter

Inventor 스케치 시작하기

2-1 스케치 시작하기

1) 2D 스케치 명령

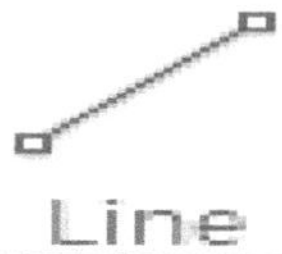	연속적인 라인을 스케치 한다. 라인을 스케치하는 것을 끝내려면 끝낼 지점에서 더블클릭 또는 ESC를 누른다.

◆ [예제 1]

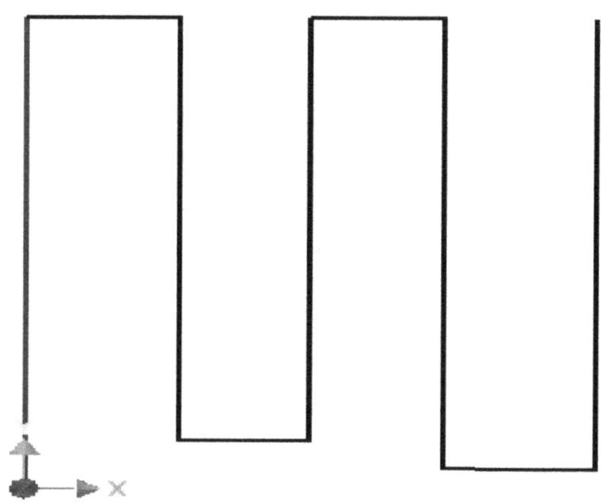	① XZ 평면을 선택하고 [2D 스케치 작성]을 선택하여 Line을 스케치 한다.
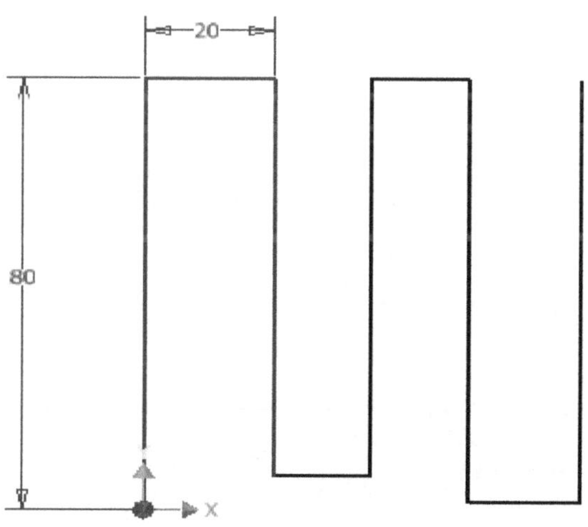	① Dimension을 실행하여 치수를 기입한다.

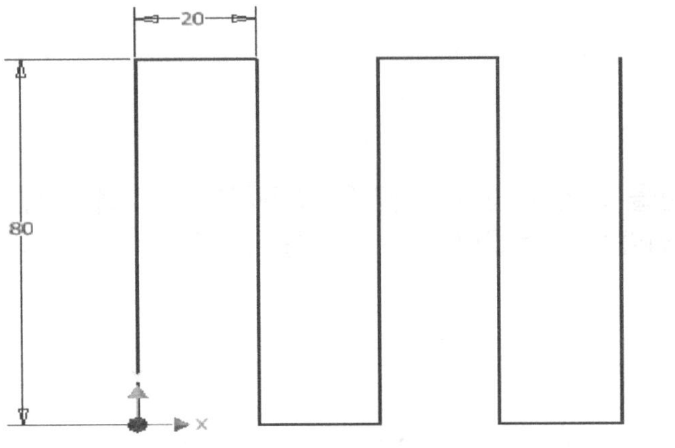

★ **완성 결과**

② [Ctrl]+클릭으로 동등(Equal) 구속 조건을 줄 선분을 선택하여 동등(Equal) 구속 조건을 부여한다.

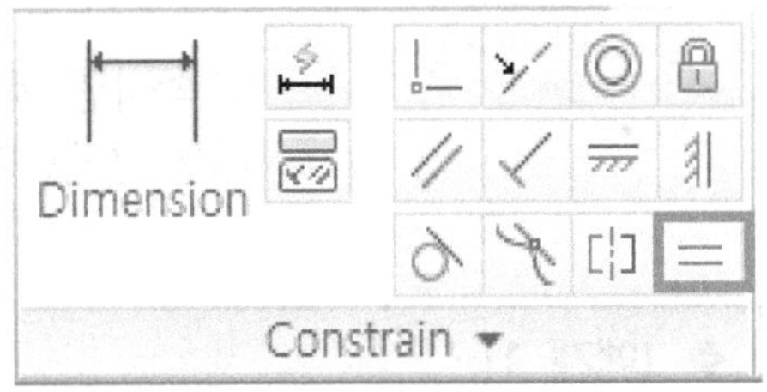

◆ [예제 2]

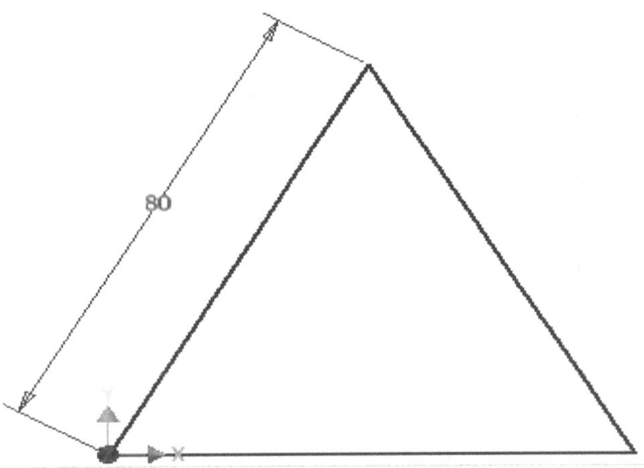

① XZ 평면을 선택하고 [2D 스케치 작성]을 선택하여 Line을 스케치 한다.

동등(Equal) 구속 조건을 부여한다.

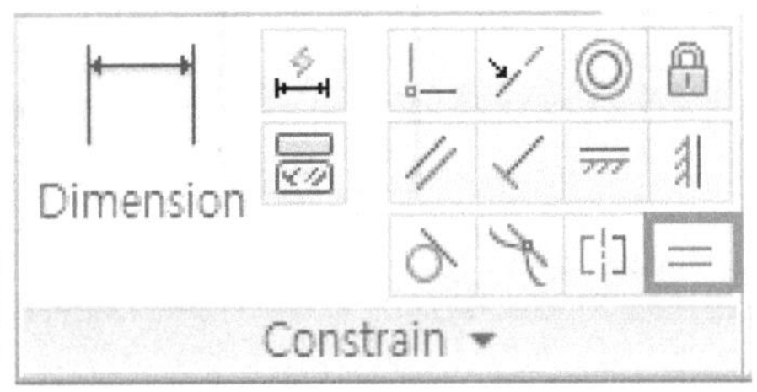

◆ [예제 3]

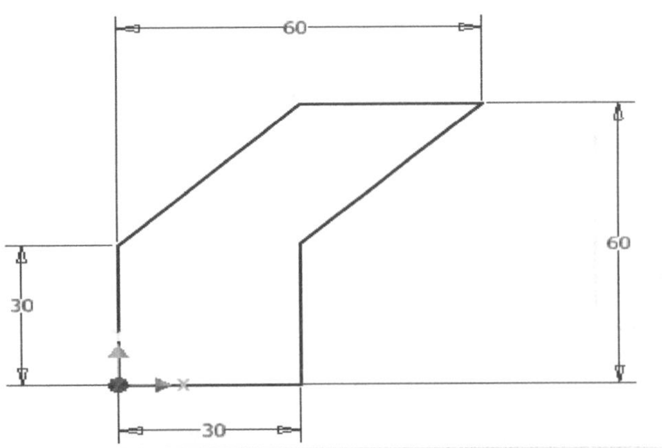

① XZ 평면을 선택하고 [2D 스케치 작성]을 선택하여 Line을 스케치 한다.

동등(Equal) 구속 조건을 부여한다.

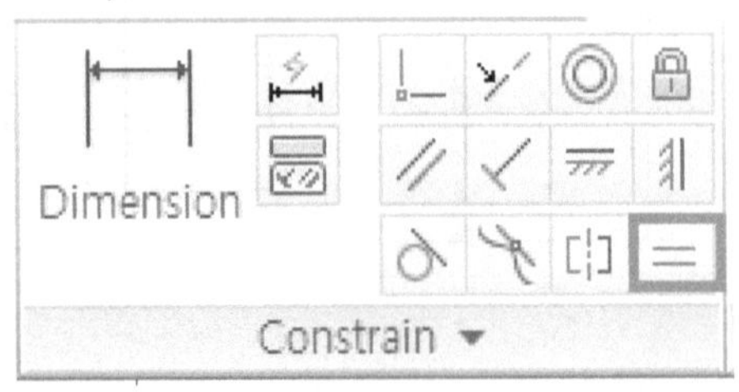

Circle	원을 스케치 한다.

- Circle Center Point : 중심점 원을 스케치 한다.
- Circle Tangent : 3개의 선분에 탄젠트 되는 원을 스케치 한다.

◆ **[예제1]**

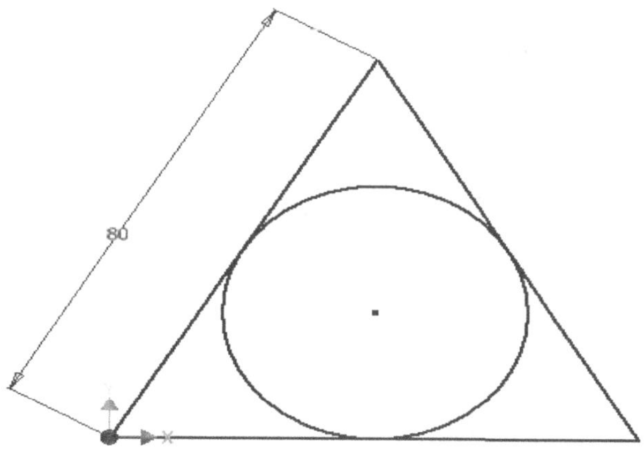

① 3개의 선분에 접선되는 원을 그릴 수 있다.

Circle Tangent 이용

Arc	호를 스케치 한다.

- Arc Three Point : 3점을 찍어 호를 스케치 한다.
- Arc Tangent : 호의 끝점에 탄젠트 되는 호를 스케치 한다.
- Arc Center Point : 중심점과 양쪽 끝점 2점을 찍어서 호를 스케치 한다.

Rectangle	사각형을 스케치 한다.

- Rectangle Two Point : 사선 방향으로 두 점을 찍어 사각형을 스케치 한다.
- Rectangle Three Point : 3점을 찍어 마름모 사각형을 스케치 한다.
- Rectangle Two Point Center : 중심점과 대각선 방향에 한 점을 찍어 사각형을 스케치 한다.
- Rectangle Three Point Center : 3점을 찍어서 사각형을 스케치 한다.

Slot	긴 사각 둥근 호를 스케치 한다.

- Slot Center to Center : 3점을 찍어 사각 둥근 호를 스케치 한다.
- Slot Center Point : 3점을 찍어 사각 둥근 호를 스케치 한다.
- Slot Three Point Arc : 3점을 찍어서 둥근 사각 호를 스케치 한다.
- Slot Center Point Arc : 2점을 찍어서 둥근 사각 호를 스케치 한다.

도구	설명
	부드러운 곡선을 스케치 한다.
	타원을 스케치 한다.
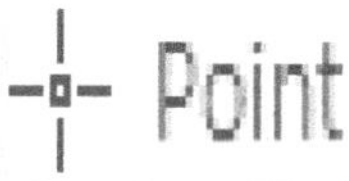	Point를 찍는다.
	다각형을 스케치 한다. 3~120각까지 다각형을 스케치 할 수 있다.
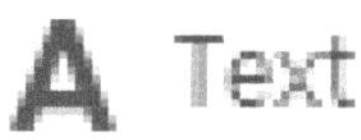	문자를 입력한다.

2) 구속 조건

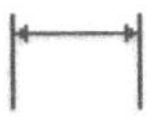 Dimension	치수를 부여하여 구속을 한다.	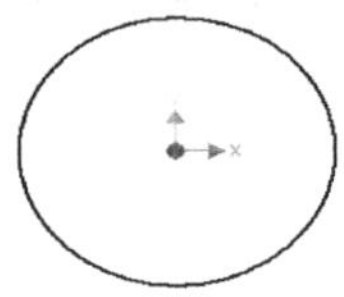	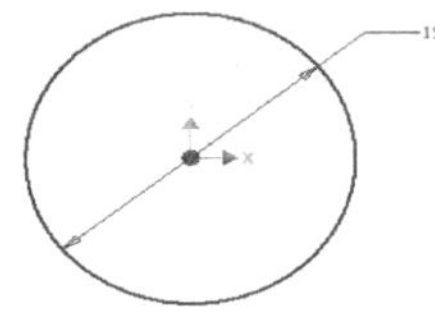
		치수 구속 안된 상태(검정색)	치수 구속 된 상태(파랑색)

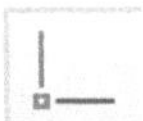	Coincidence Constraint(일치) 구속을 한다.		Collinear Constraint(동일선상) 구속을 한다.
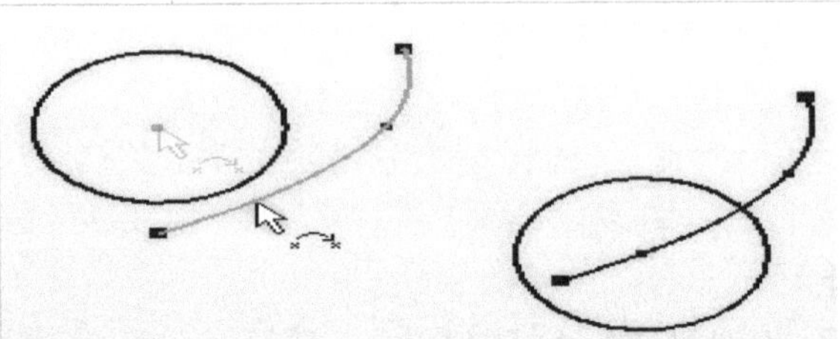		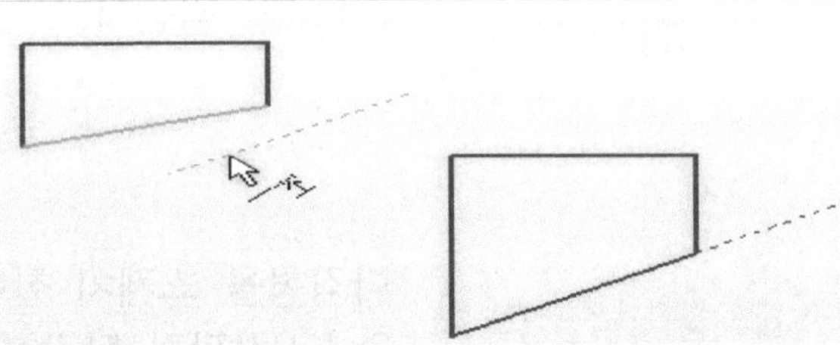	

	Concentricity Constraint(동심) 구속을 한다.		Parallel Constraint(평행) 구속을 한다.
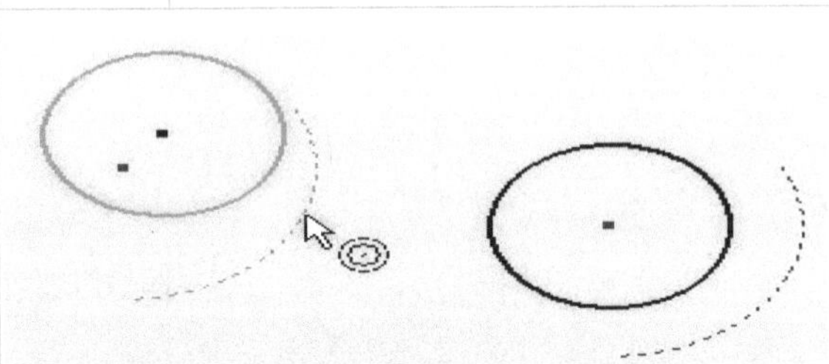		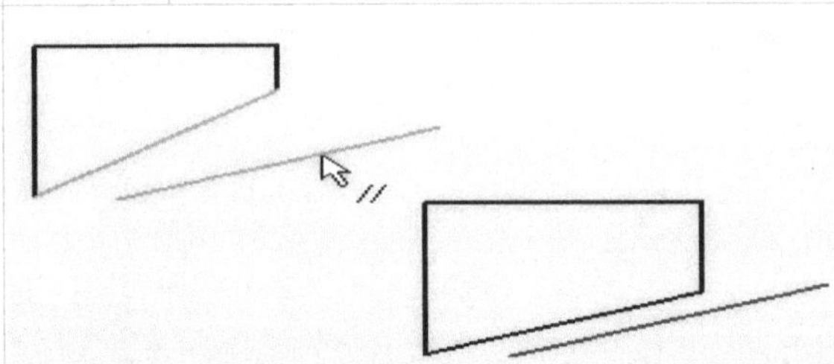	

	Perpendicular Constraint(직각) 구속을 한다.		Horizontal Constraint(수평) 구속을 한다.
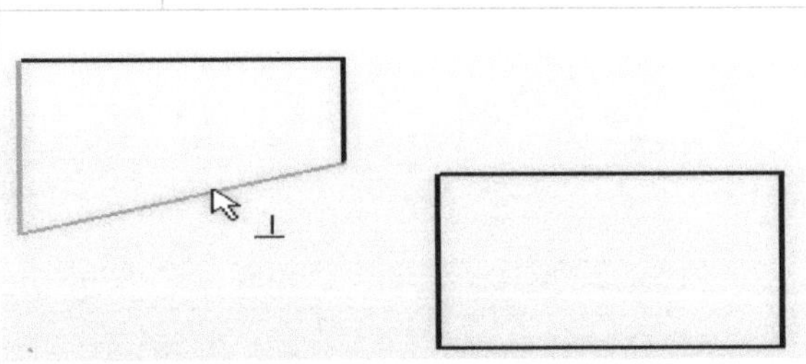		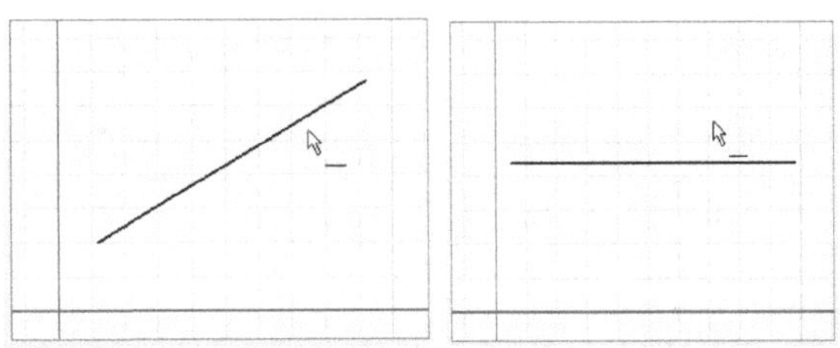	

Vertical Constraint(수직) 구속을 한다.

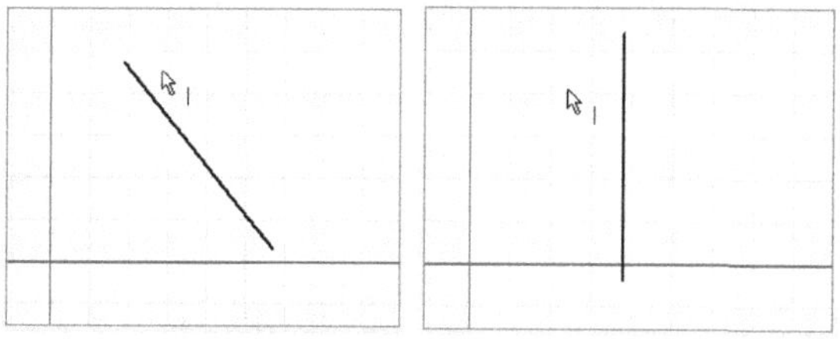

Tangent Constraint(탄젠트) 구속을 한다.

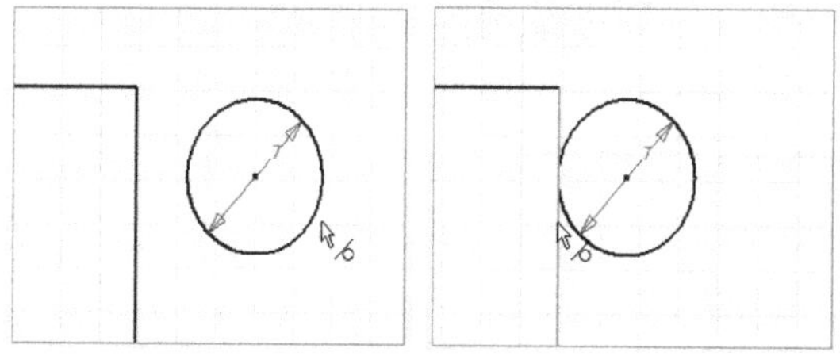

Smooth Constraint(부드럽게 곡선) 구속을 한다.

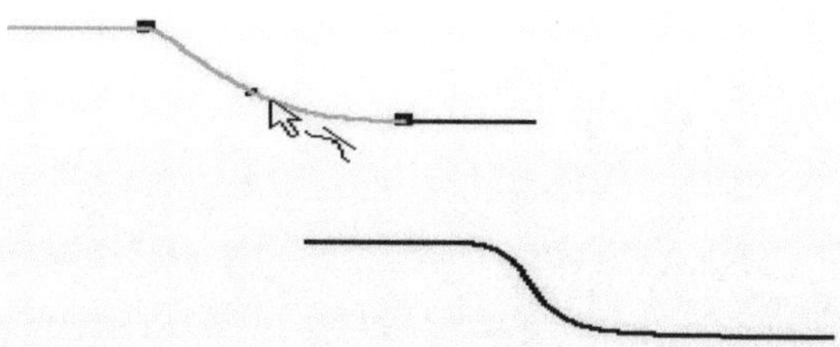

Symmetry Constraint(대칭) 구속을 한다.

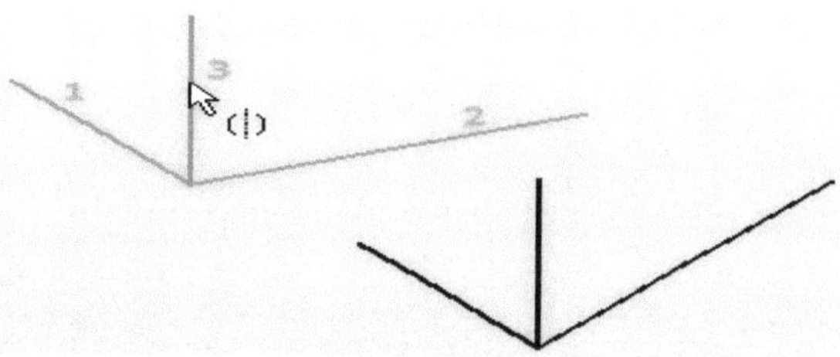

Eqaul Constraint(동등) 구속을 한다.

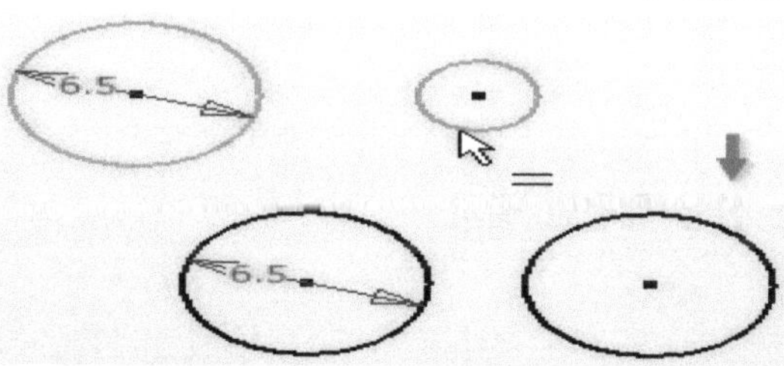

Show Constraint : 구속을 보여준다.

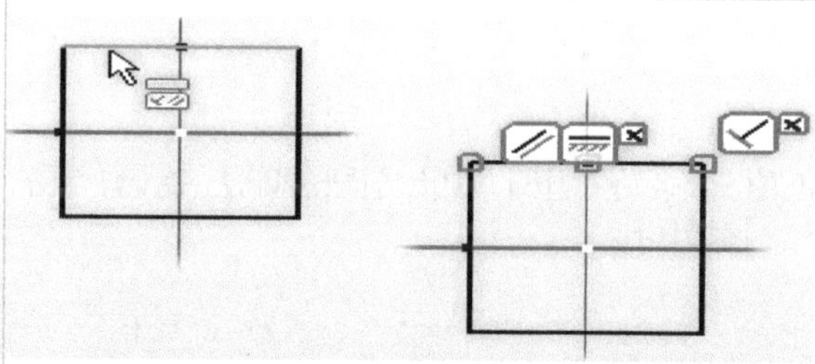

3) 패턴복사(Pattern)

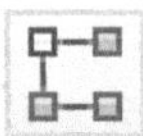

Rectangular Pattern : 선형 패턴을 한다.

① 선형 패턴할 객체를 드래그 하여 선택한다.

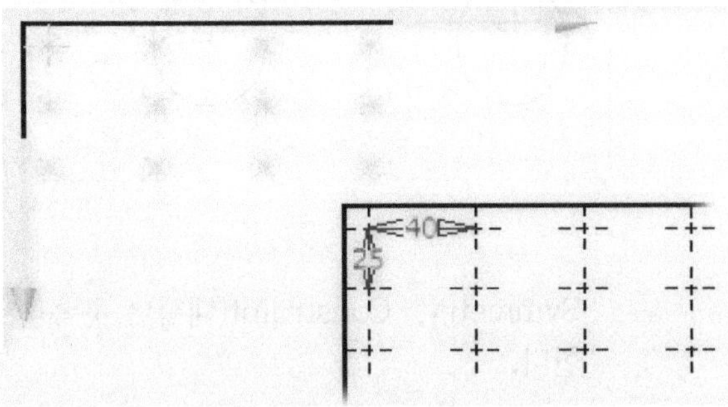

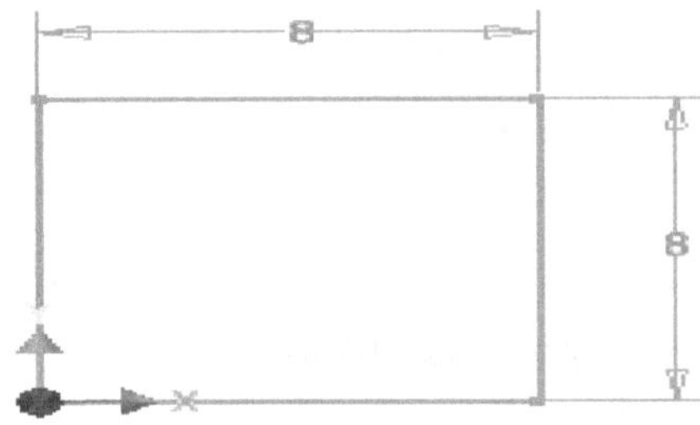

② 선형 패턴(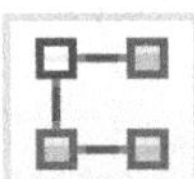)을 실행한다.

③ 방향1 : 첫 번째 방향 선택, 패턴 수, 간격을 지정한다.

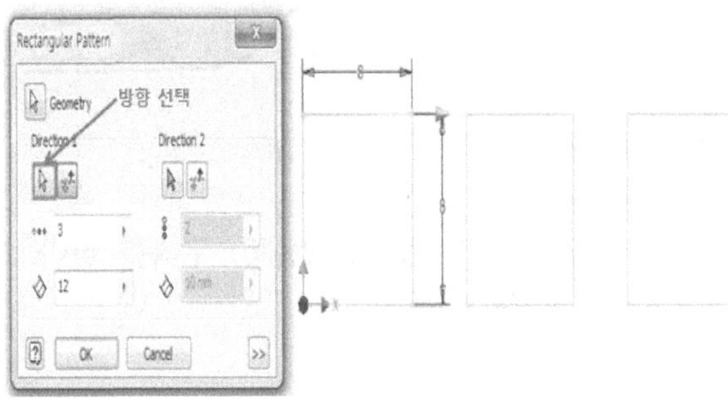

④ 방향2 : 두 번째 방향 선택, 패턴 수, 간격을 지정한다.

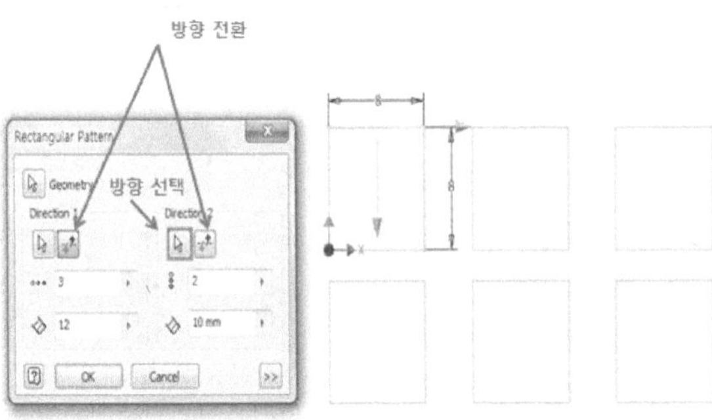

★ **선형 패턴한 결과**

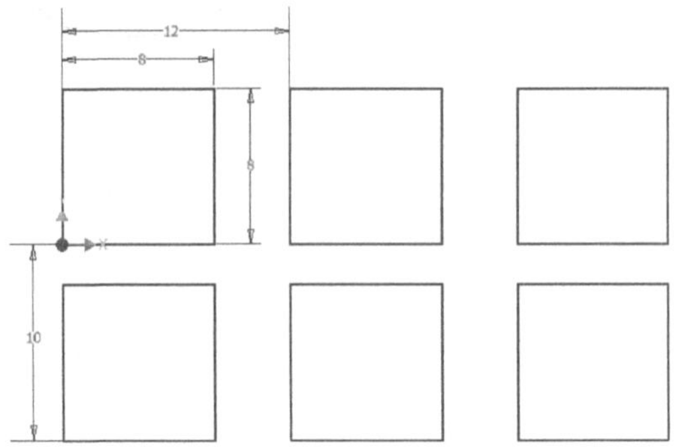

Circular Pattern : 원형 패턴을 한다.

① 원형 패턴할 객체를 드래그 하여 선택한다.

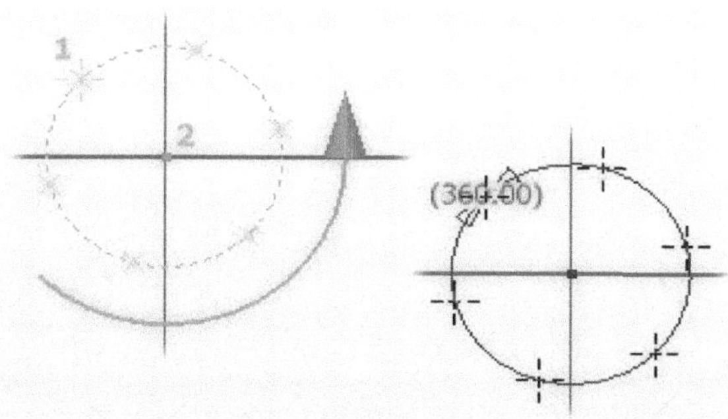

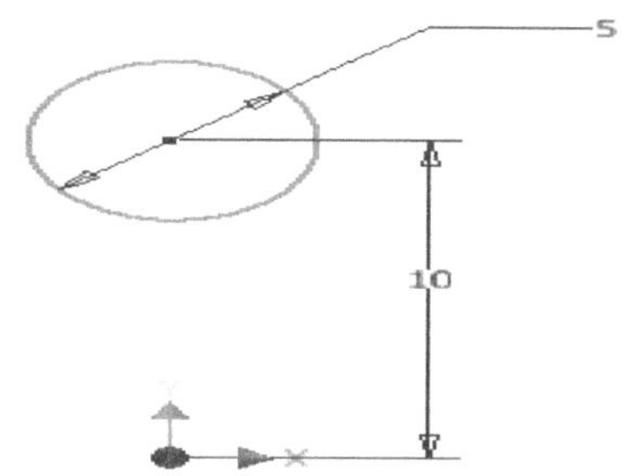

② 원형 패턴()을 실행한다.

③ 회전축을 선택, 패턴 수, 각도를 지정한다.

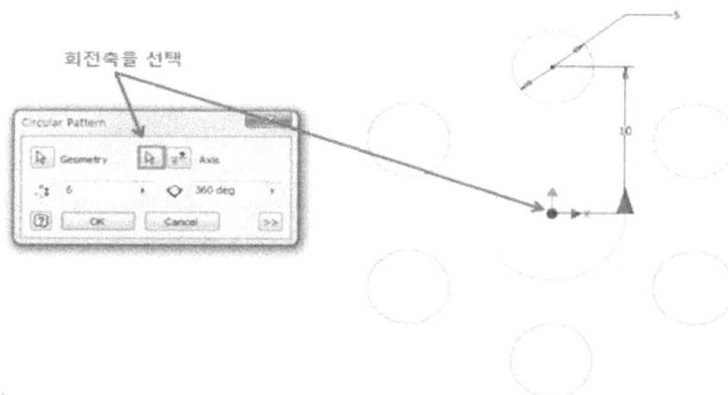

★ **원형 패턴한 결과**

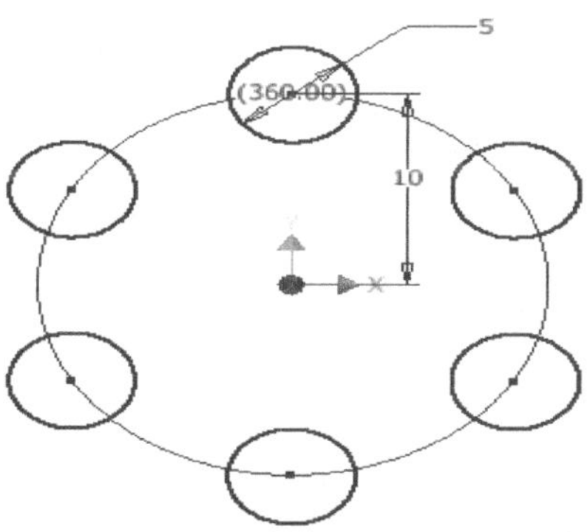

Suppress 패턴을 생략하는 기능이다.

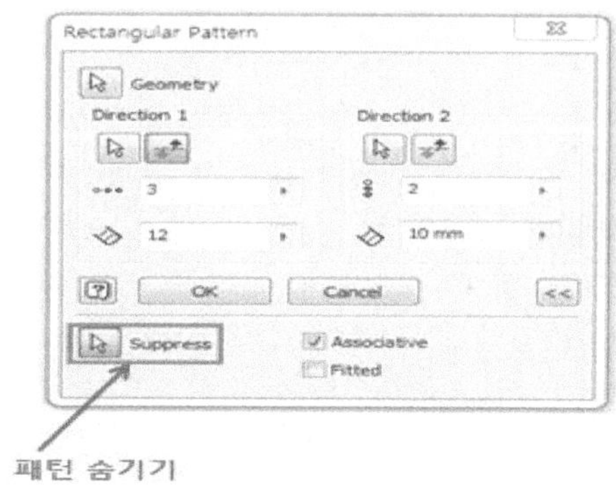

4) 대칭복사(Mirror)

<table>
<tr><td></td><td>대칭복사를 한다.</td><td>★ 대칭복사(Mirror) 결과</td></tr>
<tr><td colspan="2">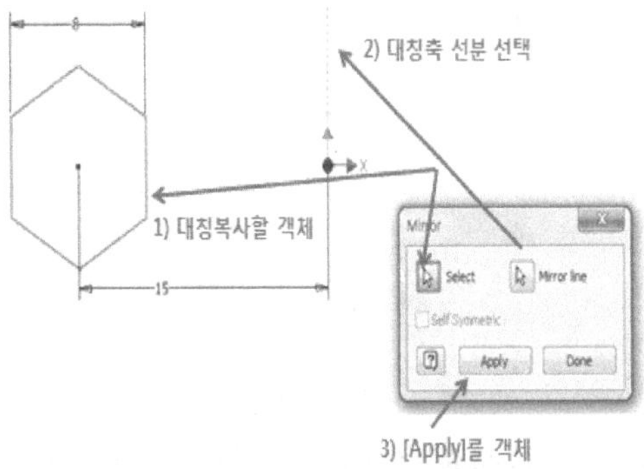
</td><td>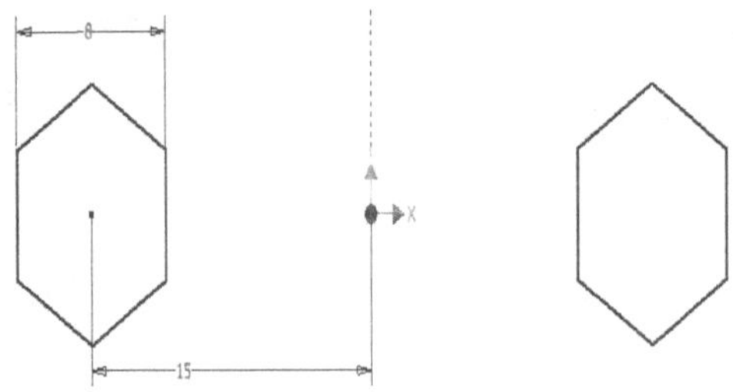
</td></tr>
</table>

5) 이동(Move)

Move 스케치 객체를 이동한다.

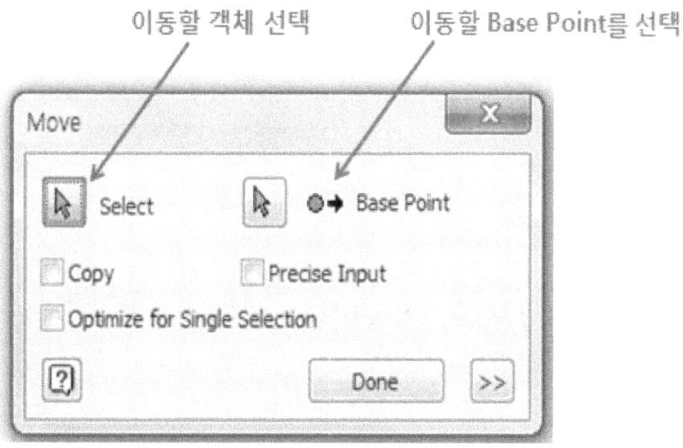

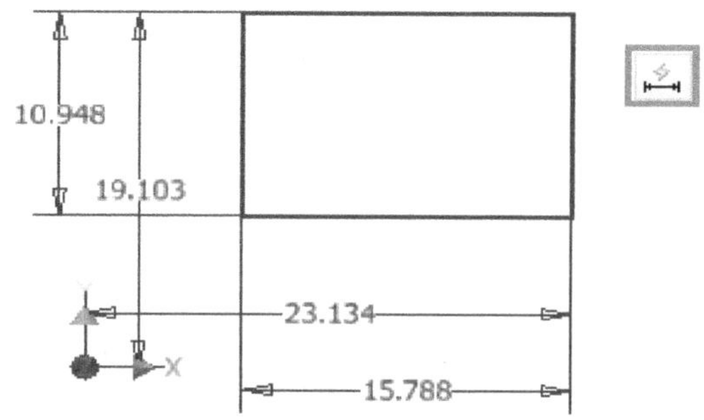

① 직사각형을 스케치하고 자동치수 구속을 한다.

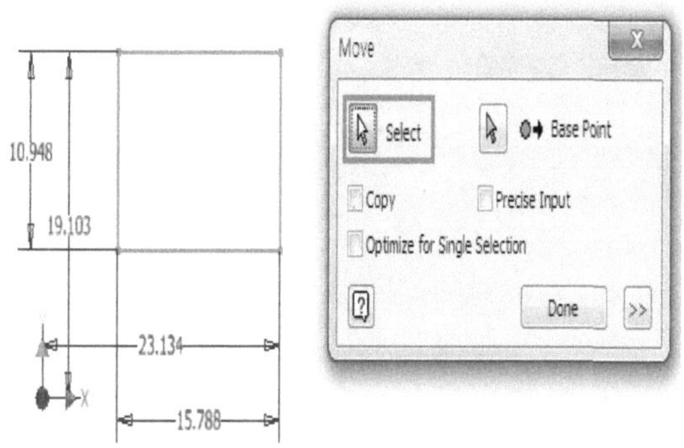

② 이동할 객체를 선택한다.

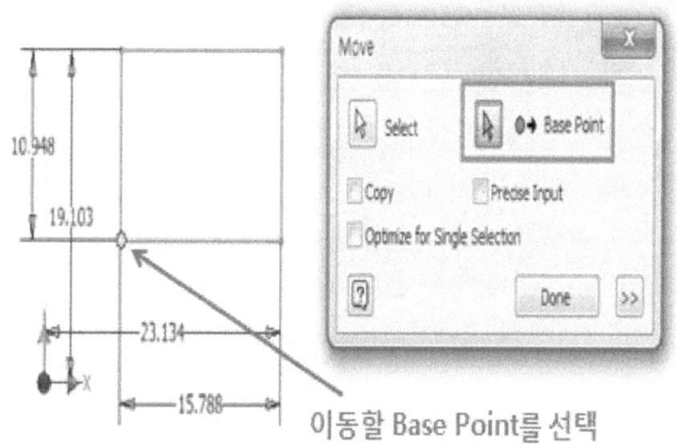

③ 이동할 Base Point를 선택한다.

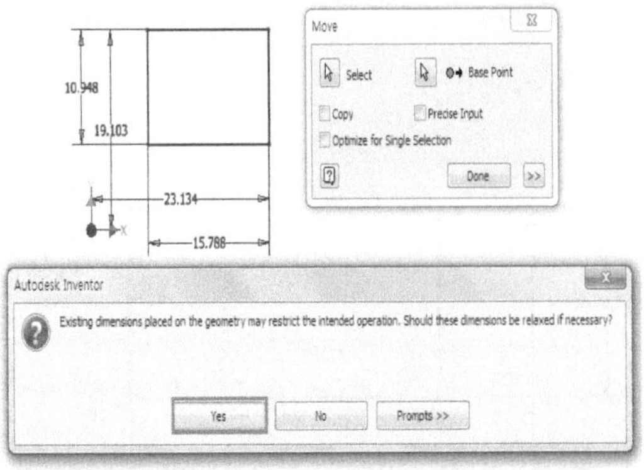

④ 구속이 되어 있는 스케치 요소를 상대적인 값으로 이동하고자 하는지 [Yes/No]를 선택하는 창이 뜬다.

[Yes] : 상대적인 치수 값으로 이동한다.

[No] : 이동을 하지 않는다.

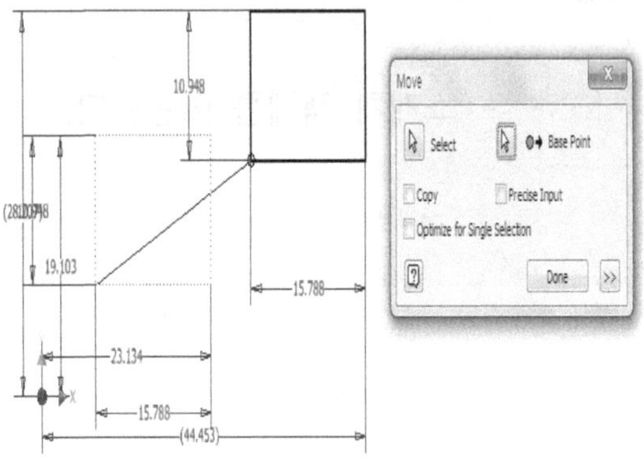

⑤ 원하는 위치로 이동한다. 상대적으로 치수가 변경된다.

★ 이동(Move) 결과

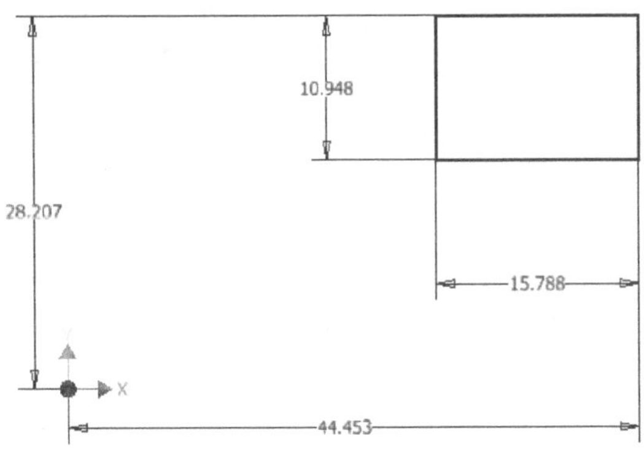

6) 복사(Copy)

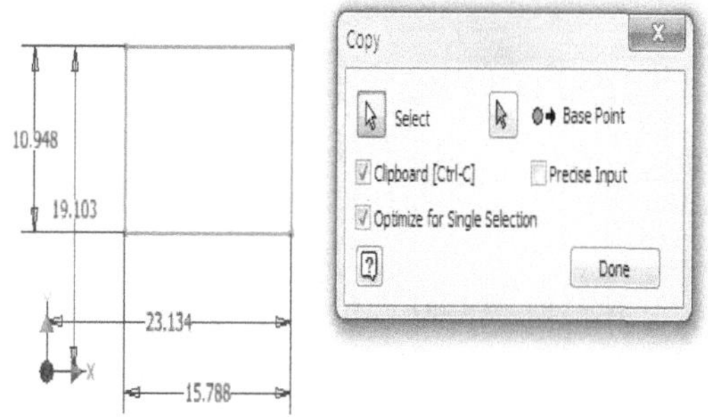

① 복사할 객체를 선택한다.

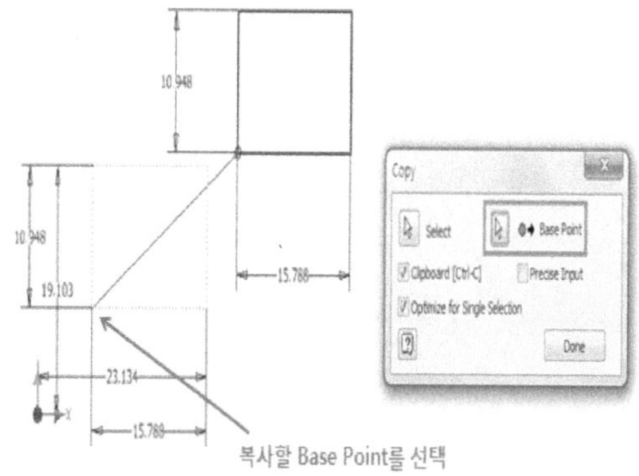

② 복사할 Base Point를 선택하고 복사할 지점으로 이동한다.

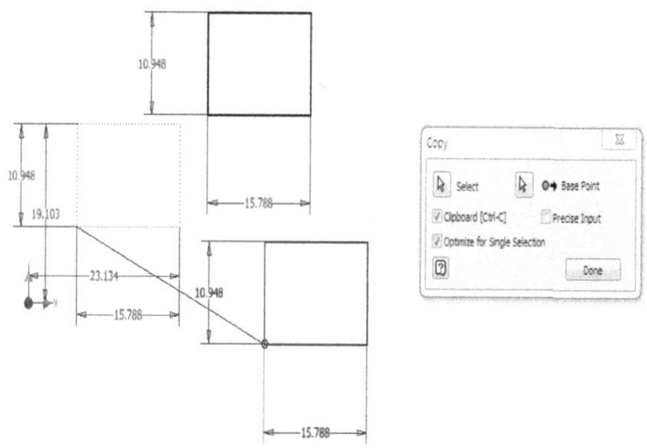

③ 다음과 같이 계속적으로 복사된다. 상대적 위치 치수는 복사되지 않는다.

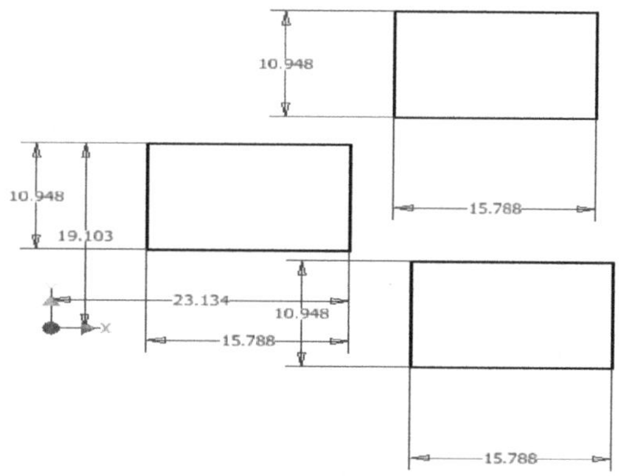

★ **복사(Copy) 결과**

7) 회전(Rotate)

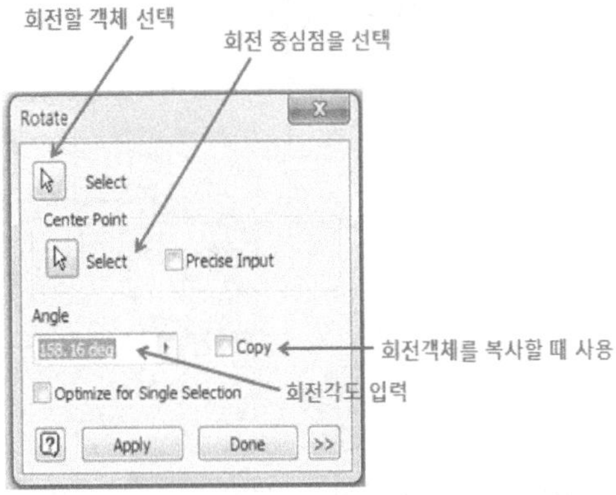

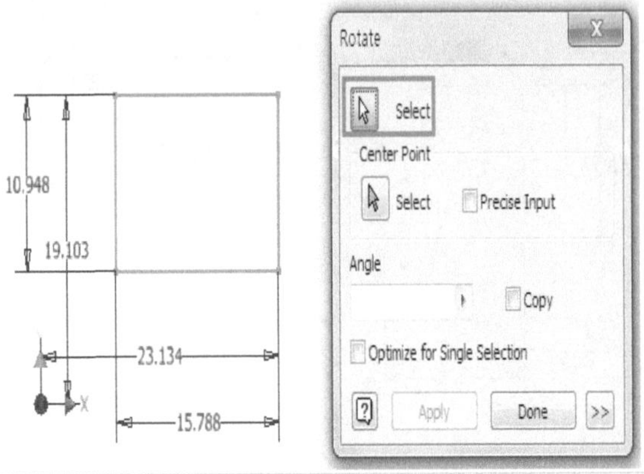

① 회전할 객체를 선택한다.

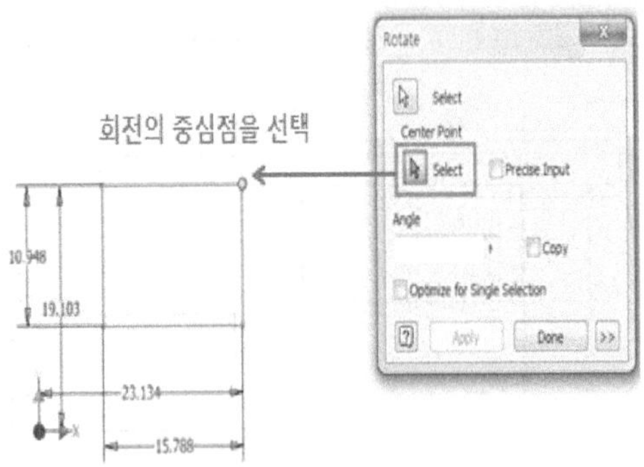

② 회전 중심점을 선택한다.

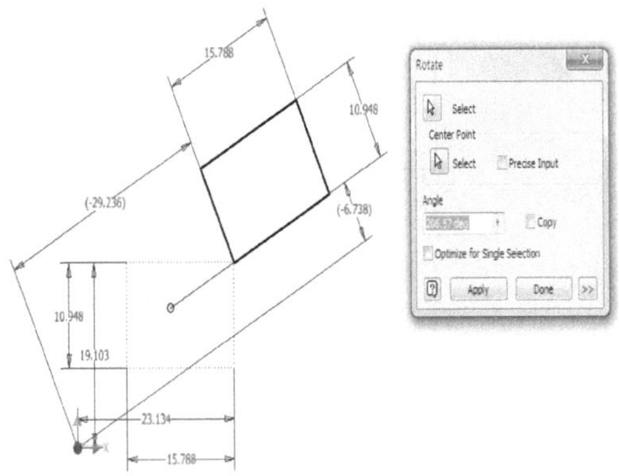

③ 원하는 각도로 회전을 한다.

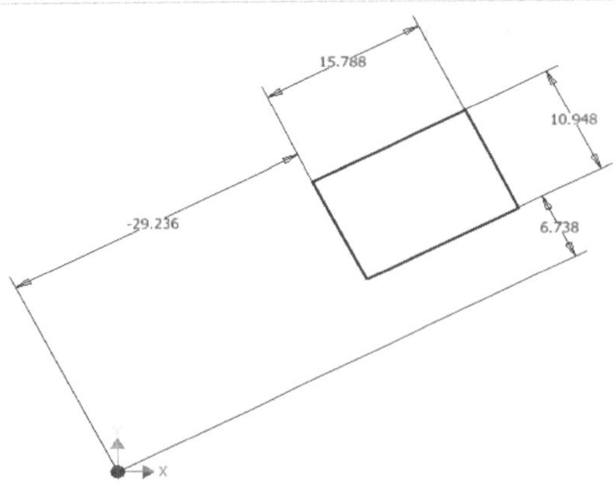

★ **회전(Rotate) 결과**

8) 자르기(Trim)

<table>
<tr><td>Trim 경계가 되는 부분을 잘라준다.</td><td>▪ Trim 결과</td></tr>
<tr><td>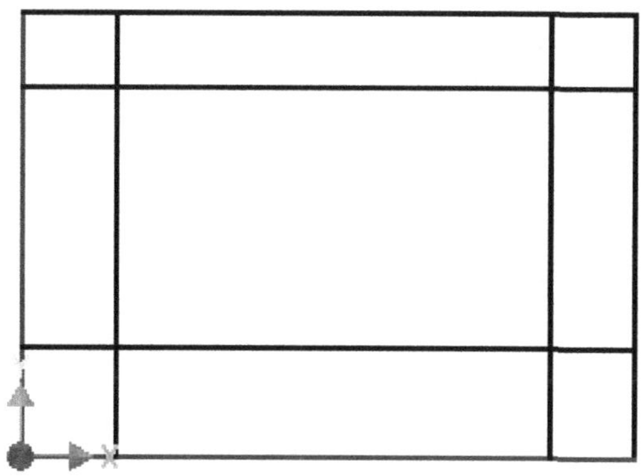</td><td>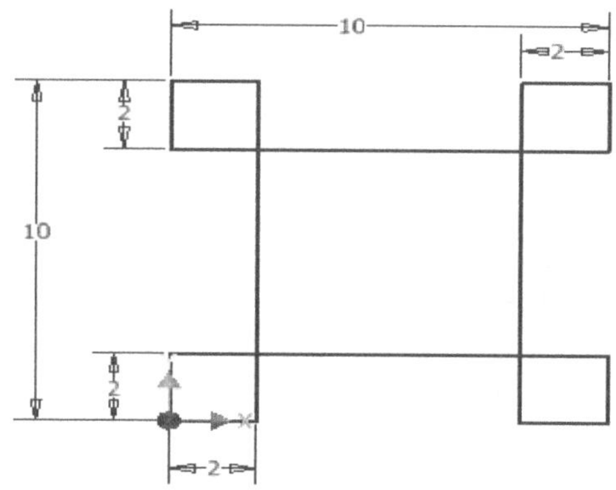
</td></tr>
<tr><td>① 방법 자를 부분을 클릭하면 경계부분까지 잘라준다.</td><td>② 방법 드래그를 하면 지능형 잘라내기가 된다.</td></tr>
<tr><td colspan="2">③ 방법
▪ Trim을 실행
▪ [Ctrl]를 누르고 경계가 되는 선분을 두 개 선택한다.
▪ 경계 안쪽을 선택하여 잘라낸다.</td></tr>
</table>

9) 연장하기(Extend)

-⇥ Extend	선분이나 곡선을 연장해 준다.	★ Extend 결과
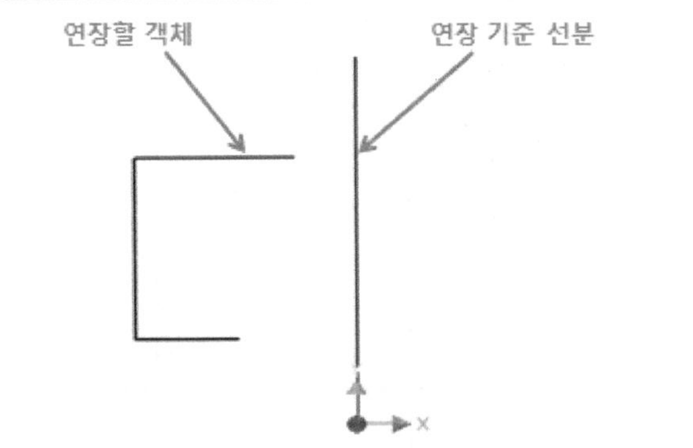		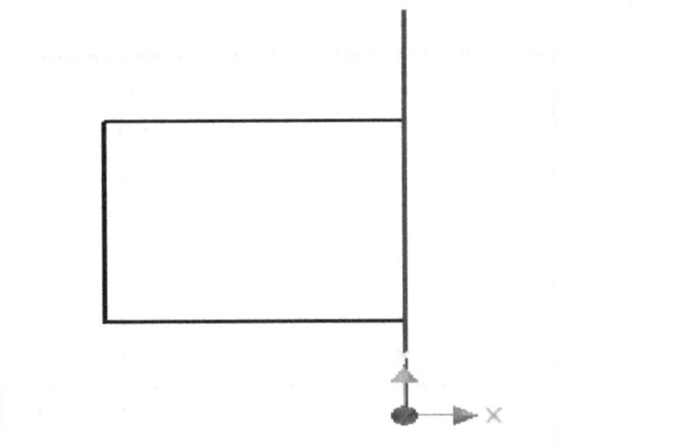
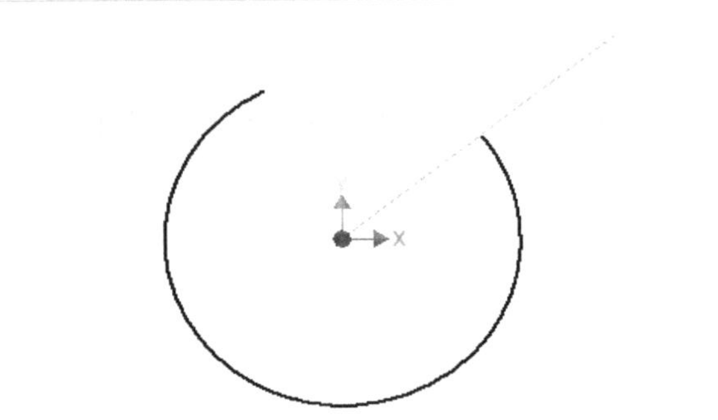		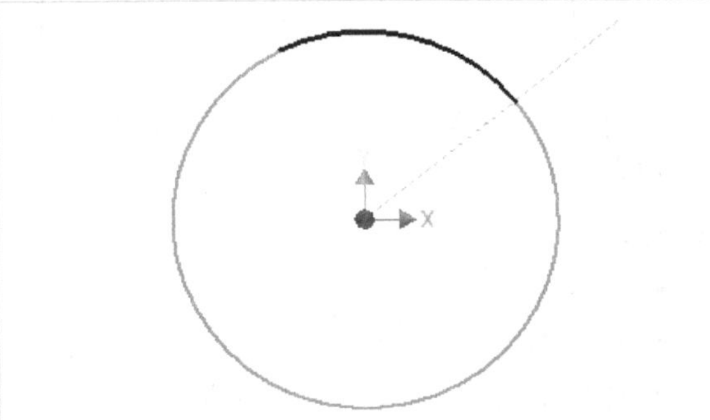

10) 분할하기(Split) : 선택된 곡선을 가장 가까운 교차 곡선까지 분할한다.

-|- Split	선분으로 교차되어 있는 선분을 분할한다.	★ Split 결과
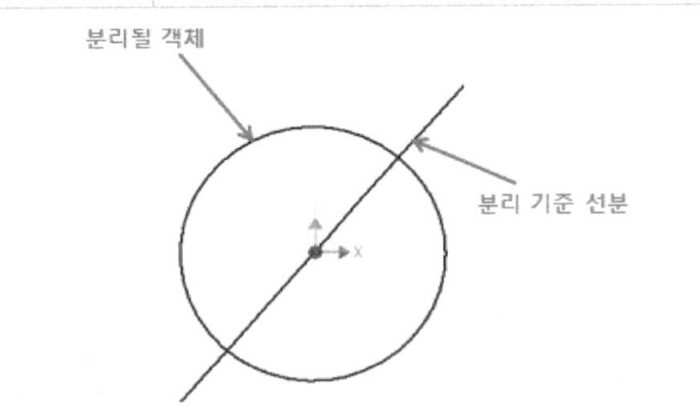		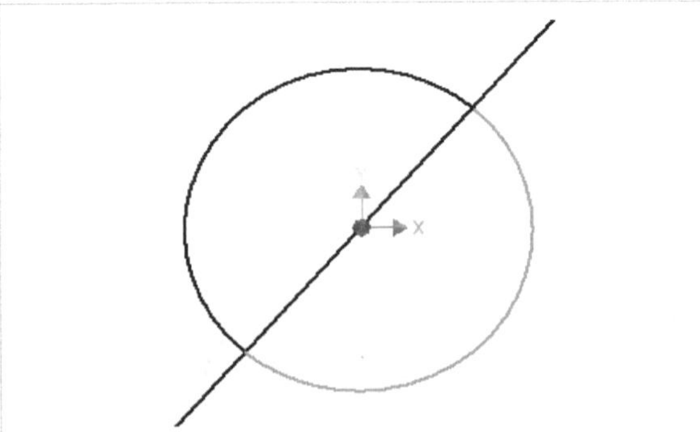

11) 확대/축소(Scale) : 선택된 객체를 비율로 확대/축소한다.

Scale ① Scale을 실행하고 객체를 선택한다.	② Base Point를 선택한다. Base Point를 기준으로 확대/축소한다.
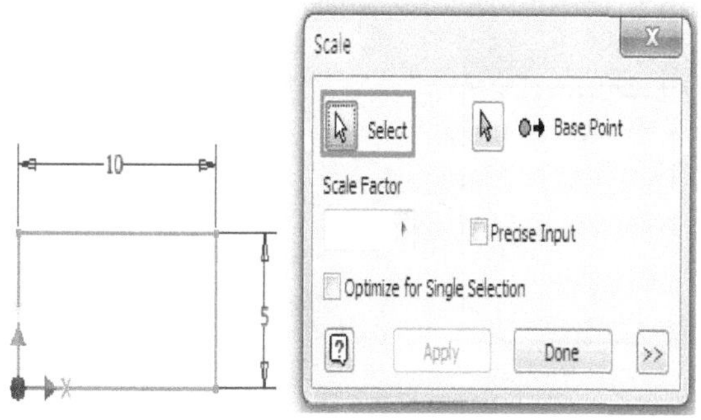	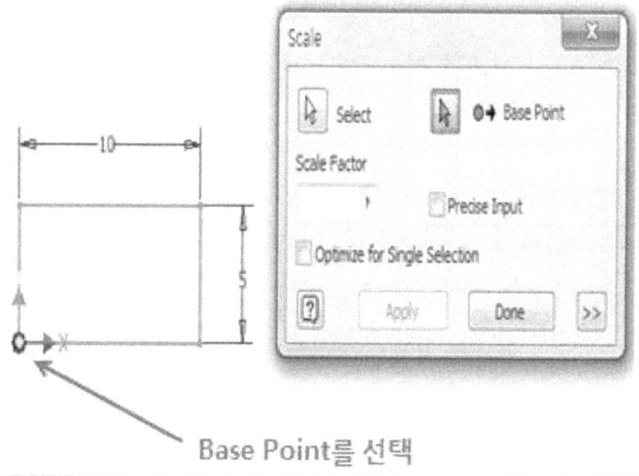
③ 치수를 상대적으로 변형할 것인지 [Yes/No]을 선택	④ 구속을 제거할 것인지 [Yes/No]을 선택
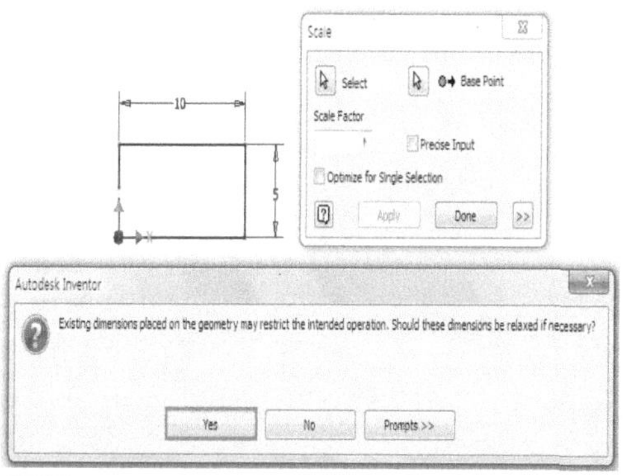	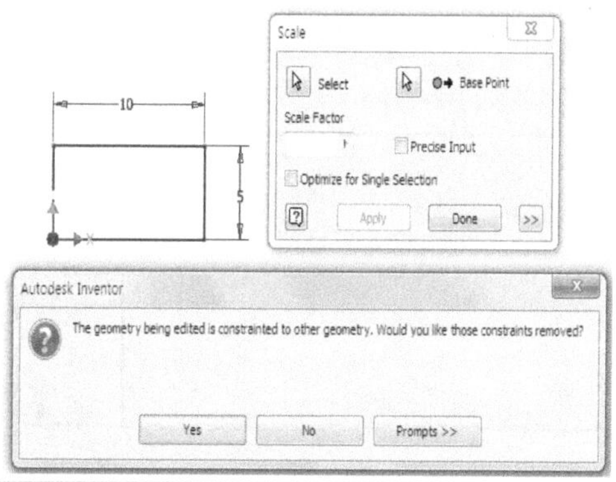
⑤ 비율 : 2를 지정한다.	★ **확대 결과**
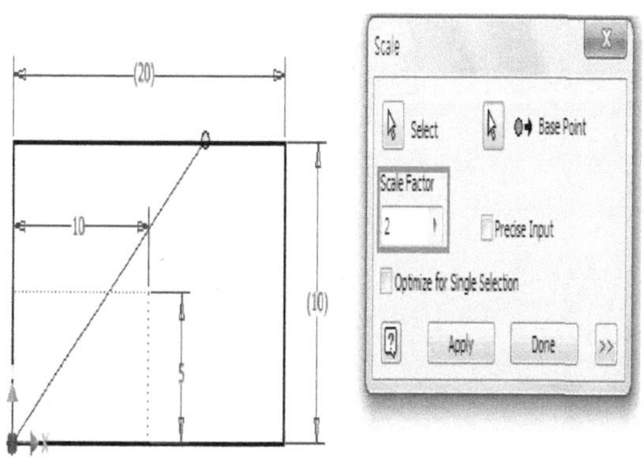	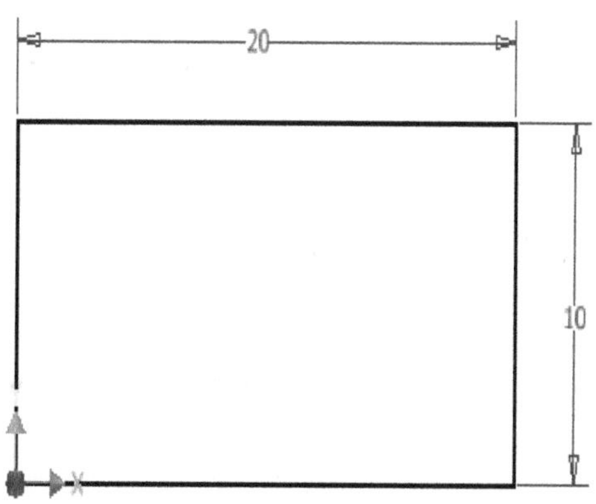

⑥ 구속을 제거할 것인지 [Yes/No]을 선택

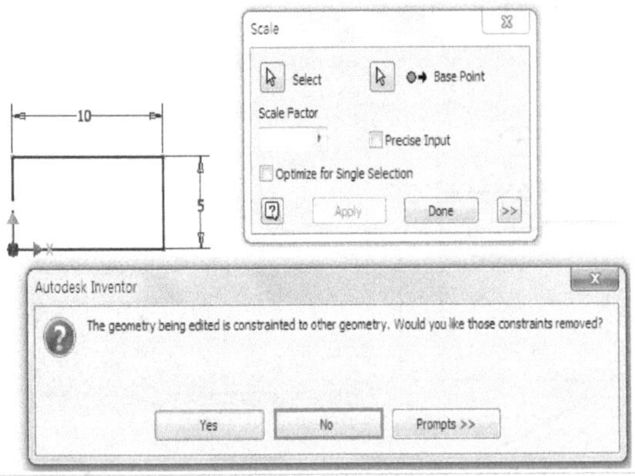

⑦ 비율 : 1.5를 지정한다.

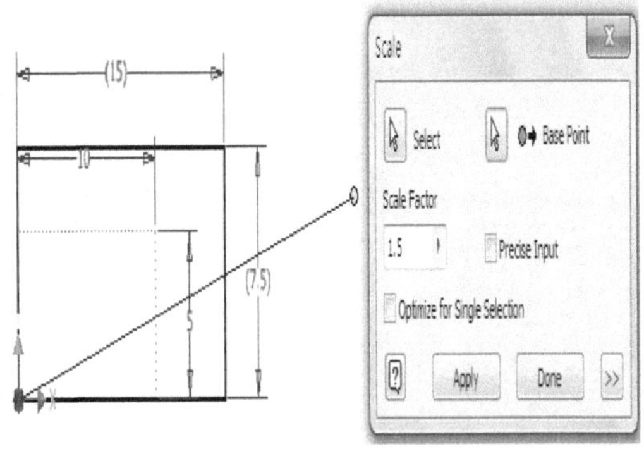

★ **확대 결과(구속을 유지)**

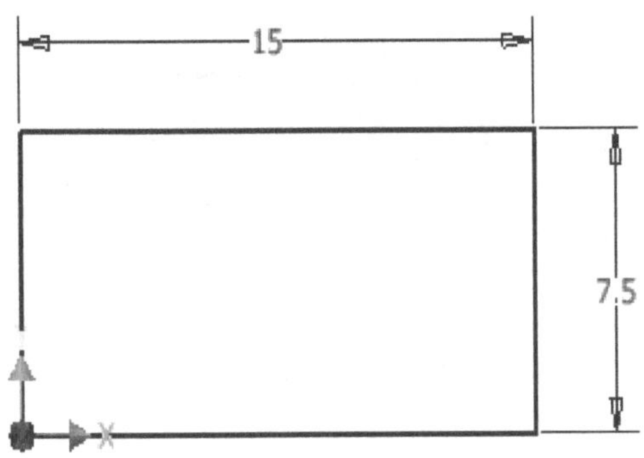

12) 늘리기(Stretch) : 선택된 객체를 늘려준다.

Stretch ① Stretch를 실행하고 늘릴 객체를 선택한다.

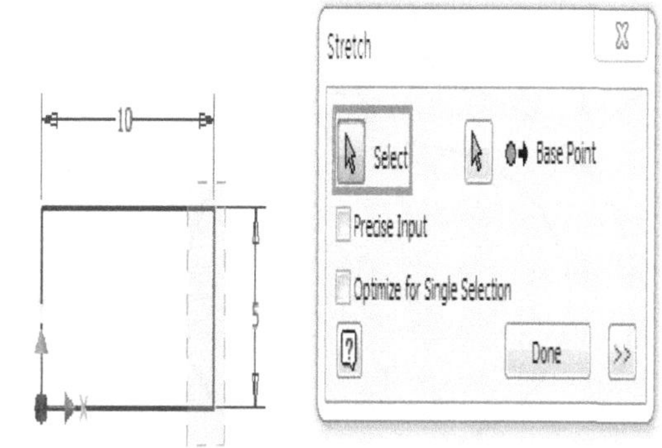

② Base Point를 선택한다.

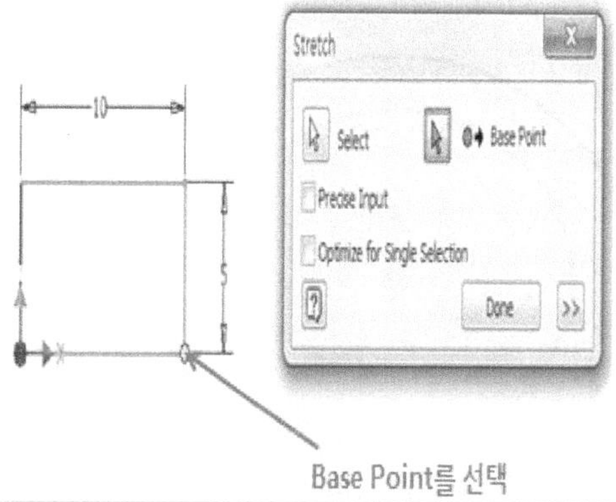

③ 치수를 상대적으로 변형할 것인지 [Yes/No]을 선택

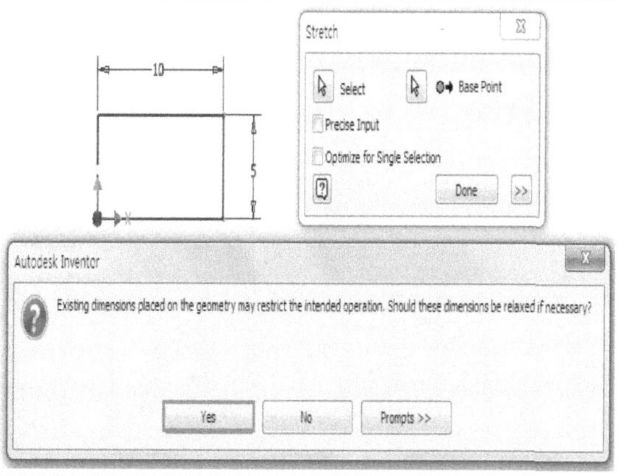

④ 구속을 제거할 것인지 [Yes/No]을 선택

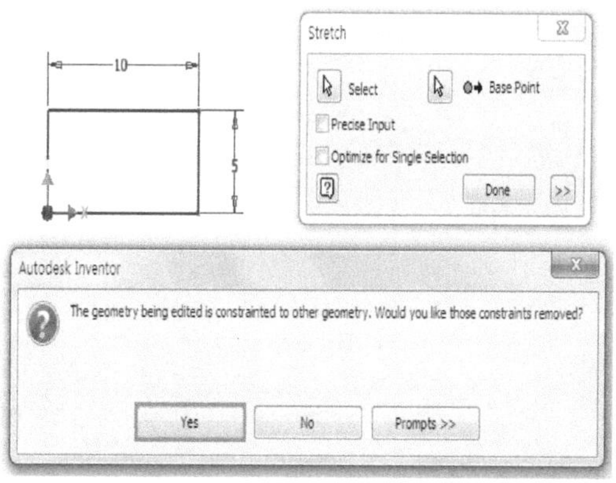

⑤ 우측으로 늘린다.

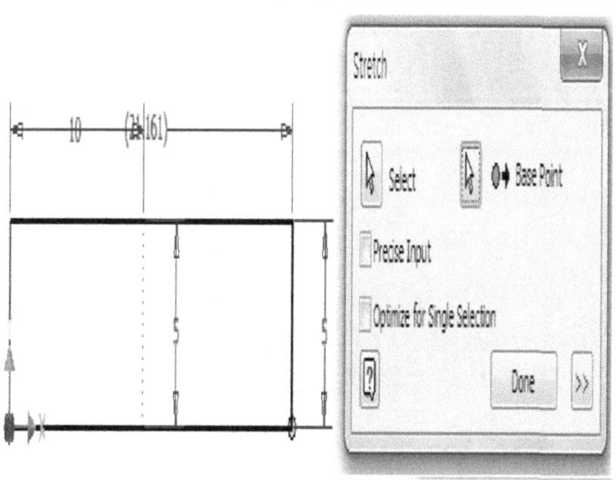

★ **Stretch 결과**

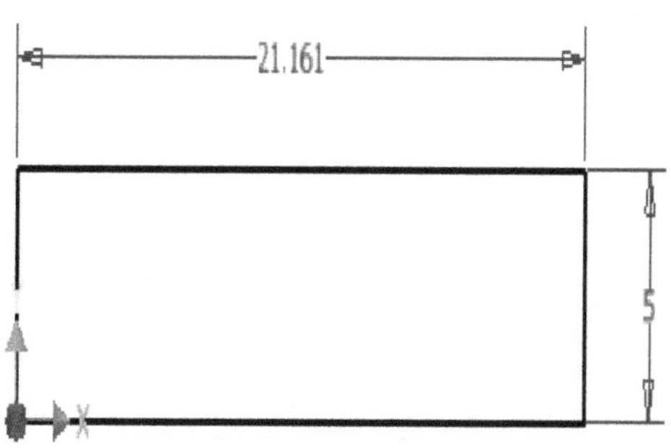

13) 오프셋(Offset) : 선택된 객체를 오프셋을 한다.

<table>
<tr><td>Offset</td><td>① Offset을 실행하고 오프셋할 선분을 선택한다.</td><td>② 거리 치수를 기입한다.</td></tr>
<tr><td colspan="2">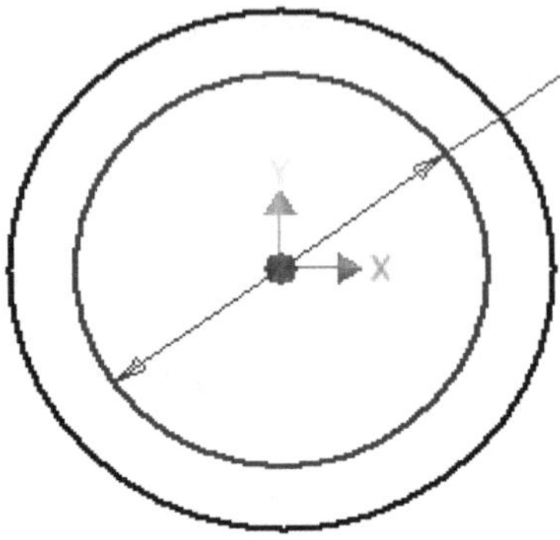
</td><td>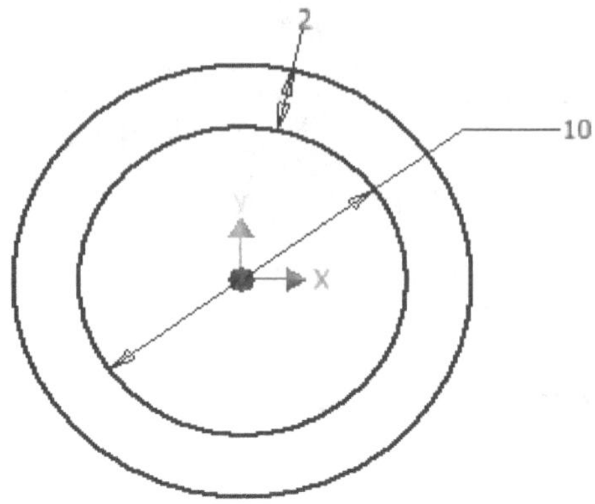
</td></tr>
</table>

■ 매개변수 사용 스케치

① 치수를 기입하고 [치수 편집]창에 50치수를 클릭하면 매개변수가 들어온다. do/2를 입력

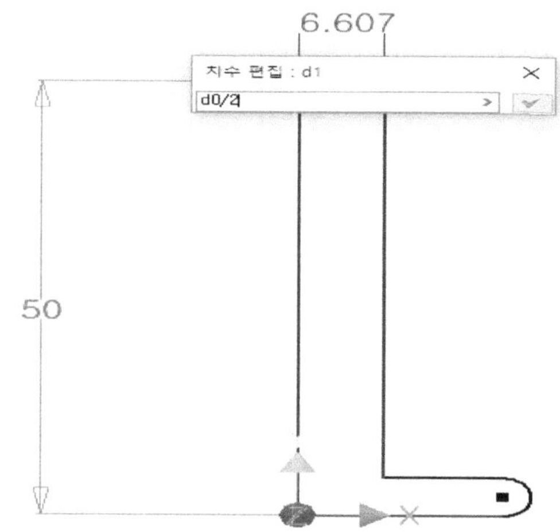

② 일반 치수를 선택하여 다음과 같이 치수를 기입하고 [치수 편집]창에서 위에 25치수를 선택한다.

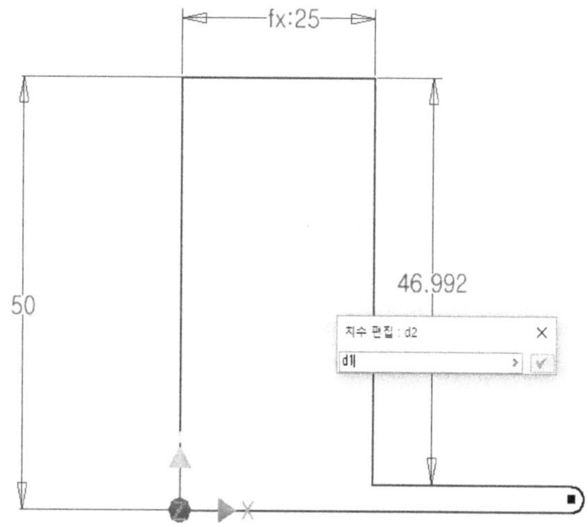

③ 치수를 기입하고 [치수 편집]창에 다음과 같이 입력하다.

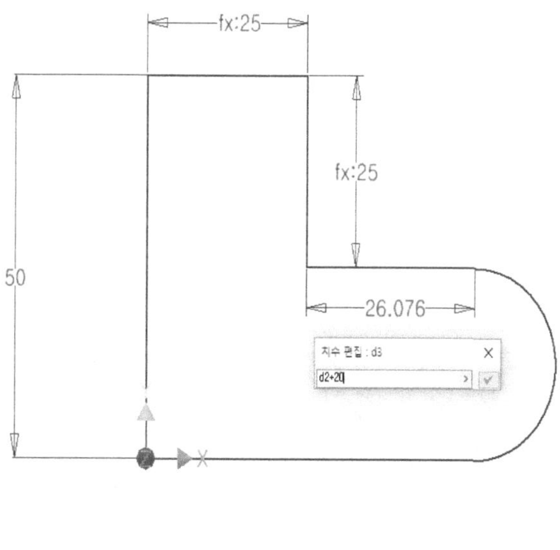

④ 다음과 같이 매개 변수와 수식이 연결되었다.

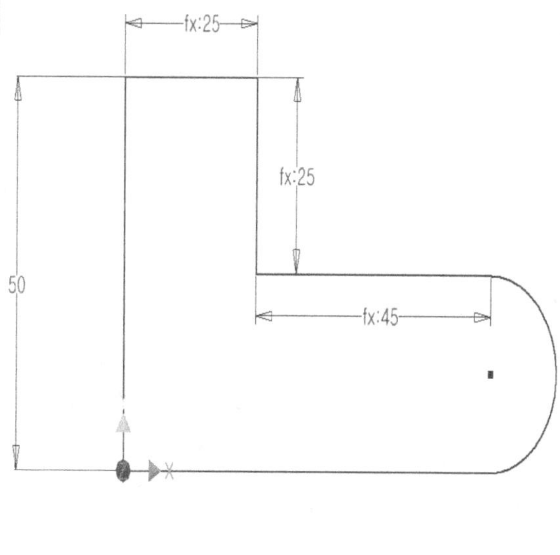

[스케치 예제 2-1]

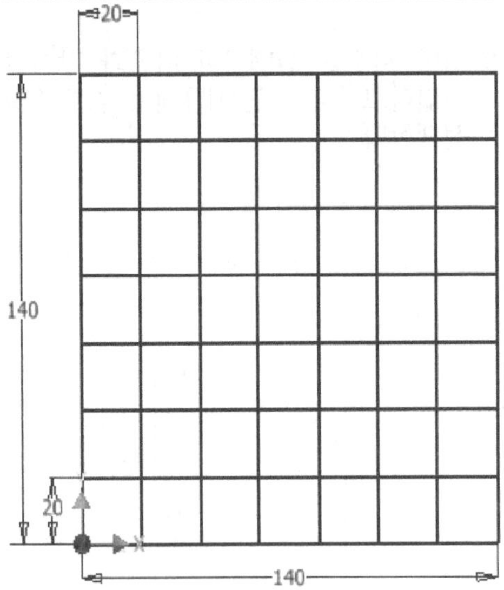

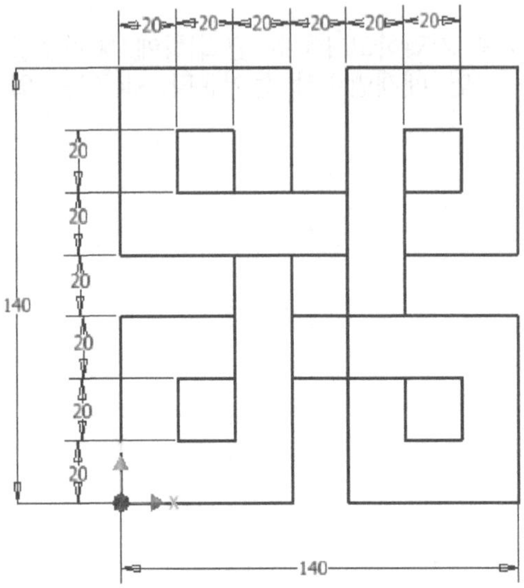

① XZ 평면을 선택하고 [2D 스케치 작성]을 선택하여 다음과 같이 스케치를 한다.
Rectangular Pattern을 이용한다.

[스케치 예제 2-2]

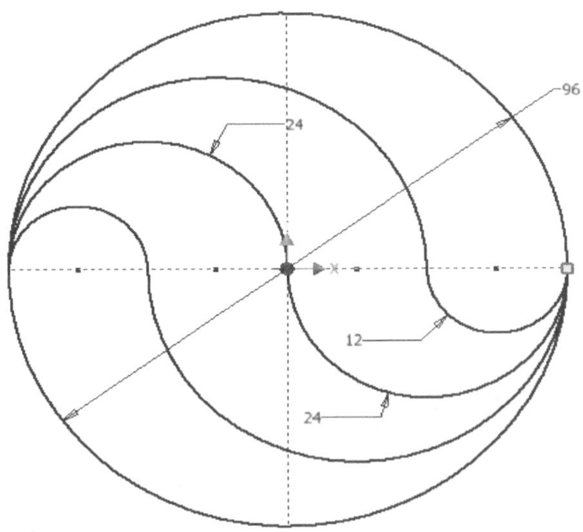

① XZ 평면을 선택하고 [2D 스케치 작성]을 선택하여 다음과 같이 스케치를 한다.
Circle과 Arc를 이용한다.

[스케치 예제 2-3]

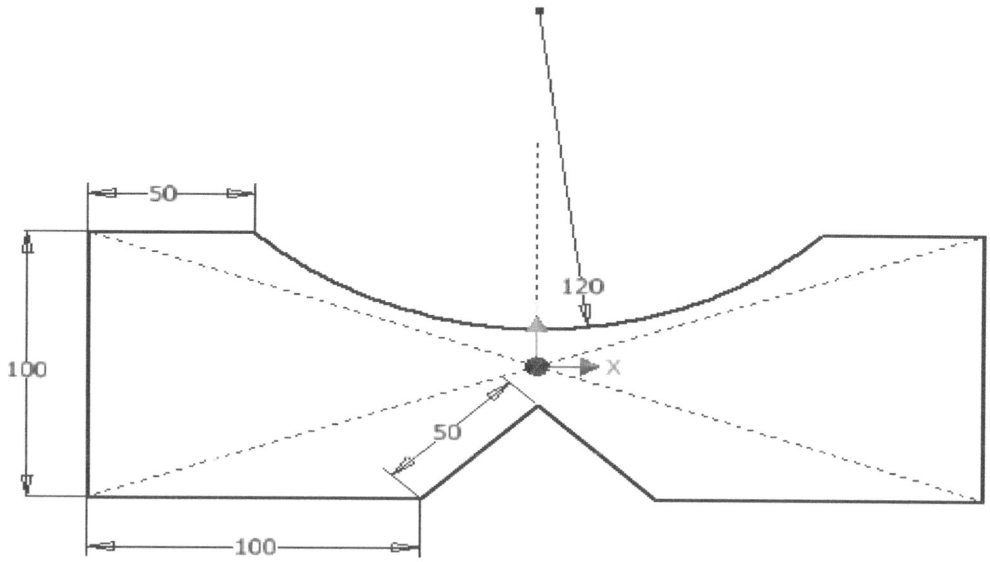

① XZ 평면을 선택하고 [2D 스케치 작성]을 선택하여 다음과 같이 스케치를 한다.

[스케치 예제 2-4]

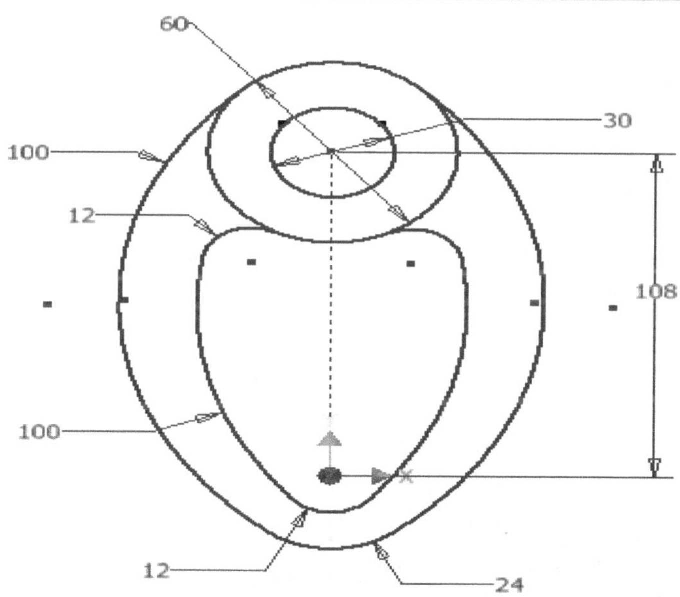

① XZ 평면을 선택하고 [2D 스케치 작성]을 선택하여 다음과 같이 스케치를 한다.
Circle과 Arc를 이용한다.

[스케치 예제 2-5]

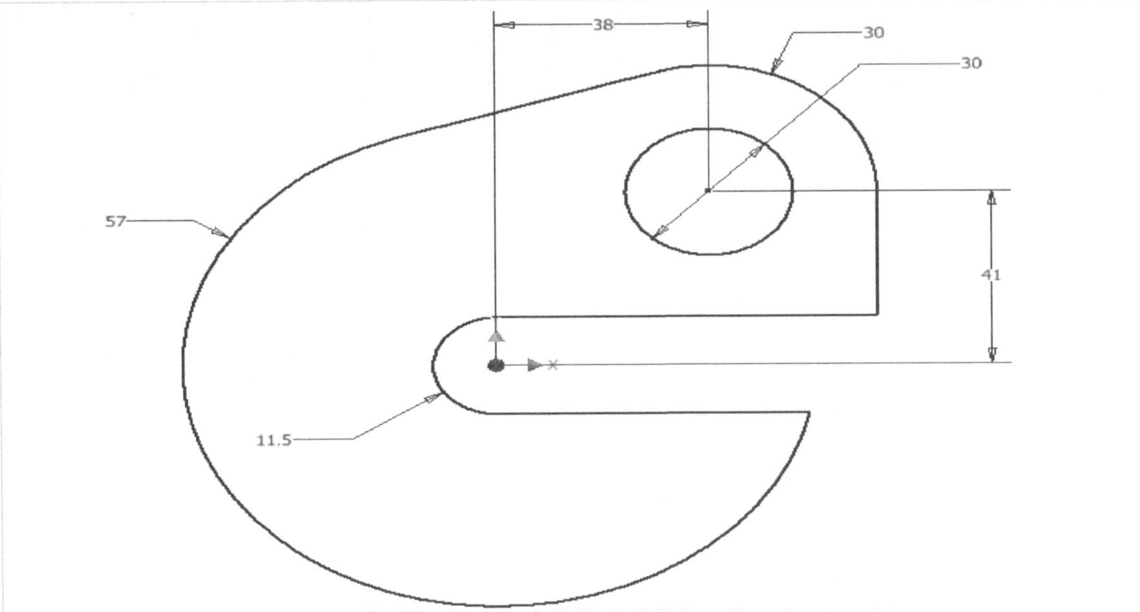

① XZ 평면을 선택하고 [2D 스케치 작성]을 선택하여 다음과 같이 스케치를 한다.

[스케치 예제 2-6]

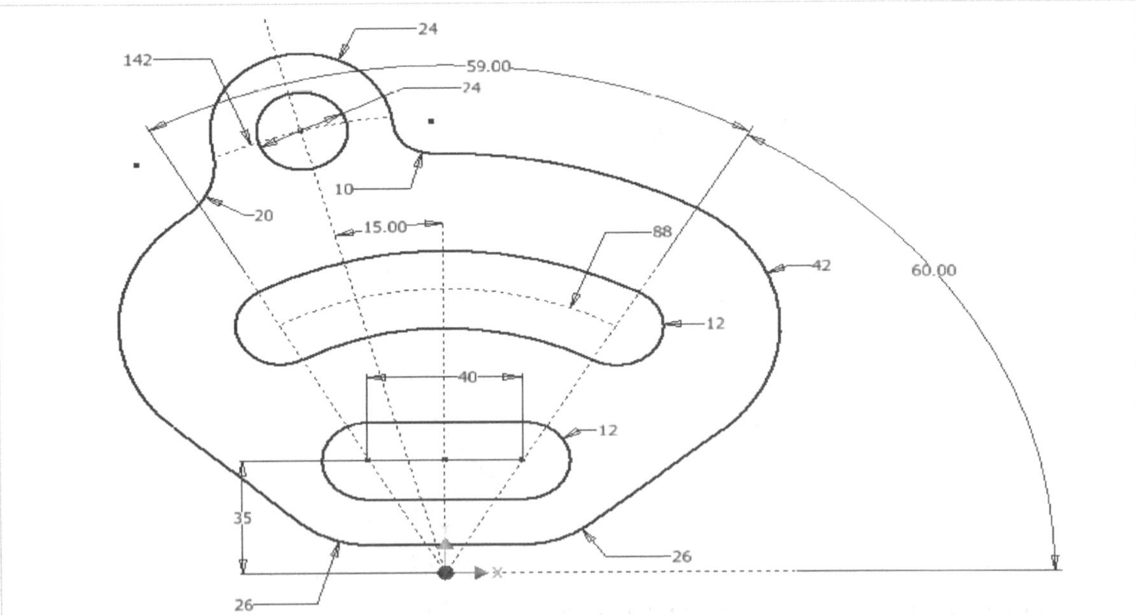

① XZ 평면을 선택하고 [2D 스케치 작성]을 선택하여 다음과 같이 스케치를 한다.
Circle과 Arc를 이용한다.

[스케치 예제 2-7]

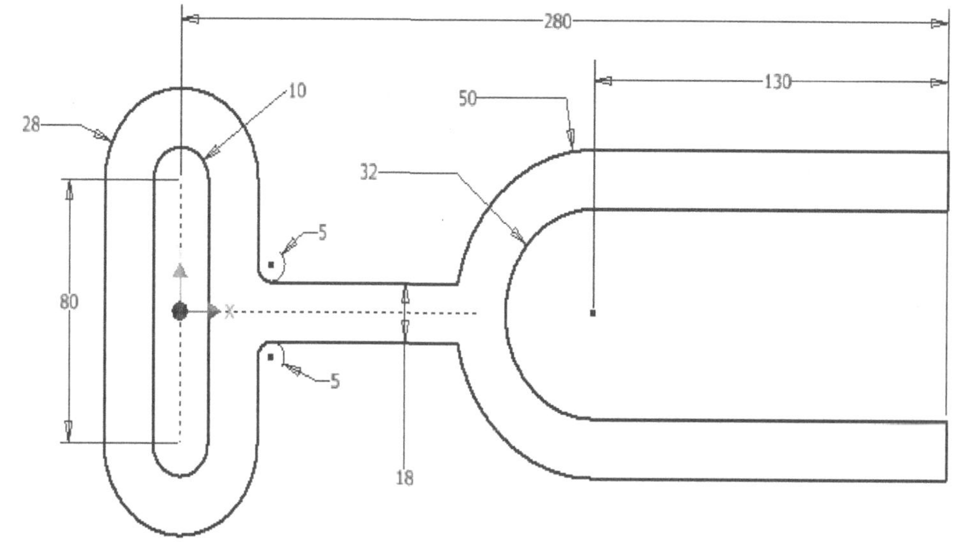

① XZ 평면을 선택하고 [2D 스케치 작성]을 선택하여 다음과 같이 스케치를 한다.
Circle과 Arc를 이용한다.

[스케치 예제 2-8]

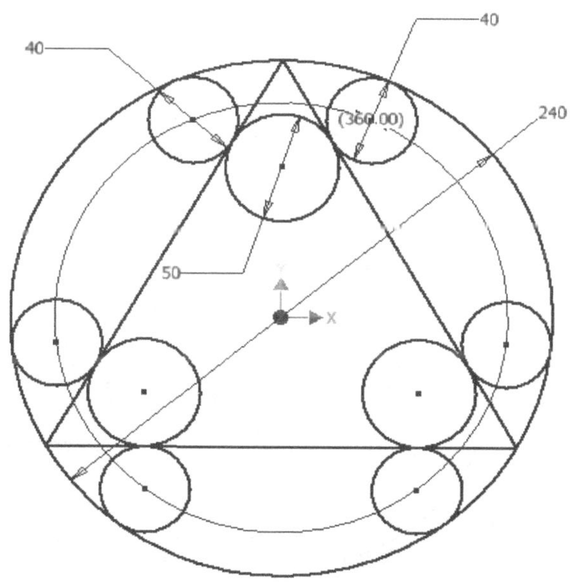

① XZ 평면을 선택하고 [2D 스케치 작성]을 선택하여 다음과 같이 스케치를 한다.
Circle과 Arc를 이용한다.

[스케치 예제 2-9]

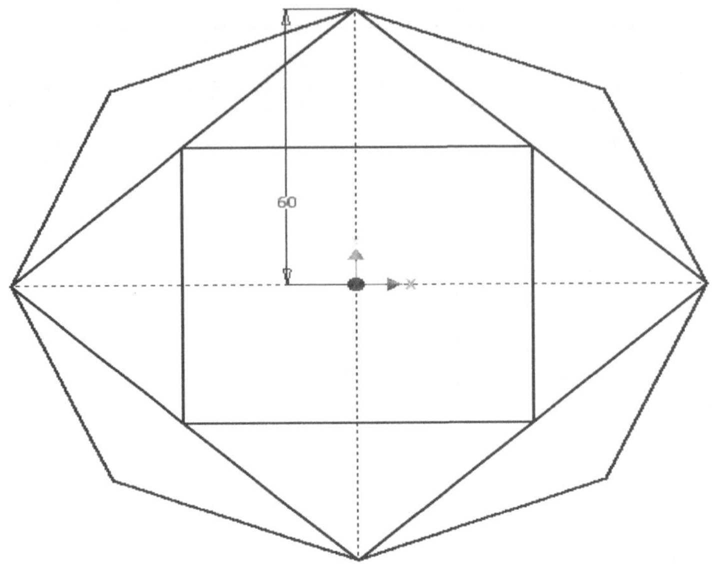

① XZ 평면을 선택하고 [2D 스케치 작성]을 선택하여 다음과 같이 스케치를 한다.
Polygon을 이용한다.

[스케치 예제 2-10]

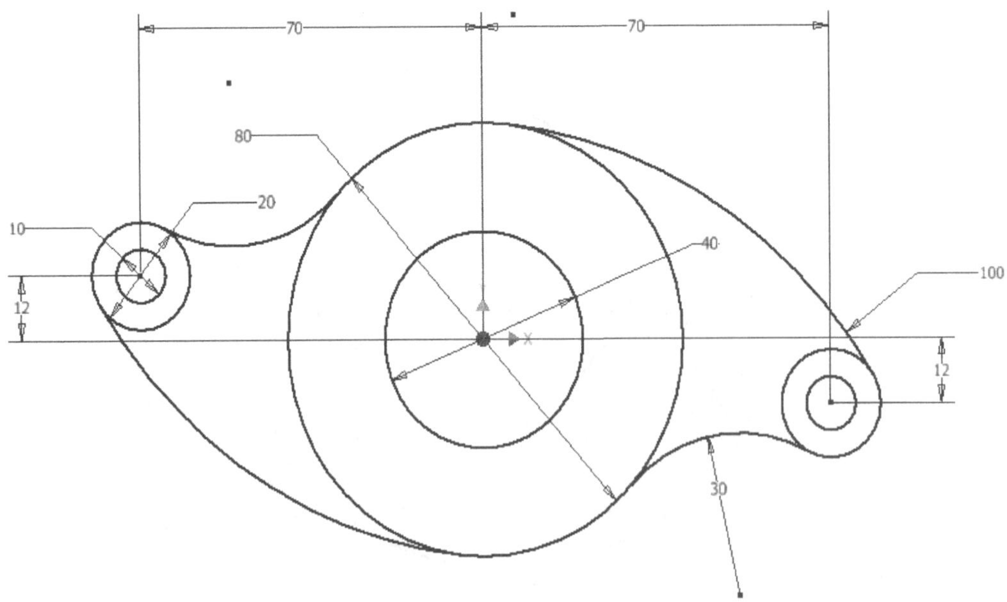

① XZ 평면을 선택하고 [2D 스케치 작성]을 선택하여 다음과 같이 스케치를 한다.

[스케치 예제 2-11]

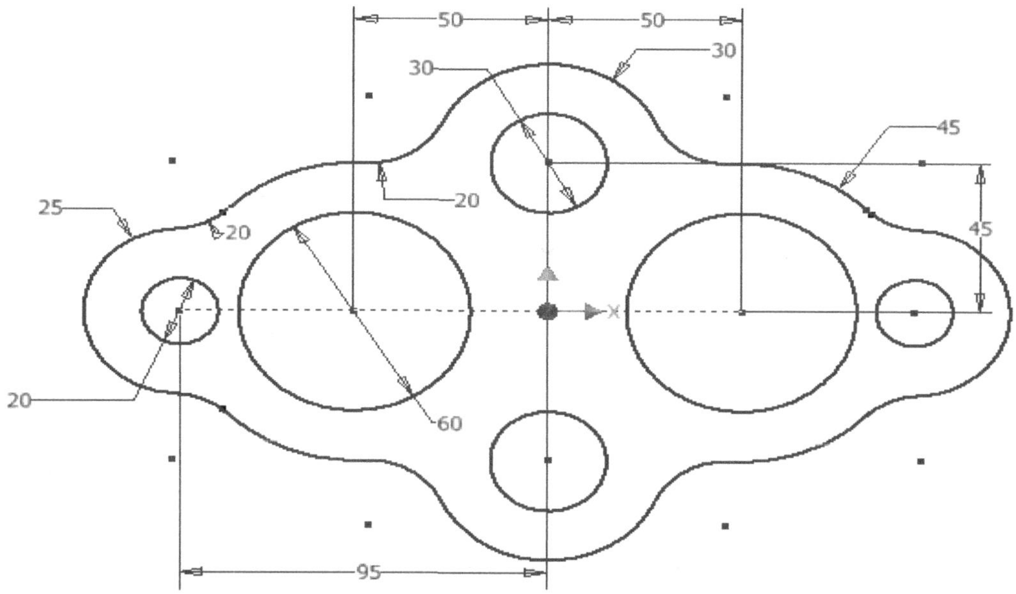

① XZ 평면을 선택하고 [2D 스케치 작성]을 선택하여 다음과 같이 스케치를 한다. Polygon을 이용한다.

[스케치 예제 2-12]

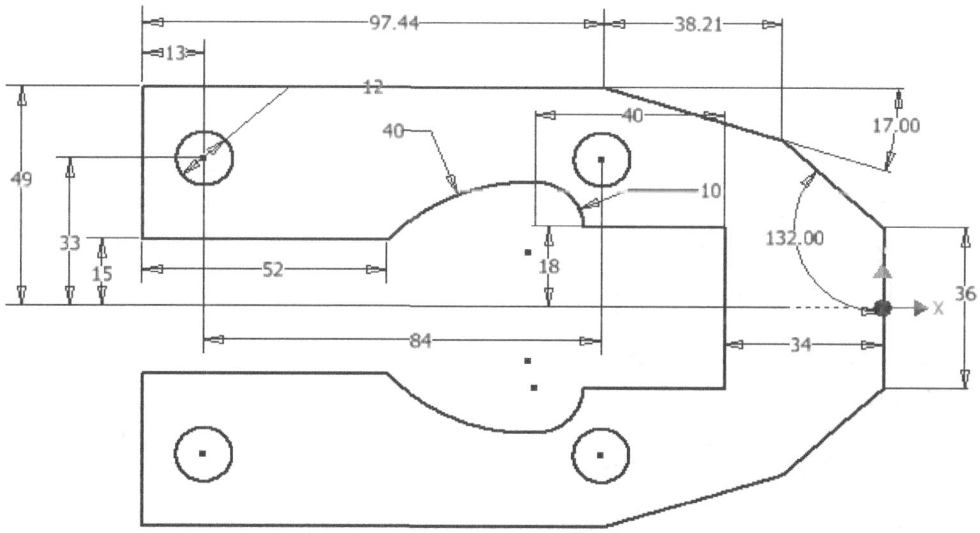

① XZ 평면을 선택하고 [2D 스케치 작성]을 선택하여 다음과 같이 스케치를 한다.

[스케치 예제 2-13]

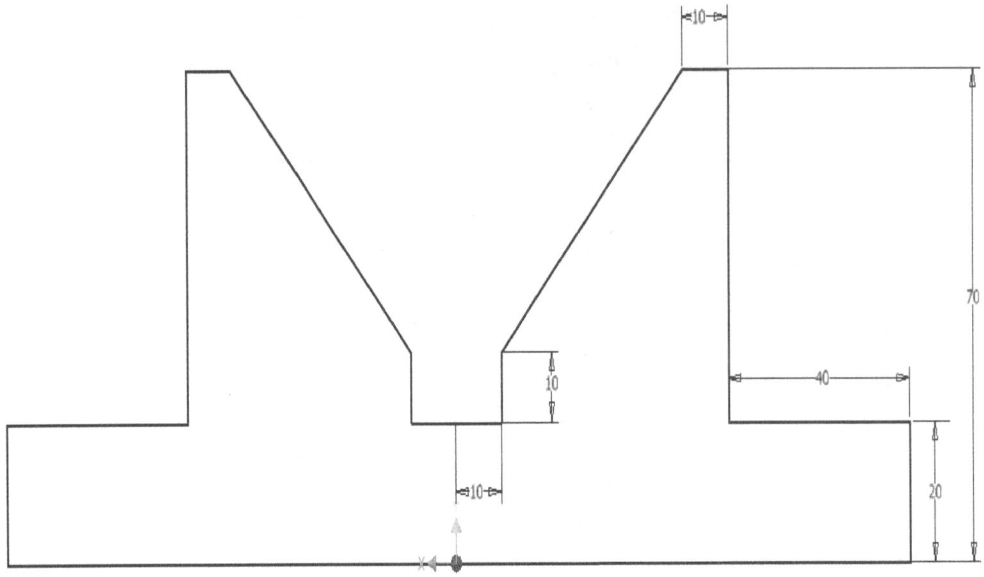

① XZ 평면을 선택하고 [2D 스케치 작성]을 선택하여 다음과 같이 스케치를 한다.

[스케치 예제 2-14]

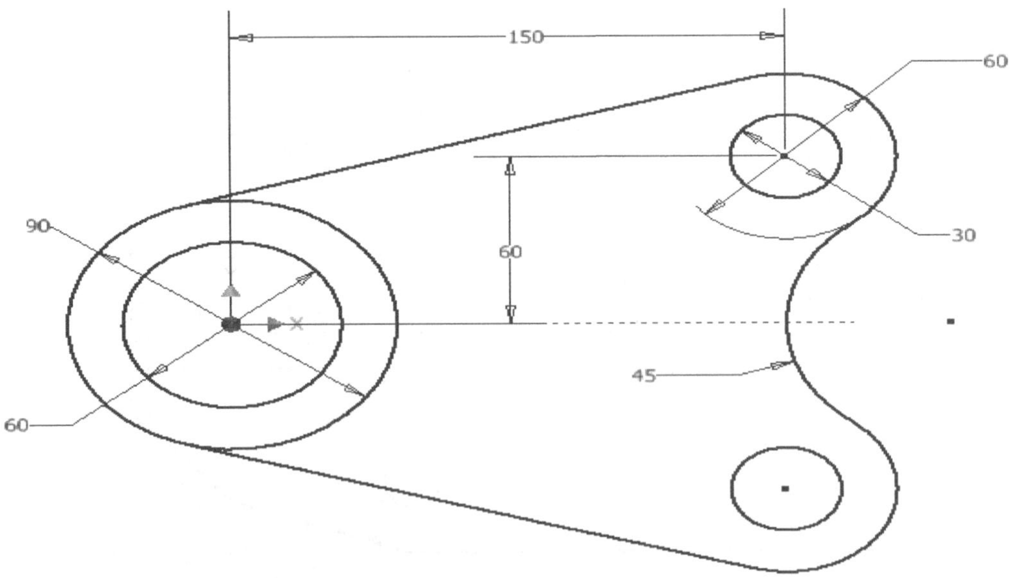

① XZ 평면을 선택하고 [2D 스케치 작성]을 선택하여 다음과 같이 스케치를 한다.

[스케치 예제 2-15]

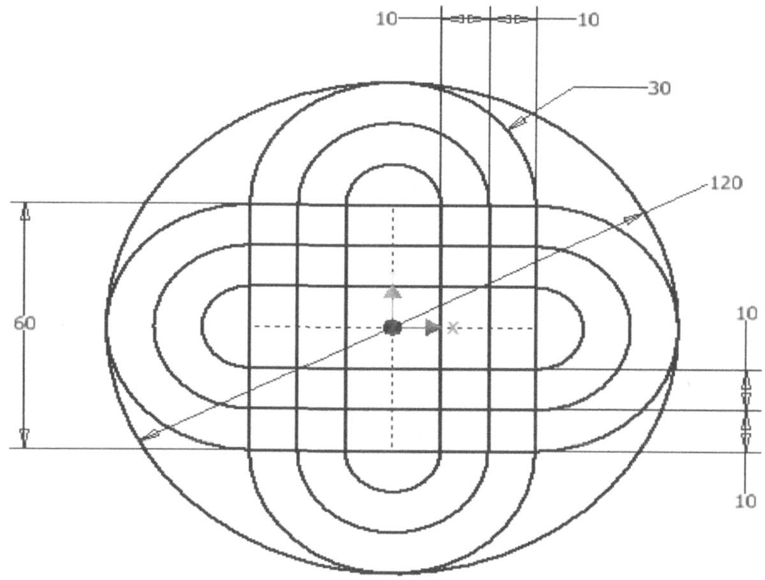

① XZ 평면을 선택하고 [2D 스케치 작성]을 선택하여 다음과 같이 스케치를 한다. Circle과 Slot을 이용한다.

[스케치 예제 2-16]

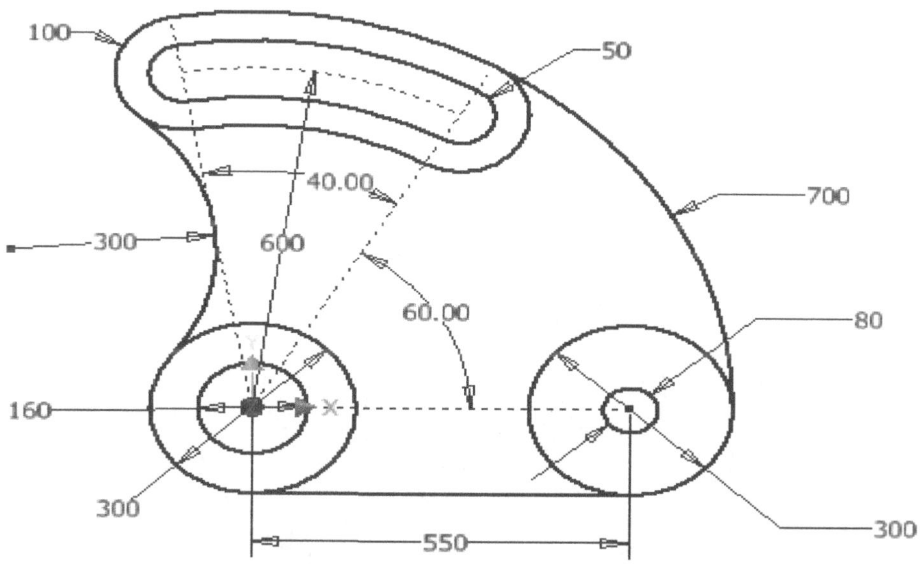

① XZ 평면을 선택하고 [2D 스케치 작성]을 선택하여 다음과 같이 스케치를 한다.

[스케치 예제 2-17]

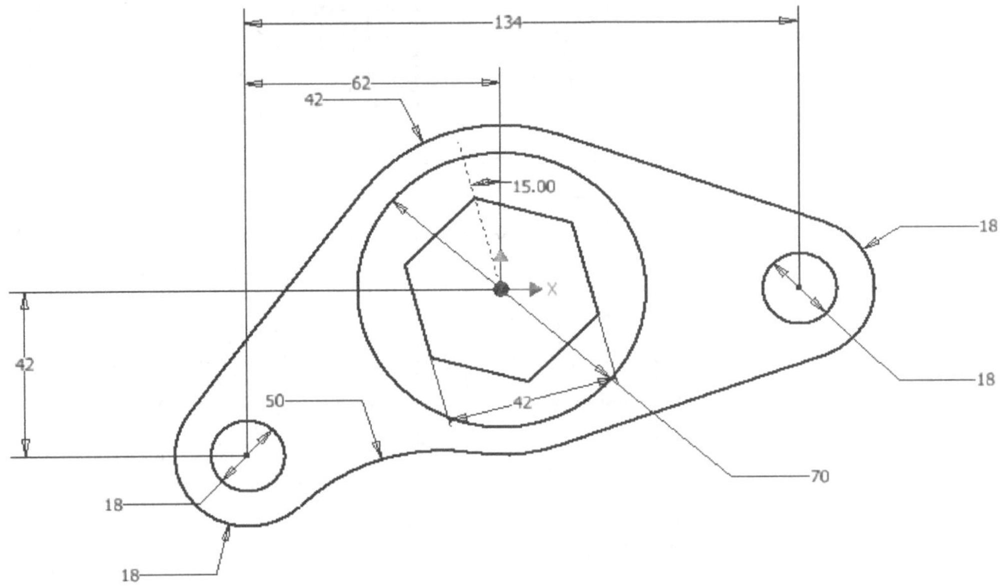

① XZ 평면을 선택하고 [2D 스케치 작성]을 선택하여 다음과 같이 스케치를 한다.

[스케치 예제 2-18]

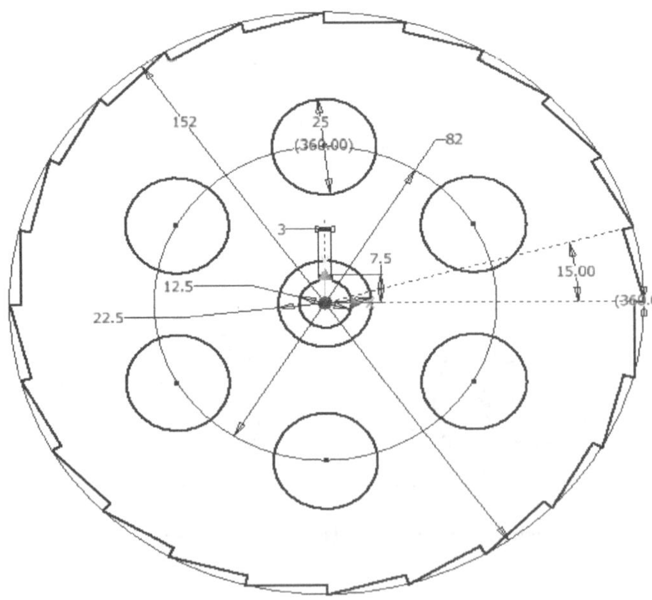

① XZ 평면을 선택하고 [2D 스케치 작성]을 선택하여 다음과 같이 스케치를 한다.

[스케치 예제 2-19]

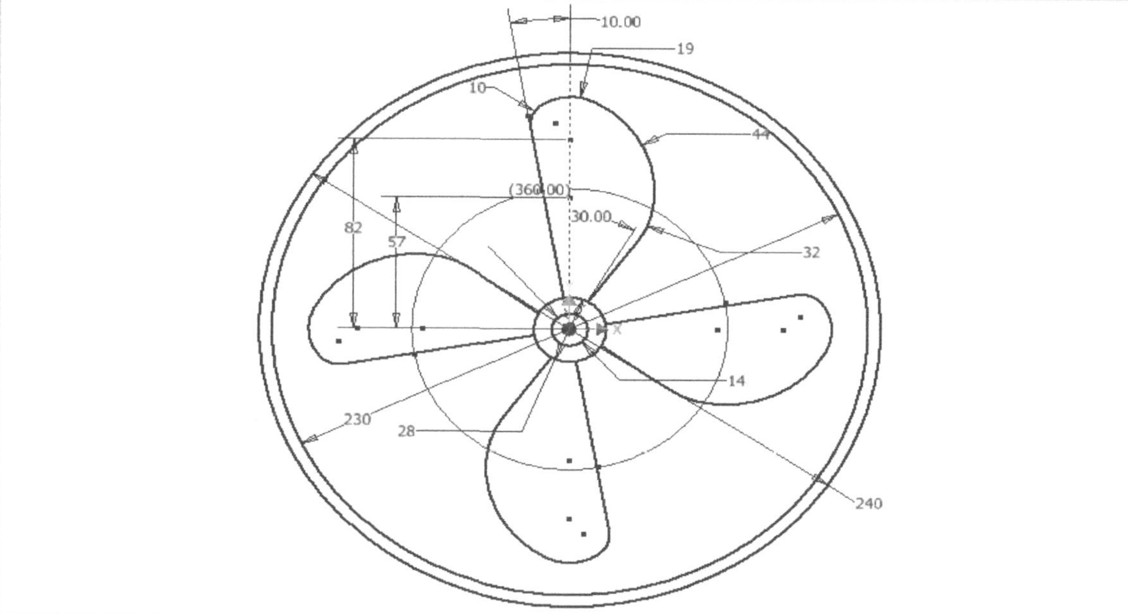

① XZ 평면을 선택하고 [2D 스케치 작성]을 선택하여 다음과 같이 스케치를 한다.

[스케치 예제 2-20]

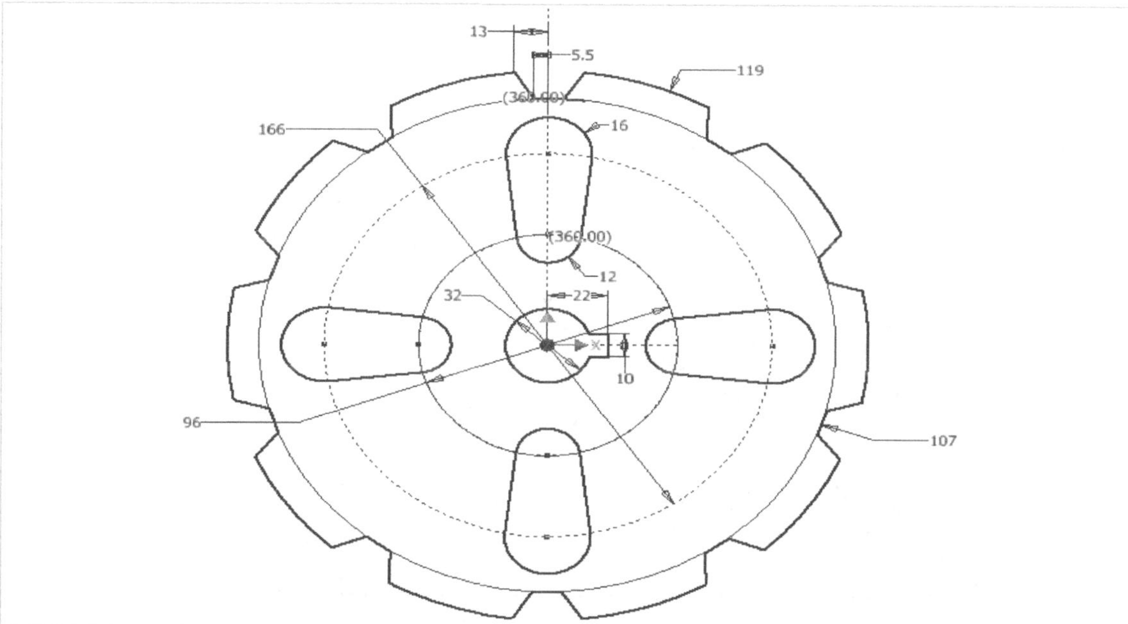

① XZ 평면을 선택하고 [2D 스케치 작성]을 선택하여 다음과 같이 스케치를 한다.

[스케치 예제 2-21]

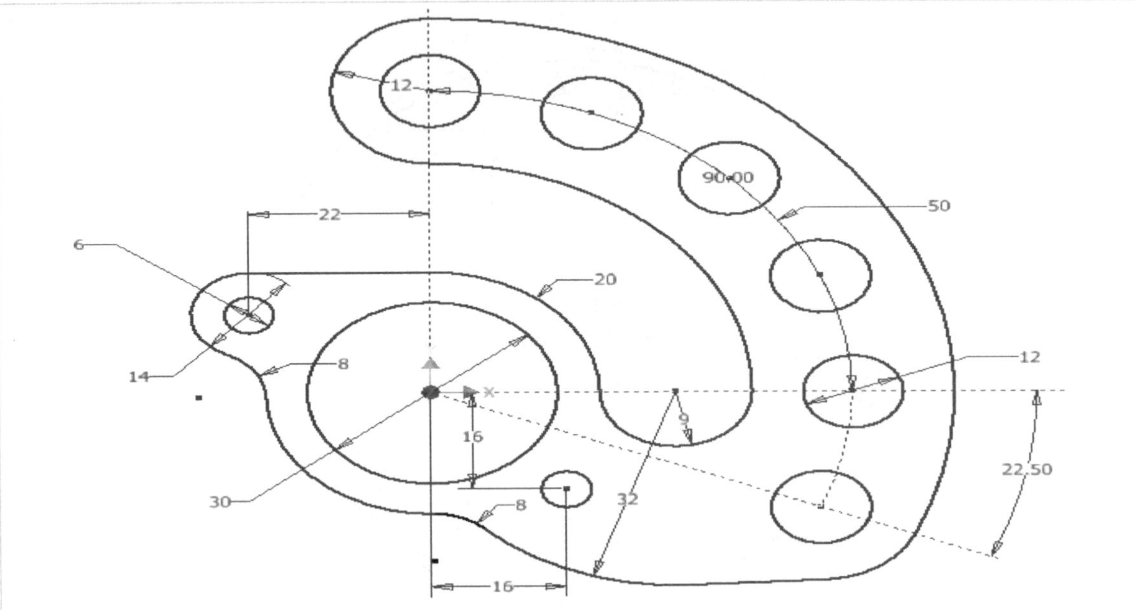

① XZ 평면을 선택하고 [2D 스케치 작성]을 선택하여 다음과 같이 스케치를 한다.

[스케치 예제 2-22]

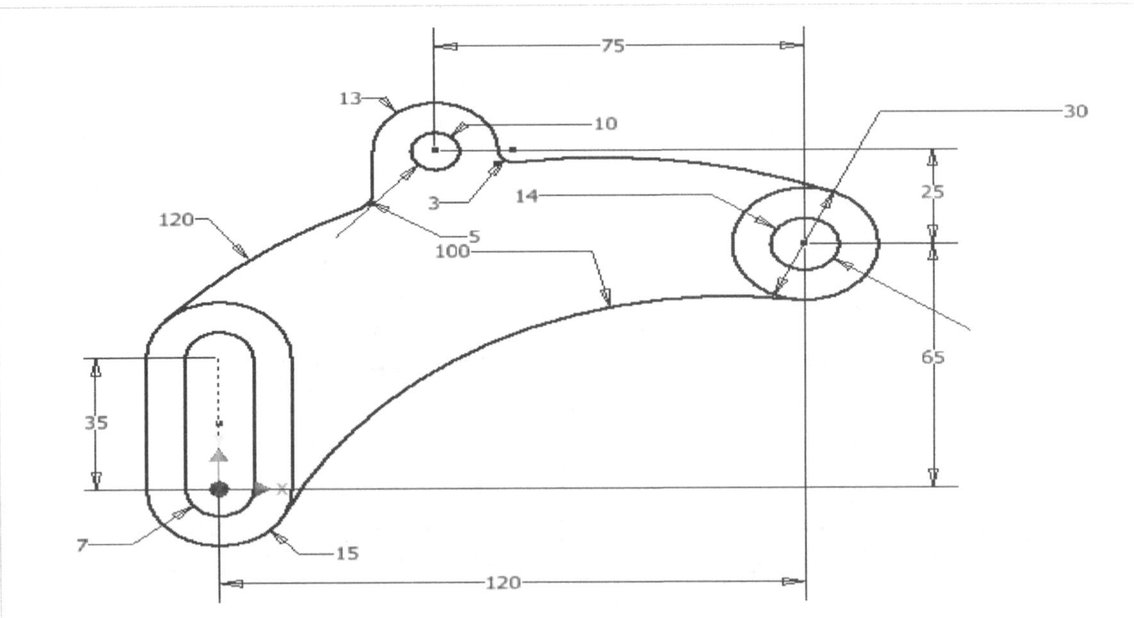

① XZ 평면을 선택하고 [2D 스케치 작성]을 선택하여 다음과 같이 스케치를 한다.

[스케치 예제 2-23]

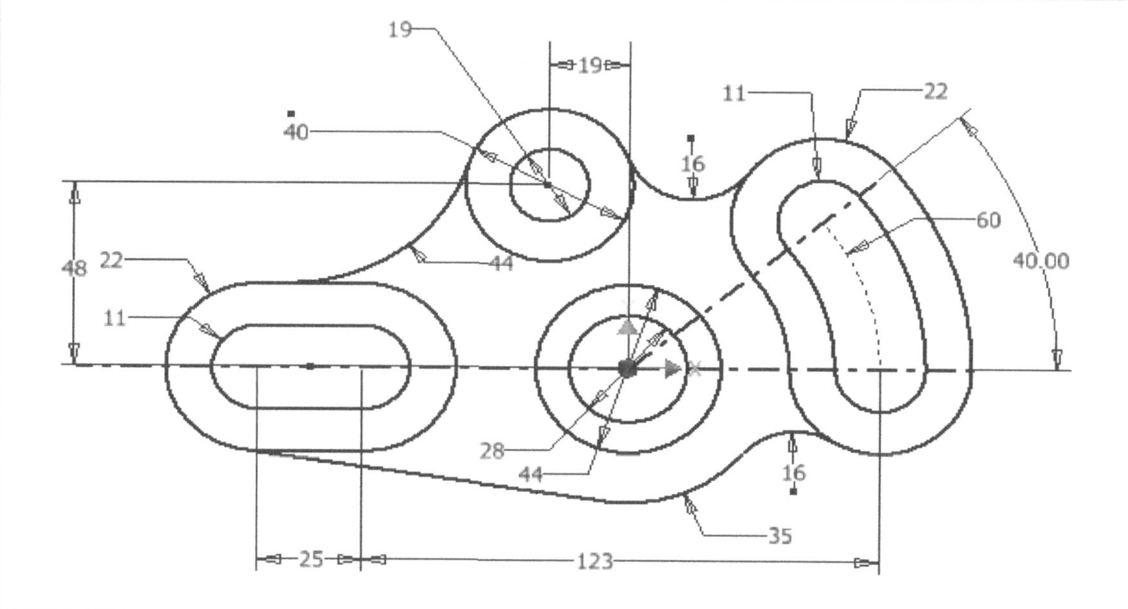

① XZ 평면을 선택하고 [2D 스케치 작성]을 선택하여 다음과 같이 스케치를 한다.

[스케치 예제 2-24]

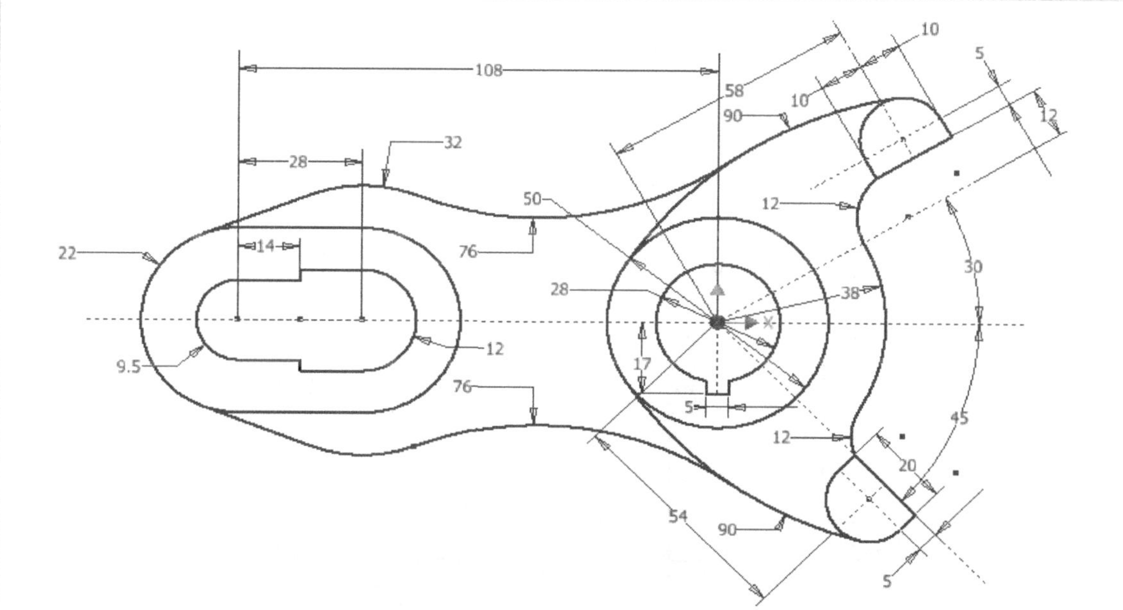

① XZ 평면을 선택하고 [2D 스케치 작성]을 선택하여 다음과 같이 스케치를 한다.

[스케치 예제 2-25]

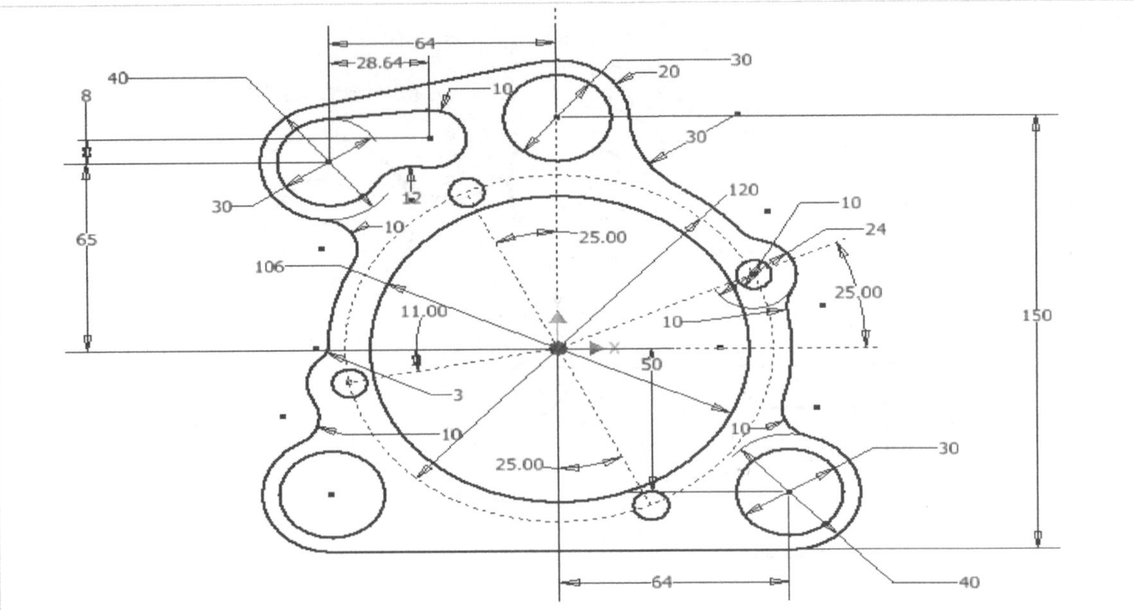

① XZ 평면을 선택하고 [2D 스케치 작성]을 선택하여 다음과 같이 스케치를 한다.

[스케치 예제 2-26]

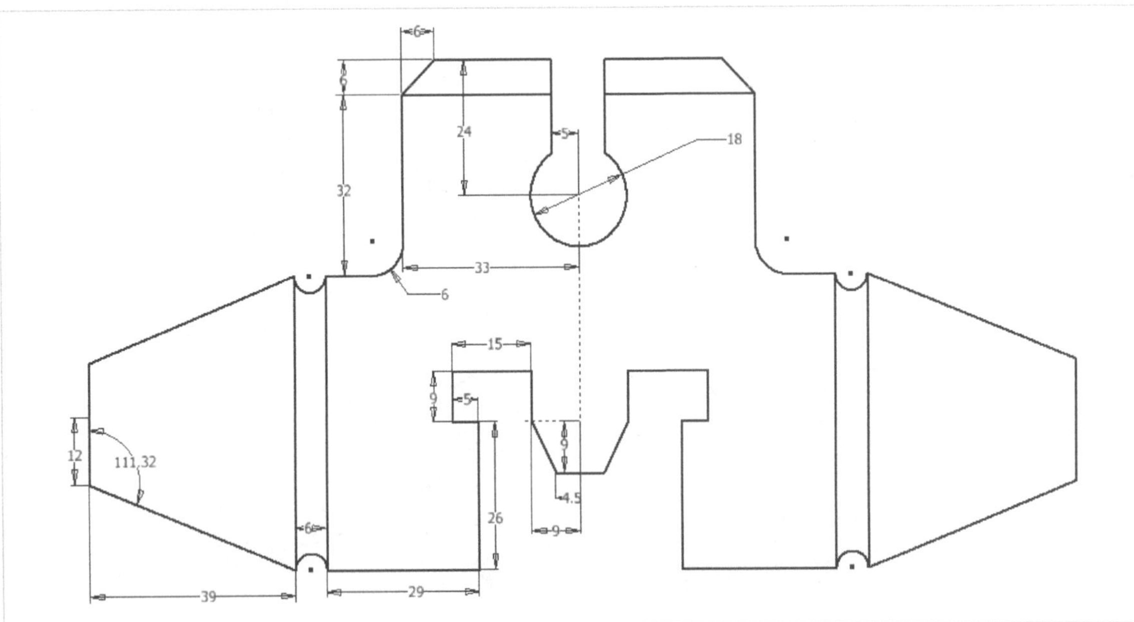

① XZ 평면을 선택하고 [2D 스케치 작성]을 선택하여 다음과 같이 스케치를 한다.

[스케치 예제 2-27]

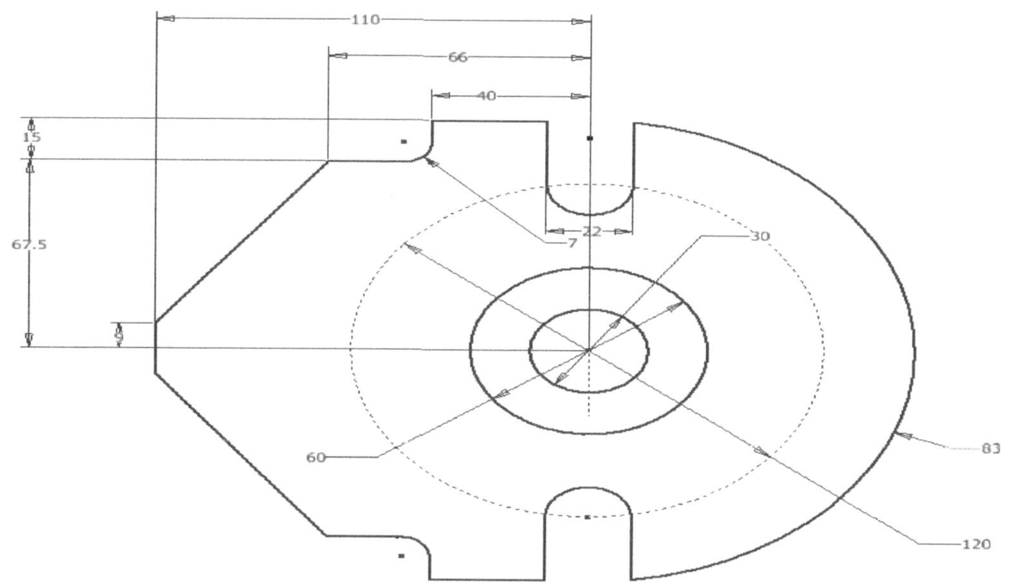

① XZ 평면을 선택하고 [2D 스케치 작성]을 선택하여 다음과 같이 스케치를 한다.

[스케치 예제 2-28]

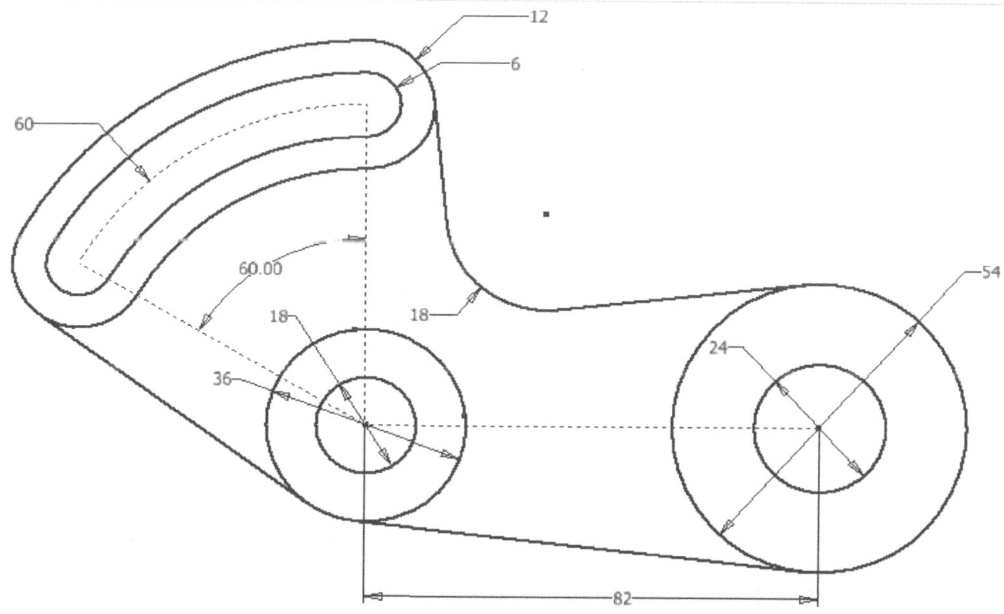

① XZ 평면을 선택하고 [2D 스케치 작성]을 선택하여 다음과 같이 스케치를 한다.

3
Chapter

Inventor Part Modeling

3-1 돌출

스케치를 돌출, 돌출 컷하는 명령이다.

프로파일 : 객체의 영역을 선택 한다.

★ **범위**

- 거리 : 돌출/돌출 컷 거리 값을 지정 한다.
- 다음 면까지 : 객체를 첫 번째 객체 까지 돌출/돌출 컷을 한다.
- 지정면까지 : 돌출/돌출 컷 면을 지 정하면 그 면까지 도달한다.
- 사이 : 첫 번째 지정한 변과 두 번째 지정한 사이만 돌출/돌출 컷을 한다.
- 전체 : 범위를 전체로 적용한다.

★ **방향 전환**

- : 방향을 앞/뒤로 한다.
- : 양방향으로 한다.
- : 방향1과 방향2를 지정한다.

★ **명령**

- 접합(Join) : 스케치 객체를 돌출 한다.
- 차집합 : 스케치 객체를 돌출 컷 을 한다.
- 교집합(Intersect) : 첫 번째 객 체와 두 번째 스케치 객체가 교집합 되는 부분을 남긴다.

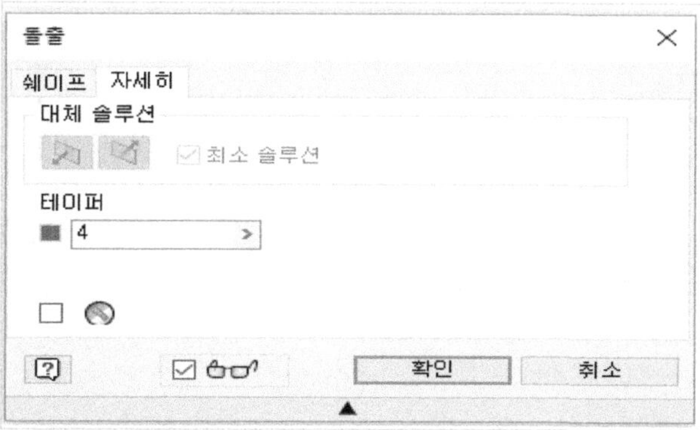

★ **테이퍼 : 구배 각도를 지정한다.**

- 양수 : 바깥쪽으로 구배가 지정된다.
- 음수 : 안쪽으로 구배가 지정된다.

[예제 1] 돌출

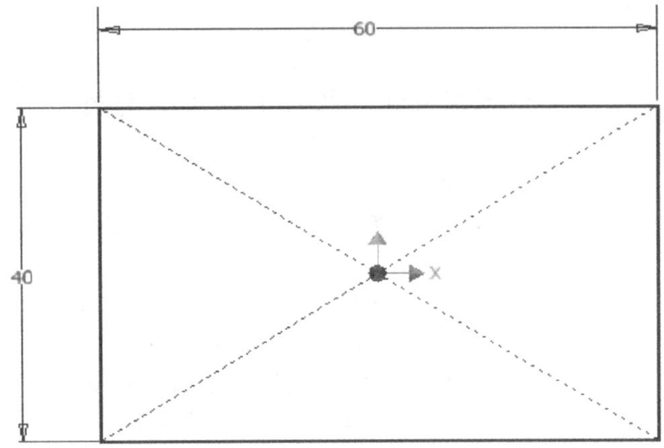

① XY 평면을 선택하고 [2D 스케치 작성]을 선택한다.

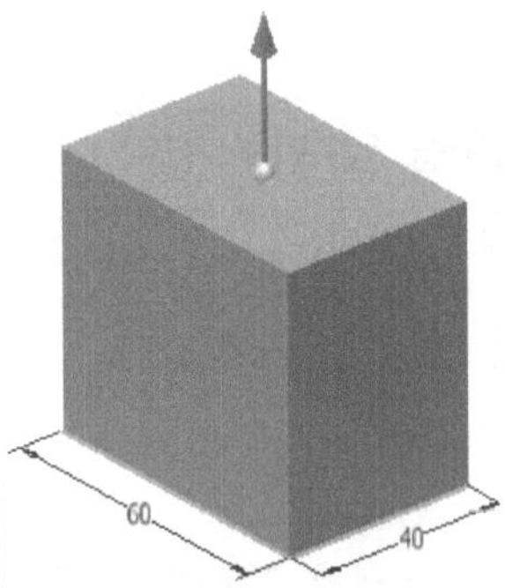

② 돌출을 실행하고 40 mm 돌출을 한다.

- 처음 돌출 작업을 하면 자동으로 새 솔라드( )만이 선택되어 있고 나머지는 비활성화 되어 사용할 수 없다.
- CATIA의 [Insert]-[Body]와 같다.

★ 돌출 결과

[예제 2] 차집합

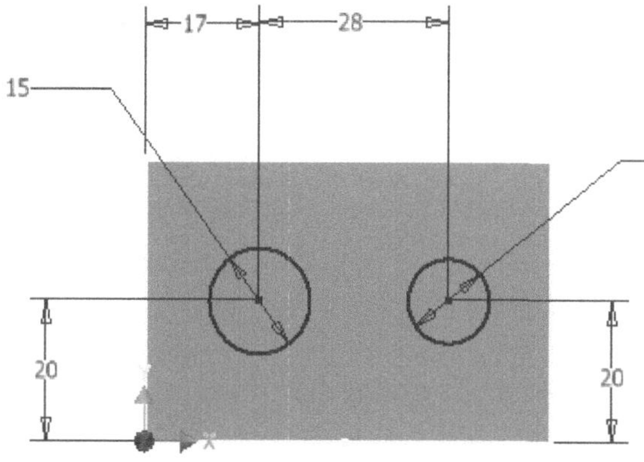

① 돌출1 객체 윗면을 선택하고 [새 스케치 (New Sketch)]를 선택하여 다음과 같이 스케치를 한다.

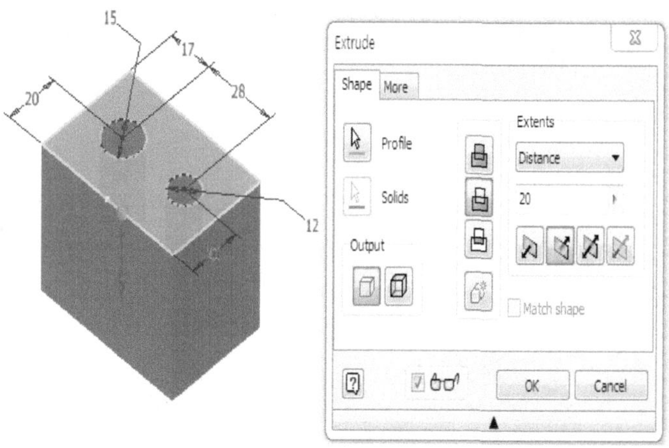

② 돌출을 실행하고 차집합을 선택, 20 mm 돌출 컷을 한다.

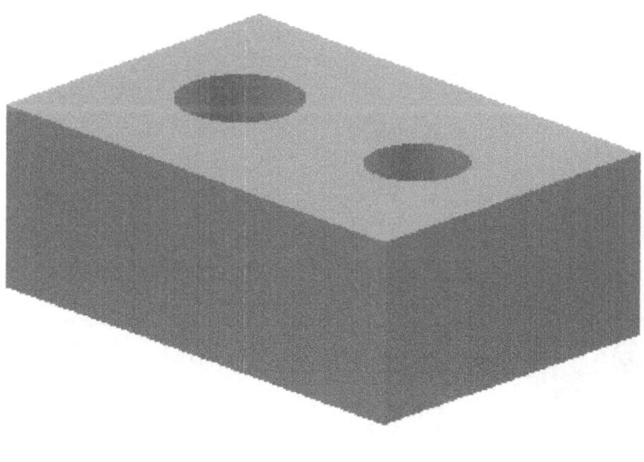

★ **차집합 결과**

[예제 3] 교집합

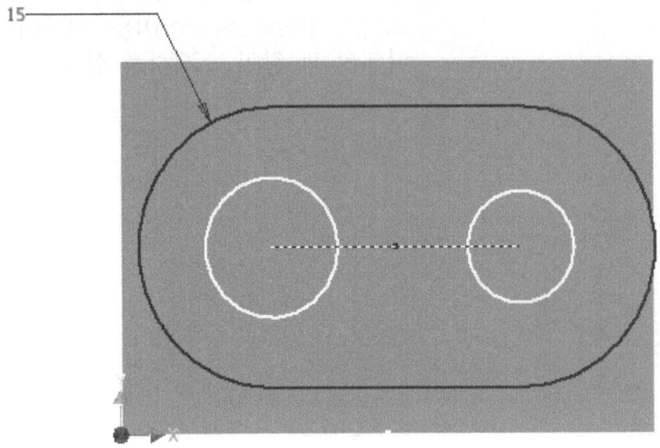

① 돌출1 객체 윗면을 선택하고 [새 스케치 (New Sketch)]를 선택하여 다음과 같이 스케치를 한다.

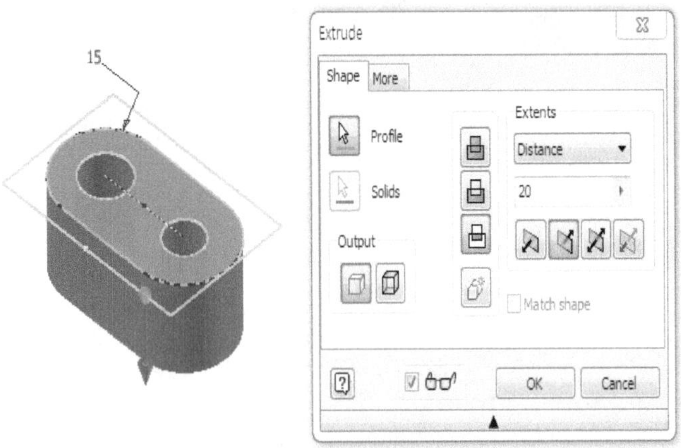

② 돌출을 실행하고 교집합을 선택한다. 교집합 되는 부분만 남는다.

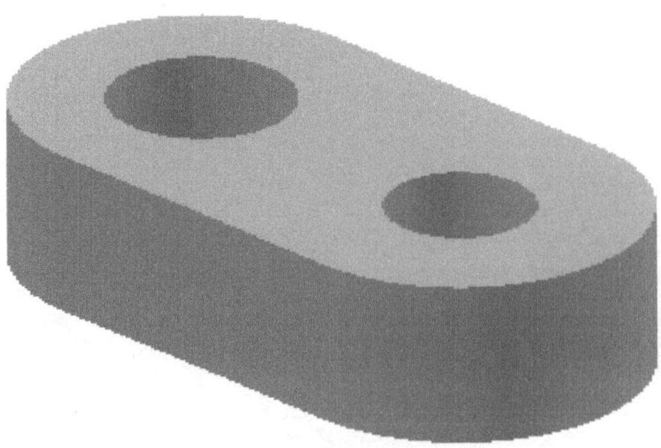

★ **교집합 결과**

[예제 4] 테이퍼-1

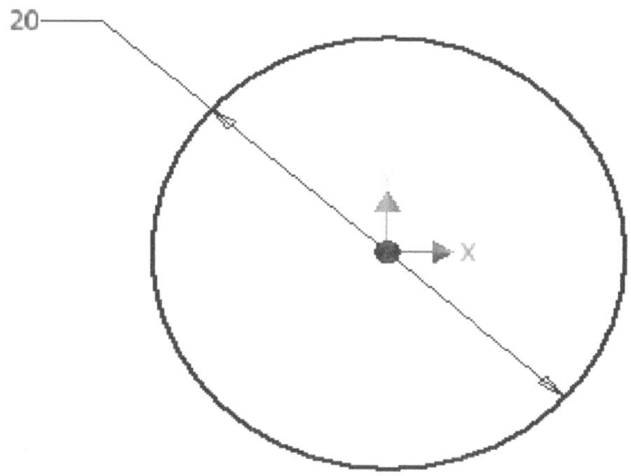

① XY 평면을 선택하고 [2D 스케치 작성]을 선택한다.

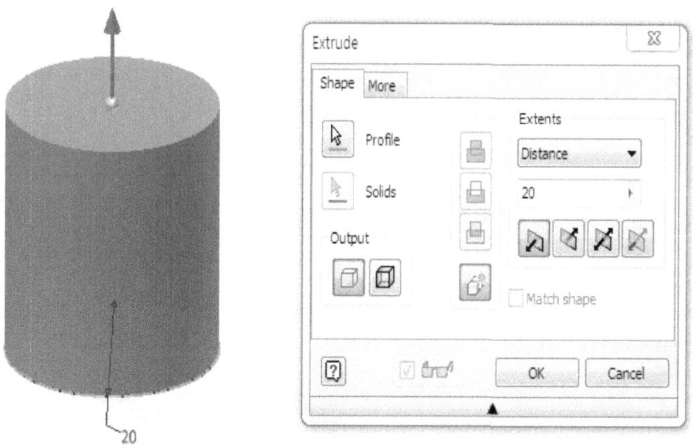

② 돌출을 실행하고 20 mm 돌출을 한다.

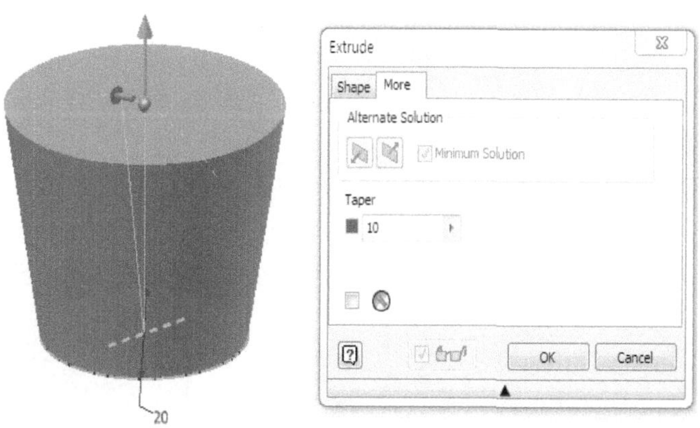

③ [자세히] 탭을 선택하고 데이퍼 : 10도를 지정한다.

<table>
<tr><td></td><td>★ 구배 결과</td></tr>
<tr><td></td><td>★ 구배 결과
구배각도 : -10도</td></tr>
</table>

[예제 5] 테이퍼-2

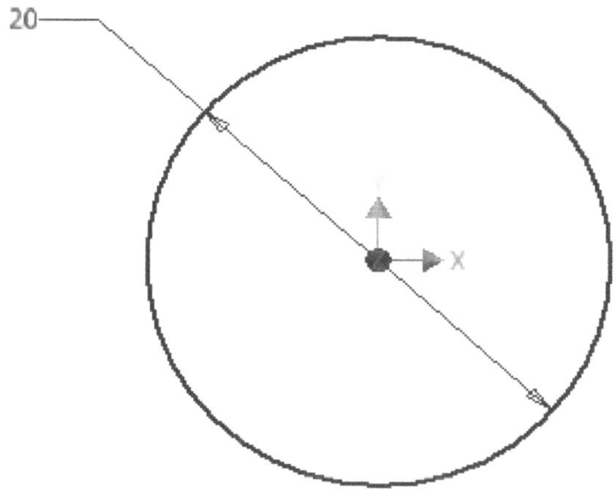

① XY 평면을 선택하고 [2D 스케치 작성]을 선택한다.

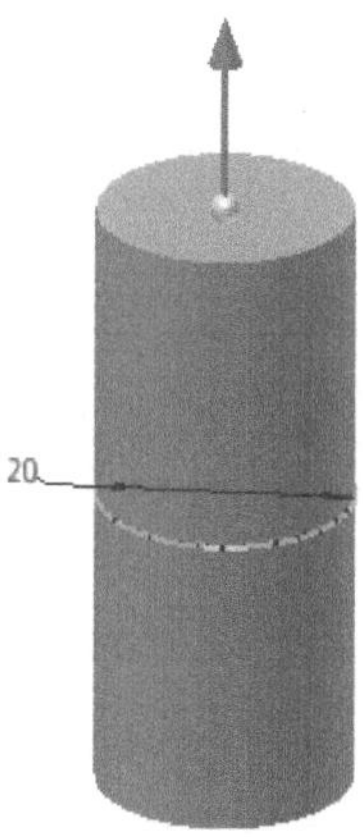

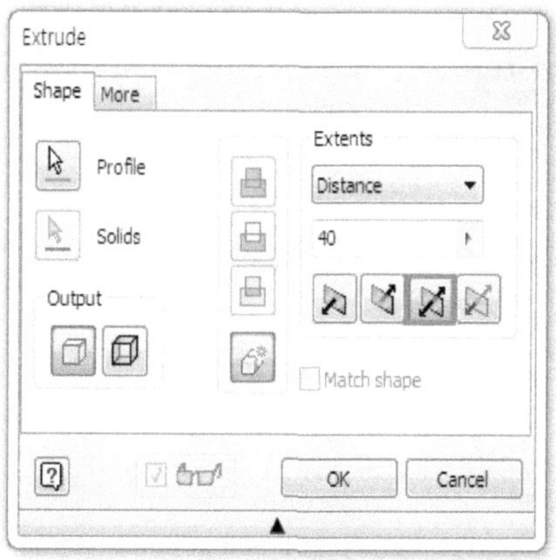

② 돌출을 실행하고 40 mm, 대칭을 지정한다.

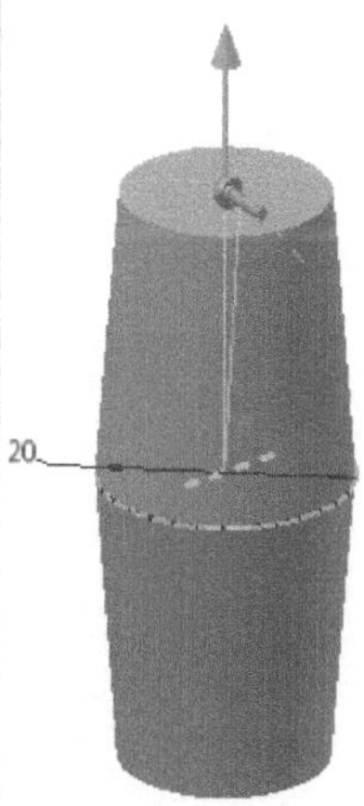

③ [자세히] 탭을 선택하고 테이퍼 : -5도를 지정한다.

★ 구배 결과

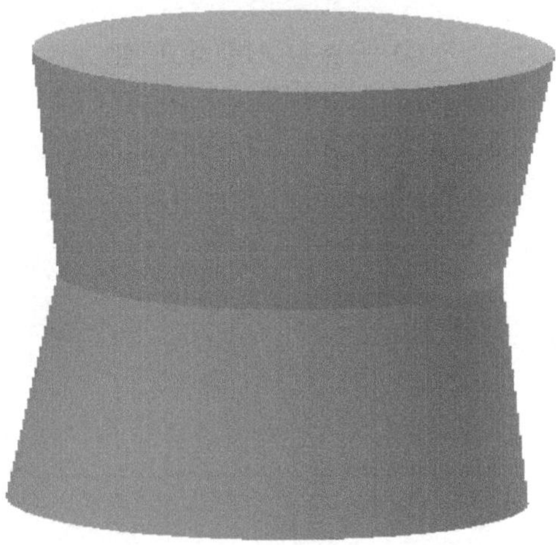

★ 구배 결과
구배각도 : 5도

[돌출 예제1]

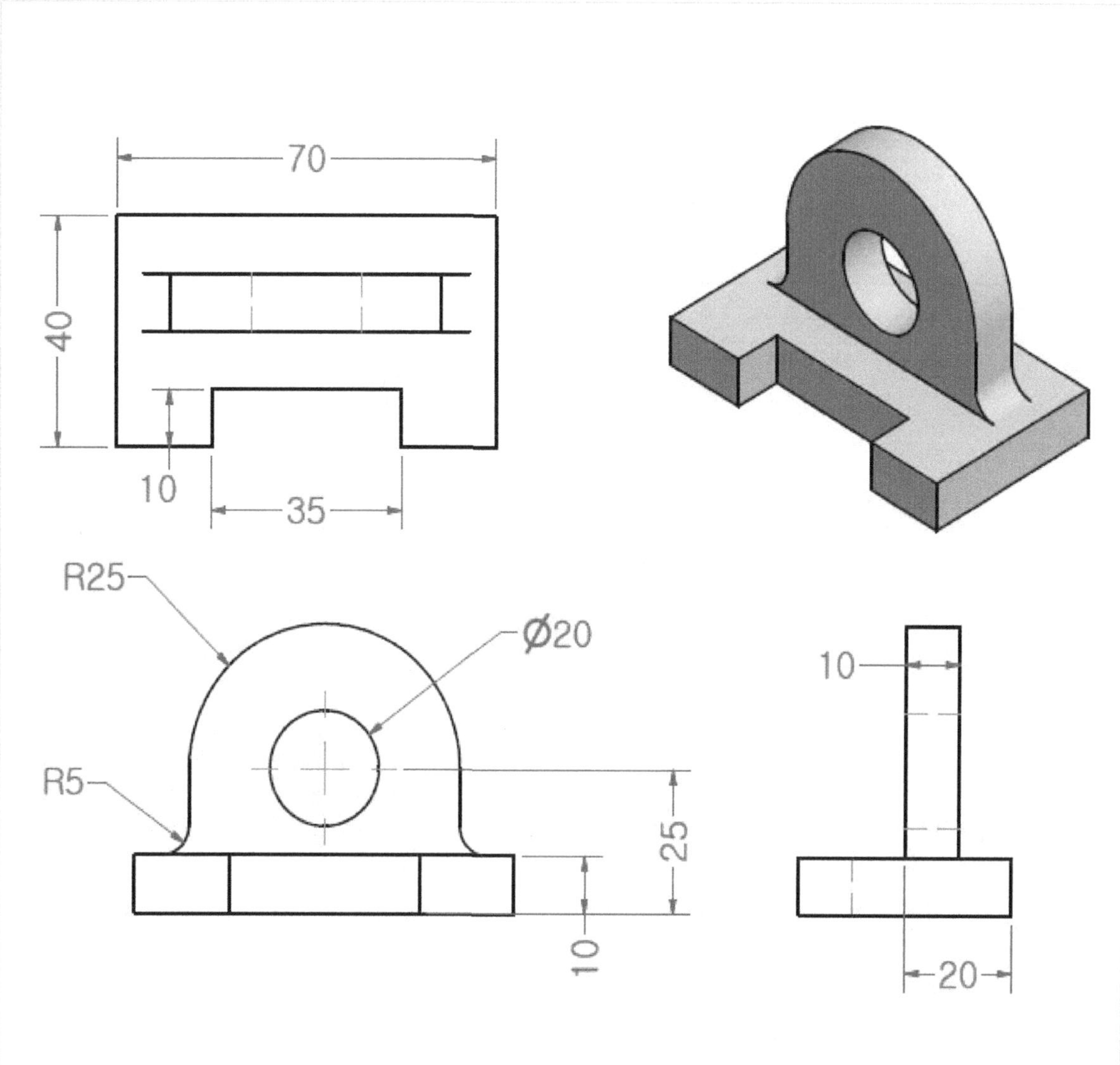
70
40
10
35
R25
Ø20
R5
25
10
10
20

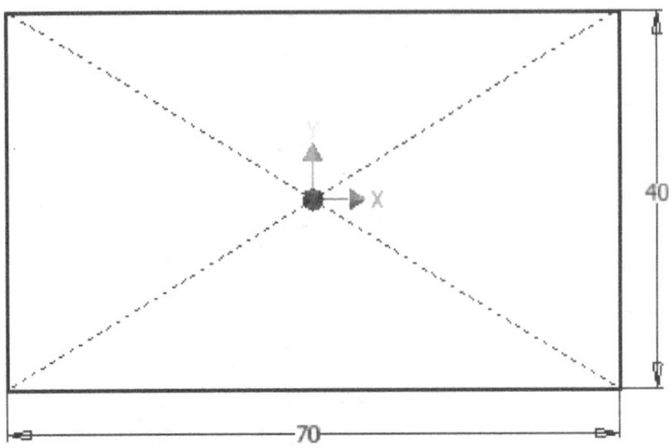

① XY 평면을 선택하고 [2D 스케치 작성]을 선택하여 다음과 같이 스케치를 한다.

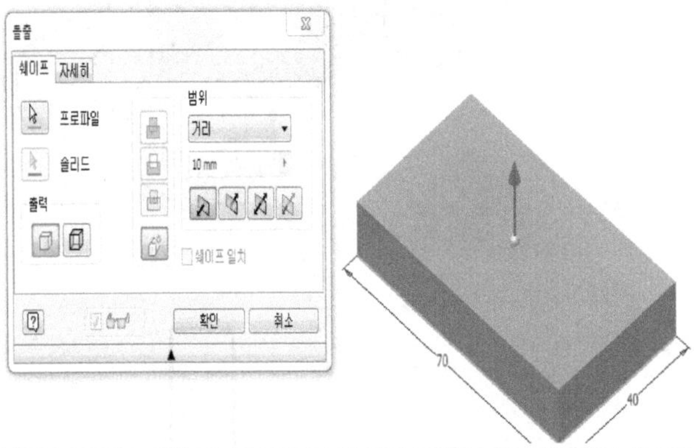

② 돌출을 실행하고 10 mm 돌출을 한다.

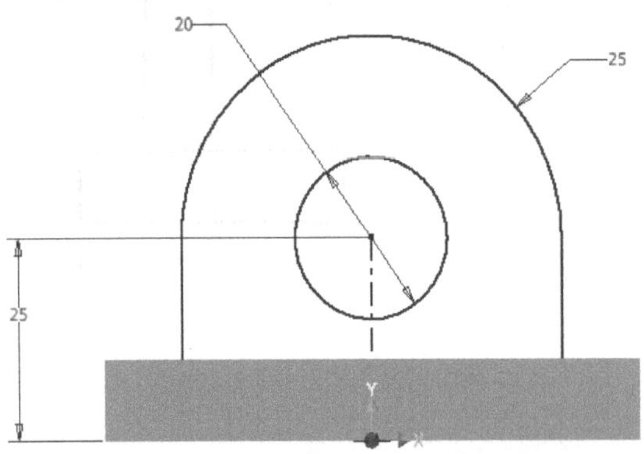

③ XZ 평면을 선택하고 [새 스케치(New Sketch)]를 선택하여 다음과 같이 스케치를 한다.

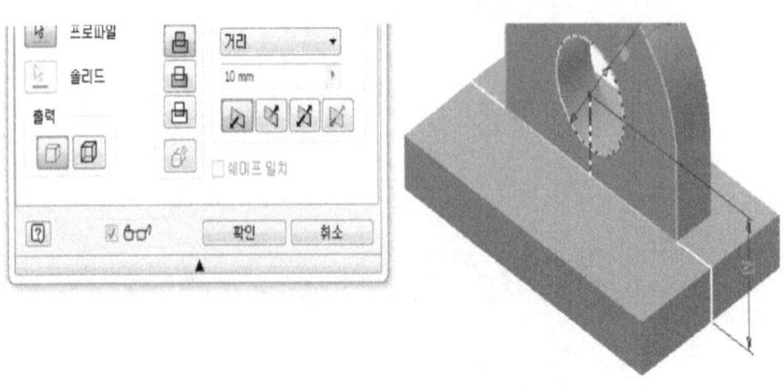

④ 돌출을 실행하고 10 mm 돌출을 한다.

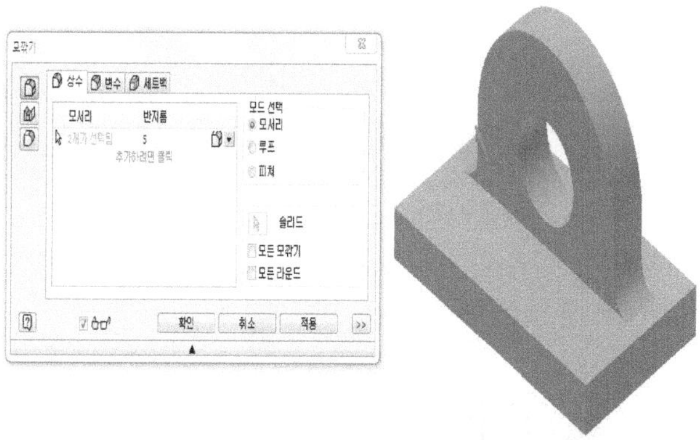

⑤ 모깎기를 실행하고 반경 : 5 mm로 필렛을 한다.

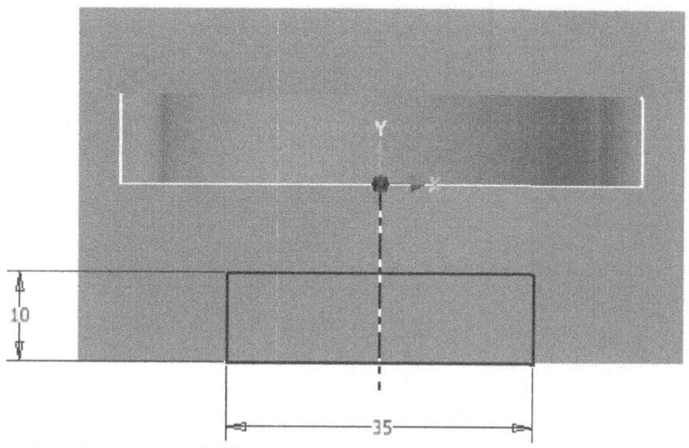

⑥ 돌출1의 윗면을 선택하고 [새 스케치]를 선택하여 다음과 같이 스케치를 한다.

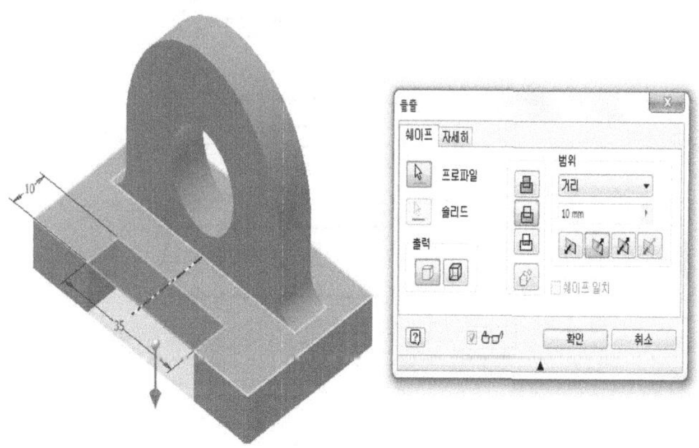

⑦ 돌출을 실행하고 차집합을 선택, 10 mm 돌출 컷을 한다.

★ **완성 결과**

⑧ 파트 예제1.ipt로 저장한다.

[돌출 예제2]

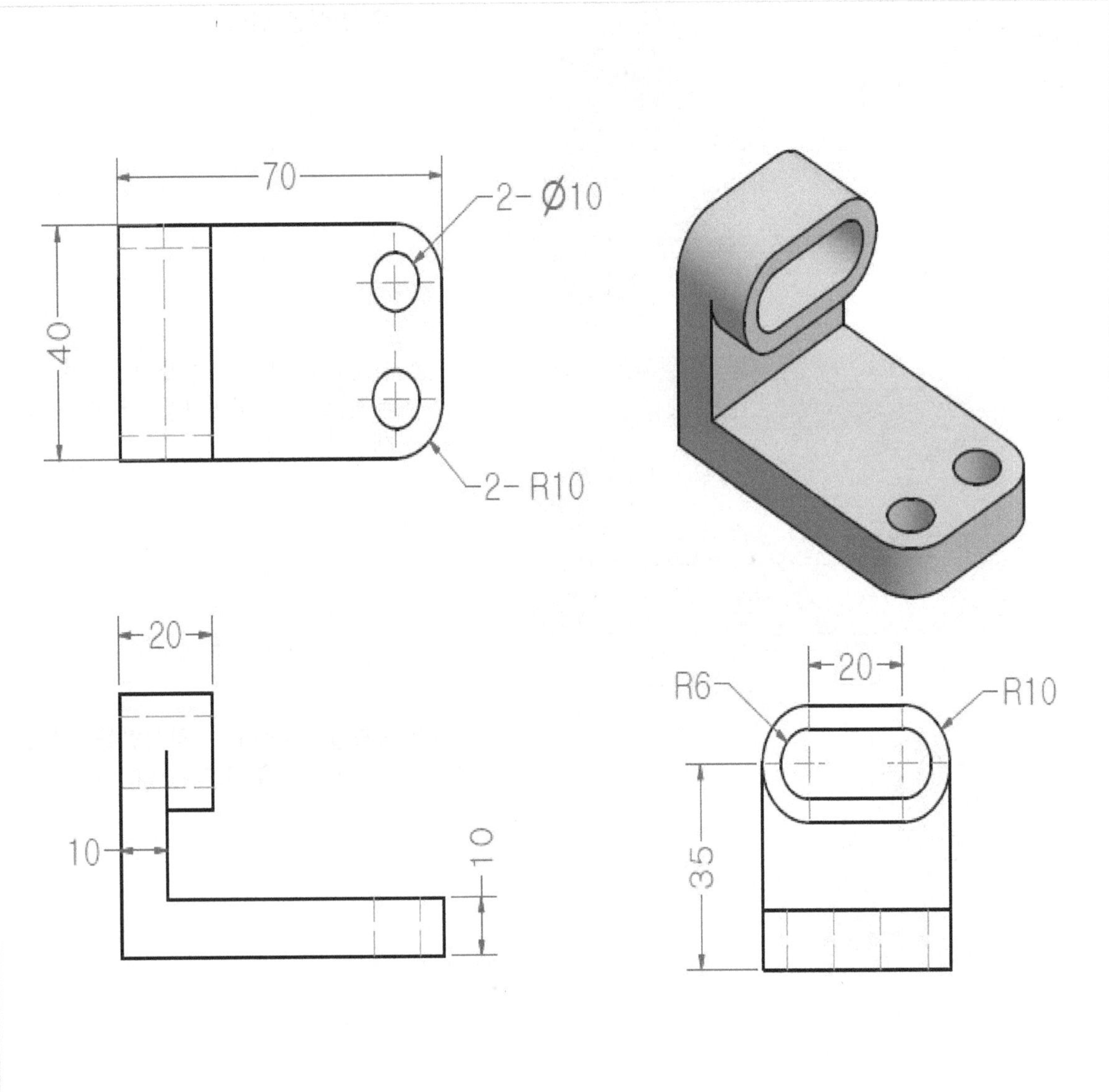
70
2-Ø10
40
2-R10
20
10
10
R6
20
R10
35

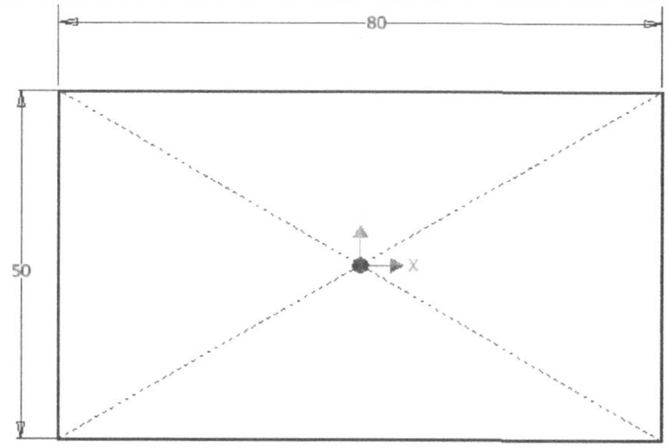	① XY 평면을 선택하고 [2D 스케치 작성]을 선택하여 다음과 같이 스케치를 한다.
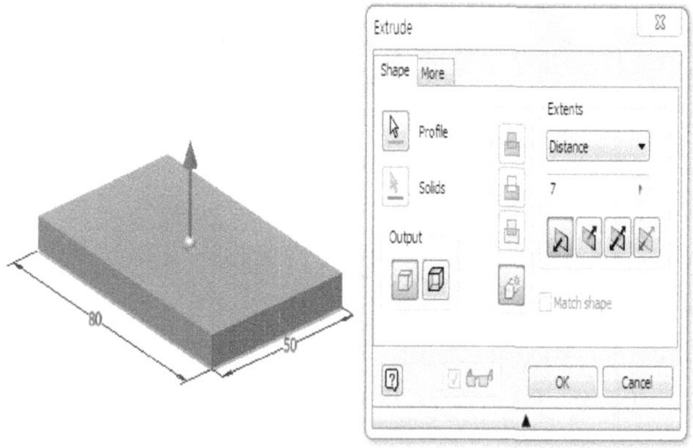	② 돌출을 실행하고 7 mm 돌출을 한다.
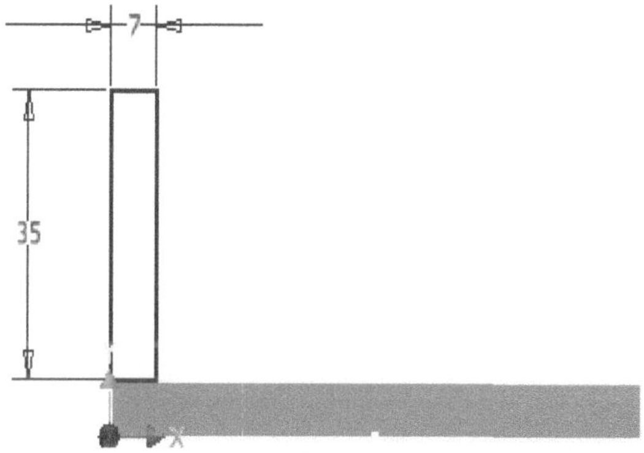	③ 돌출1의 앞면을 선택하고 [새 스케치]를 선택하여 다음과 같이 스케치를 한다.
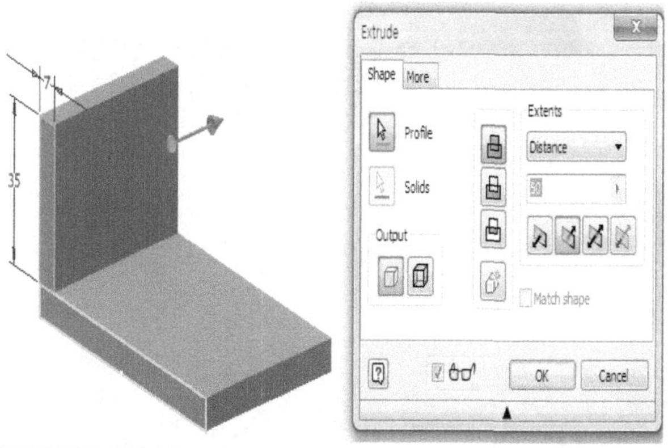	④ 돌출을 실행하고 접합을 선택, 50 mm 돌출을 한다.

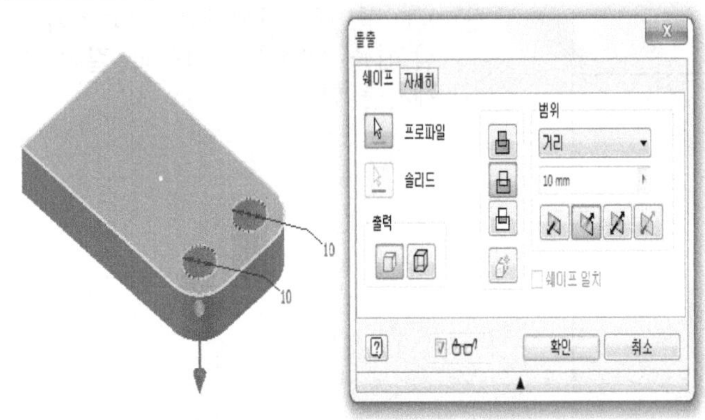

⑤ 돌출을 실행하고 차집합을 선택, 10 mm 돌출 컷을 한다.

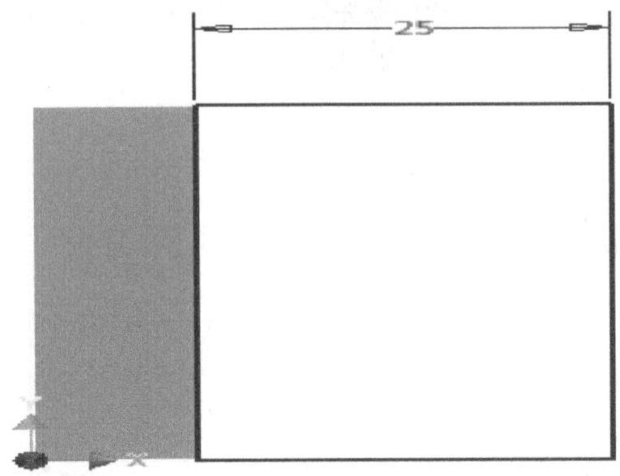

⑥ 돌출1의 좌측면을 선택하고 [새 스케치]를 선택하여 다음과 같이 스케치를 한다.

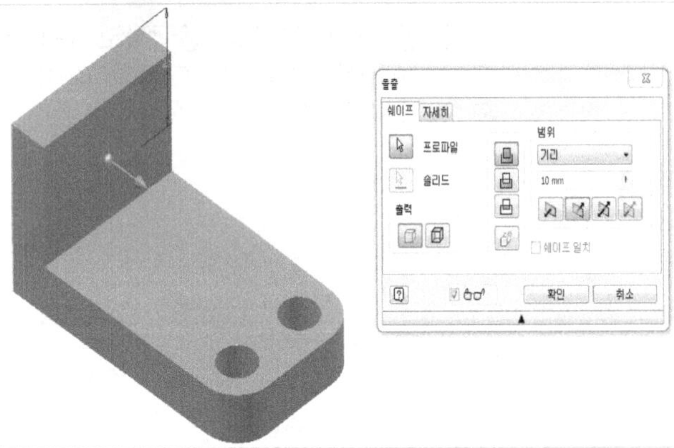

⑦ 돌출을 실행하고 10 mm 돌출을 한다.

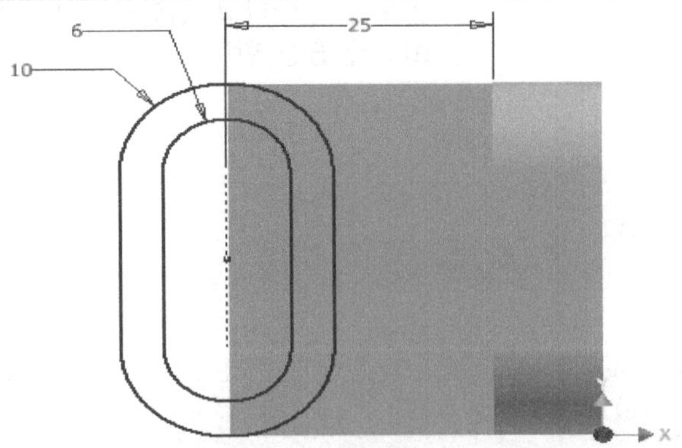

⑧ 돌출2의 우측면을 선택하고 [새 스케치]를 선택하여 다음과 같이 스케치를 한다.

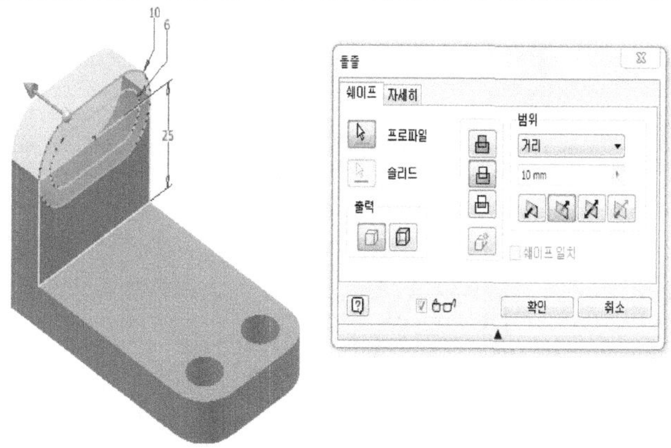	⑨ 돌출을 실행하고 차집합을 선택, 10 mm 돌출 컷을 한다.
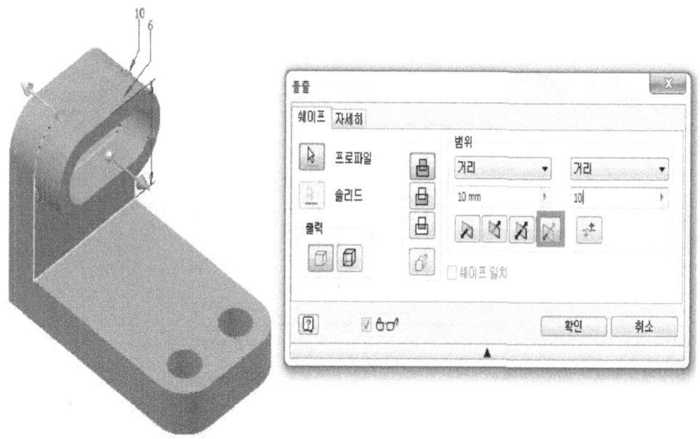	⑩ 스케치2를 [가시성]을 선택하여 보이게 한다. ⑪ 돌출을 실행하고 방향1 : 10 mm, 방향2 : 10 mm를 지정하여 돌출을 한다.
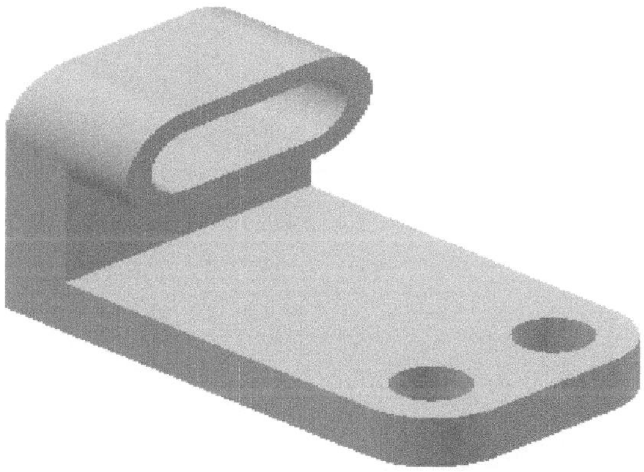	**★ 완성 결과** ⑫ 파트 예제1.ipt로 저장한다.

[돌출 예제3]

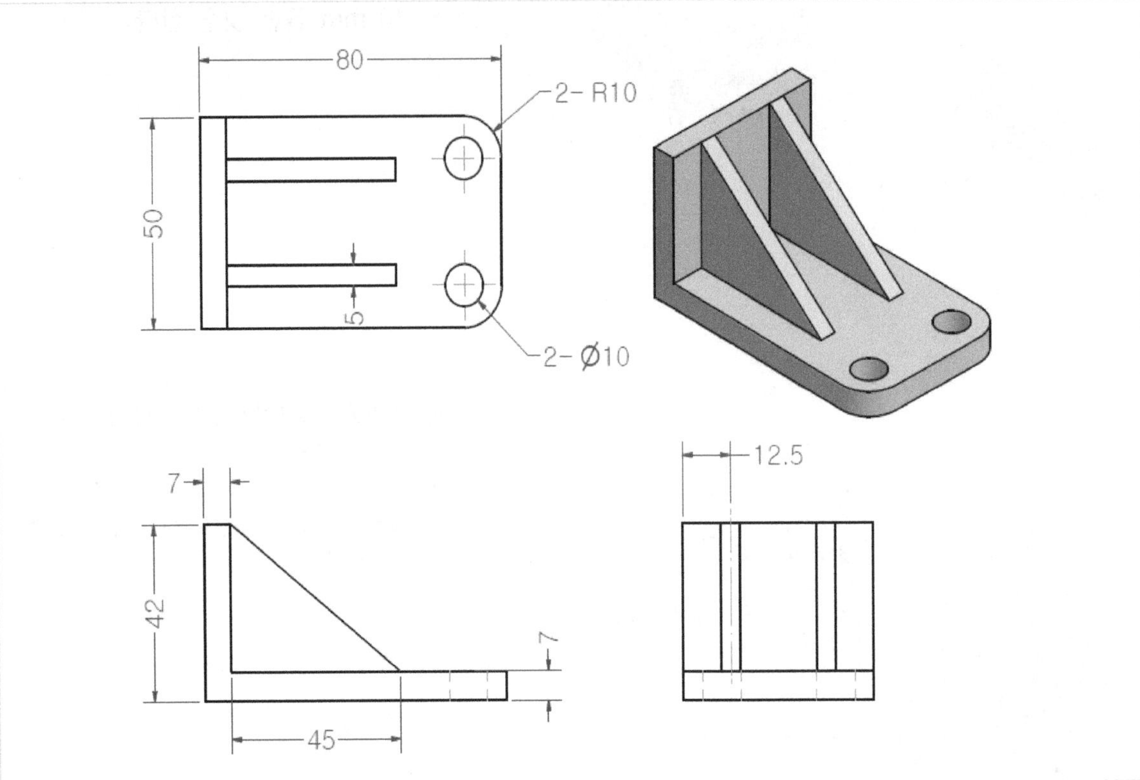
80
2- R10
50
5
2- Ø10
7
42
7
45
12.5

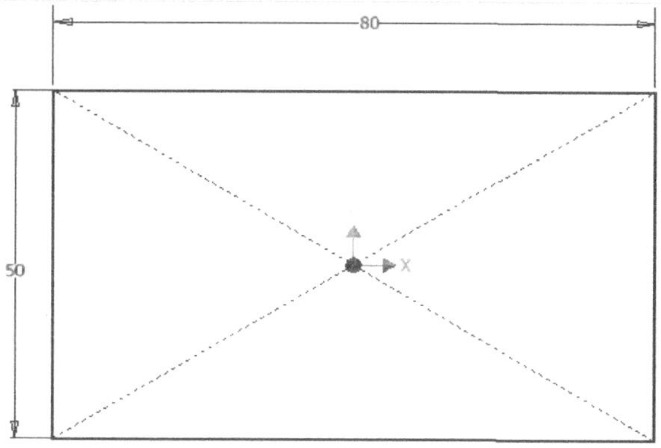

① XY 평면을 선택하고 [2D 스케치 작성]을 선택하여 다음과 같이 스케치를 한다.

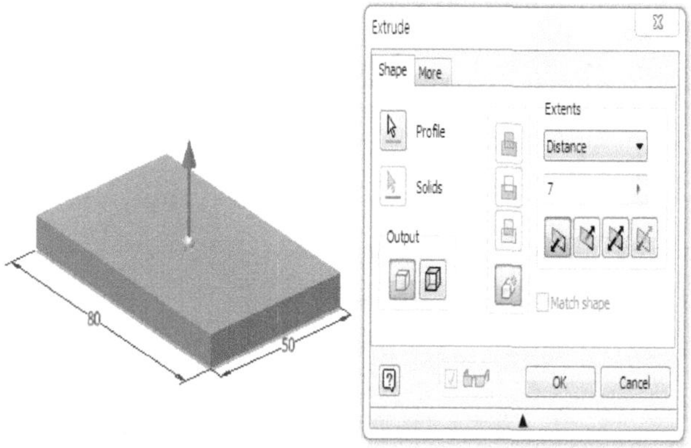

② 돌출을 실행하고 7 mm 돌출을 한다.

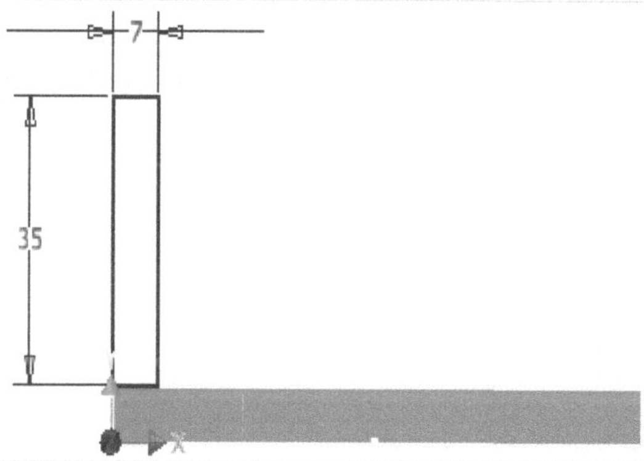

③ 돌출1의 앞면을 선택하고 [새 스케치]를 선택하여 다음과 같이 스케치를 한다.

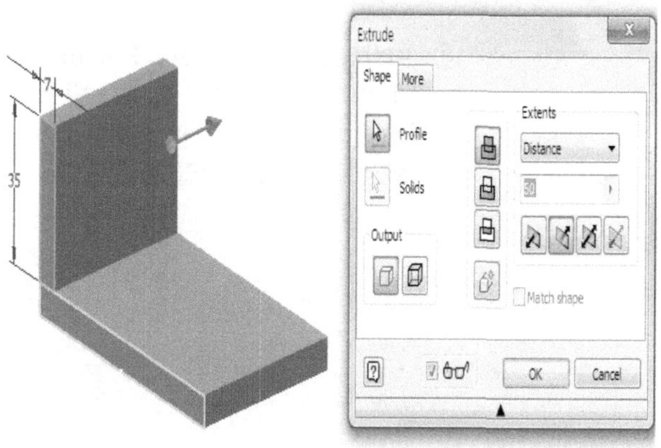

④ 돌출을 실행하고 접합을 선택, 50 mm 돌출을 한다.

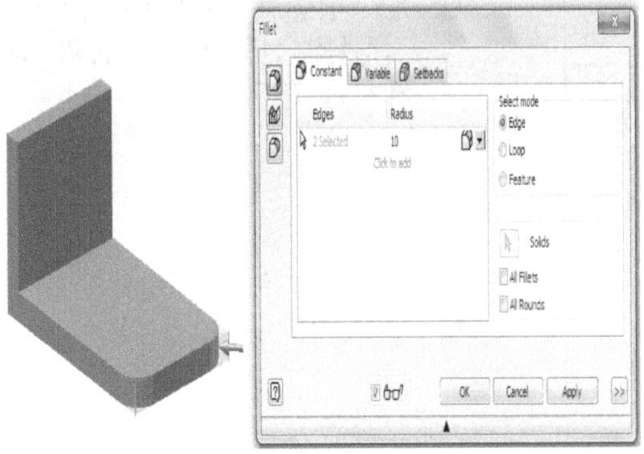

⑤ 모깎기를 실행하고 반경 : 10 mm 로 필렛을 한다.

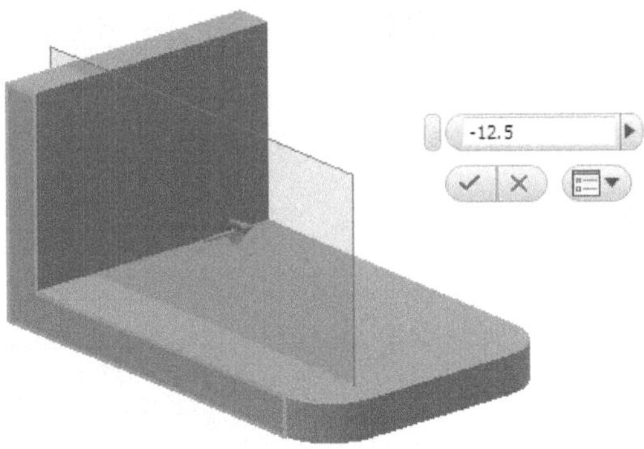

⑥ 평면 간격띄우기를 실행하고 돌출1 객체의 앞면을 기준으로 -12.5 mm 위치에 평면을 생성한다.

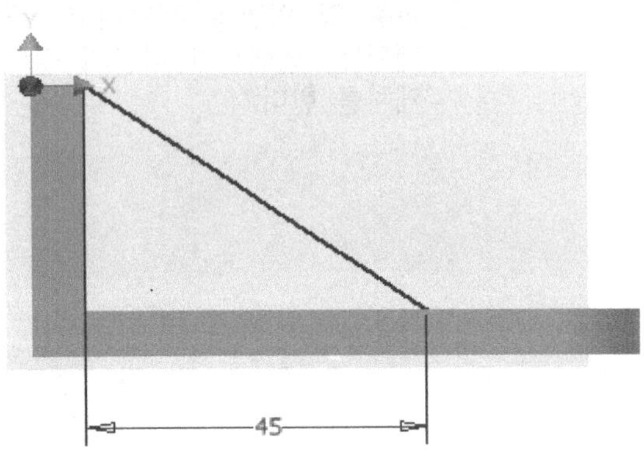

⑦ 평면1을 선택하고 [새 스케치]를 선택하여 다음과 같이 스케치를 한다.

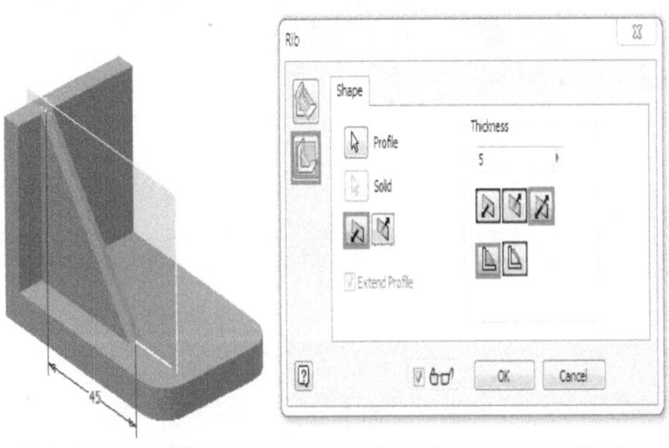

⑧ 보강대를 실행하고 Parallel to Sketch Plane을 선택, 방향 : Direction1, Thickness : 5 mm, 양방향, 다음까지를 지정한다.

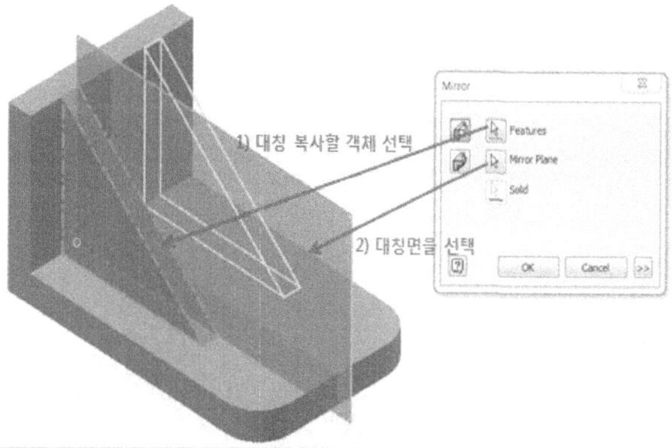

⑨ 대칭을 실행하고 대칭면 : XZ 평면을 선택, 보강대 객체를 대칭복사 한다.

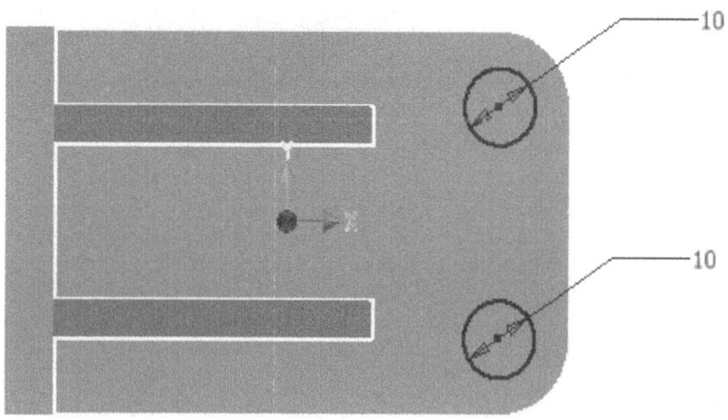

⑩ 돌출1의 윗면을 선택하고 [새 스케치]를 선택하여 다음과 같이 스케치를 한다.

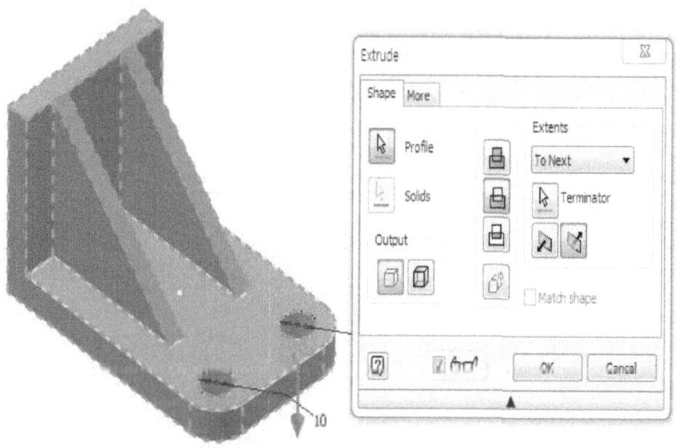

⑪ 돌출을 실행하고 차집합을 선택, 다음까지(To Next)를 지정하여 돌출 컷을 한다.

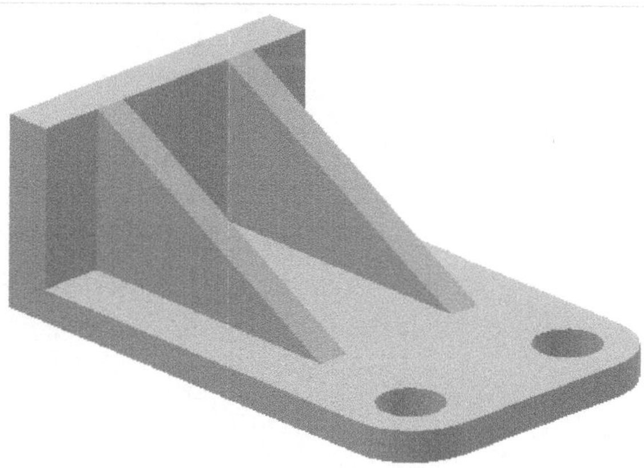

★ 완성 결과

⑫ 파트 예제3.ipt로 저장한다.

[돌출 예제4]

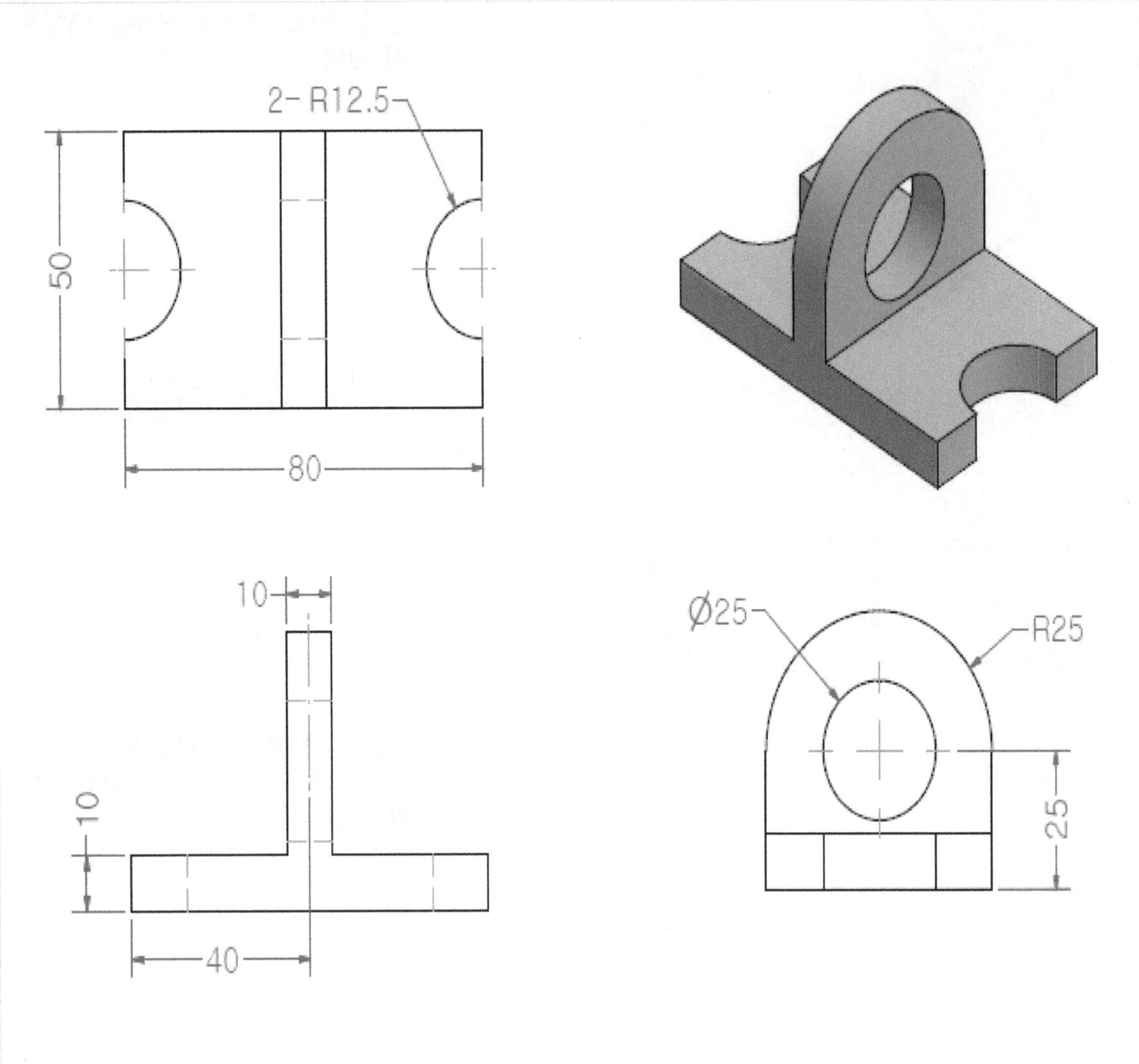
2- R12.5
50
80
10
10
40
Ø25
R25
25

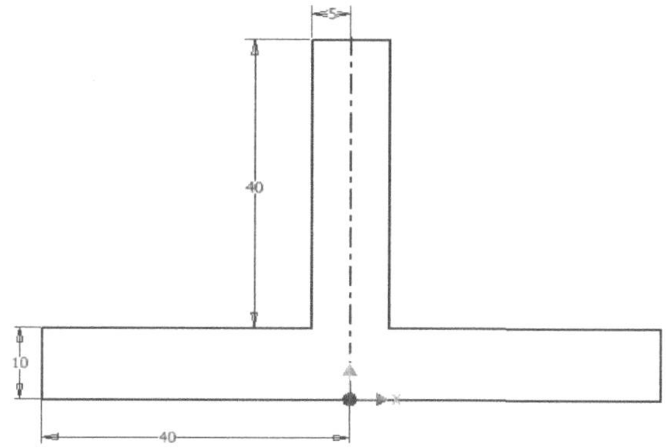	① XZ 평면을 선택하고 [2D 스케치 작성]을 선택하여 다음과 같이 스케치를 한다.
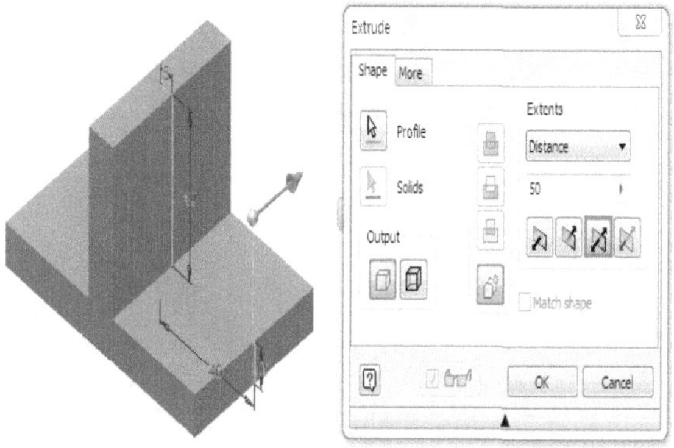	② 돌출을 실행하고 50 mm, 대칭을 지정하여 돌출을 한다.
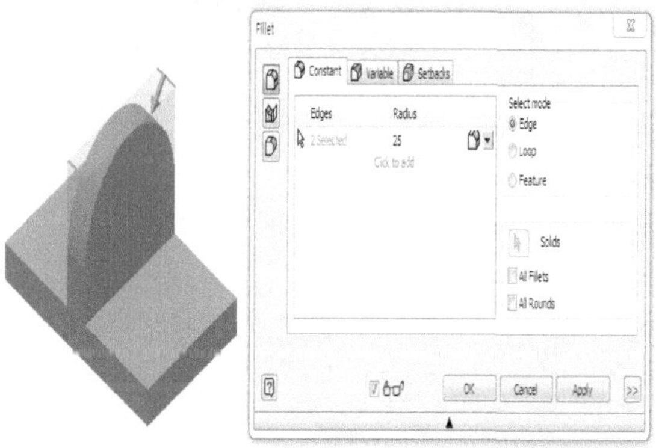	③ 모깎기를 실행하고 반경 : 25 mm로 필렛을 한다.
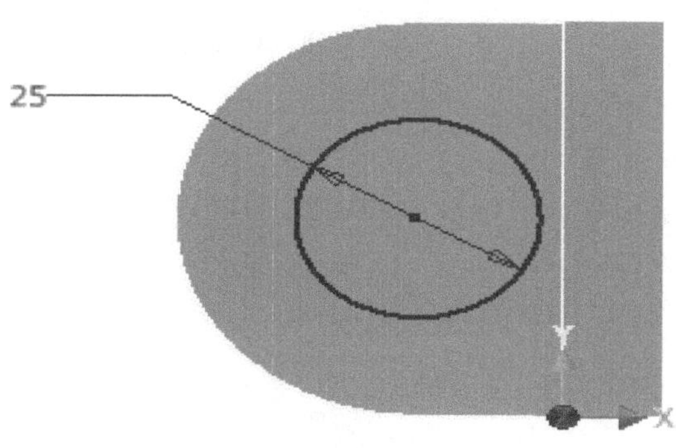	④ 돌출2의 우측면을 선택하고 [새 스케치]를 선택하여 다음과 같이 스케치를 한다.

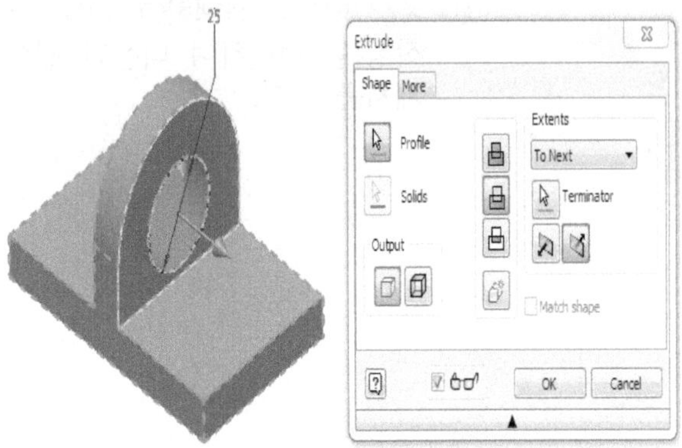

⑤ 돌출을 실행하고 차집합을 선택, 다음까지를 지정하여 돌출 컷을 한다.

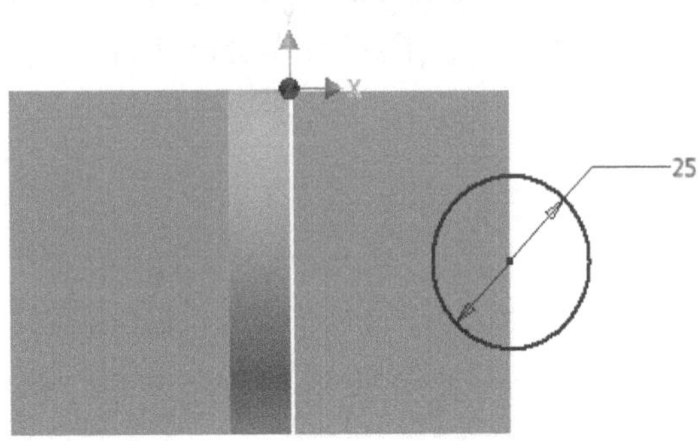

⑥ 돌출1의 윗면을 선택하고 [새 스케치]를 선택하여 다음과 같이 스케치를 한다.

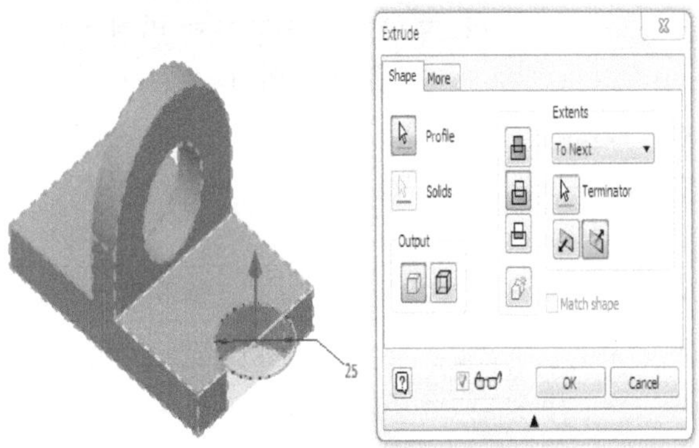

⑦ 돌출을 실행하고 차집합을 선택, 다음까지를 지정하여 돌출 컷을 한다.

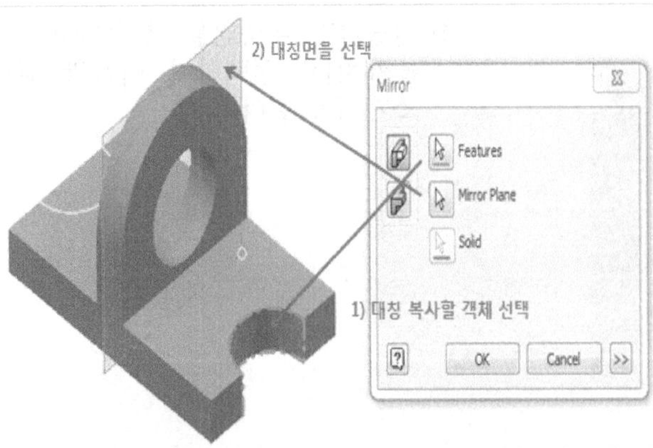

⑧ 대칭을 실행하고 대칭면 : YZ 평면을 선택, 보강대 객체를 대칭복사 한다.

★ **완성 결과**

⑨ 파트 예제4.ipt로 저장한다.

[돌출 예제5]

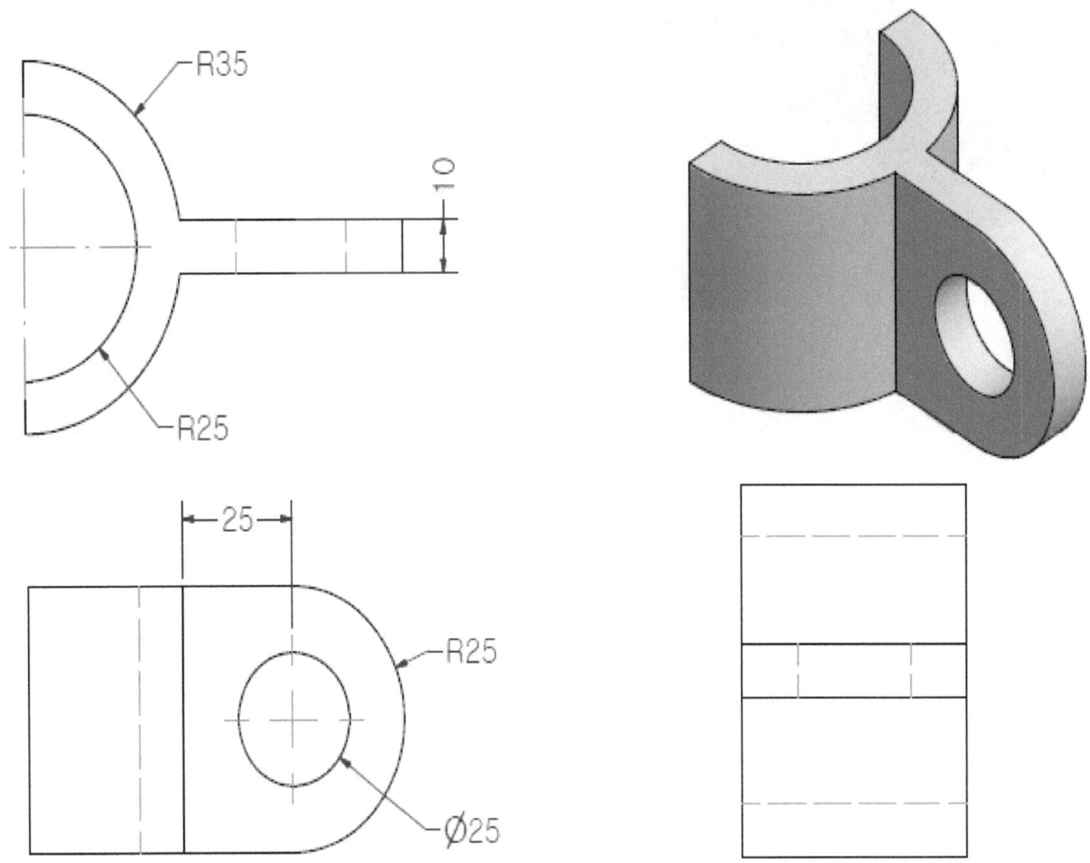
R35
10
R25
25
R25
Ø25

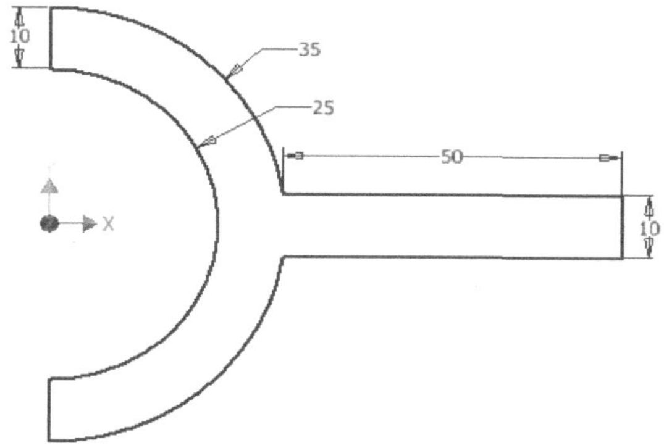

① XY 평면을 선택하고 [2D 스케치 작성]을 선택하여 다음과 같이 스케치를 한다.

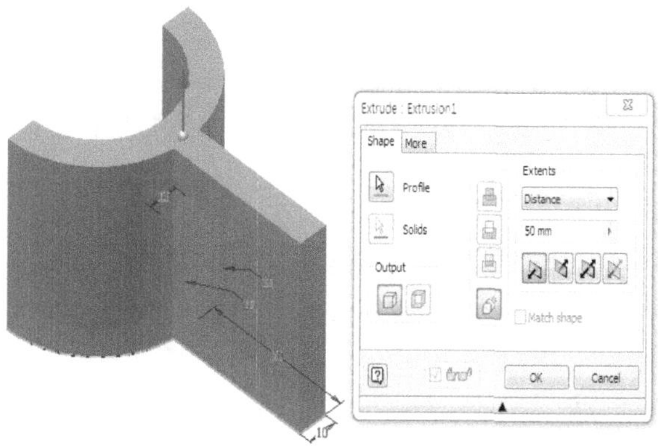

② 돌출(을 실행하고 50 mm 돌출을 한다.

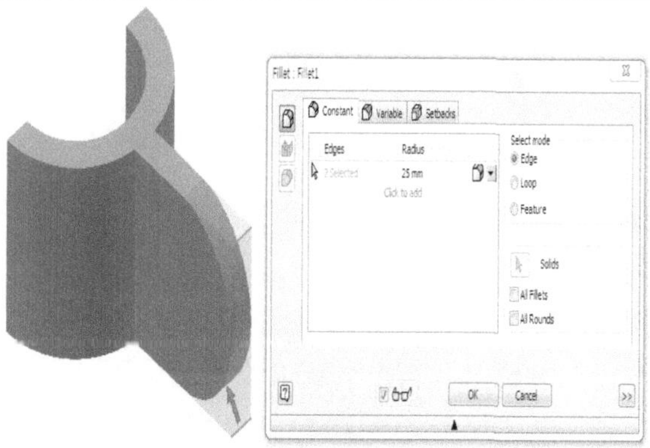

③ 모깎기를 실행하고 반경 : 25 mm로 필렛을 한다.

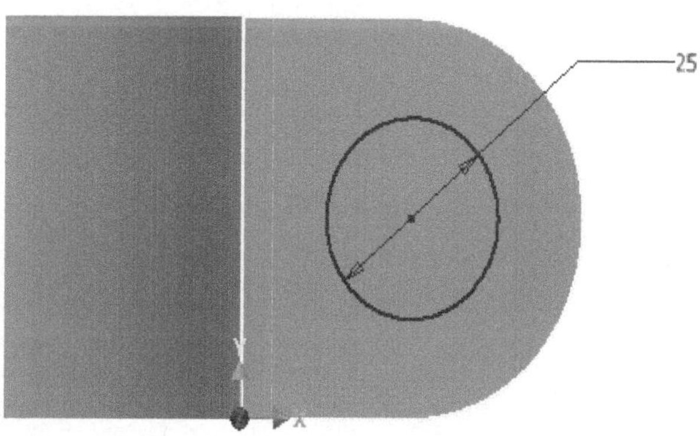

④ 돌출1의 앞면을 선택하고 [새 스케치]를 선택하여 다음과 같이 스케치를 한다.

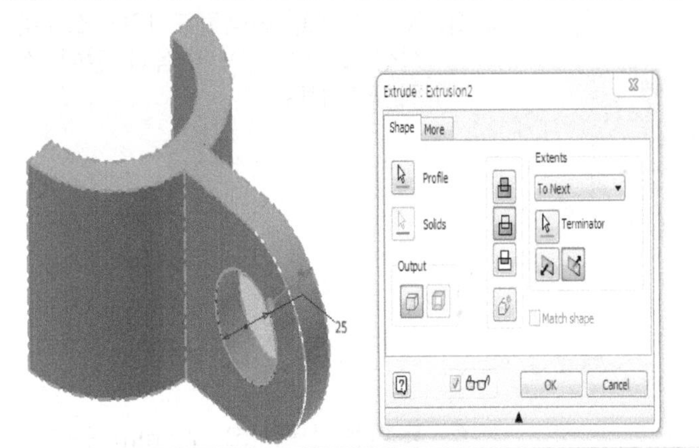

⑤ 돌출을 실행하고 차집합을 선택, 다음까지(To Next)를 지정하여 돌출 컷을 한다.

★ **완성 결과**

⑥ 파트 예제5.ipt로 저장한다.

[돌출 예제6]

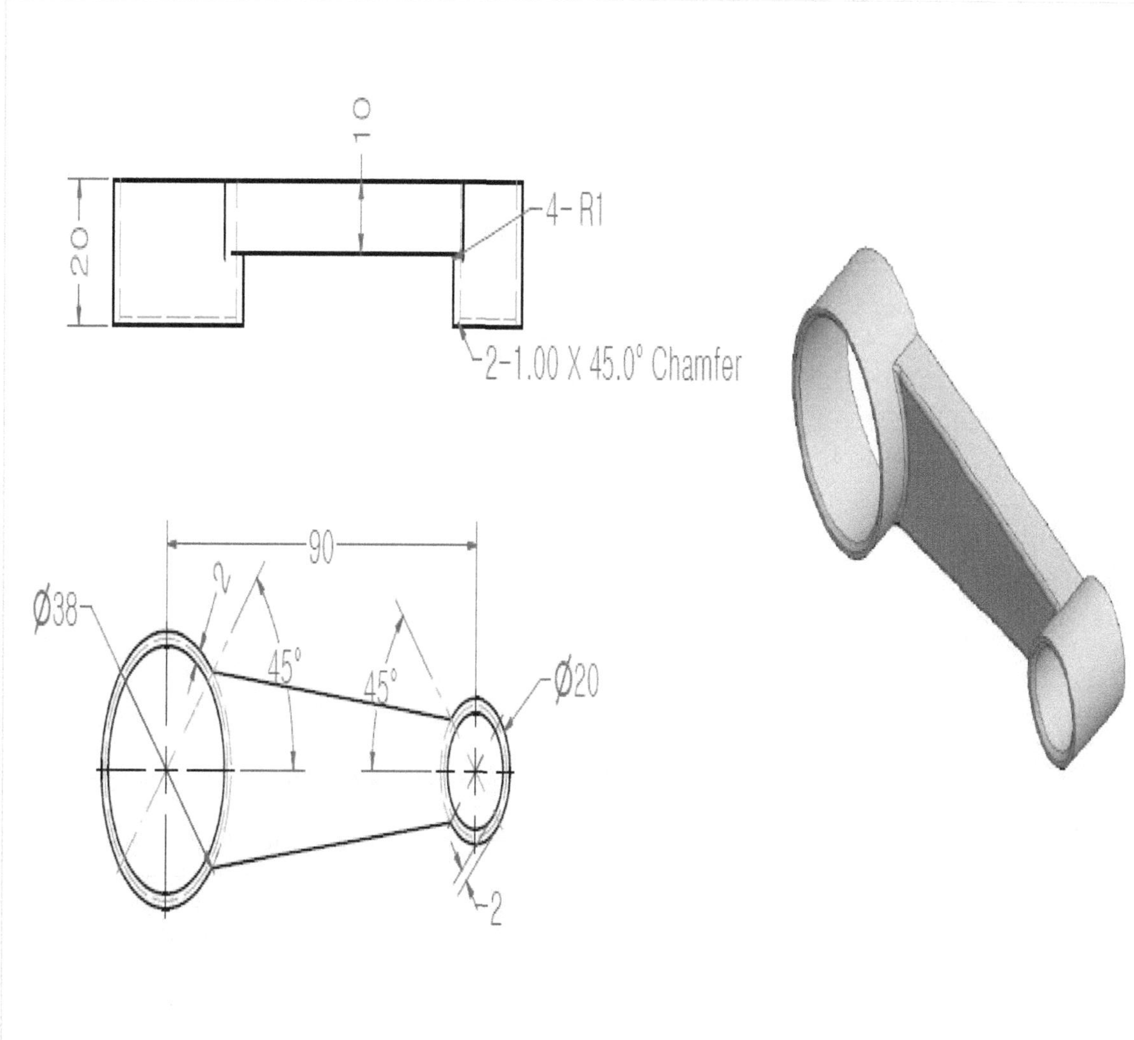
10
20
4- R1
2-1.00 X 45.0° Chamfer
90
Ø38
2
45°
45°
Ø20
2

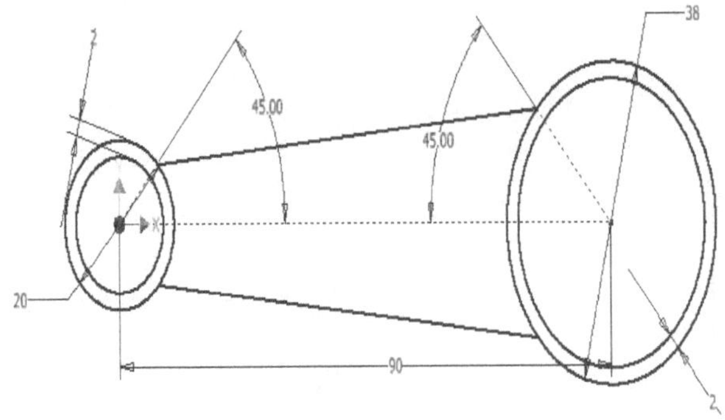

① XY 평면을 선택하고 [2D 스케치 작성]을 선택하여 다음과 같이 스케치를 한다.

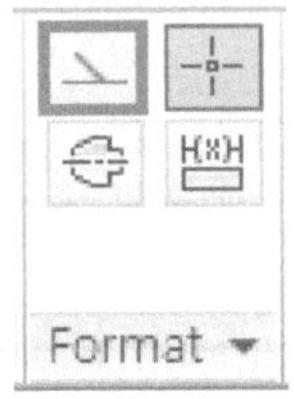

: Construction으로 실선을 보조선으로 전환한다.
Construction : 실선↔보조선 전환

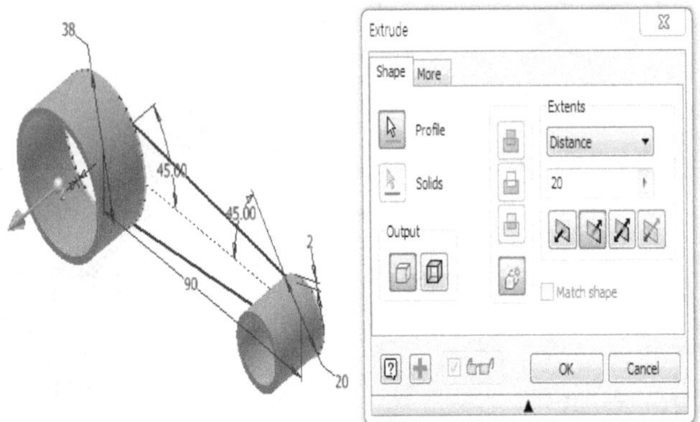

② 돌출을 실행하고 20 mm 돌출을 한다.

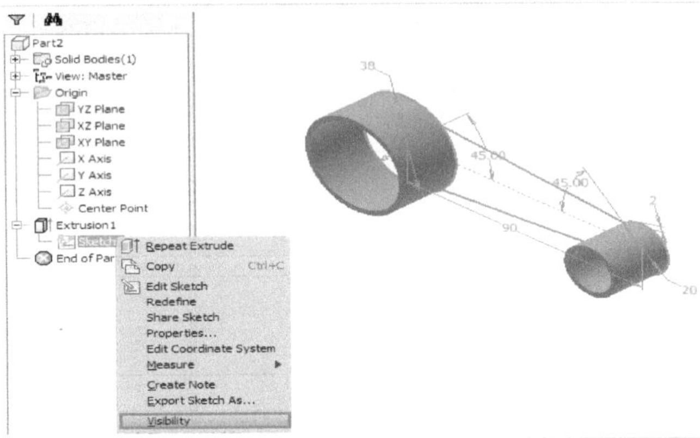

③ 탐색기에서 Extrusion 1안에 Sketch 1위에서 마우스 우측버튼을 눌러 [가시성(Visibility)]를 선택하여 Sketch 1을 [Show]를 한다.

④ XZ 평면을 선택하고 [새 스케치(New Sketch)]를 선택하여 다음과 같이 스케치를 한다.

: Project Geometry로 Sketch1을 투영한다.

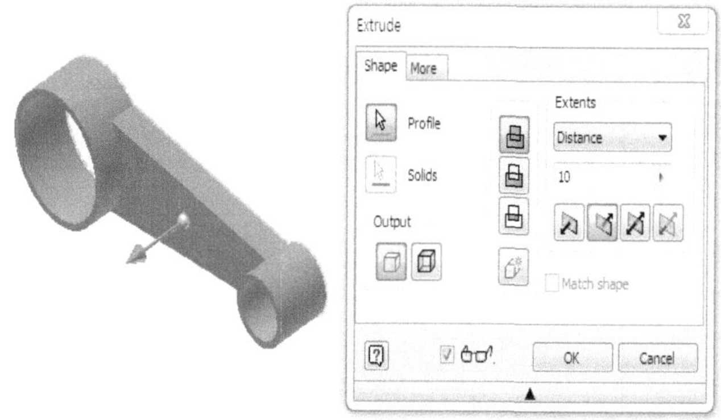

⑤ 돌출을 실행하고 10 mm 돌출을 한다.

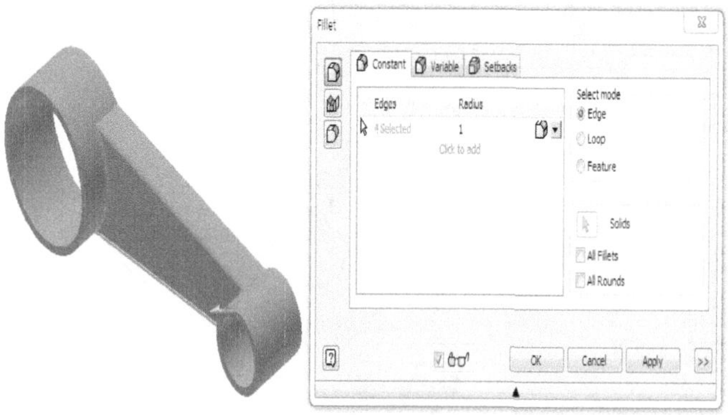

⑥ 모깎기를 실행하고 반경 : 1 mm로 필렛을 한다.

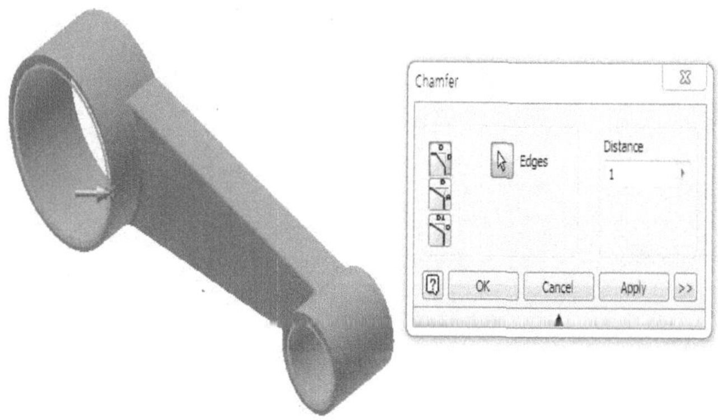

⑦ 모따기(Chamfer)를 실행하고 Distance : 1 mm로 모따기를 생성한다.

★ **완성 결과**

⑧ 파트 예제6.ipt로 저장한다.

[돌출 예제7]

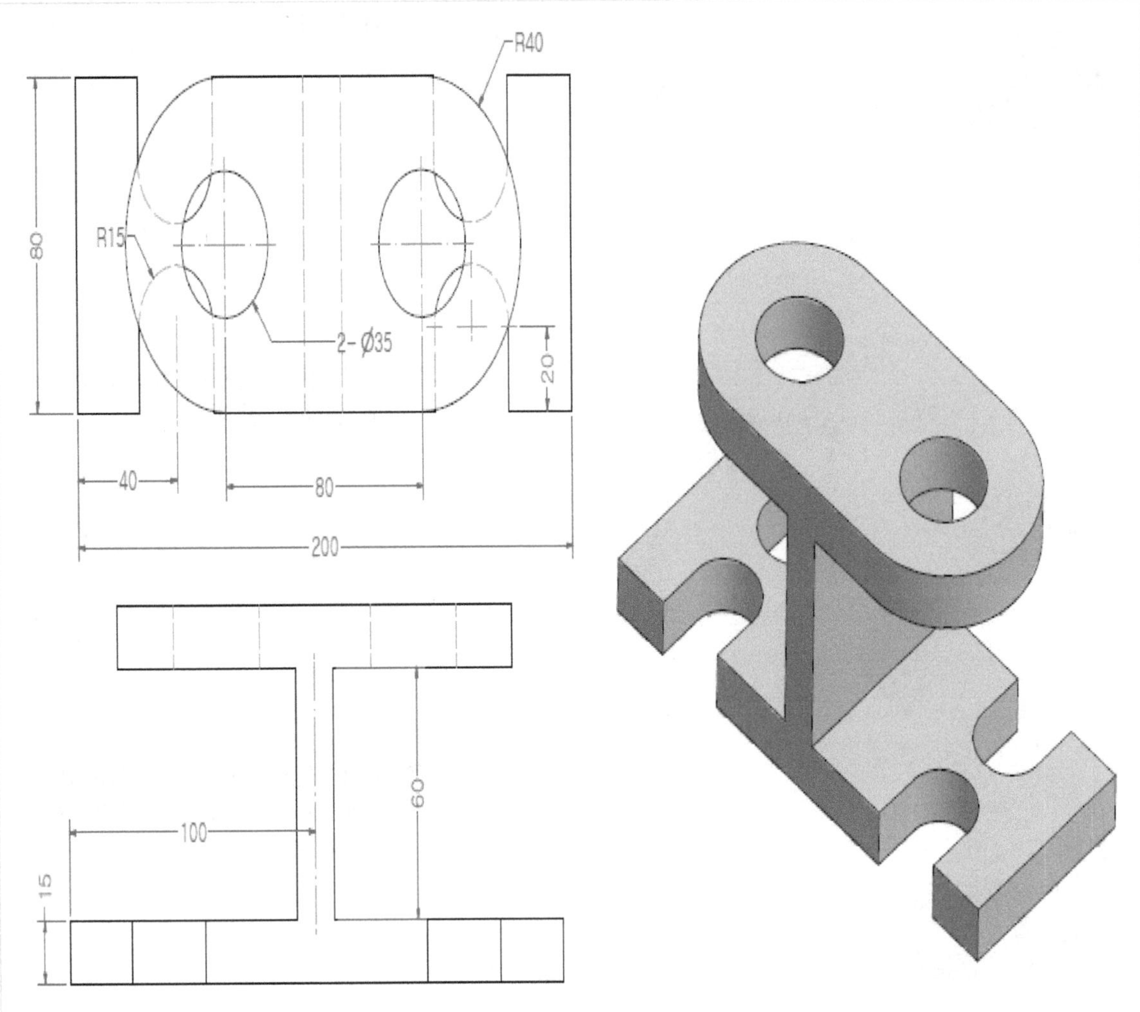
R40
R15
80
2-Ø35
20
40
80
200
60
100
15

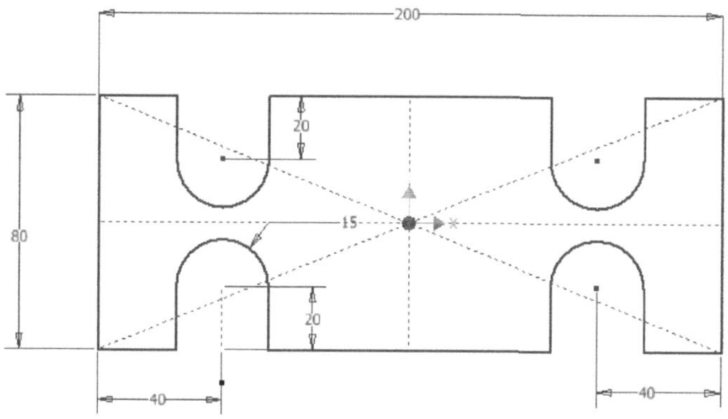

① XY 평면을 선택하고 [2D 스케치 작성]을 선택하여 다음과 같이 스케치를 한다.

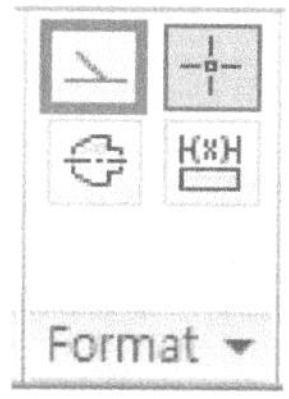

: Construction으로 실선을 보조선으로 전환한다.

Construction : 실선↔보조선 전환

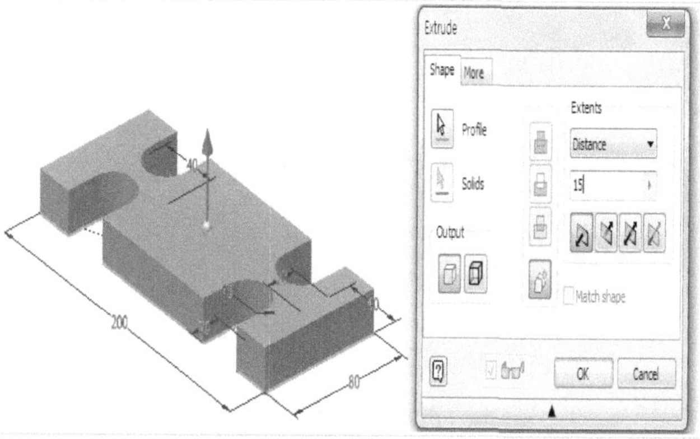

② 돌출을 실행하고 15 mm 돌출을 한다.

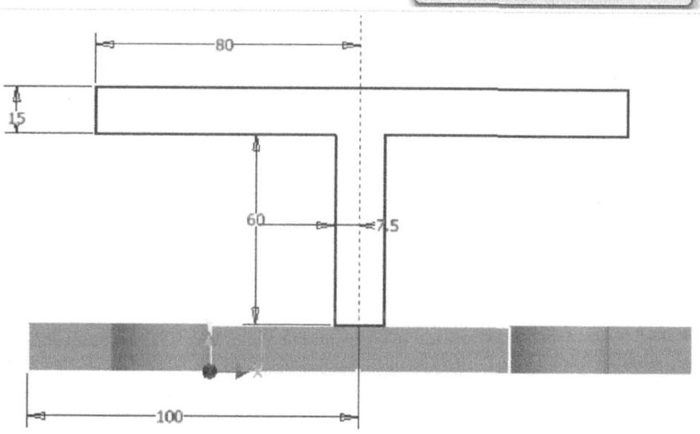

③ 돌출1 객체의 앞면을 선택하고 [새 스케치]를 선택하여 다음과 같이 스케치를 한다.

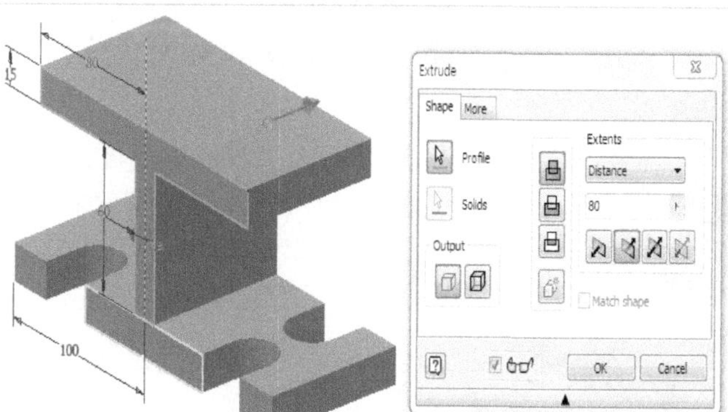

④ 돌출을 실행하고 80 mm 돌출을 한다.

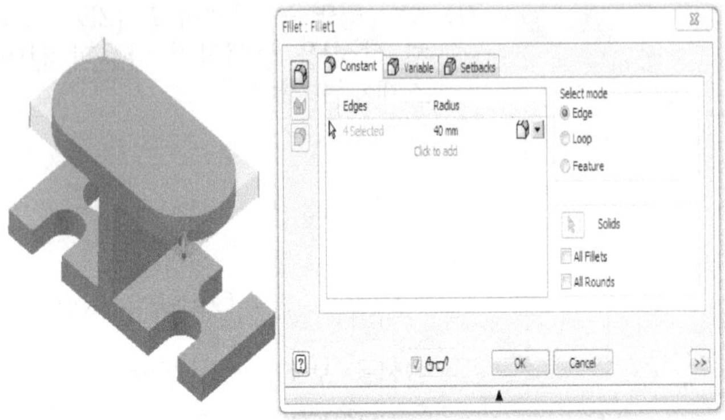

⑤ 모깎기를 실행하고 반경 : 40 mm 로 필렛을 한다.

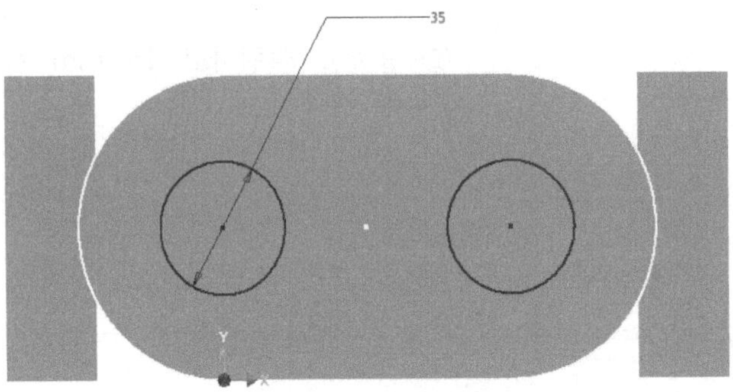

⑥ 돌출2 객체의 윗면을 선택하고 [새 스케치]를 선택하여 다음과 같이 스케치를 한다.

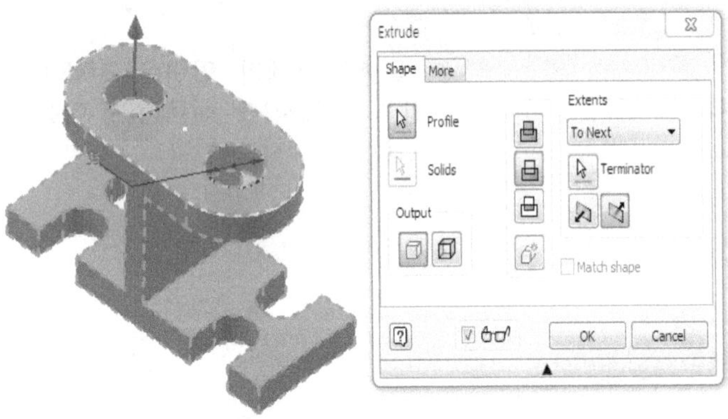

⑦ 돌출을 실행하고 차집합을 선택, To Next를 지정하여 돌출 컷을 한다.

★ 완성 결과

⑧ 파트 예제7.ipt로 저장한다.

[돌출 예제8]

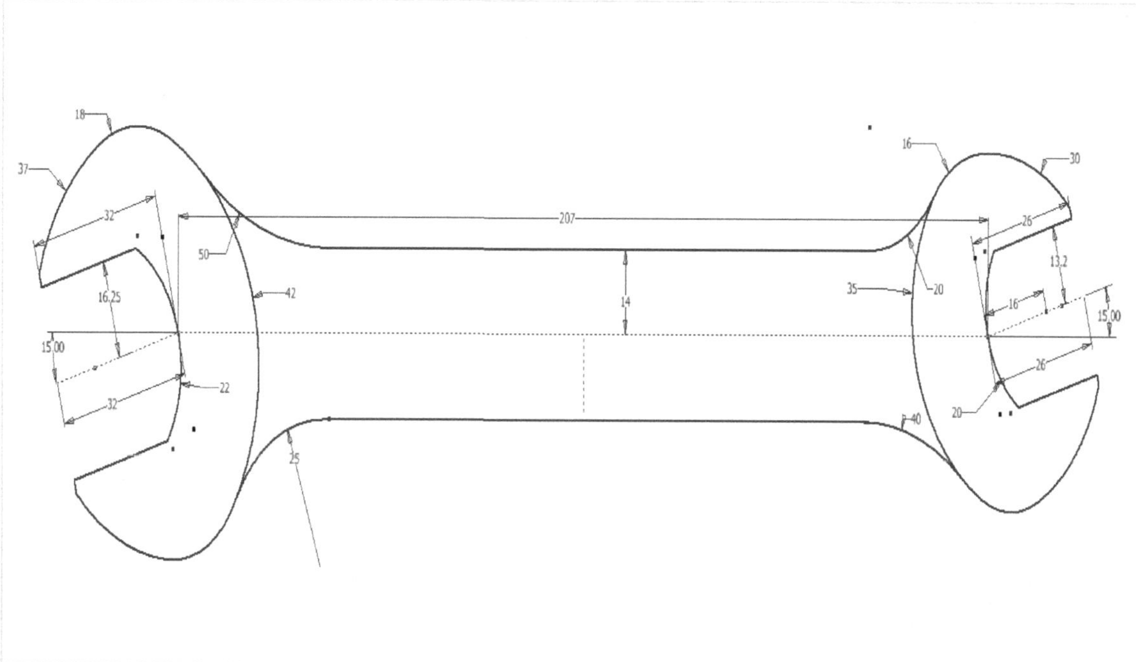
18
37
32
16.25
15.00
32
22
50
42
207
14
25
16
30
26
13.2
35
20
16
15.00
26
20
40

① XZ 평면을 선택하고 [2D 스케치 시작]을 선택하여 다음과 같이 스케치를 한다.

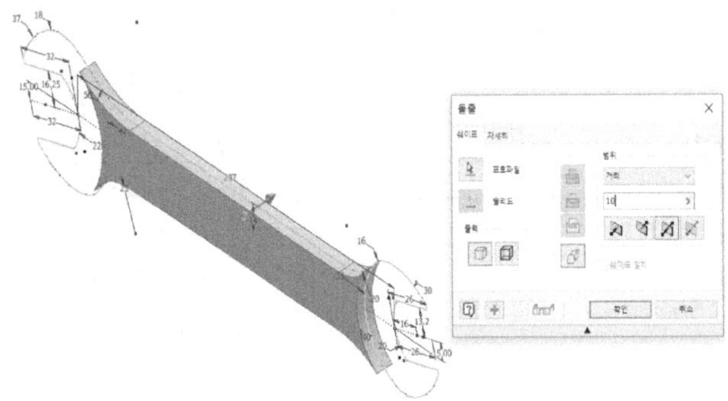

② 돌출을 실행하고 10 mm, 대칭을 지정하여 돌출을 한다.

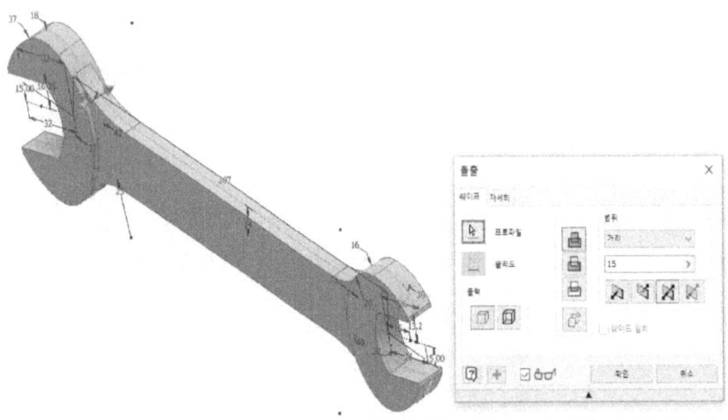

③ 스케치 위에서 마우스 우측 버튼을 눌러 [스케치 공유]를 선택한다.

④ 돌출을 실행하고 15 mm, 대칭을 지정히여 돌출을 한다.

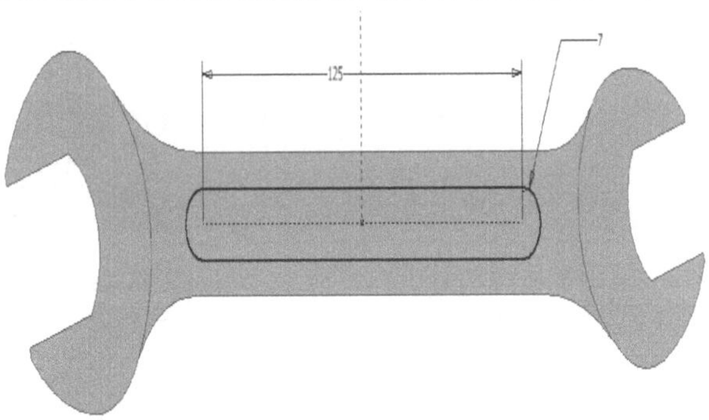

⑤ 돌출1 객체의 앞면을 선택하고 [2D 스케치 시작]을 선택하여 다음과 같이 스케치를 한다.

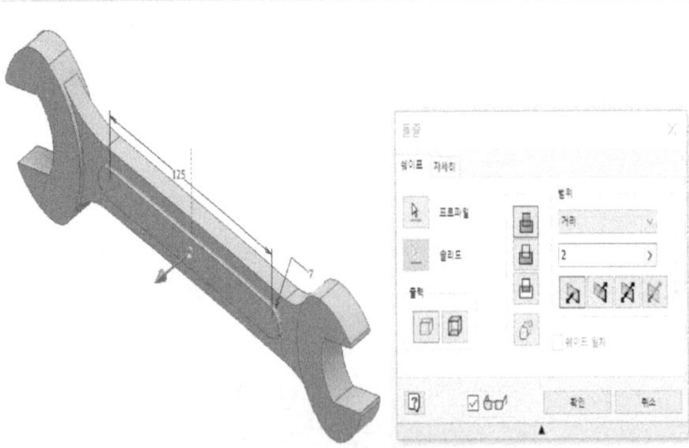

⑥ 돌출을 실행하고 2 mm,로 돌출을 한다.

⑦ 돌출3 객체의 앞면을 선택하고 [2D 스케치 시작]을 선택하여 다음과 같이 스케치를 한다.

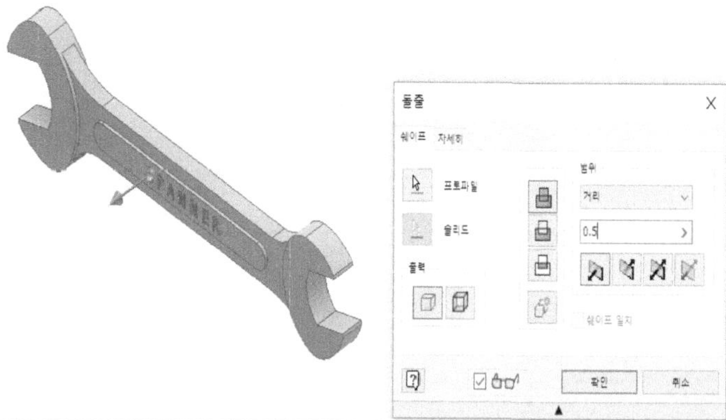

⑧ 돌출을 실행하고 0.5 mm로 돌출을 한다.

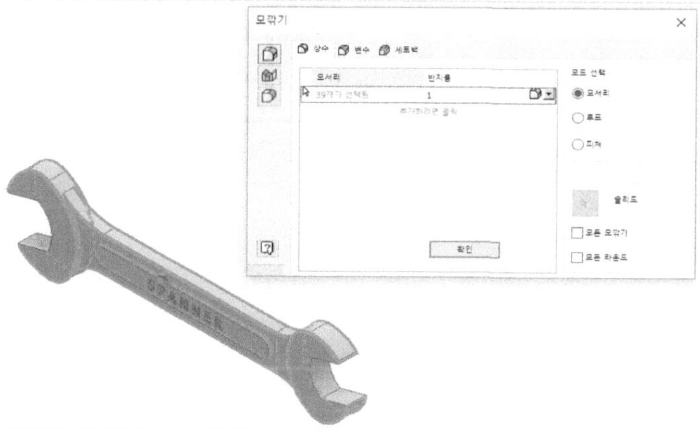

⑨ 모깎기를 실행하고 반경 : 1 mm로 필렛을 한다.

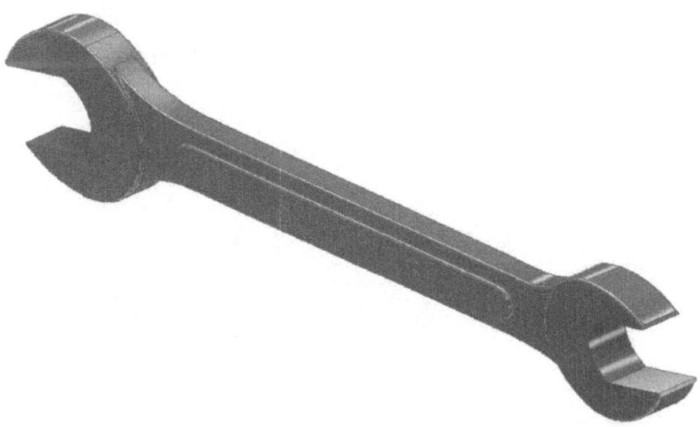

★ **완성 결과**

[돌출 예제9]

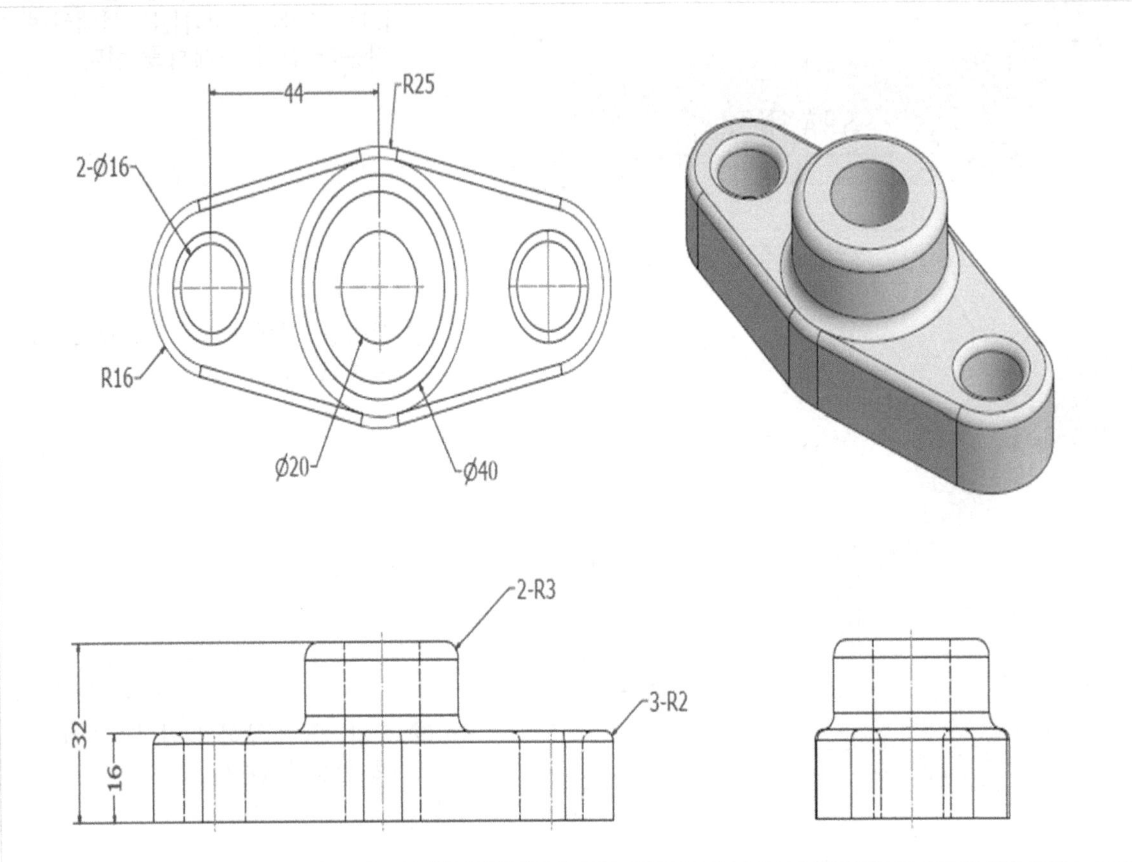
44
R25
2-Ø16
R16
Ø20
Ø40
2-R3
3-R2
32
16

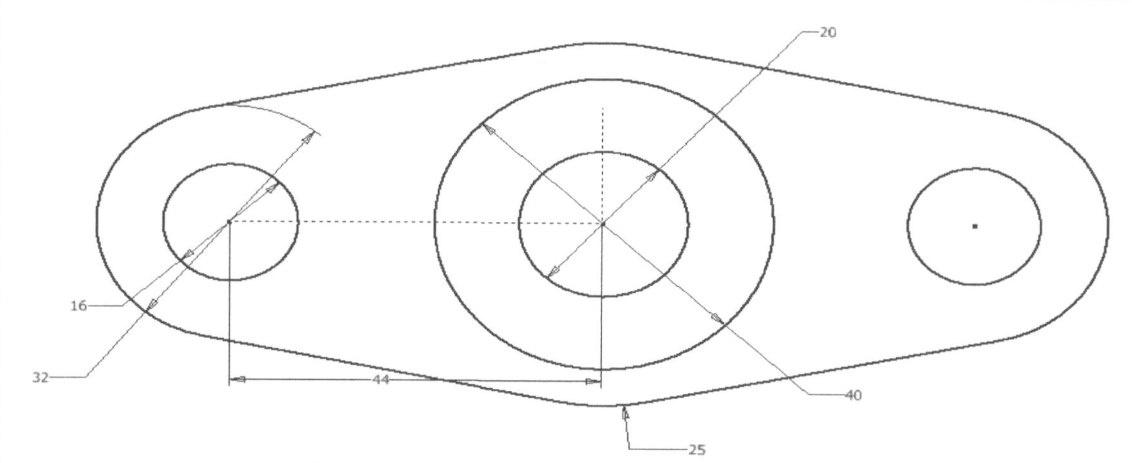

① XY 평면을 선택하고 [2D 스케치 시작]을 선택한다.

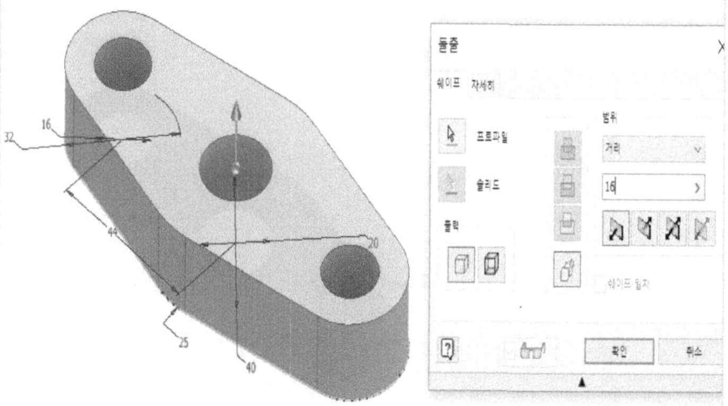

② 돌출을 실행하고 16 mm로 돌출을 한다.

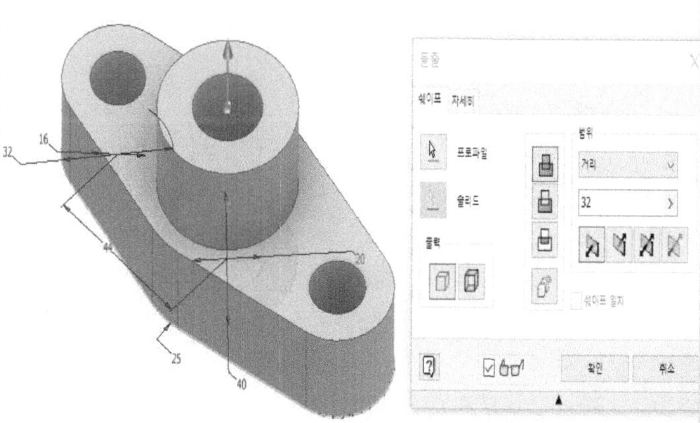

③ 스케치 위에서 마우스 우측 버튼을 눌러 [스케치 공유]를 선택한다.

④ 돌출을 실행하고 32 mm로 돌출을 한다.

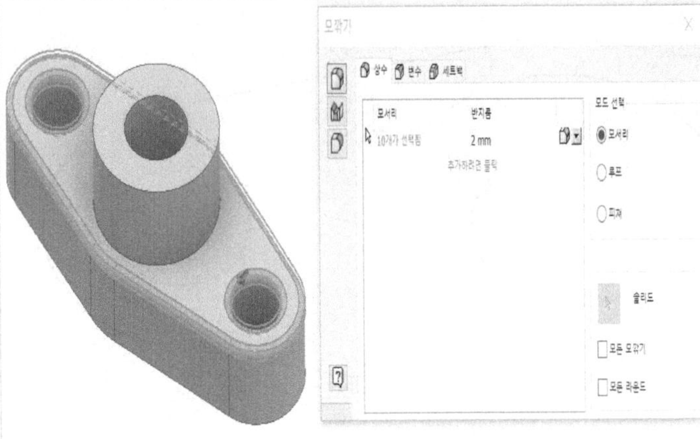

⑤ 모깎기를 실행하고 반경 : 2 mm 로 필렛을 한다.

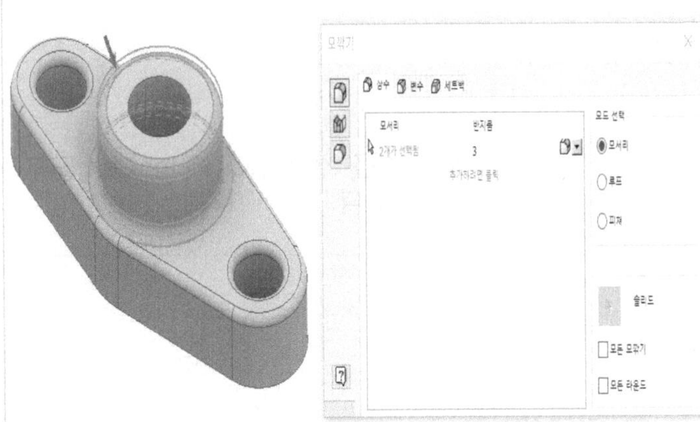

⑥ 모깎기를 실행하고 반경 : 3 mm 로 필렛을 한다.

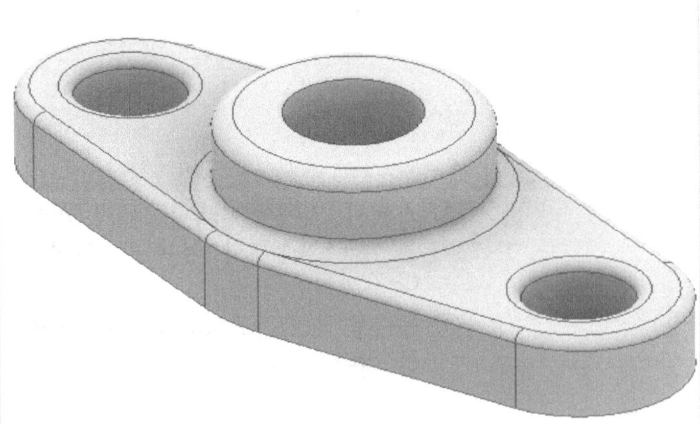

★ **완성 결과**

[돌출 예제10]

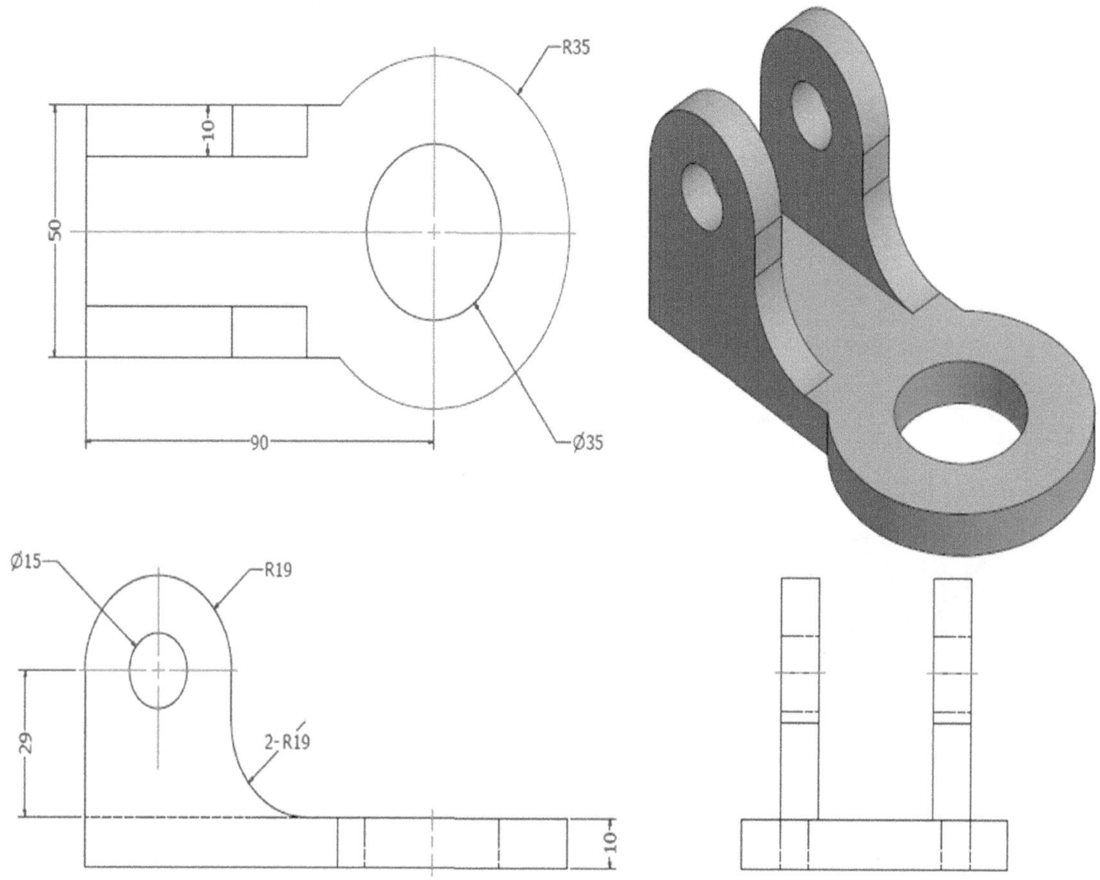
R35
10
50
90
Ø35
Ø15
R19
29
2-R19
10

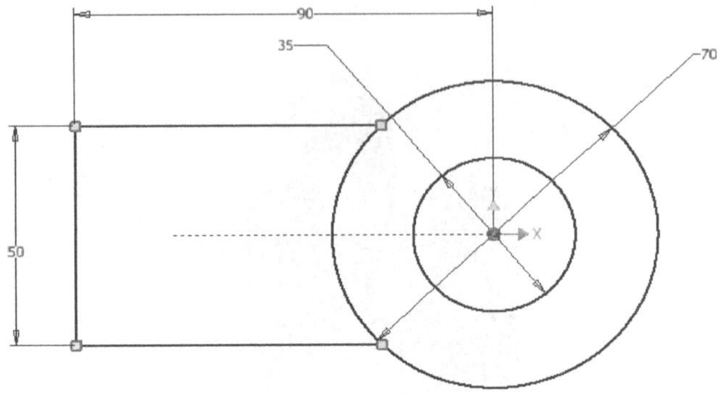

① XY 평면을 선택하고 [2D 스케치 시작]을 선택한다.

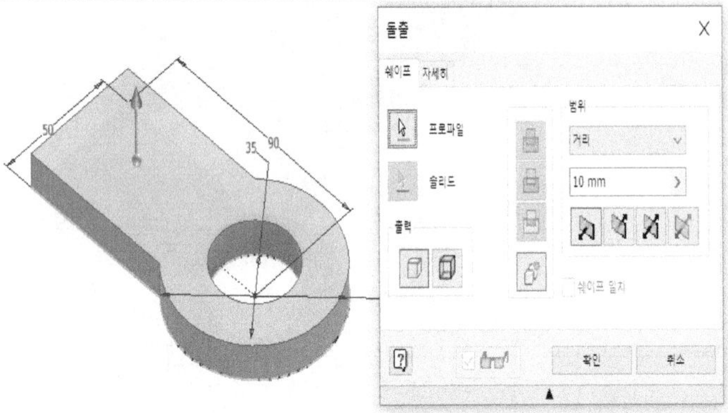

② 돌출을 실행하고 10 mm 돌출을 한다.

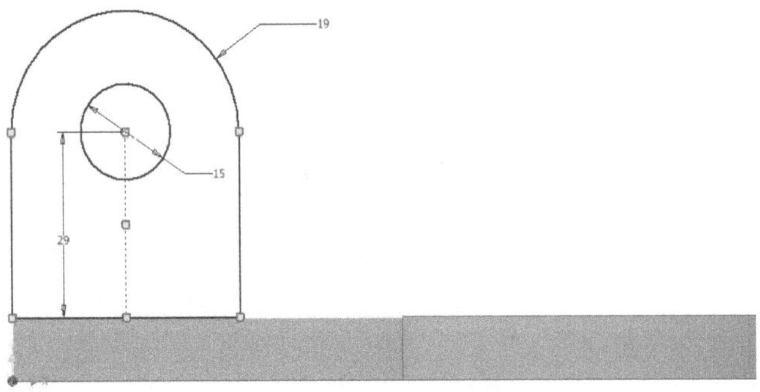

③ 돌출1 객체의 앞면을 선택하고 [2D 스케치 시작]을 선택한다.

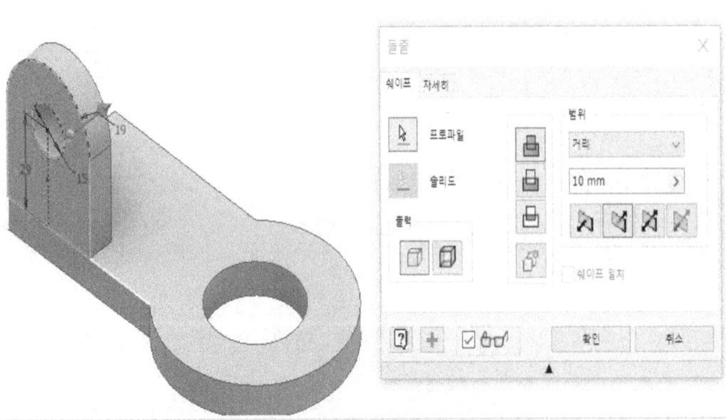

④ 돌출을 실행하고 10 mm로 돌출을 한다.

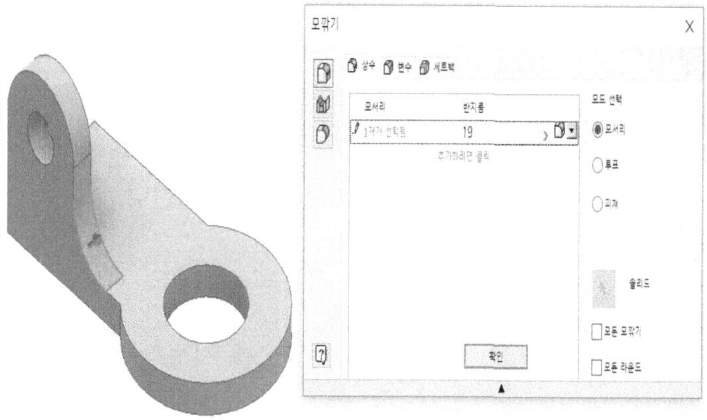

⑤ 모깎기를 실행하고 반경 : 19 mm 로 필렛을 한다.

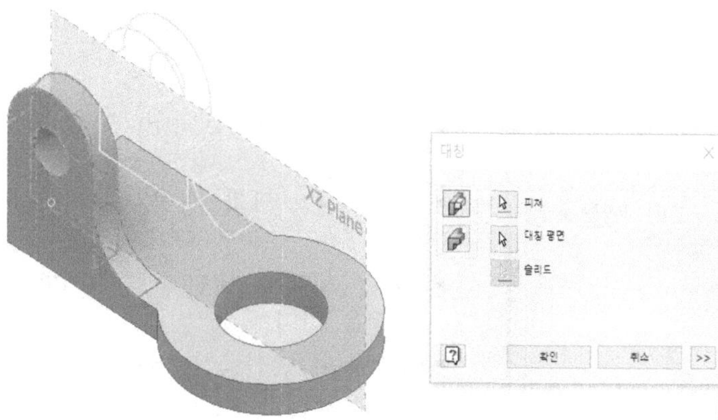

⑥ 대칭을 실행하고 대칭복사할 피처를 선택하고 대칭면 : XZ 평면을 선택하여 다음과 같이 대칭복사를 한다.

★ **완성 결과**

3-2 회전

스케치를 회전, 회전 컷하는 명령이다.

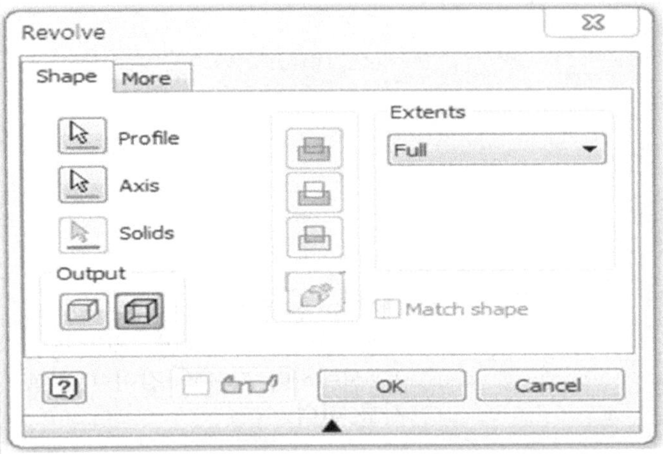

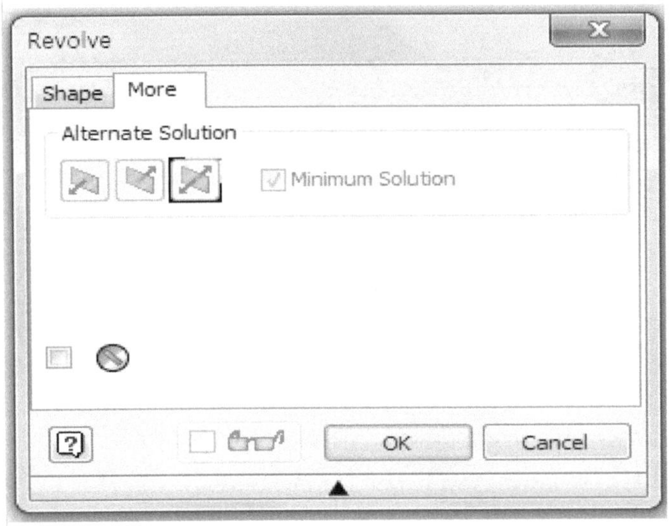

★ **Profile : 객체의 영역을 선택한다.**

★ **Axis : 회전축을 선택한다.**

★ **Extents**

- Full : 기본으로 360도 회전을 한다.
- Angle : 각도를 지정할 수 있다.

▶ **방향 전환**

- : 회전 방향을 전환 한다.
- : 양방향으로 한다.
- : 방향1과 방향2를 지정한다.
- To : 선택한 객체(면, 곡면)까지 회전을 한다.
- Between : 선택한 면과 면 사이만 회전을 한다.

★ **명령**

- 접합(Join) : 스케치 객체를 회전한다.
- 차집합 : 스케치 객체를 회전 컷(Cut)을 한다.
- 교집합(Intersect) : 첫 번째 객체와 두 번째 스케치 객체가 교집합 되는 부분을 남긴다.

★ **Output**

- : Solid를 생성한다.
- : Surface를 생성한다.

[회전 예제1]

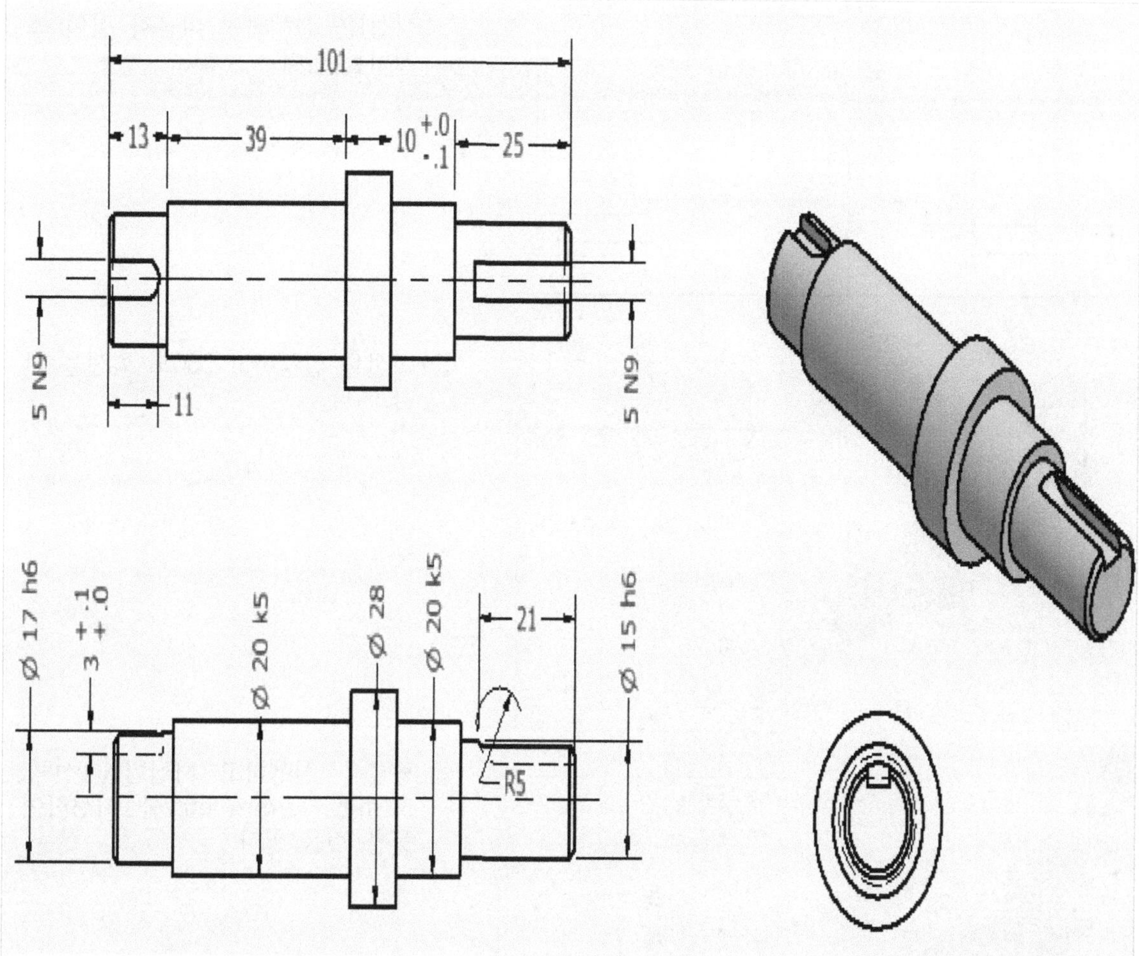
101
13
39
10 +.0 -.1
25
11
5 N9
5 N9
Ø 17 h6
3 +.1 +.0
Ø 20 k5
Ø 28
Ø 20 k5
21
Ø 15 h6
R5

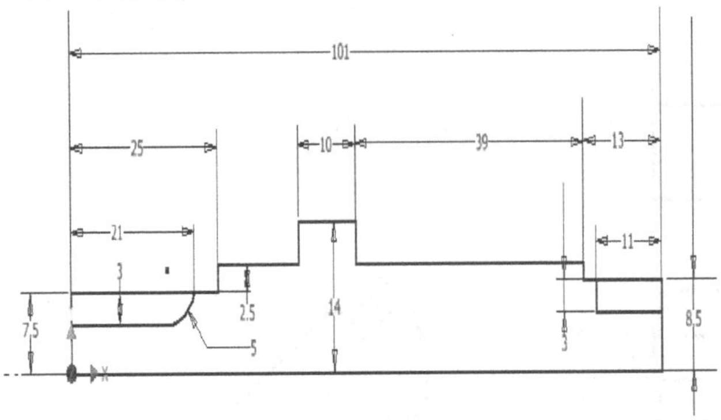

① XZ 평면을 선택하고 [2D 스케치 작성]을 선택하여 다음과 같이 스케치를 한다.

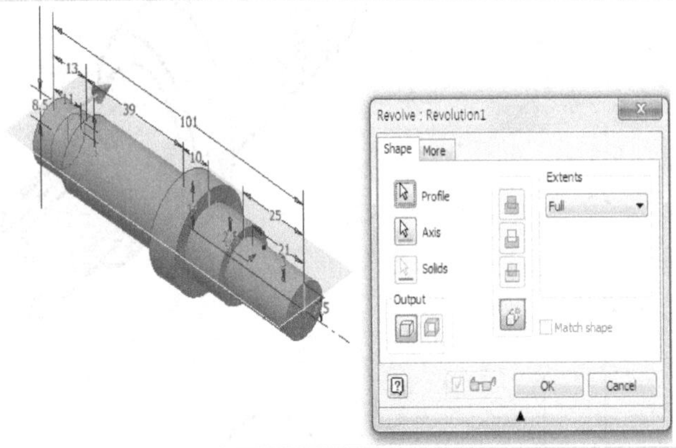

② 회전을 실행하고 360도 회전을 한다.

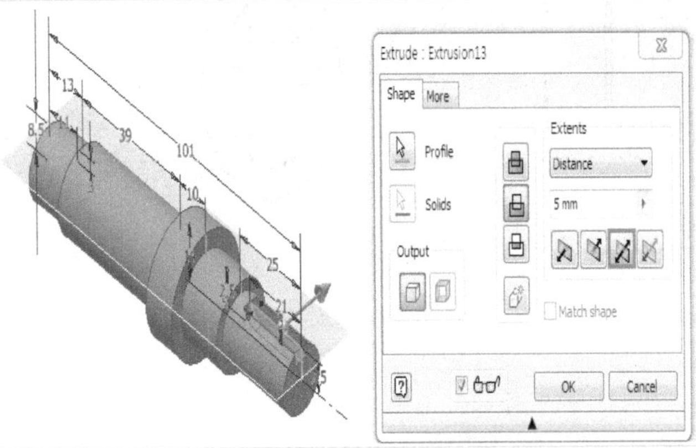

③ 돌출을 실행하고 차집합을 선택, 5 mm, Symm etry를 지정하여 돌출 컷을 한다.

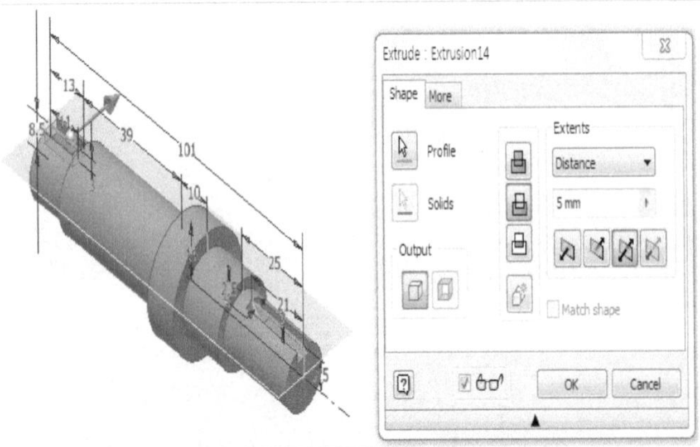

④ 돌출을 실행하고 차집합을 선택, 5 mm, Symme try를 지정하여 돌출 컷을 한다.

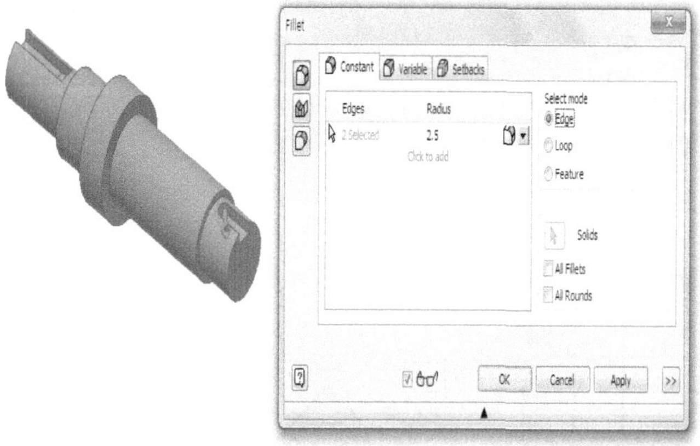

⑤ 모깎기를 실행하고 반경 : 2.5 mm 로 필렛을 한다.

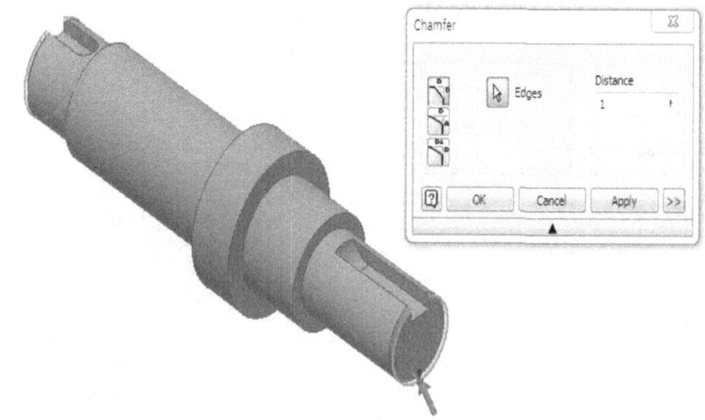

① 모따기(Chamfer)를 실행하고 Distance : 1 mm로 모따기를 생성한다.

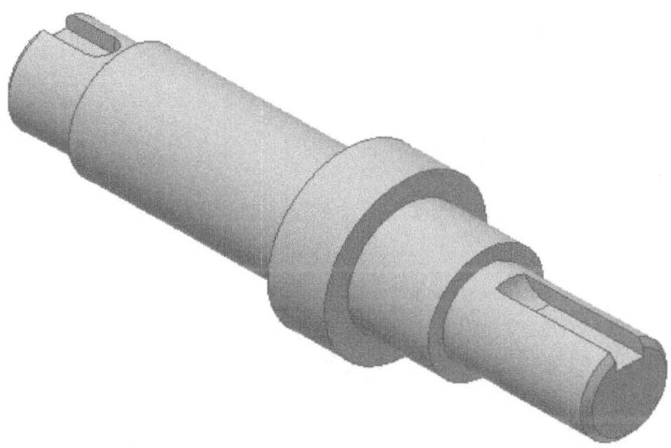

★ **완성 결과**

⑥ 회전 예제1로 저장한다.

[회전 예제2]

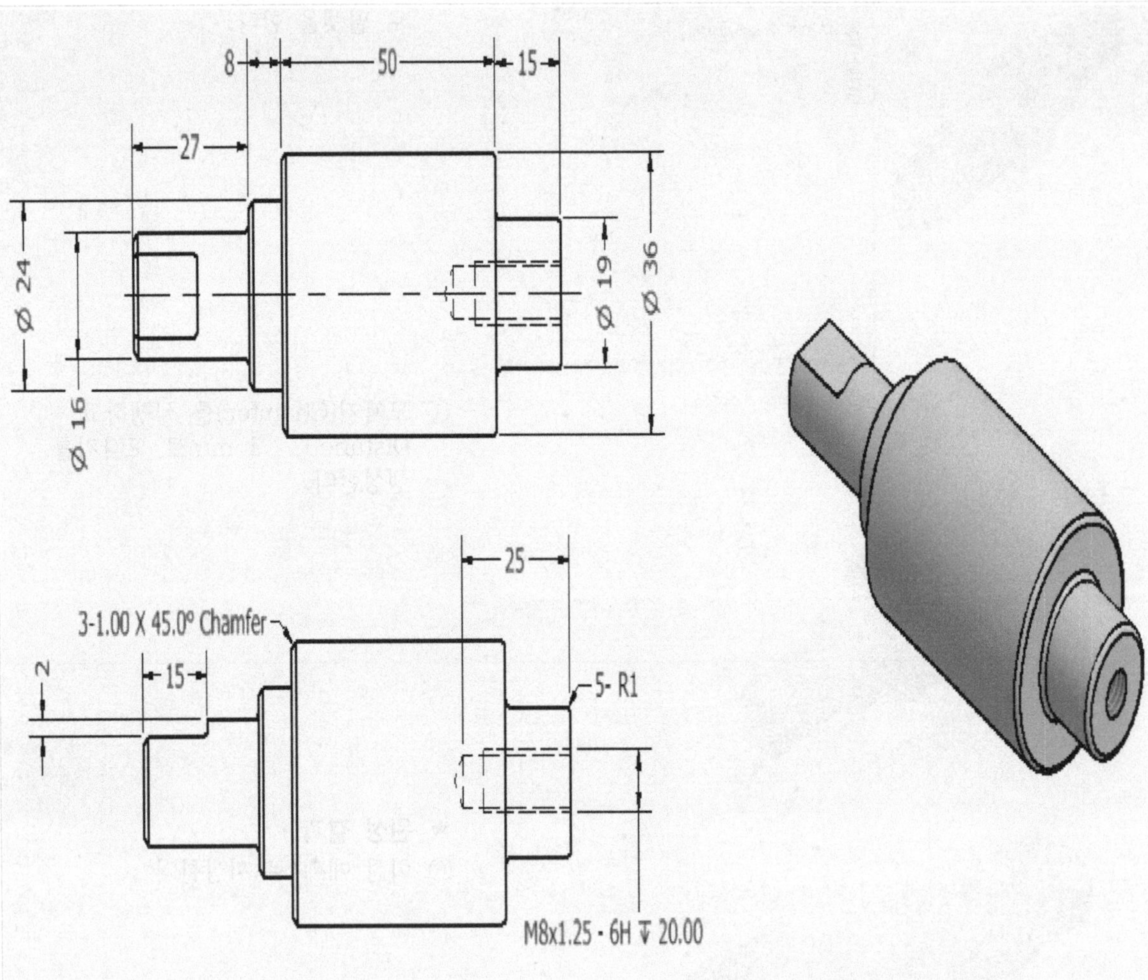
8
50
15
27
Ø 24
Ø 16
Ø 19
Ø 36
25
3-1.00 X 45.0° Chamfer
2
15
5- R1
M8x1.25 - 6H ↧ 20.00

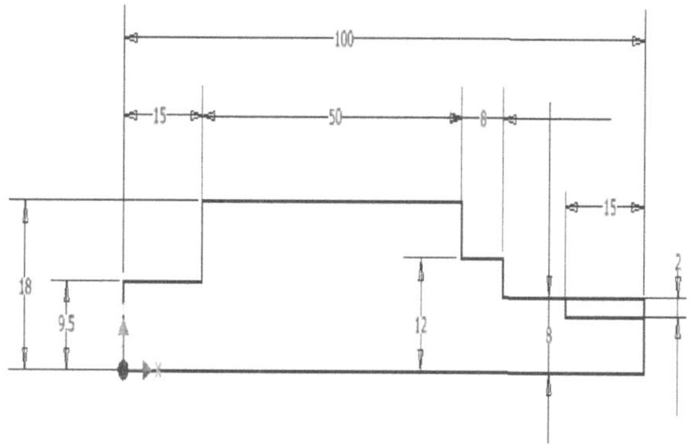

① XZ 평면을 선택하고 [2D 스케치 작성]을 선택하여 다음과 같이 스케치를 한다.

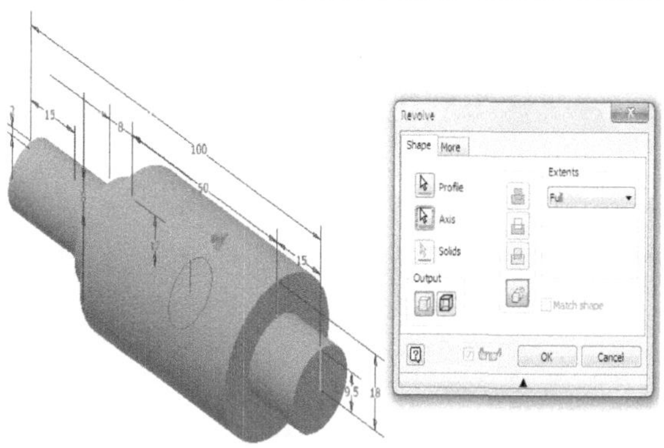

② 회전을 실행하고 360도 회전을 한다.

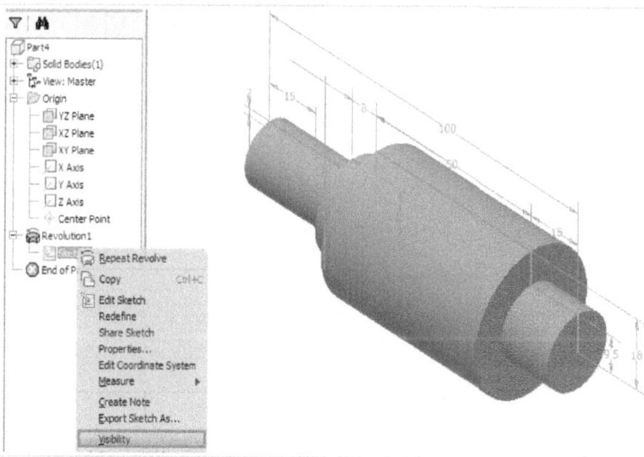

③ 탐색기에서 Sketch 1 위에서 마우스 우측 버튼을 눌러 [Visibility]를 선택하여 스케치를 [Show]를 한다.

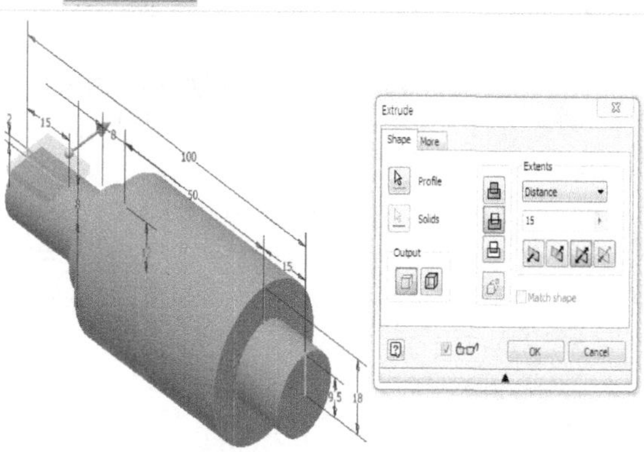

④ 돌출을 실행하고 차집합을 선택, 15 mm, 대칭을 지정하여 돌출 컷을 한다.

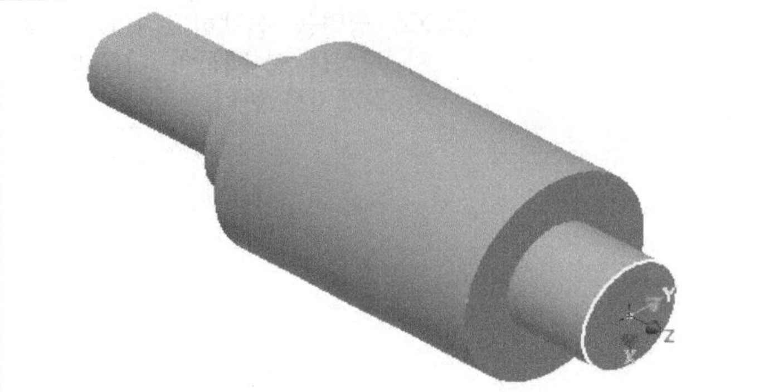

⑤ 회전 객체1의 우측면을 선택하고 [새 스케치]를 선택하여 다음과 같이 스케치를 한다. 원의 중심에 Point를 찍는다.

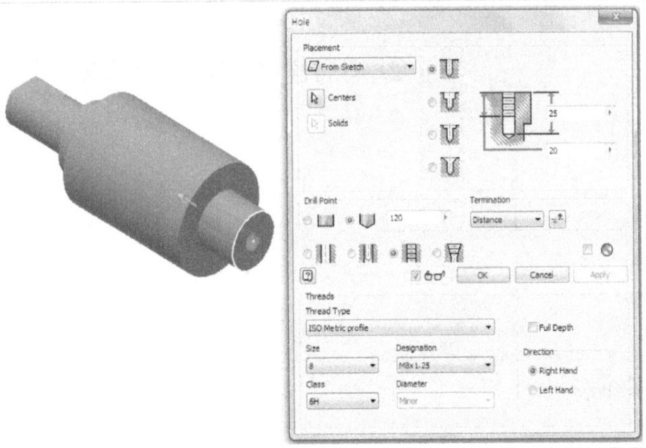

⑥ 구멍을 실행하고 드릴을 선택, 다음과 같이 지정하여 구멍을 생성한다.

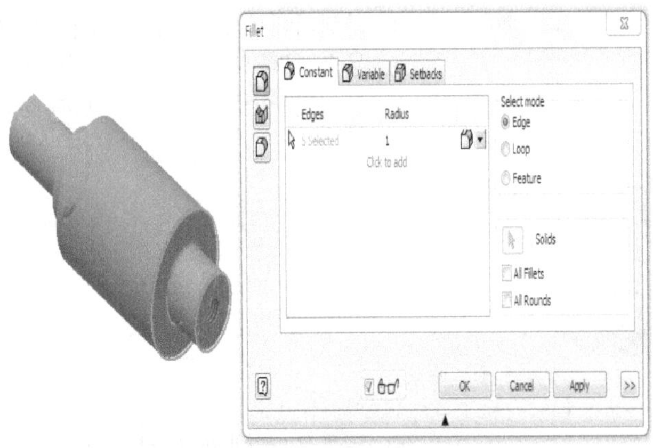

⑦ 모깎기를 실행하고 반경 : 1 mm로 필렛을 한다.

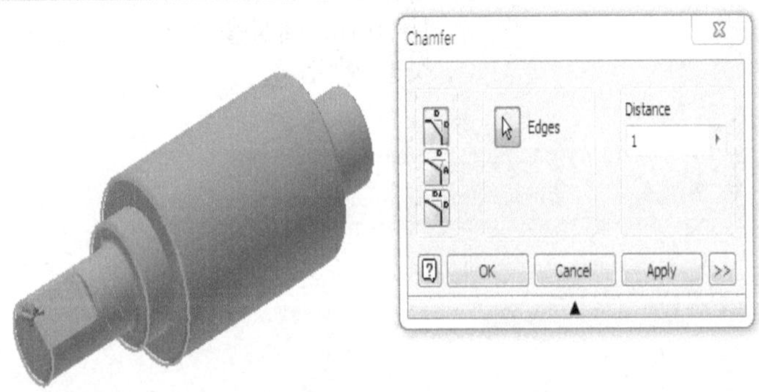

⑧ 모따기를 실행하고 거리 : 1 mm로 모따기를 생성한다.

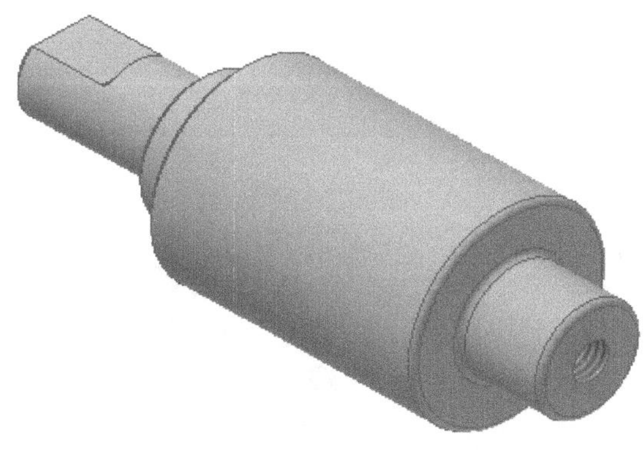

★ **완성 결과**

⑨ 회전 예제2로 저장한다.

[회전 예제3]

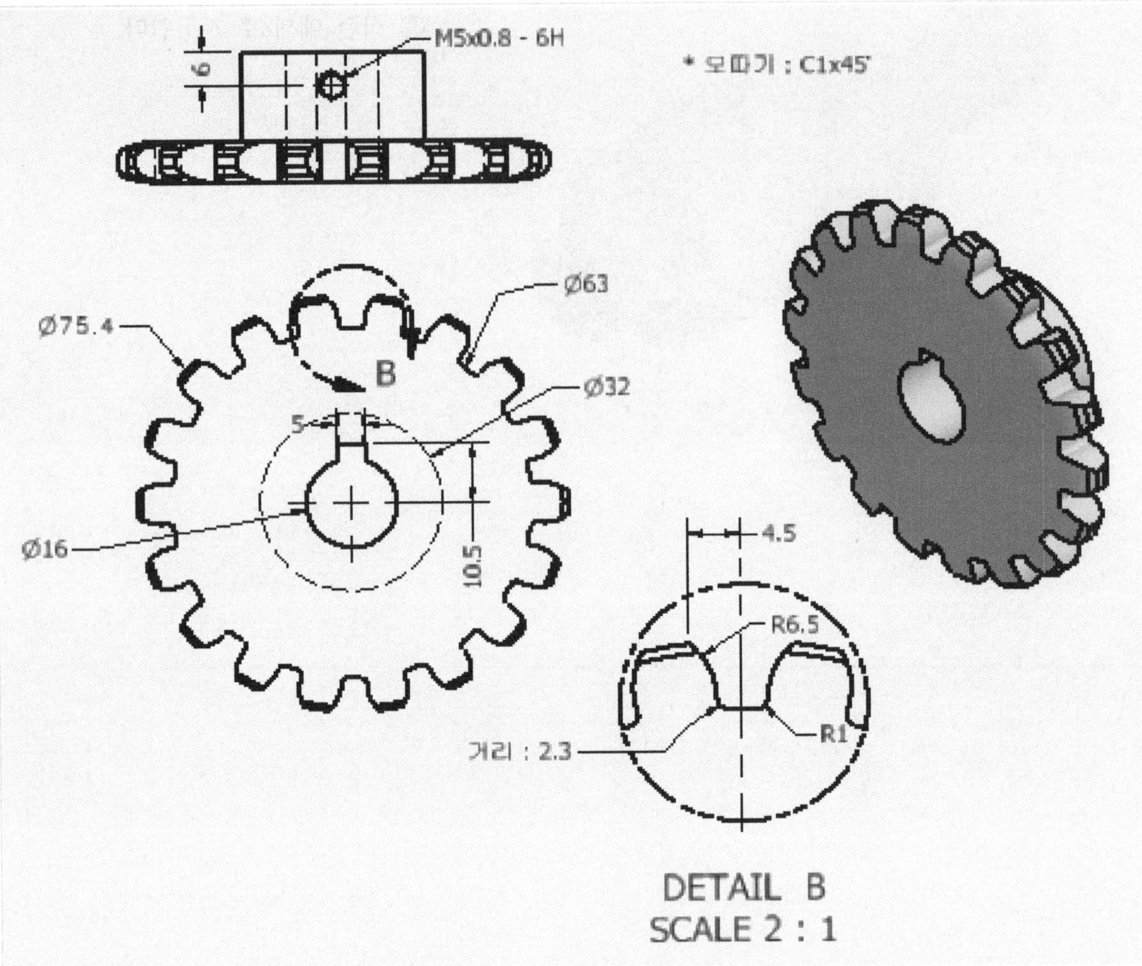
M5x0.8 - 6H
6
* 모따기 : C1x45˚
Ø63
Ø75.4
B
Ø32
5
Ø16
10.5
4.5
R6.5
R1
거리 : 2.3
DETAIL B
SCALE 2 : 1

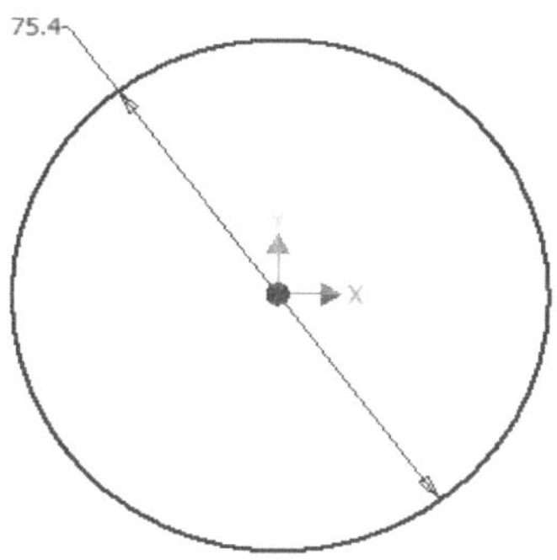

① YZ 평면을 선택하고 [2D 스케치 작성]을 선택하여 다음과 같이 스케치를 한다.

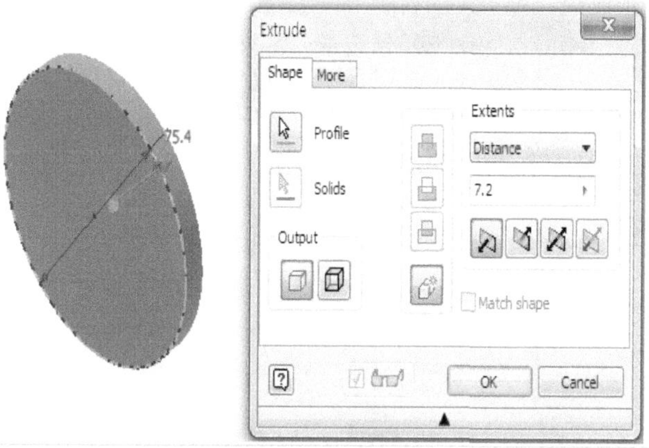

② 돌출을 실행하고 7.2 mm 돌출을 한다.

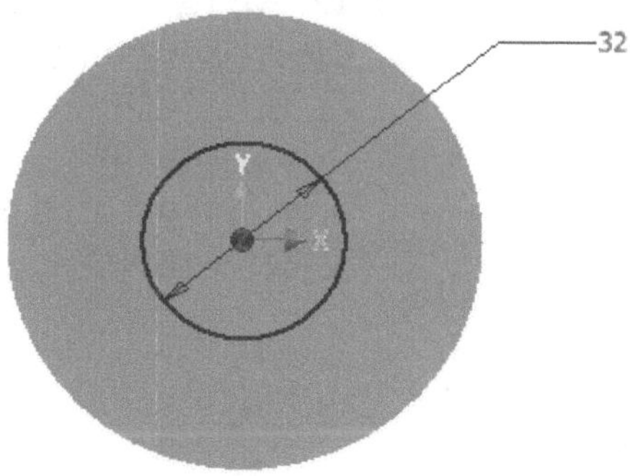

③ 돌출1 객체의 뒷면을 선택하고 [새 스케치]를 선택하여 다음과 같이 스케치를 한다.

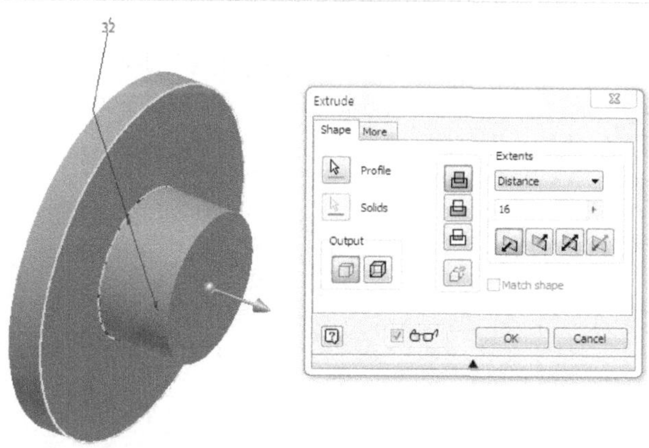

④ 돌출을 실행하고 16 mm 돌출을 한다.

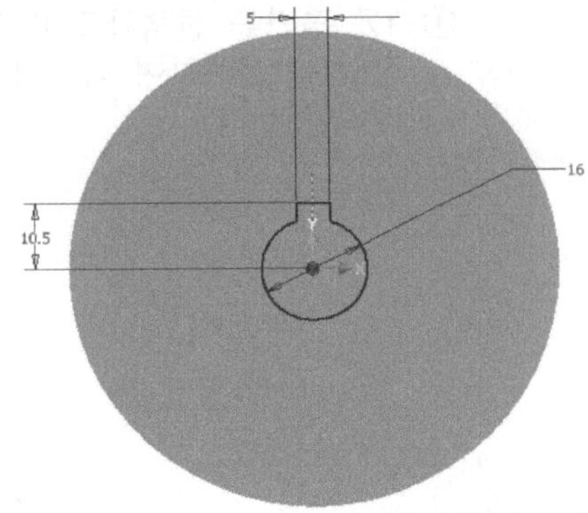

⑤ 돌출1 객체의 앞면을 선택하고 [새 스케치]를 선택하여 다음과 같이 스케치를 한다.

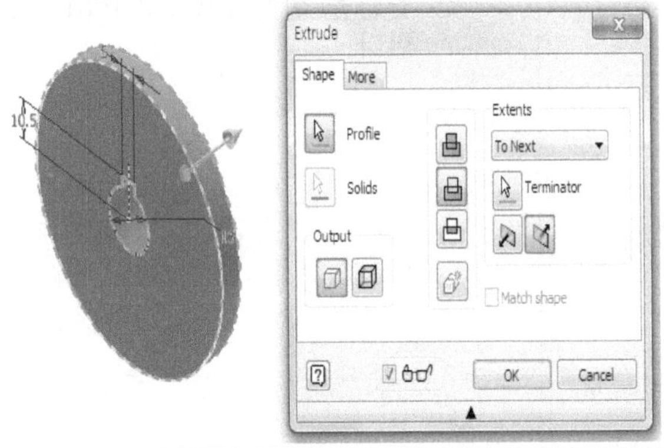

⑥ 돌출을 실행하고 차집합을 선택, 다음까지(To Next)를 지정하여 돌출 컷을 한다.

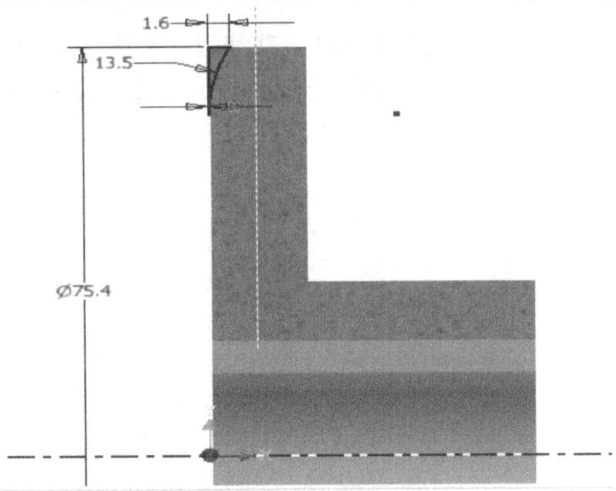

⑦ YZ 평면을 선택하고 [새 스케치(New Sket ch)]를 선택하여 다음과 같이 스케치를 한다.

[뷰]- 그래픽 슬라이스 또는 F7을 선택하여 절단모서리 투영으로 절단된 모서리가 보이도록 한다.

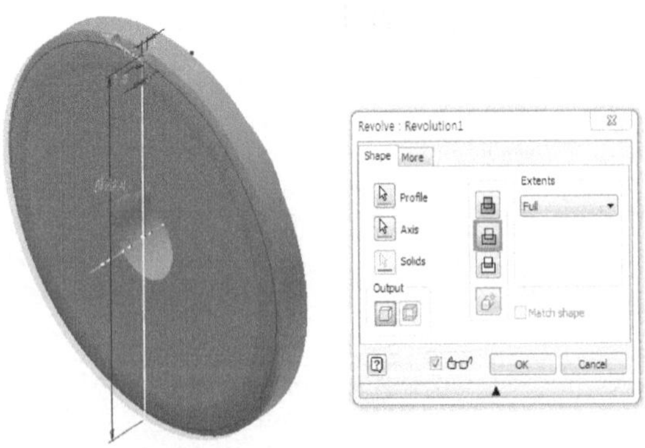

⑧ 회전을 실행하고 회전 컷(Cut)을 선택, 360도 회전 컷을 한다.

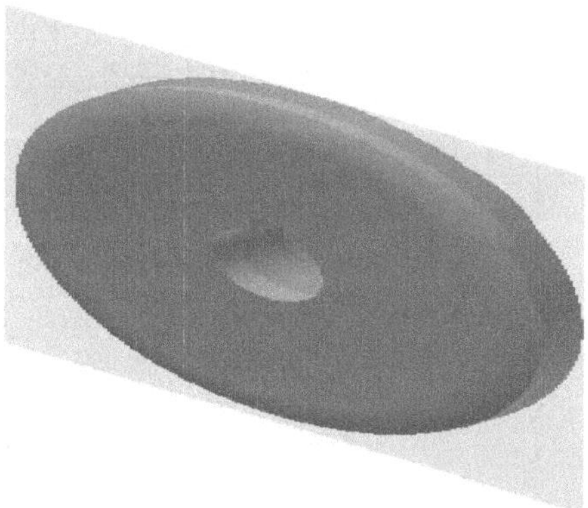

⑨ Midplane between Two Parallel Planes 을 실행하고 돌출1 객체의 앞면과 뒷면을 선택하여 중간부분에 평면을 선택한다.

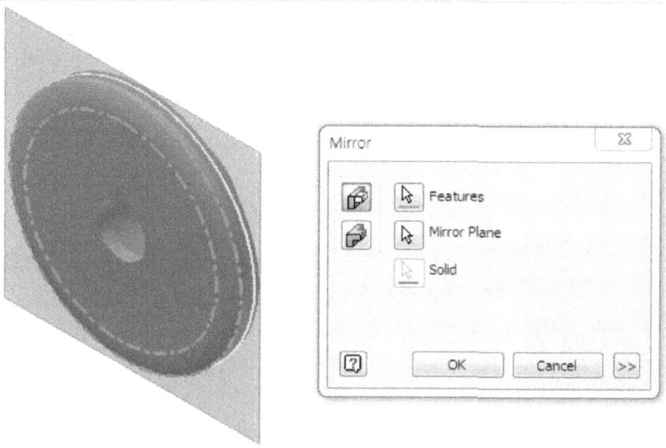

⑩ 대칭복사(Mirror)를 실행하고 회전 컷 객체1을 평면1 기준으로 대칭복사 한다.

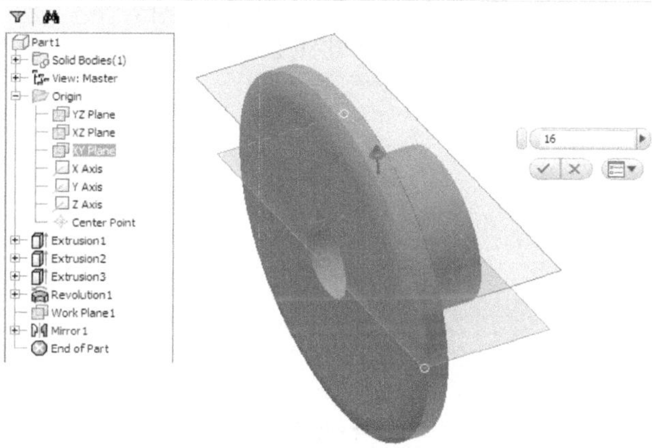

⑪ 평면에서 간격띄우기를 실행하고 XY Plane을 기준으로 16 mm 위쪽에 평면을 생성한다.

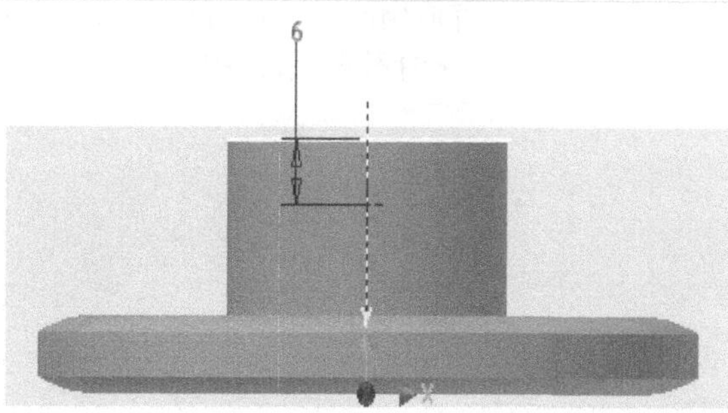

⑫ 평면1을 선택하고 [새 스케치(New Sketch)]를 선택하여 다음과 같이 스케치를 한다. Point를 찍어 구멍 위치를 표시한다.

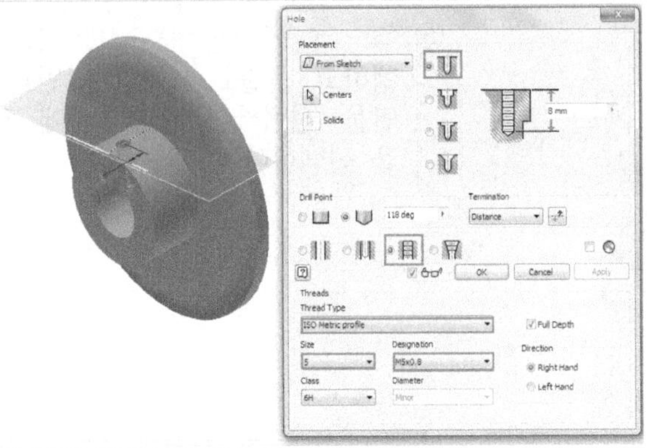

⑬ 구멍(Hole)을 실행하고 다음과 같이 지정하여 구멍을 생성한다.

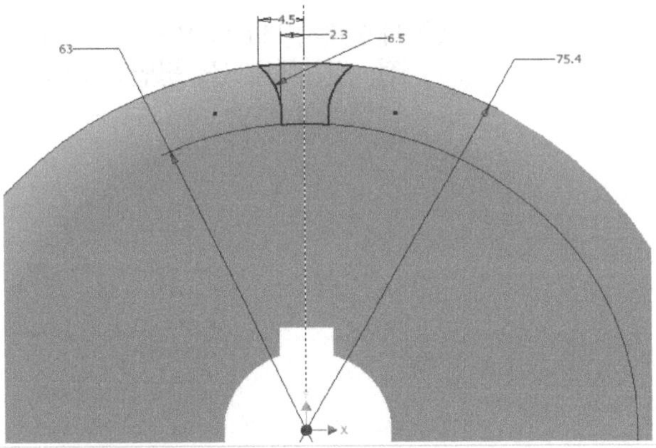

⑭ 돌출1 객체의 앞면을 선택하고 [새 스케치]를 선택하여 다음과 같이 스케치를 한다.

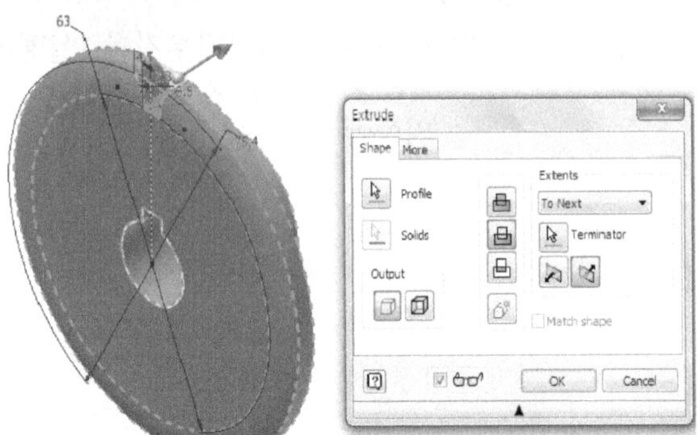

⑮ 돌출을 실행하고 차집합을 선택, 다음까지(To Next)를 지정하여 돌출 컷을 한다.

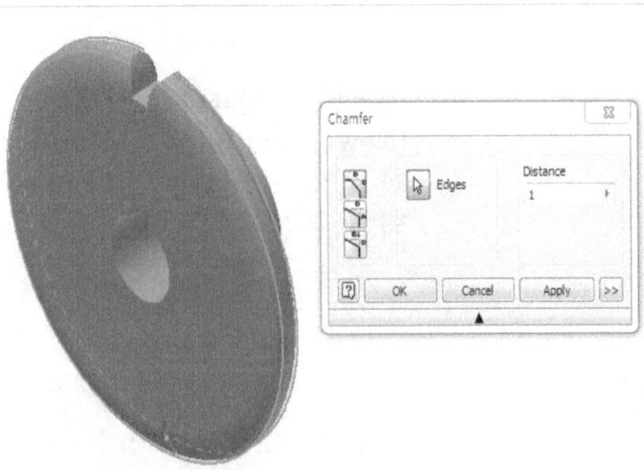

① 모따기(Chamfer)를 실행하고 Distance : 1 mm를 지정하여 모따기를 생성한다.

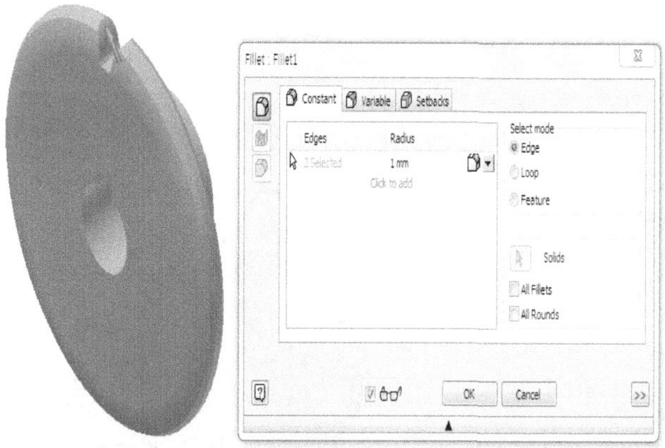

⑯ 모깍기(Fillet)을 실행하고 반경 : 1 mm로 필렛을 한다.

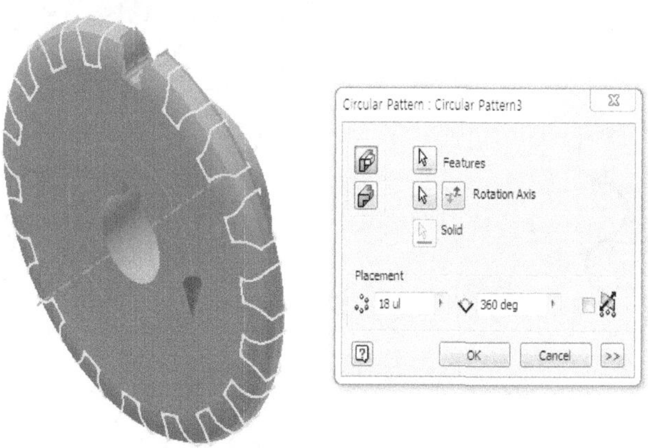

⑰ Circular Pattern을 실행하고 돌출2 객체와 필렛 객체를 선택, Rotation Axis : 돌출1 객체의 원기둥을 선택, 패턴 수 : 18을 지정하여 패턴복사 한다.

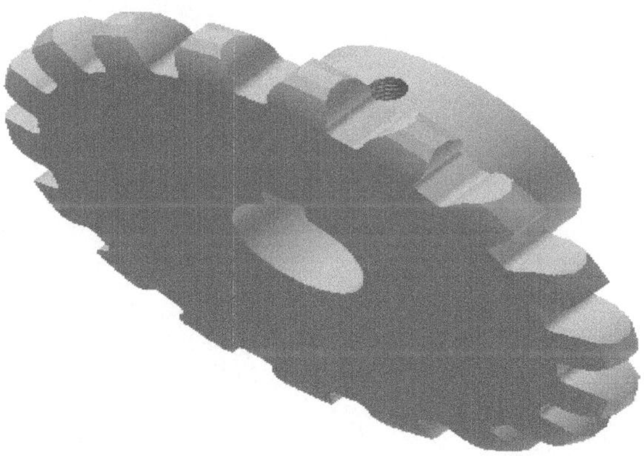

★ **완성 결과**

⑱ 회전 예제3으로 저장한다.

[회전 예제4]

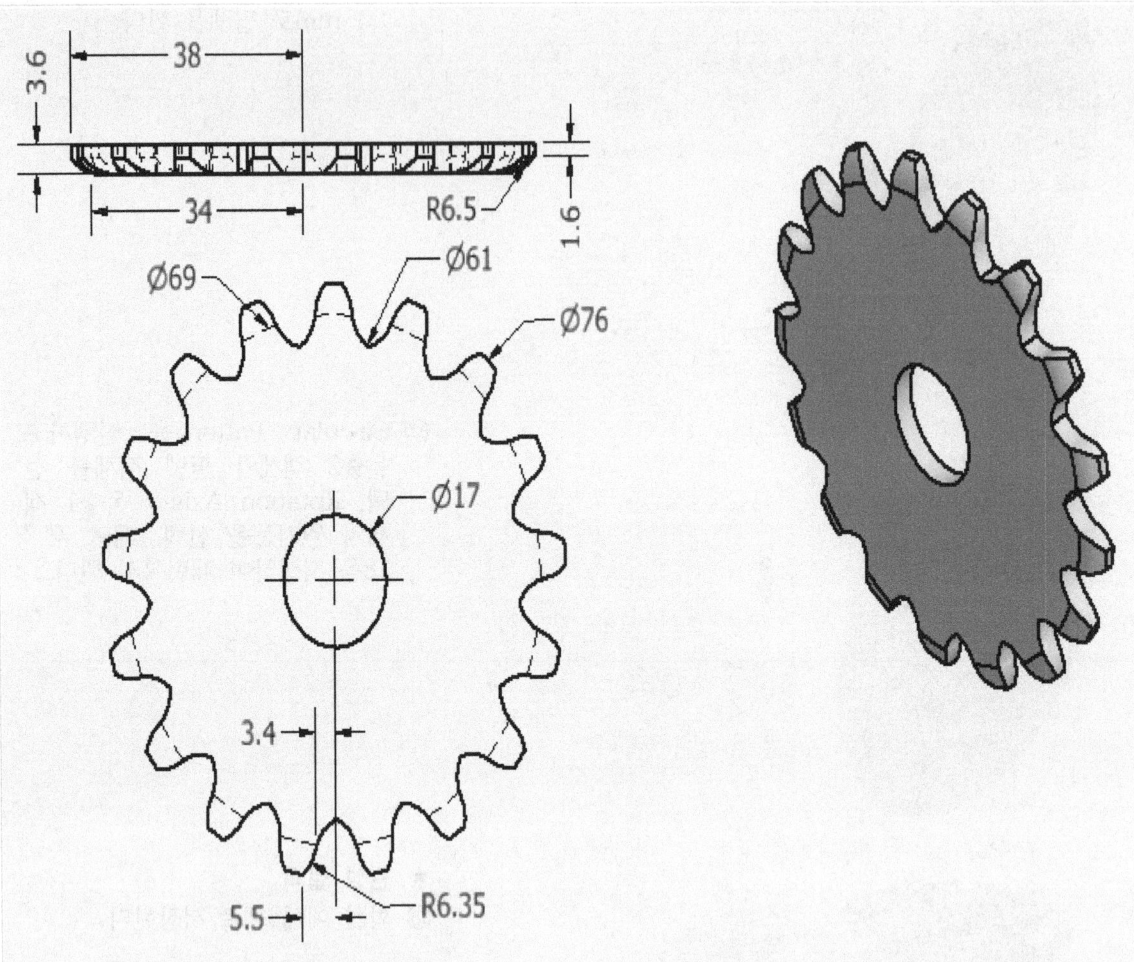
38
3.6
34
R6.5
1.6
Ø69
Ø61
Ø76
Ø17
3.4
5.5
R6.35

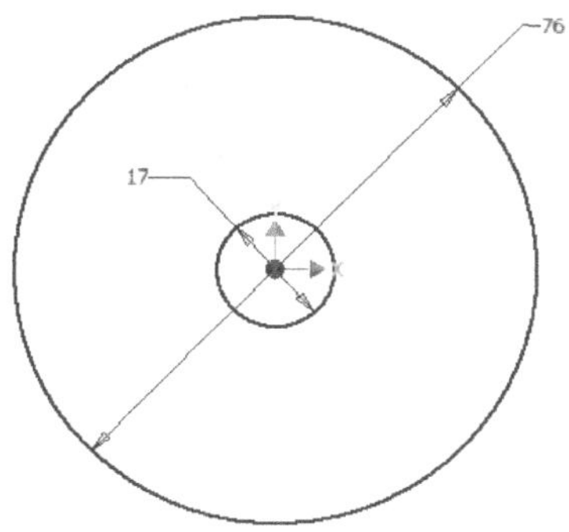

① YZ 평면을 선택하고 [2D 스케치 작성]을 선택하여 다음과 같이 스케치를 한다.

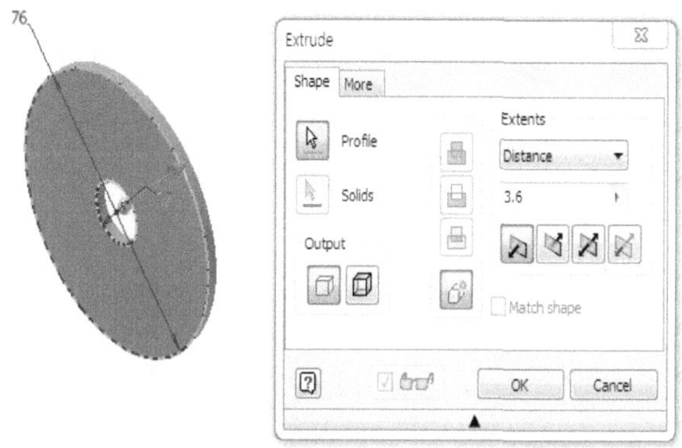

② 돌출을 실행하고 3.6 mm 돌출을 한다.

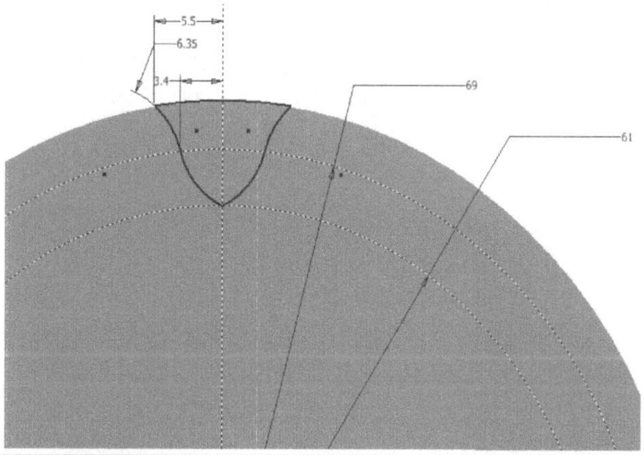

③ 돌출1 객체의 앞면을 선택하고 [새 스케치]를 선택하여 다음과 같이 스케치를 한다.

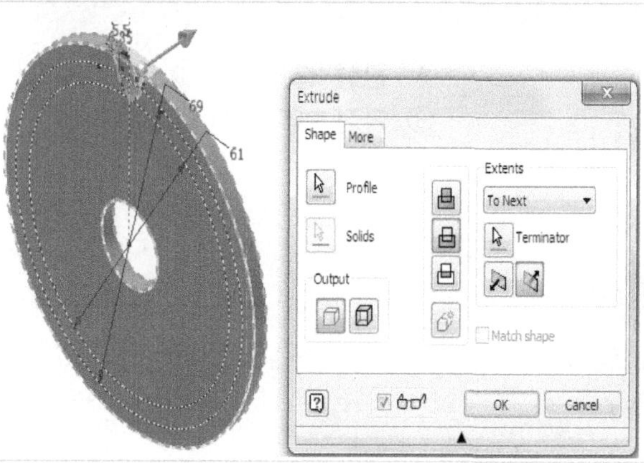

④ 돌출을 실행하고 차집합을 선택, 다음까지(To Next)를 지정하여 돌출 컷을 한다.

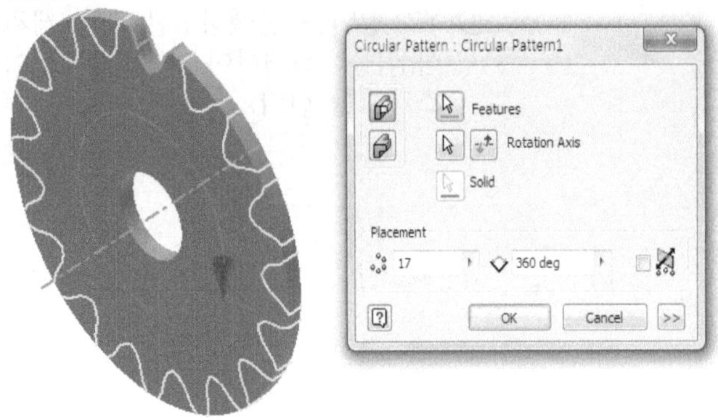

⑤ Circular Pattern을 실행하고 돌출 컷1 객체를 선택, Rotation Axis : 돌출1 객체의 원기둥을 선택, 패턴 수 : 17을 지정하여 패턴복사 한다.

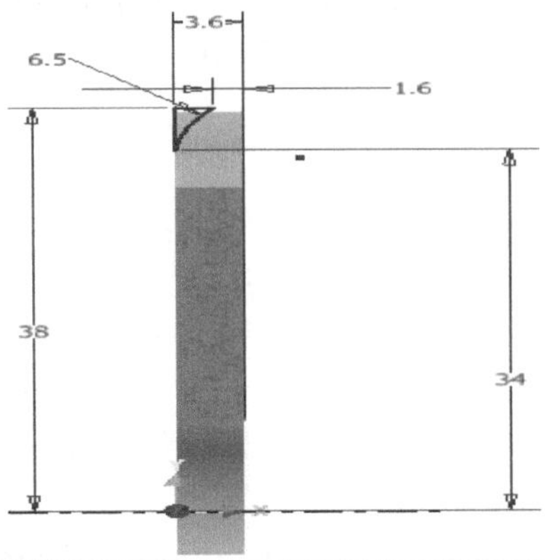

⑥ YZ 평면을 선택하고 [새 스케치(New Sketch)]를 선택하여 다음과 같이 스케치를 한다.

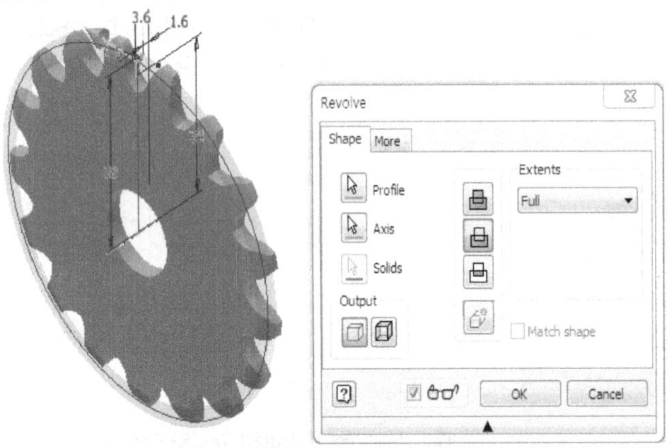

⑦ 회전을 실행하고 회전 컷(Cut)을 선택, 360도 회전 컷을 한다.

★ 완성 결과

⑧ 회전 예제4로 저장한다.

[회전 예제5] 규격품 스프로 킷[호칭번호 41, 잇수 : 22U]

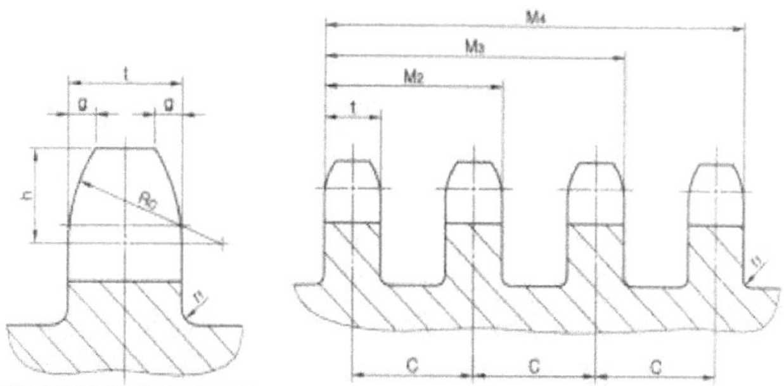

호칭번호	가로치형							가로피치 c	적용 롤러 체인(참고)		
	모떼기폭 g (약)	모떼기 깊이 h (약)	모떼기 반지름 Rc (최소)	둥글기 rf (최대)	이나비 t(최대) 단열	이나비 t(최대) 2열, 3열	이나비 t(최대) 4열 이상		피치 p	롤러 바깥지름 d1 (최대)	안쪽 링크 안쪽 나비 b1 (최소)
25	0.8	3.2	6.8	0.3	2.8	2.7	2.4	6.4	6.35	3.30	3.10
35	1.2	4.8	10.1	0.4	4.3	4.1	3.8	10.1	9.525	5.08	4.68
41	1.6	6.4	13.5	0.5	5.8	-	-	-	12.70	7.77	6.25
40	1.6	6.4	13.5	0.5	7.2	7.0	6.5	14.4	12.70	7.95	7.85
50	2.0	7.9	16.9	0.6	8.7	8.4	7.9	18.1	15.875	10.16	9.40
60	2.4	9.5	20.3	0.8	11.7	11.3	10.6	22.8	19.05	11.91	12.57
80	3.2	12.7	27.0	1.0	14.6	14.1	13.3	29.3	25.40	15.88	15.75
100	4.0	15.9	33.8	1.3	17.6	17.0	16.1	35.8	31.75	19.05	18.90
120	4.8	19.0	40.5	1.5	23.5	22.7	21.5	45.4	38.10	22.23	25.22
140	5.6	22.2	47.3	1.8	23.5	22.7	21.5	48.9	44.45	25.40	25.22
160	6.4	25.4	54.0	2.0	29.4	28.4	27.0	58.5	50.80	28.58	31.55
200	7.9	31.8	67.5	2.5	35.3	34.1	32.5	71.6	63.50	39.68	37.85
240	9.5	38.1	81.0	3.0	44.1	42.7	40.7	87.8	76.20	47.63	47.35

호칭번호 41

잇수 N	피치원지름 D_p	바깥지름 D_o	이뿌리원지름 D_B	이뿌리거리 D_C	최대보스지름 D_H
16	65.10	71	57.33	57.33	50
17	69.12	76	61.35	61.05	54
18	73.14	80	65.37	65.37	59
19	77.16	84	69.39	69.13	63
20	81.18	88	73.41	73.41	67
21	85.21	92	77.44	77.20	71
22	89.24	96	81.47	81.47	75
23	93.27	100	85.50	85.28	79

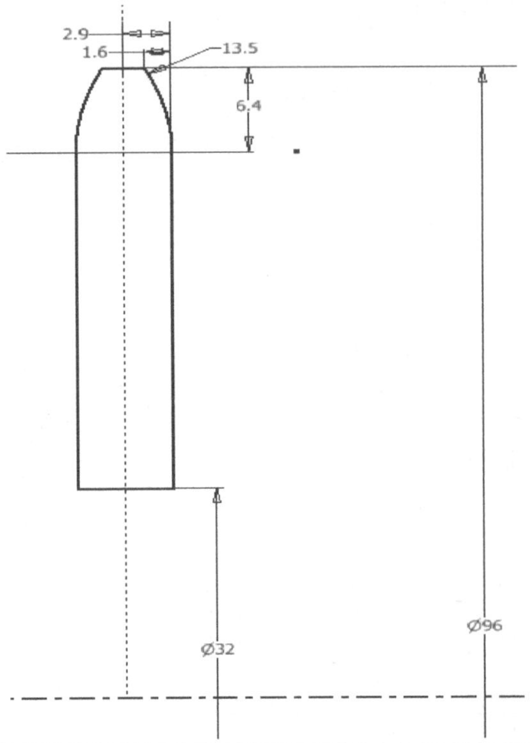

① XZ 평면을 선택하고 [2D 스케치 작성]을 선택하여 다음과 같이 스케치를 한다.

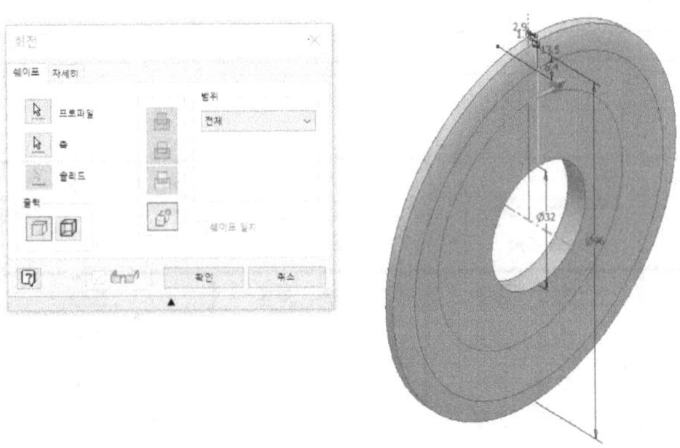

② 회전을 실행하고 360도 회전을 한다.

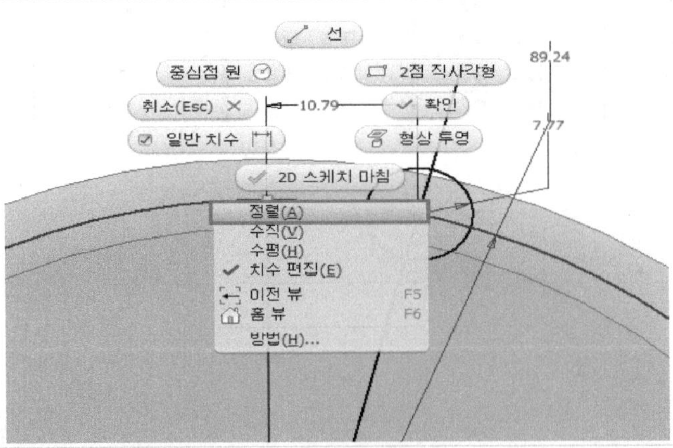

③ 회전1 객체의 우측면을 선택하고 [새 스케치]를 선택하여 다음과 같이 스케치를 한다.

수평치수에서 대각선 치수로 전환하는 방법

[지능형 치수]를 선택하고 점과 점을 선택하여 수평치수가 나오면 마우스 우측 버튼을 눌러 [정렬]을 선택하면 [대각선 치수]로 전환된다.

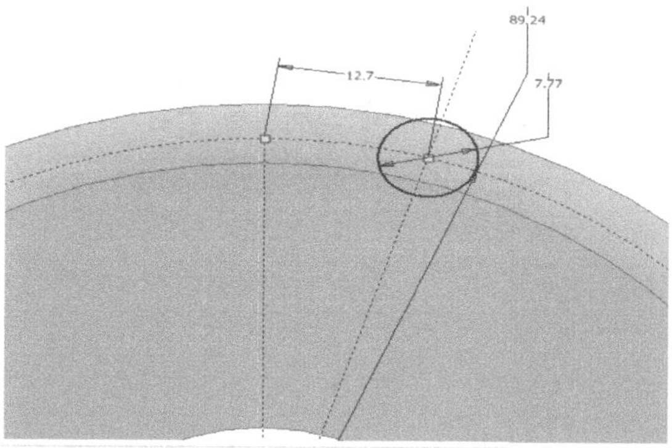

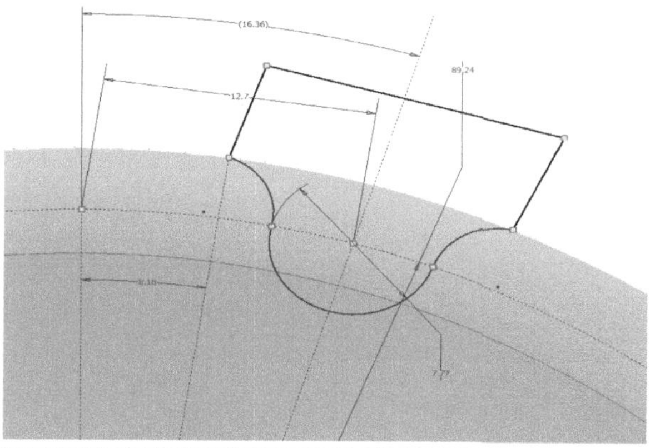

④ 다음과 같이 스케치를 완성한다.

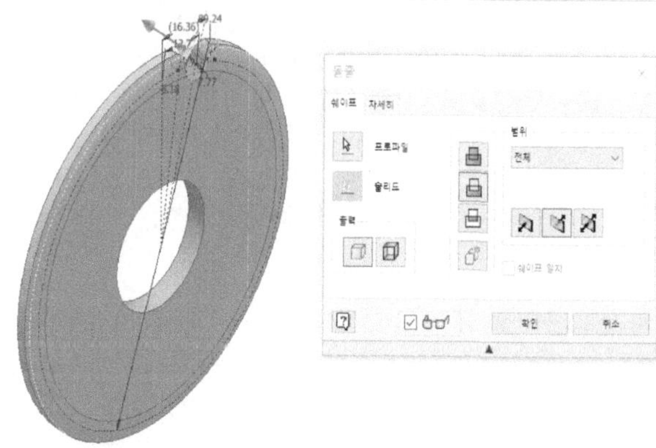

⑤ 돌출을 실행하고 차집합을 선택하여 관통을 한다.

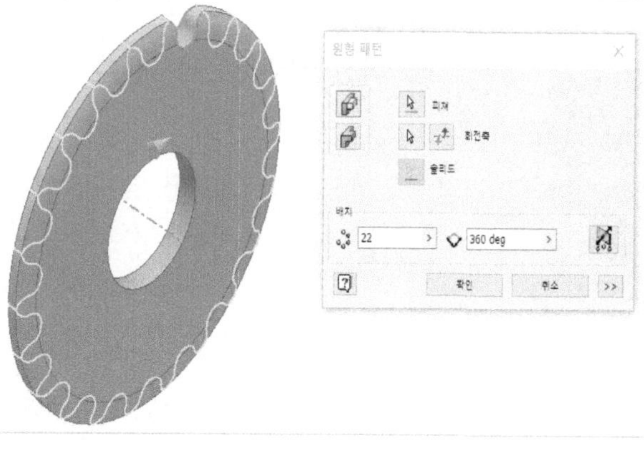

⑥ Circular Pattern을 실행하고 돌출 컷1 객체를 선택, Rotation Axis : 회전1 객체의 원기둥을 선택, 패턴 수 : 22을 지정하여 패턴복사 한다.

⑦ 회전1 객체의 우측면을 선택하고 [새 스케치]를 선택하여 다음과 같이 스케치를 한다.

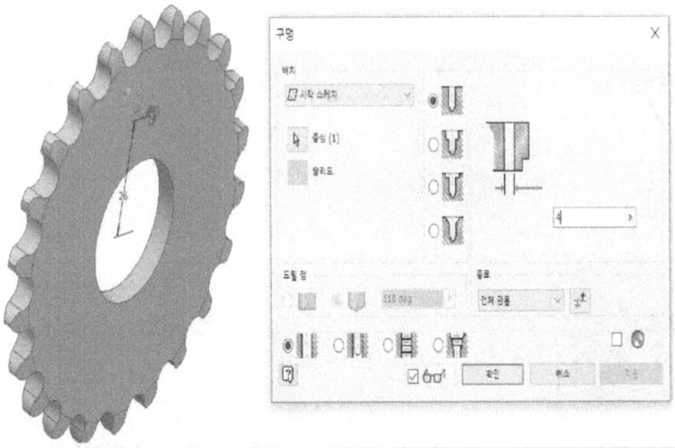

⑧ 구멍을 실행하고 지름 : 4 mm 지정하여 관통을 한다.

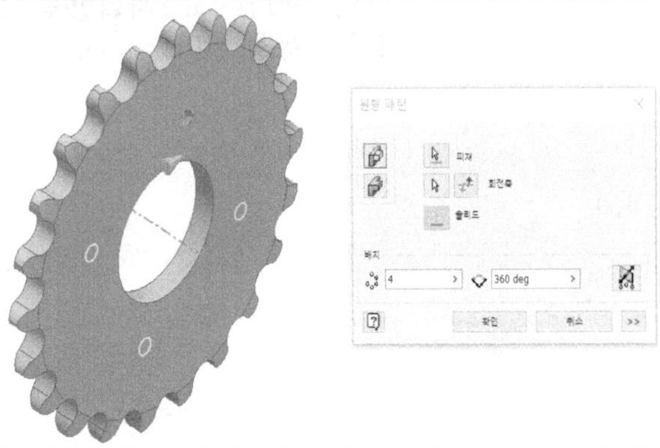

⑨ Circular Pattern을 실행하고 돌출 컷1 객체를 선택, Rotation Axis : 회전1 객체의 원기둥을 선택, 패턴 수 : 4을 지정하여 패턴복사 한다.

★ **완성 결과**

⑩ 회전 예제5로 저장한다.

[회전 예제6]

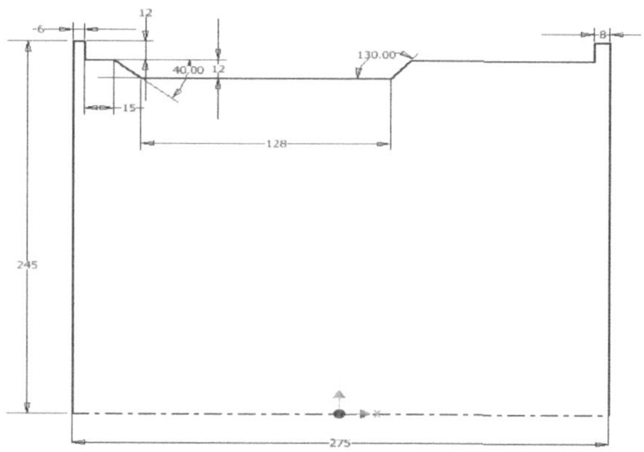

① YZ 평면을 선택하고 [2D 스케치 작성]을 선택하여 다음과 같이 스케치를 한다.

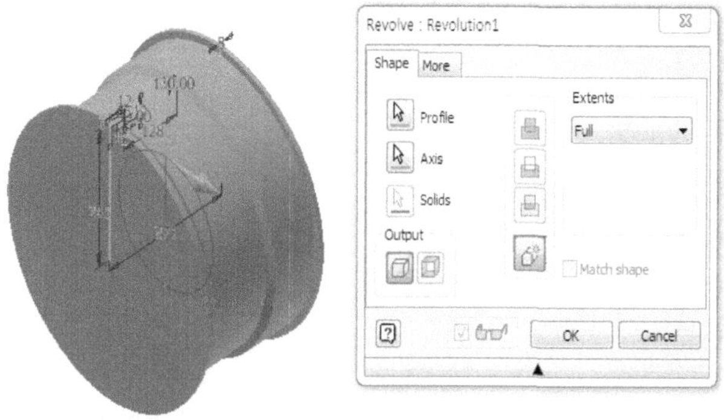

② 회전을 실행하고 360도 회전을 한다.

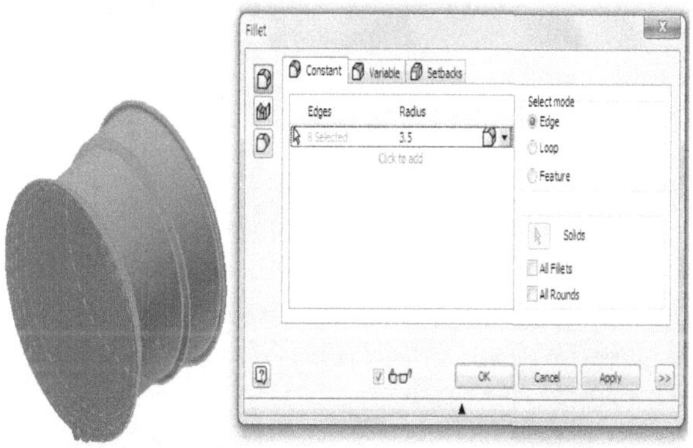

③ 필렛을 실행하고 반경 : 3.5 mm로 필렛을 한다.

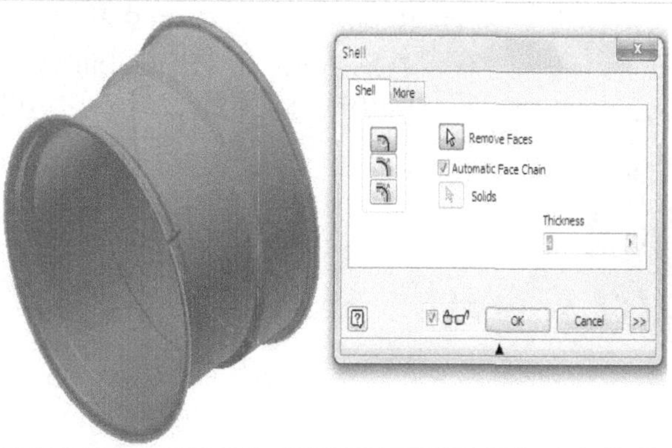

④ 쉘을 실행하고 두께 : 4 mm로 회전 객체의 앞과 뒷면을 선택하여 쉘을 생성한다.

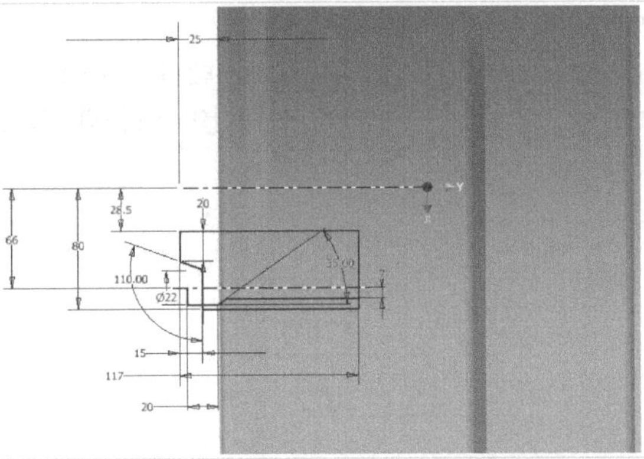

⑤ XY 평면을 선택하고 [새 스케치]를 선택하여 다음과 같이 스케치를 한다.

[뷰]- 그래픽 슬라이스 또는 F7을 선택하여 절단모서리 투영으로 절단된 모서리가 보이도록 한다.

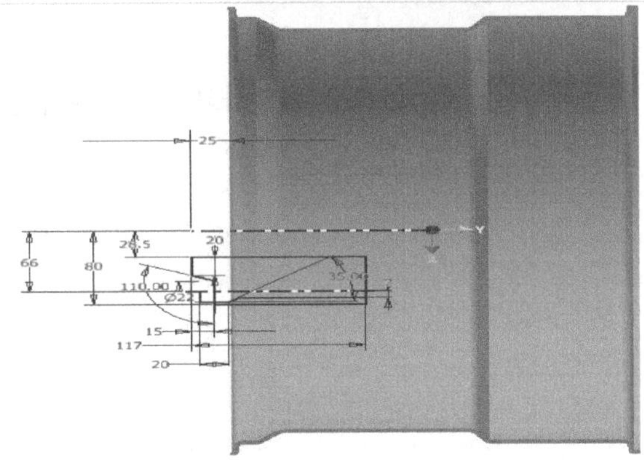

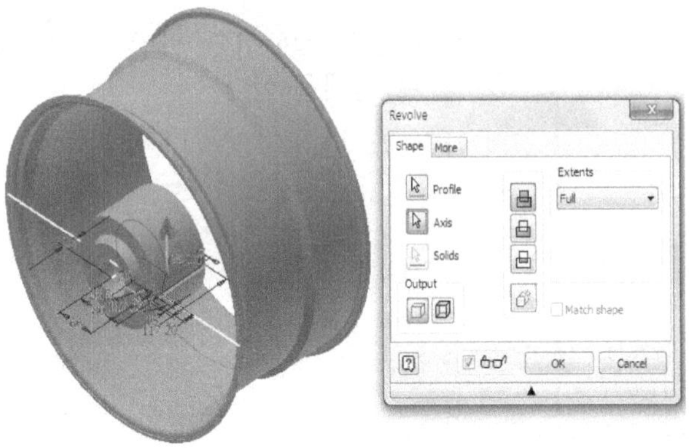

⑥ 회전을 실행하고 360도 회전을 한다.

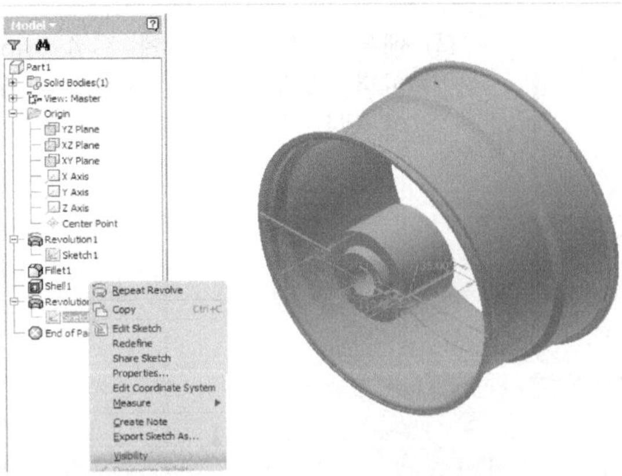

⑦ Sketch2 위에서 마우스 우측 버튼을 눌러 가시성(Visibility)을 선택하여 스케치를 보이도록 한다.

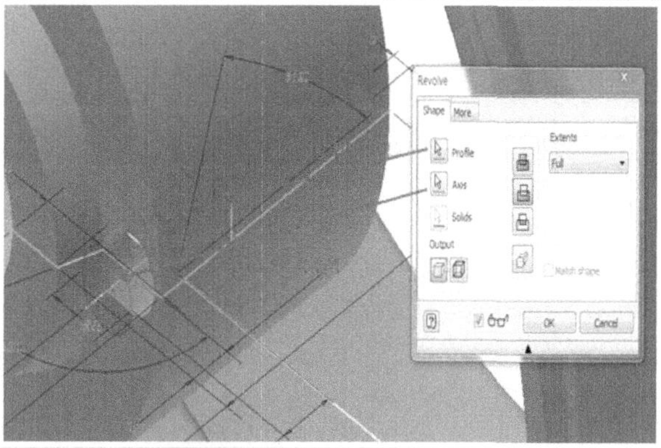

⑧ 회전을 실행하고 차집합을 선택, 다음과 같이 지정하여 회전 컷을 한다.

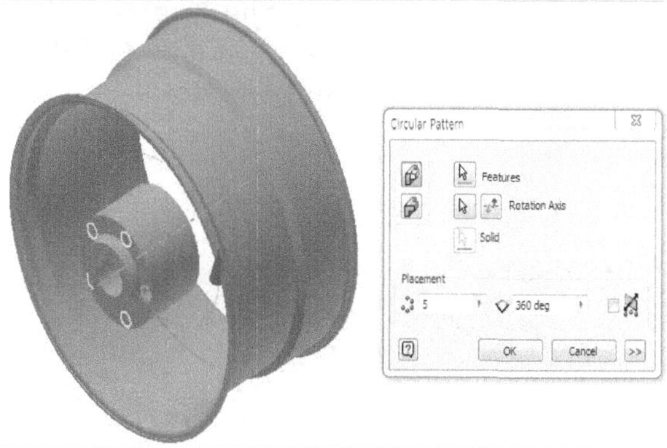

⑨ 원형패턴(Circular Pattern)을 실행하고 회전 객체3을 회전축 : 원기둥을 선택하여 다음과 같이 패턴을 복사한다.

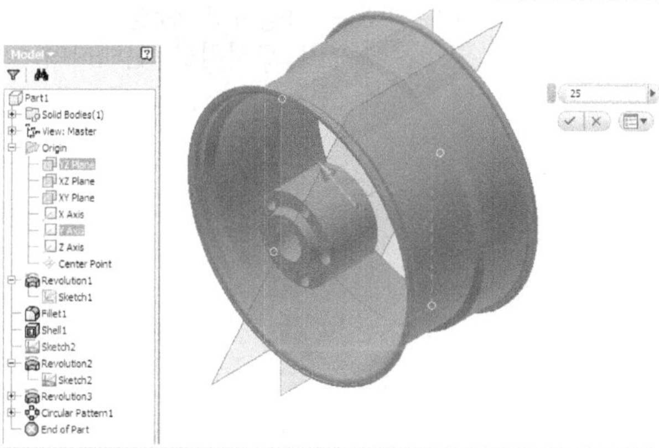

⑩ 평면(Plane)을 실행하고 YZ 평면을 선택, Y Axis를 선택, 25도를 지정하여 평면을 생성한다.

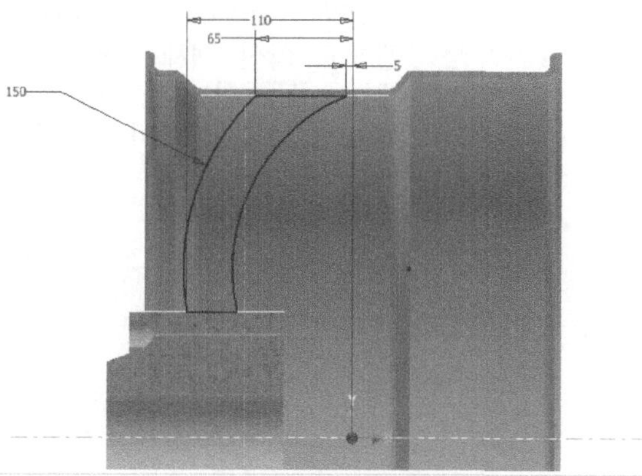

⑪ 작업 평면1을 선택하고 [새 스케치]를 선택하여 다음과 같이 스케치를 한다.

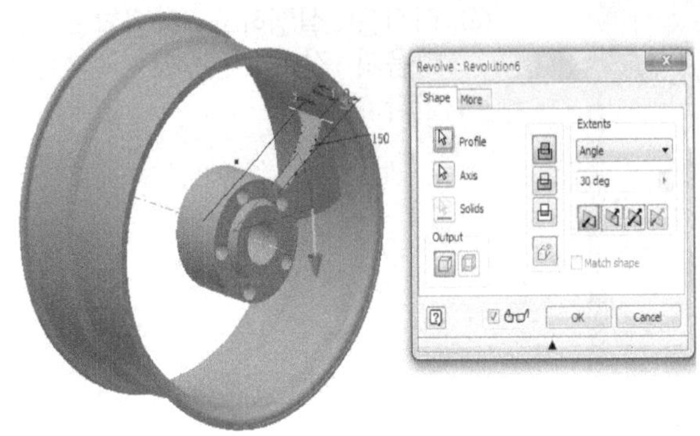

⑫ 회전을 실행하고 Angle : 30도 지정하여 회전을 한다.

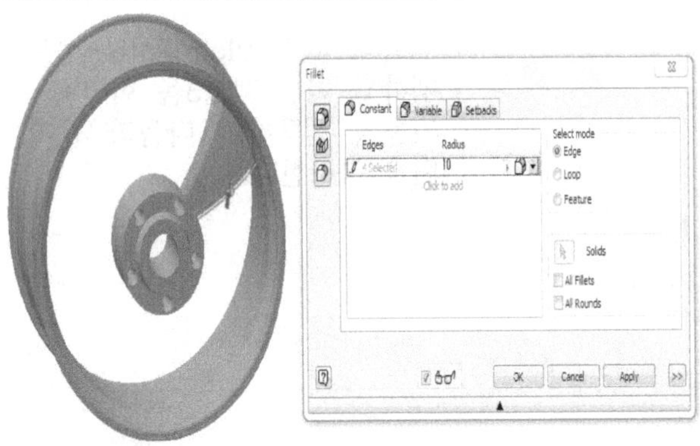

⑬ 필렛을 실행하고 반경 : 10 mm로 4개의 모서리를 선택하여 필렛을 하다.

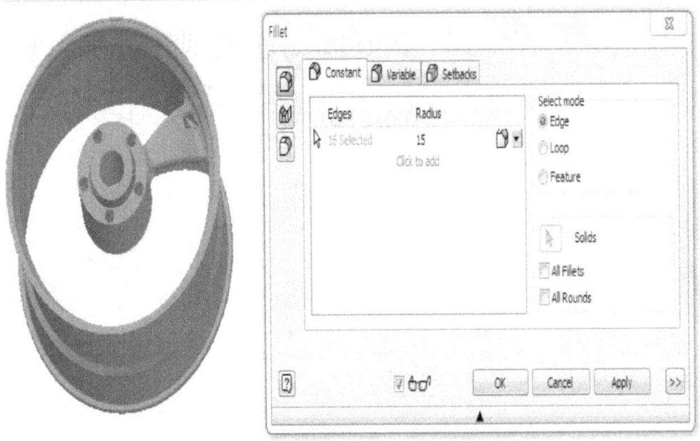

⑭ 필렛을 실행하고 반경 : 15 mm로 2개의 모서리를 선택하여 필렛을 하다.

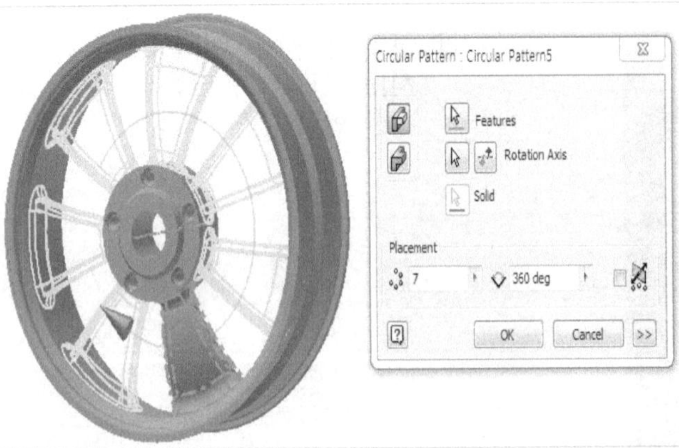

⑮ 원형패턴(Circular Pattern)을 실행하고 회전 객체4, 필렛 객체 2개를 선택, 회전축 : 원기둥을 선택하여 다음과 같이 패턴을 복사한다.

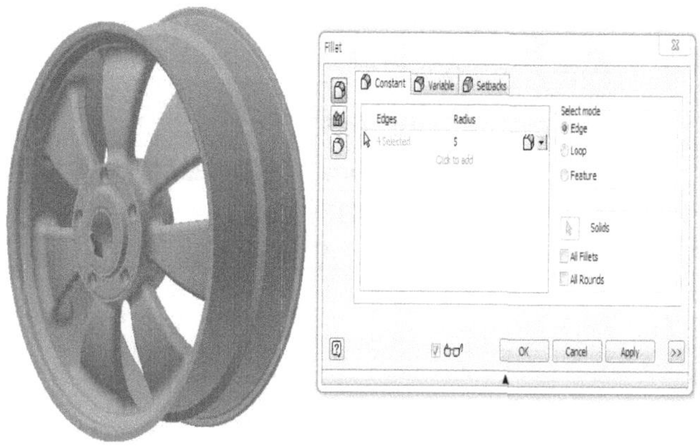	⑯ 필렛을 실행하고 반경 : 5 mm로 4개의 모서리를 선택하여 필렛을 하다.
	★ **완성 결과** ⑰ 회전 예제6으로 저장한다.

3-3 로프트(Loft)

여러 개의 단면의 프로파일을 선택하여 로프트를 생성한다.

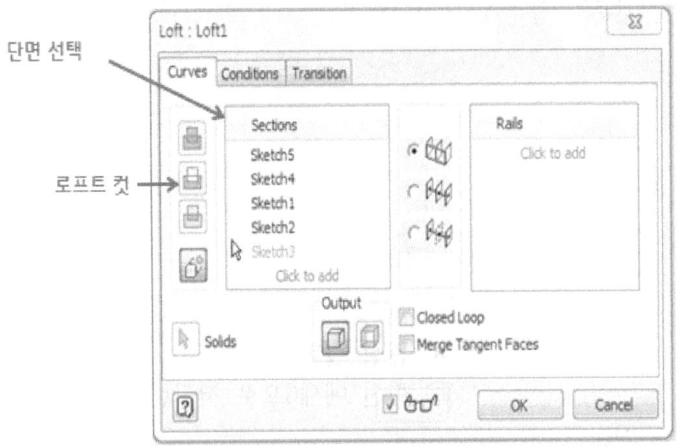

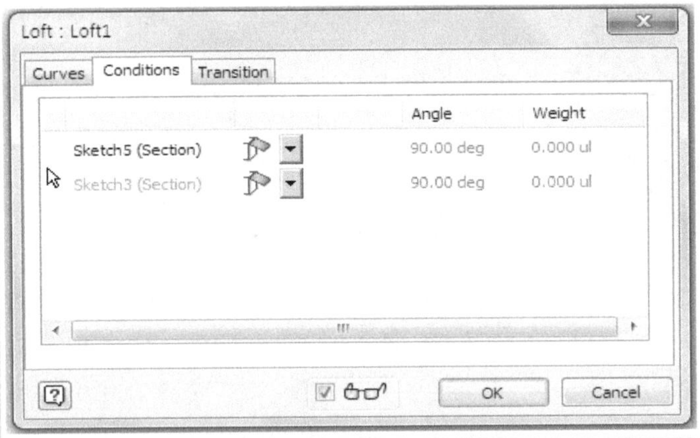

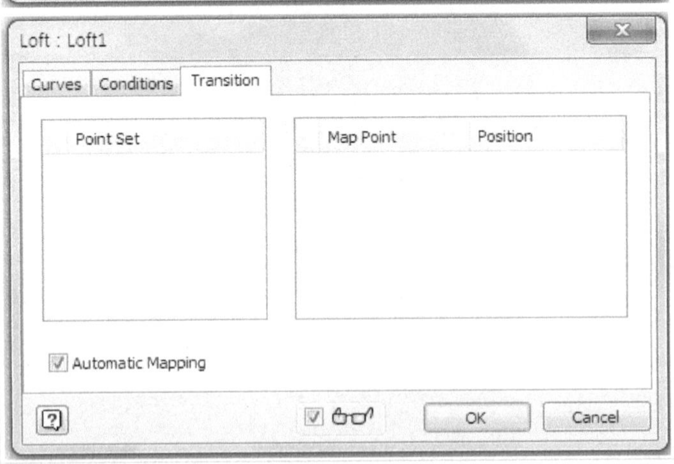

[Curves]

★ Sections : 단면 프로파일을 차례대로 선택한다.

★ Rails : 안내 선분을 선택한다.

[예제1] 로프트(Loft)

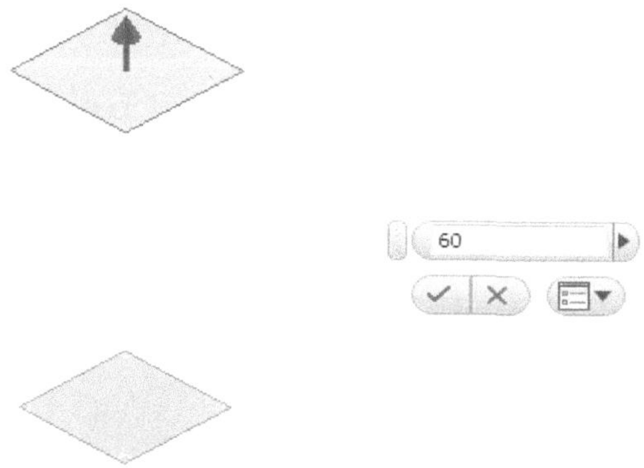

① 평면에서 간격띄우기를 실행하고 XY 평면을 기준으로 60 mm 위쪽에 평면을 생성한다.

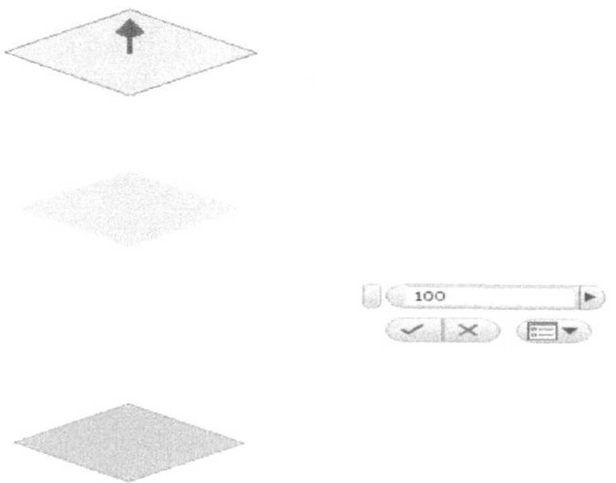

② 평면에서 간격띄우기를 실행하고 XY 평면을 기준으로 100 mm 위쪽에 평면을 생성한다.

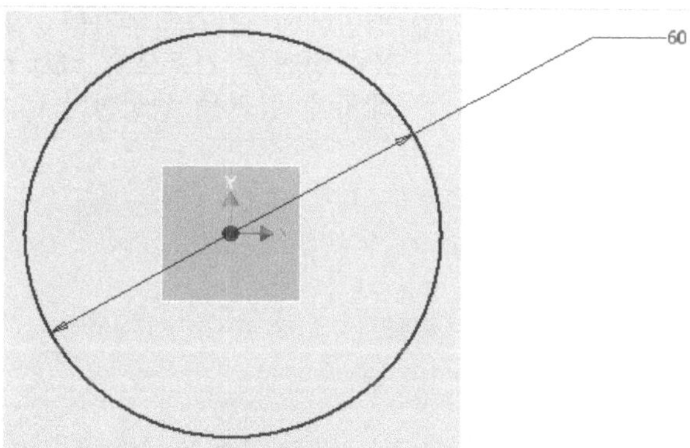

③ XY 평면을 선택하고 [새 스케치를 선택한다.

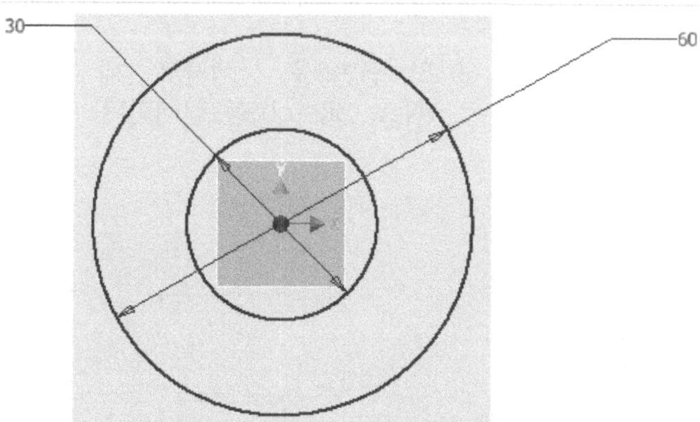

④ 평면1을 선택하고 [새 스케치(New Sketch)를 선택한다.

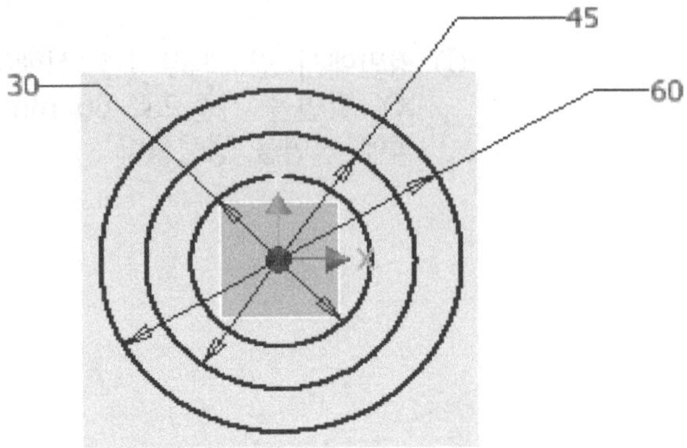

⑤ 평면2를 선택하고 [새 스케치(New Sketch)를 선택한다.

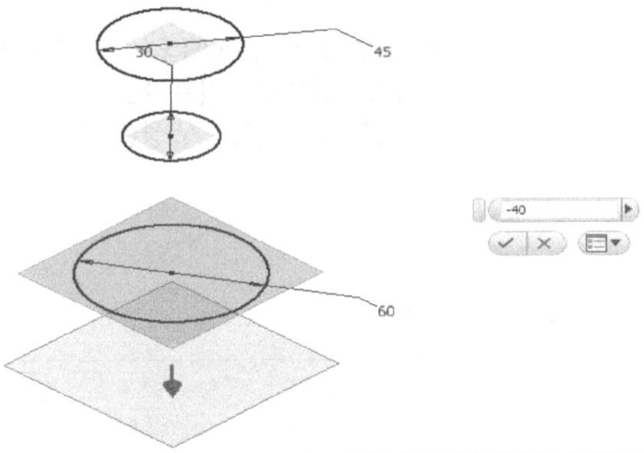

⑥ 평면에서 간격띄우기를 실행하고 XY 평면을 기준으로 -40 mm 아래쪽에 평면을 생성한다.

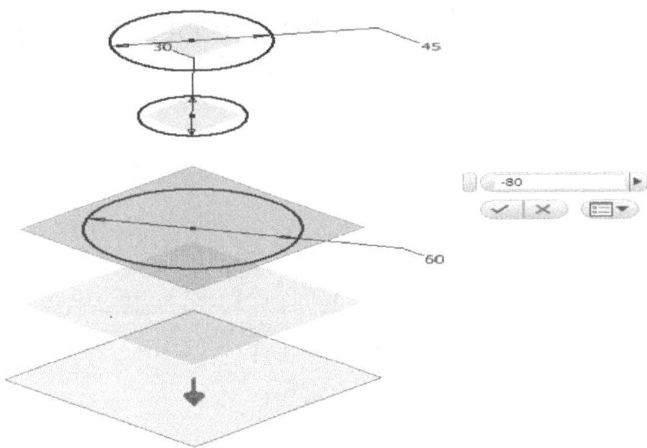

⑦ 평면에서 간격띄우기를 실행하고 XY 평면을 기준으로 -80 mm 아래쪽에 평면을 생성한다.

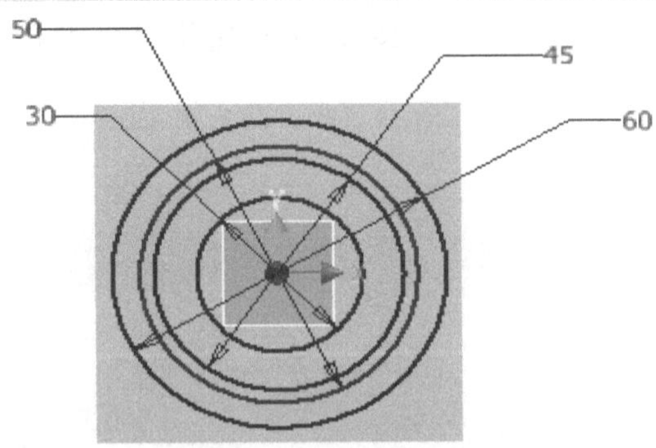

⑧ 8) 평면3을 선택하고 [새 스케치(New Sketch)를 선택한다.

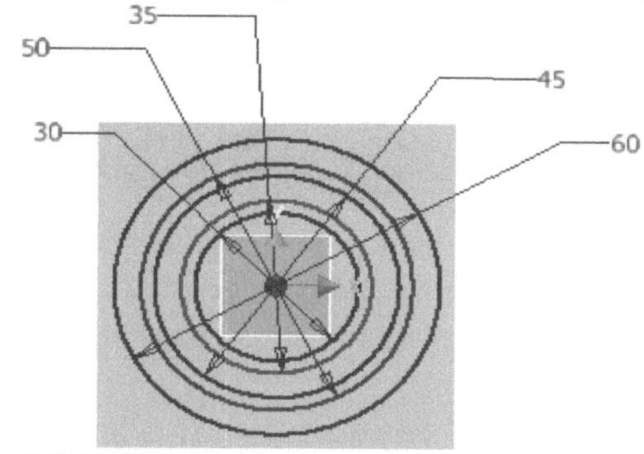

⑨ 평면4를 선택하고 [새 스케치(New Sketch)를 선택한다.

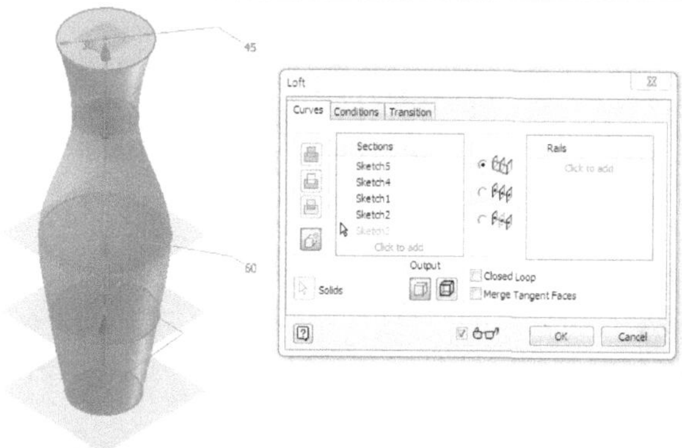

⑩ 로프트(Loft)를 실행하고 아래쪽 Sketch부터 차례대로 선택한다.

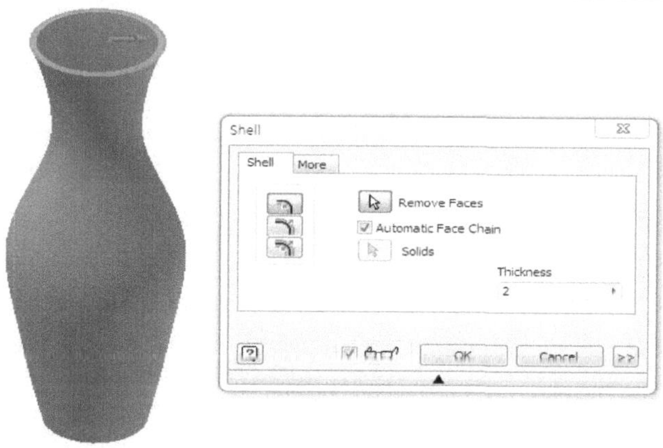

⑪ Shell을 실행하고 두께 : 2 mm를 지정하여 쉘을 생성한다.

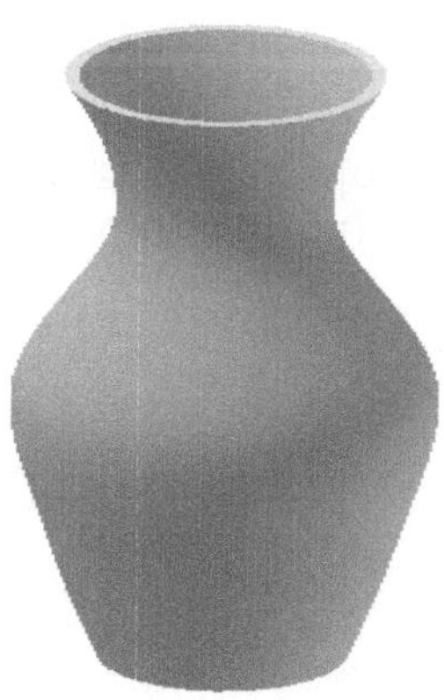

★ **로프트(Loftl) 결과**

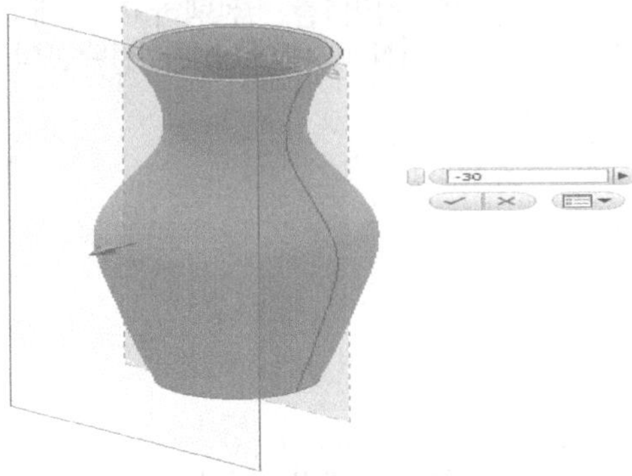

★ 전사 기능 추가

⑫ 평면에서 간격 띄우기를 실행하고 XZ 평면을 선택, 앞쪽으로 -30 mm 위치에 평면을 생성한다.

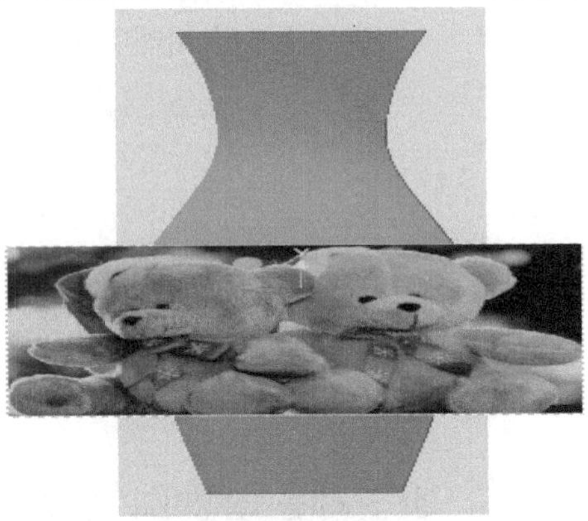

⑬ 작업 평면5을 선택하고 [2D 스케치 작성]을 선택한다.

⑭ 이미지를 실행하고 준비된 이미지를 삽입한다.

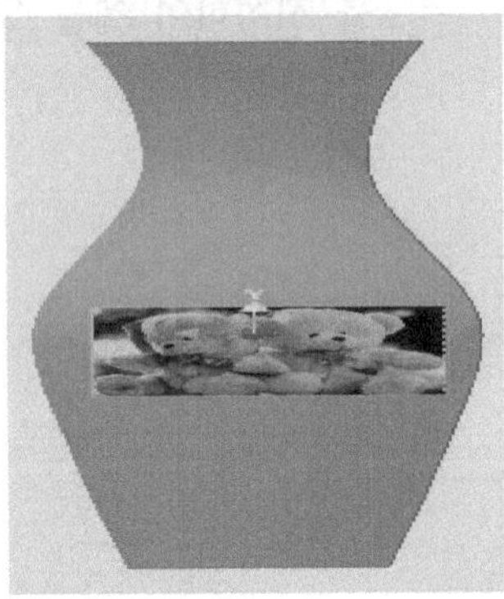

⑮ 이미지를 적당한 크기로 조절한다.

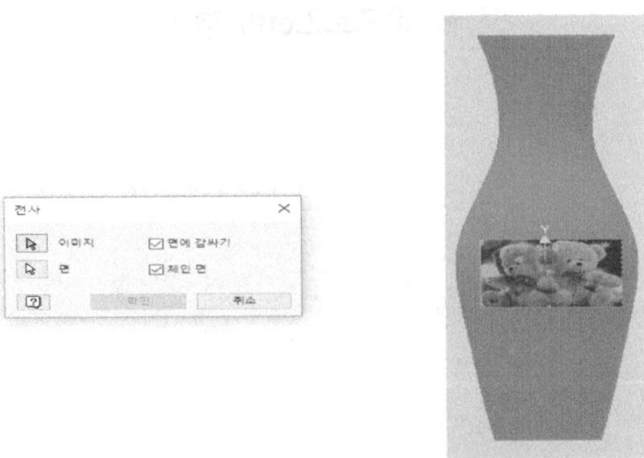

⑯ [3D 모형]탭에서 전사를 실행한다.
이미지를 선택하고 형상에서 이미지를 선택하고 면을 선택한다.

★ 완성 결과

[예제2] 로프트(Loft)

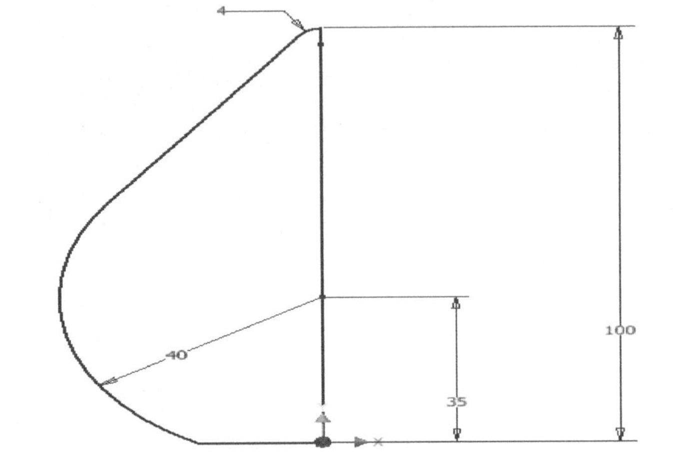	① XZ 평면을 선택하고 [2D 스케치 작성]을 선택하여 다음과 같이 스케치를 한다.
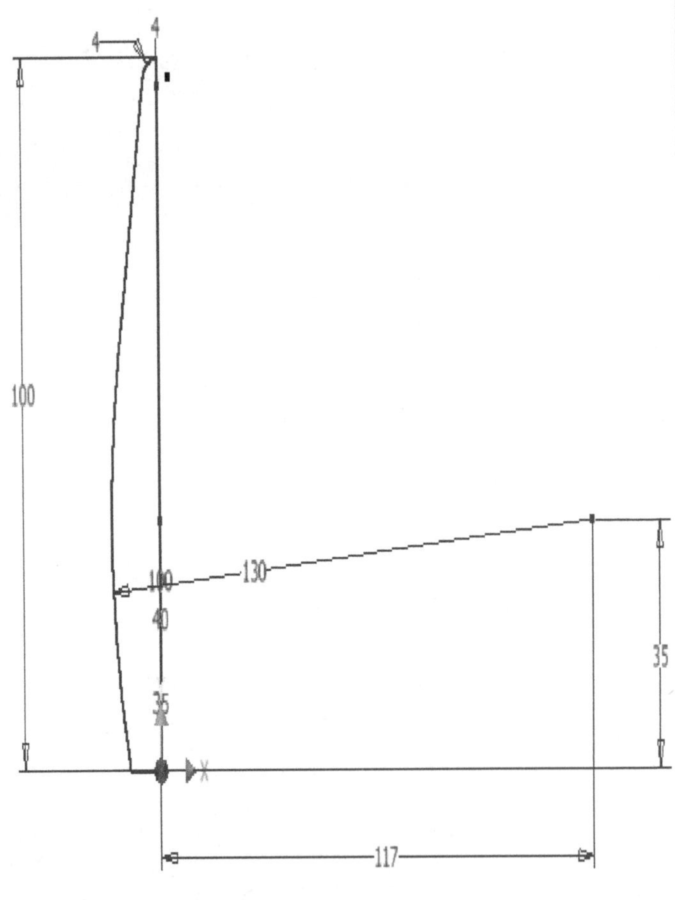	② YZ 평면을 선택하고 [2D 스케치 작성]을 선택하여 다음과 같이 스케치를 한다.

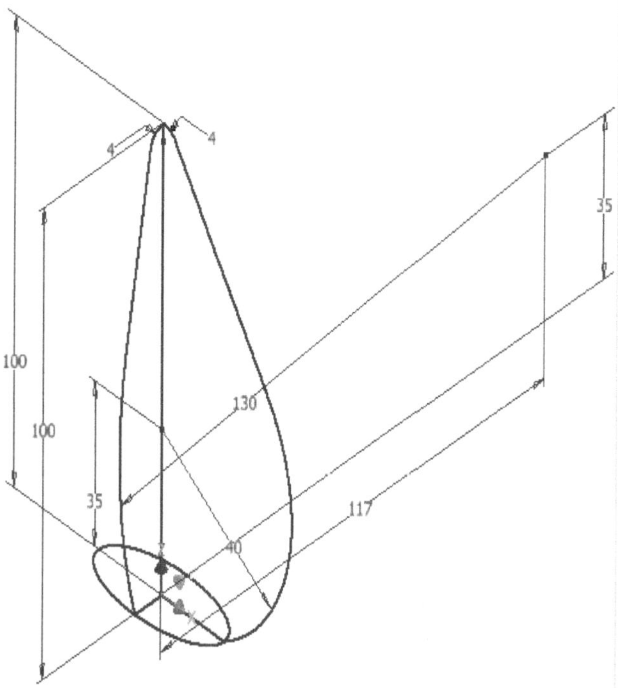

③ XY 평면을 선택하고 [2D 스케치 작성]을 선택하여 다음과 같이 스케치를 한다.
타원의 끝점을 Sketch1과 Sketch2의 수평 끝점과 일치를 한다.

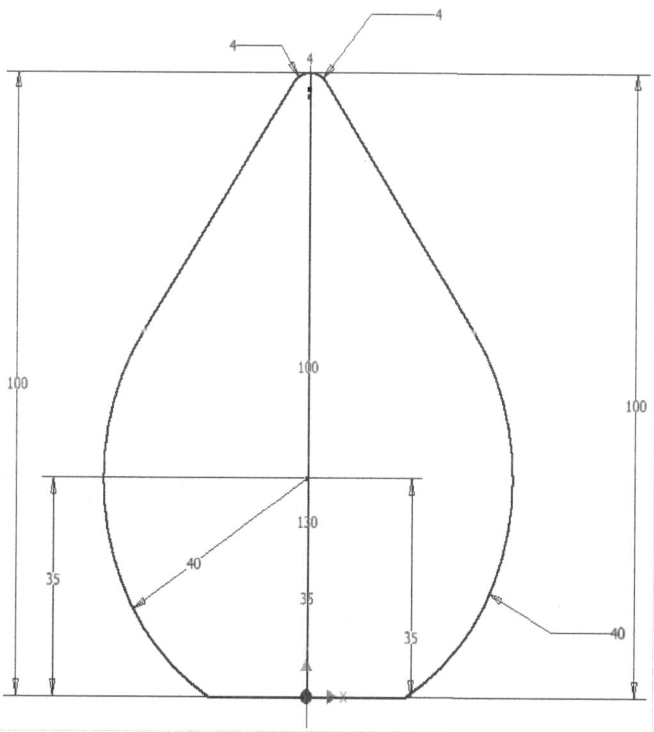

④ XZ 평면을 선택하고 [2D 스케치 작성]을 선택하여 다음과 같이 스케치를 한다.
1번의 대칭이 되도록 스케치를 한다.

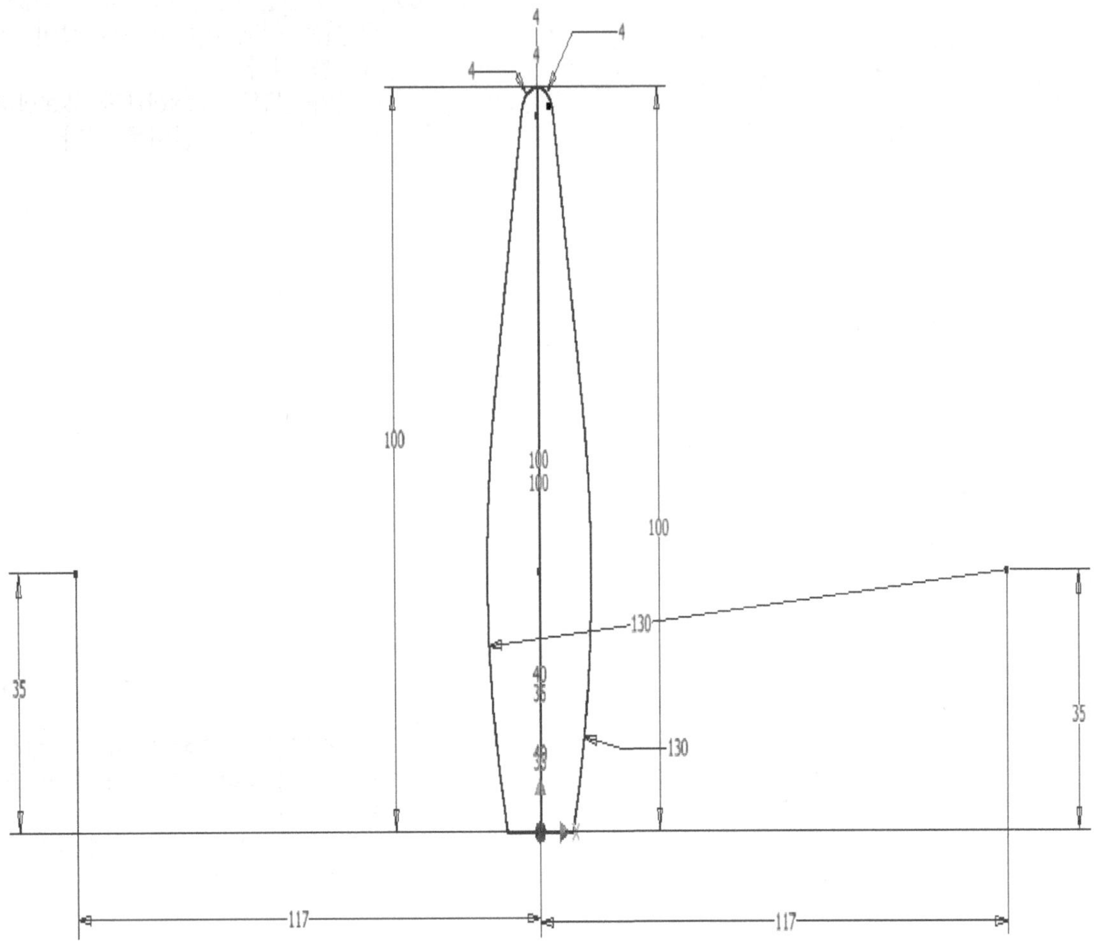

⑤ YZ 평면을 선택하고 [2D 스케치 작성]을 선택하여 다음과 같이 스케치를 한다. 2번의 대칭이 되도록 스케치를 한다.

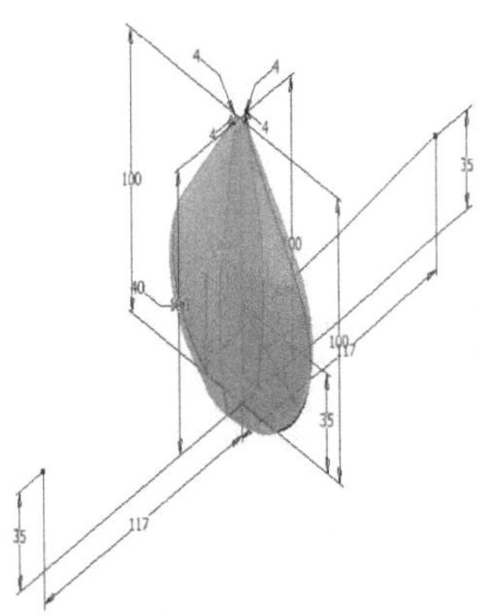

⑥ 로프트(Loft)를 실행하고 Section : Sketch1, Sketch2, Sketch4, Sketch.5를 지정, Path : Sketch3을 지정하여 생성한다.

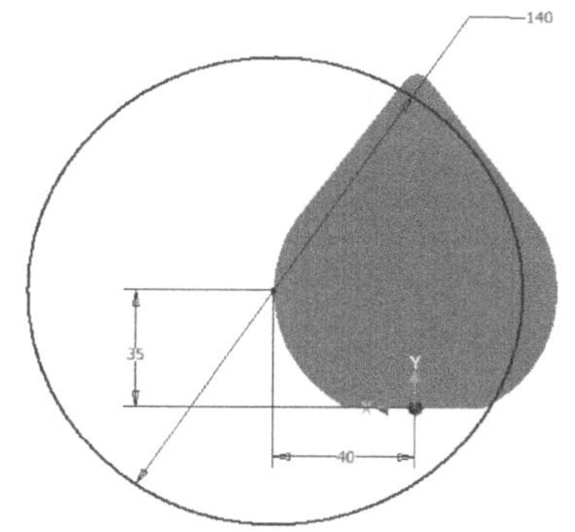

⑦ XZ 평면을 선택하고 [2D 스케치 작성]을 선택하여 다음과 같이 스케치를 한다.

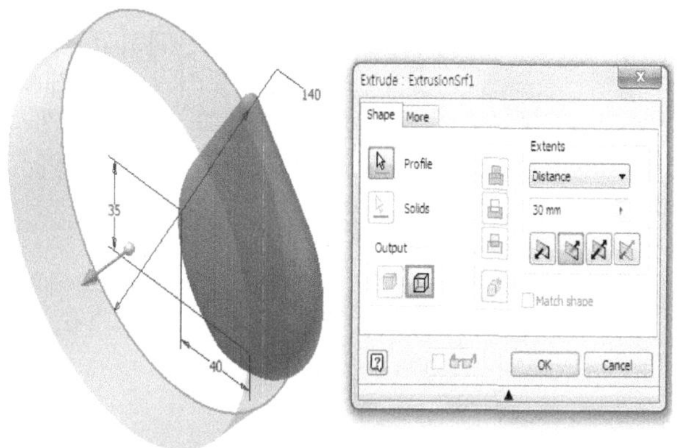

⑧ 돌출을 실행하고 30 mm, Surface를 선택, 돌출을 한다.

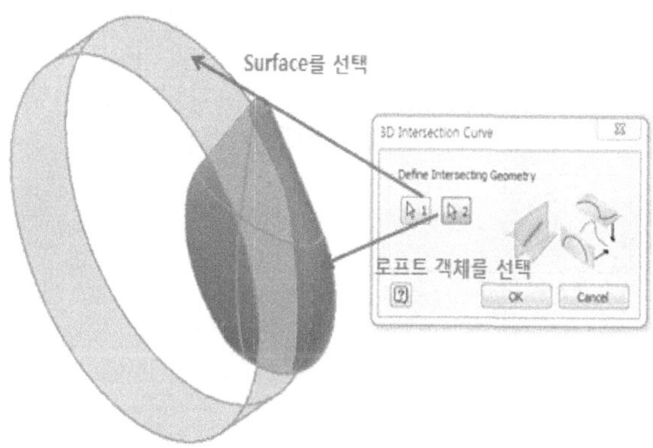

⑨ Create 3D Sketch를 실행하고 Intersection Cur ve를 선택, 다음과 같이 선택하여 교차선분을 생성한다.

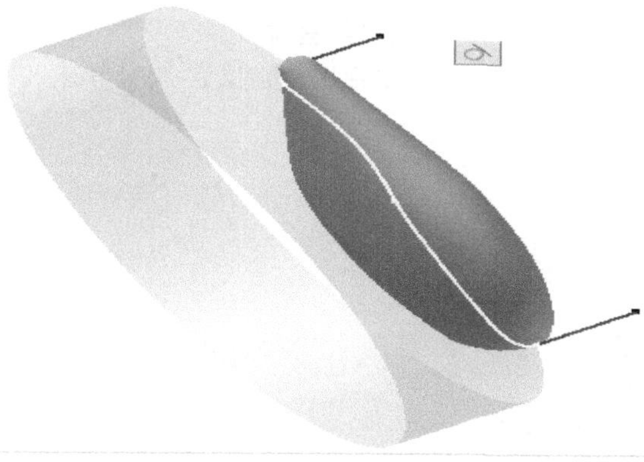

⑩ 3D Sketch 명령 안에서 Line을 선택하여 교차 선분 끝부분으로부터 탄젠트 되는 라인을 생성한다. 아래쪽도 같은 방법으로 라인을 생성한다.

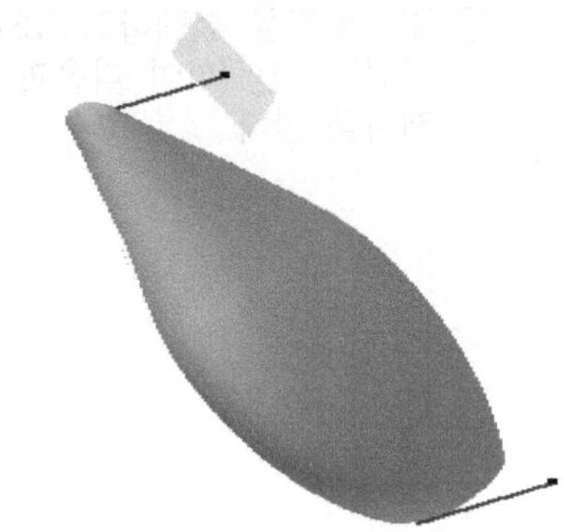

⑪ Plane을 실행하고 3D Sketch1의 끝점과 선분을 선택하여 평면을 생성한다.

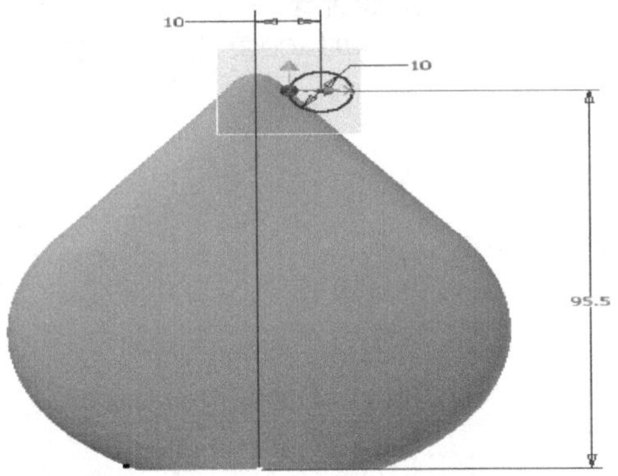

⑫ 작업 평면1을 선택하고 마우스 우측 버턴을 눌러 [새 스케치]를 선택하여 다음과 같이 스케치를 한다.

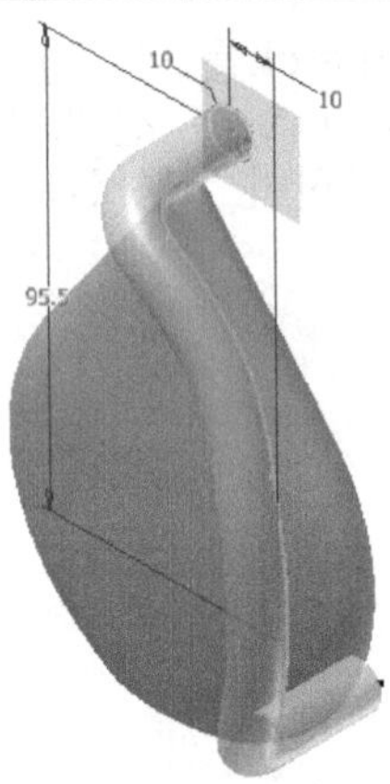

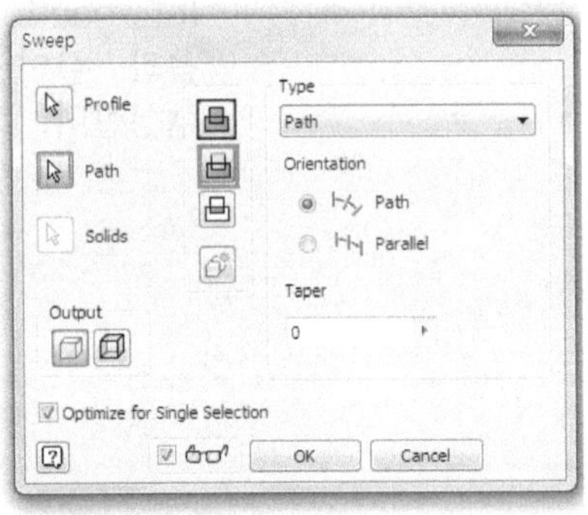

⑬ 스윕(Sweep)을 실행하고 Profile : Sketch6을 선택, Path : 3개의 선분을 선택, 차집합을 선택하여 스윕 객체를 생성한다.

★ 완성 결과

⑭ 로프트 예제2로 저장한다.

[예제3] 로프트(Loft)

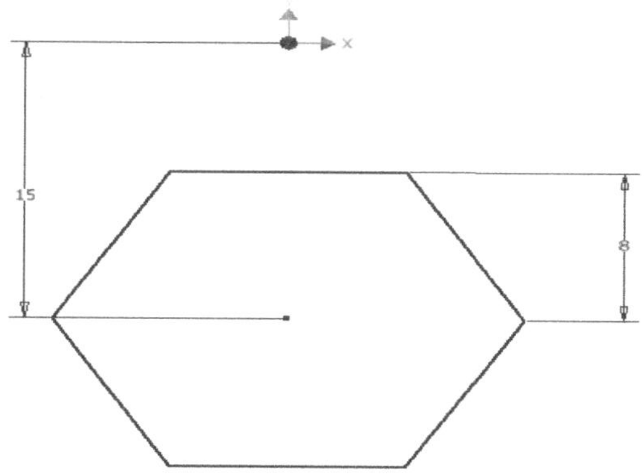

① XY 평면을 선택하고 [2D 스케치 작성]을 선택하여 다음과 같이 스케치를 한다.

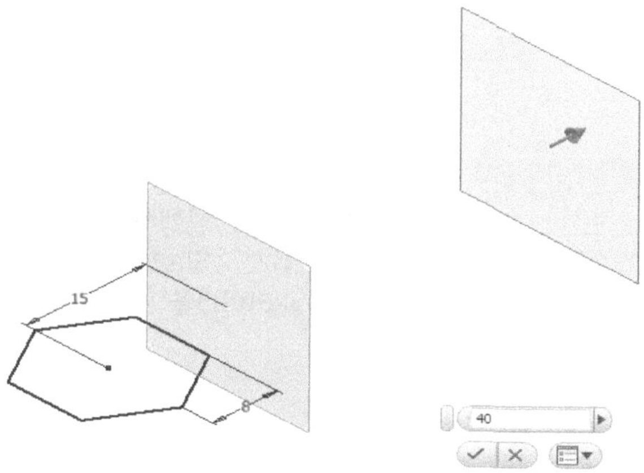

② 평면에서 간격띄우기를 실행하고 XZ Plane을 기준으로 뒤쪽으로 40 mm 위치에 Plane을 생성한다.

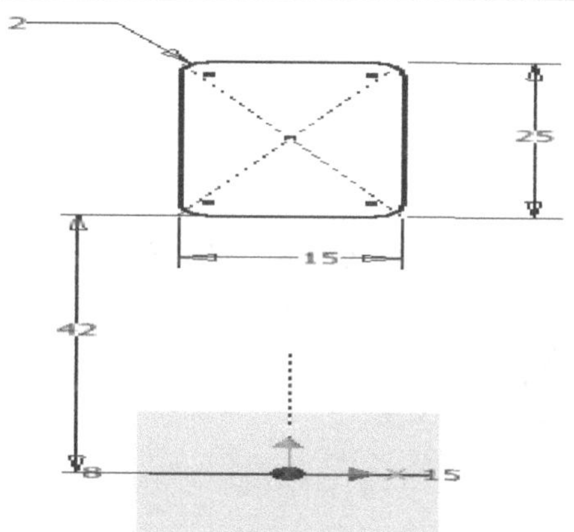

③ 평면1을 선택하고 [2D 스케치 작성]을 선택하여 다음과 같이 스케치를 한다.

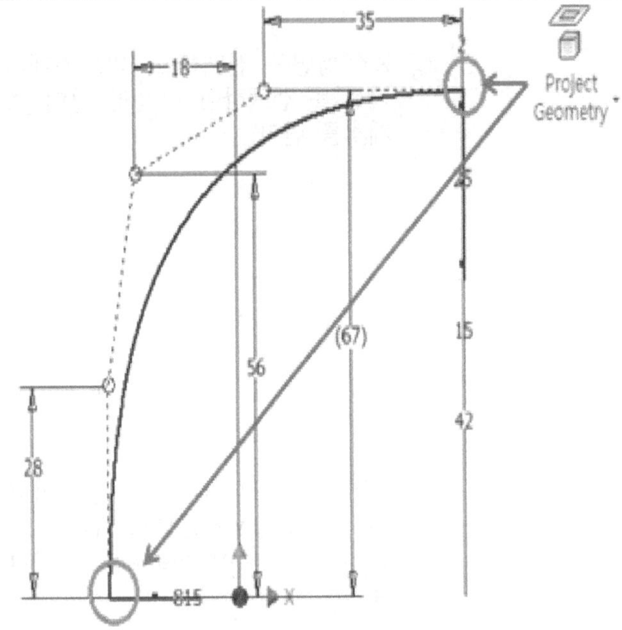

④ YZ 평면을 선택하고 [2D 스케치 작성]을 선택하여 다음과 같이 스케치를 한다.
Sketch1의 좌측 끝점과 Sketch2의 위쪽 끝점을 형상 투영을 한다. Spline을 투영한 양 끝점과 일치를 시킨다.

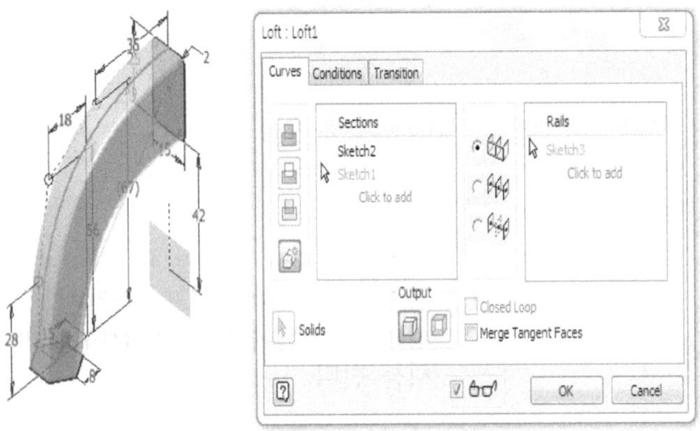

⑤ 로프트(Loft)를 실행하고 Sections : Sketch2, Sketch2를 선택, Rails : Sketch3을 지정한다.

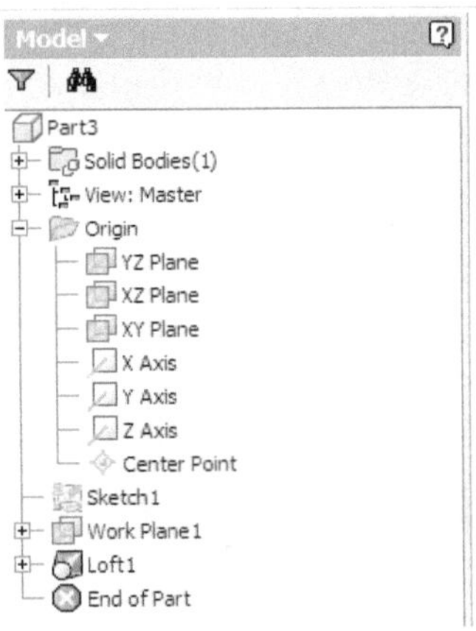

★ **로프트 예제 완성**

⑥ 로프트 예제3으로 저장한다.

[예제4] 로프트(Loft) - Oil-Pan

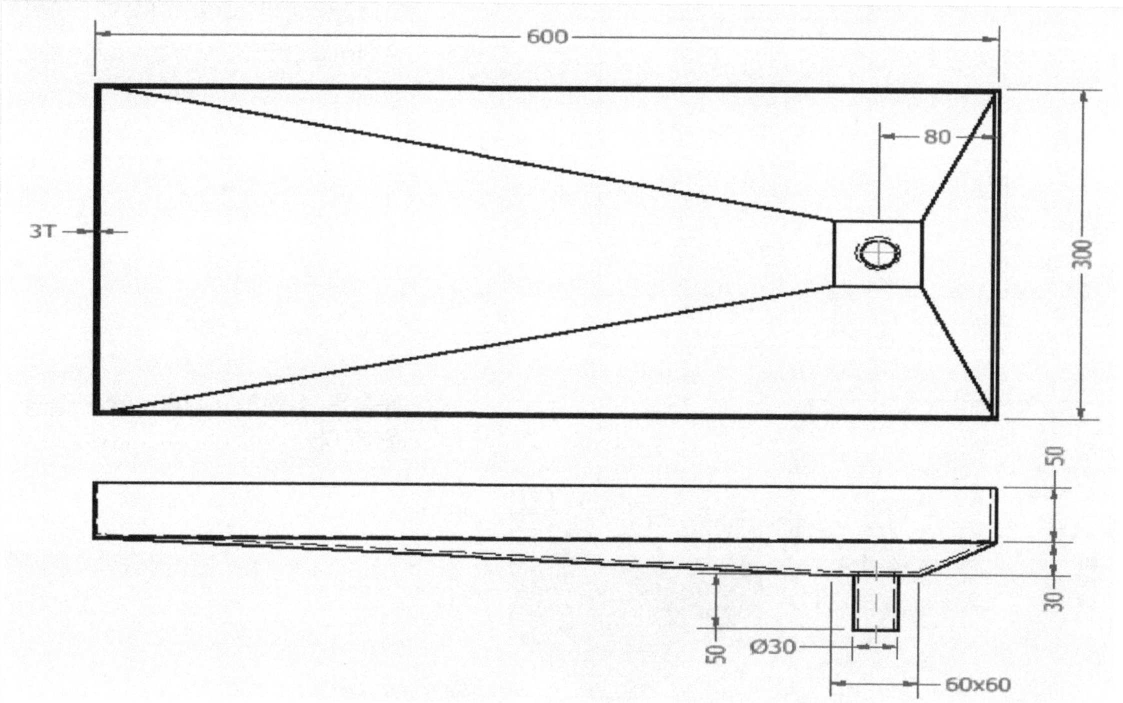

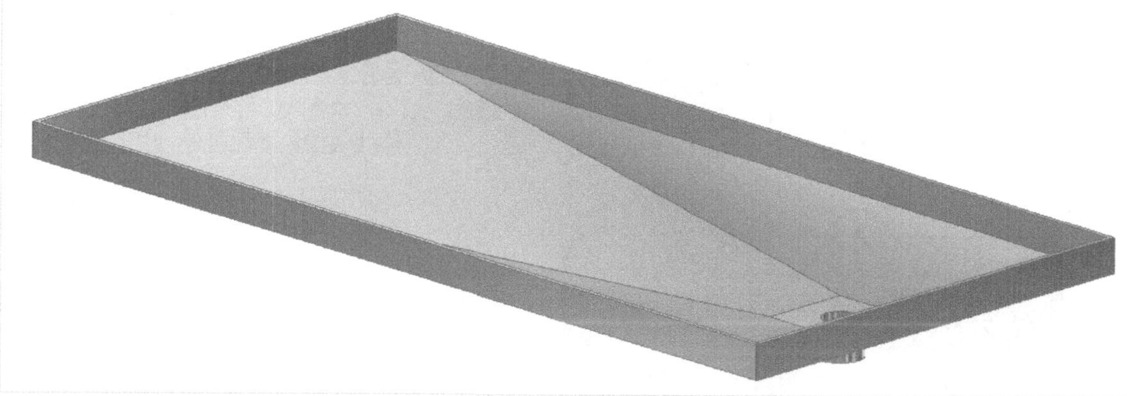

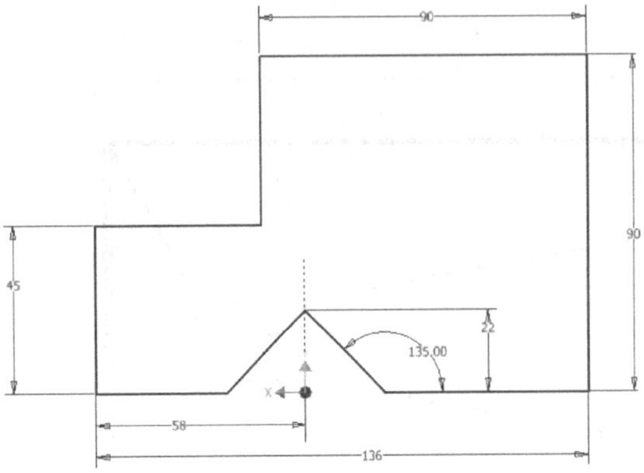

① XZ 평면을 선택하고 [2D 스케치 작성]을 선택하여 다음과 같이 스케치를 한다.

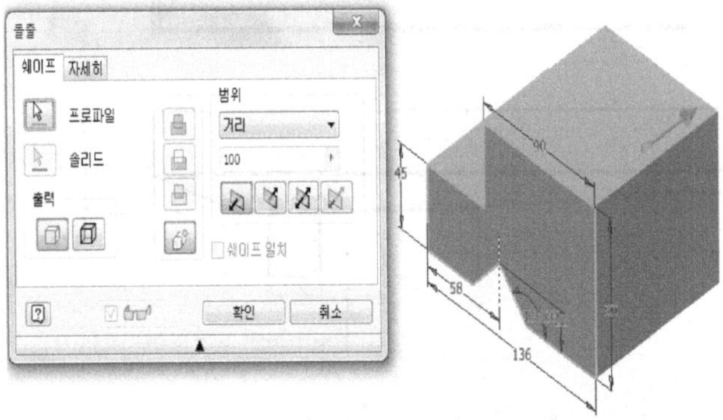

② 돌출을 실행하고 100 mm 돌출을 한다.

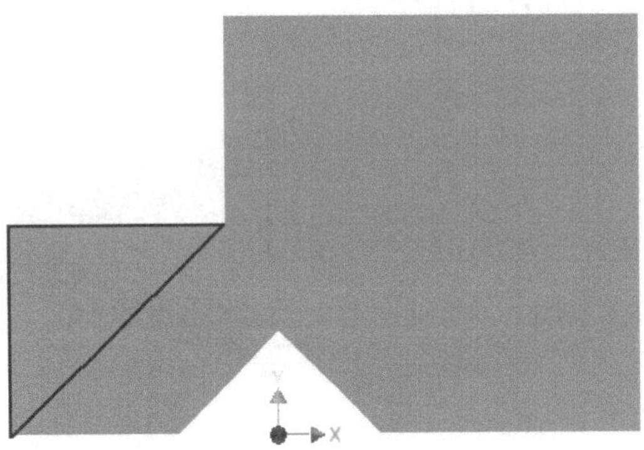

③ 돌출 객체의 앞면을 선택하고 [2D 스케치 작성]을 선택하여 다음과 같이 스케치를 한다.

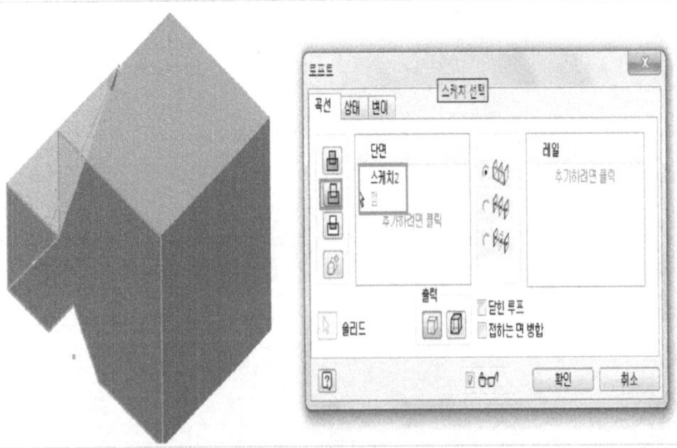

④ 로프트를 실행하고 단면에 스케치한 삼각형과 솔리드의 끝점을 선택하여 로프트 컷을 할 수 있다.

※ 인벤터 로프트에서는 단면으로 점을 선택할 수 있다.

[예제5] 로프트(Loft)

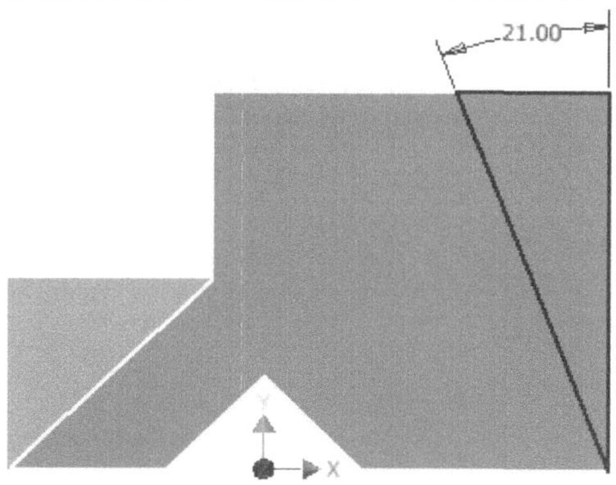

⑤ 돌출 객체의 앞면을 선택하고 [2D 스케치 작성]을 선택하여 다음과 같이 스케치를 한다.

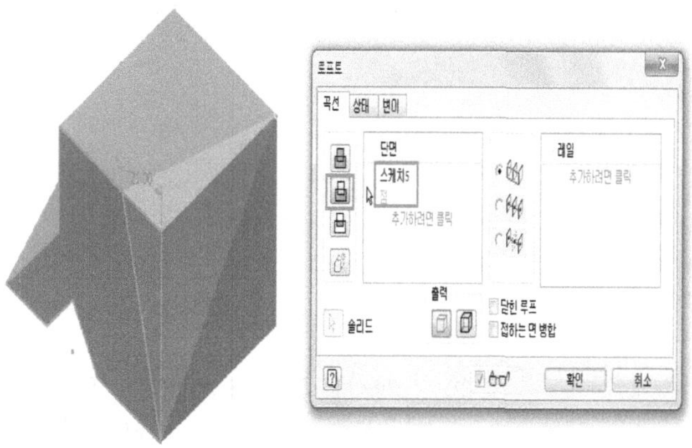

⑥ 로프트를 실행하고 단면에 스케치 한 삼각형과 솔리드의 끝점을 선택하여 로프트 컷을 할 수 있다.

※ 삼각형 스케치 영역이 잘 선택되지 않으면 탐색기 트리에서 스케치를 먼저 선택하고 스케치의 원하는 영역을 선택해 본다.

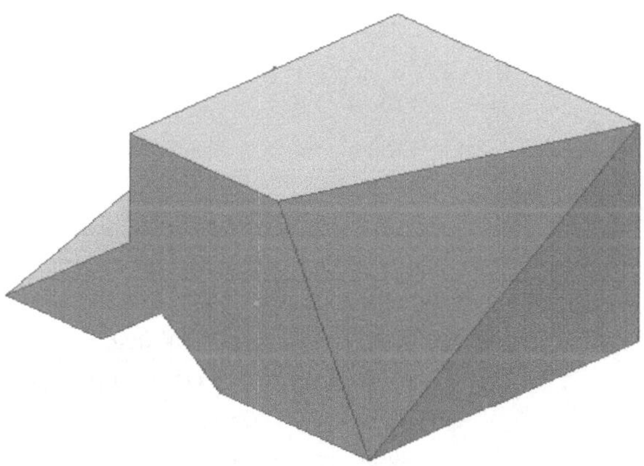

★ **완성 결과**

[예제6] 로프트(Loft)

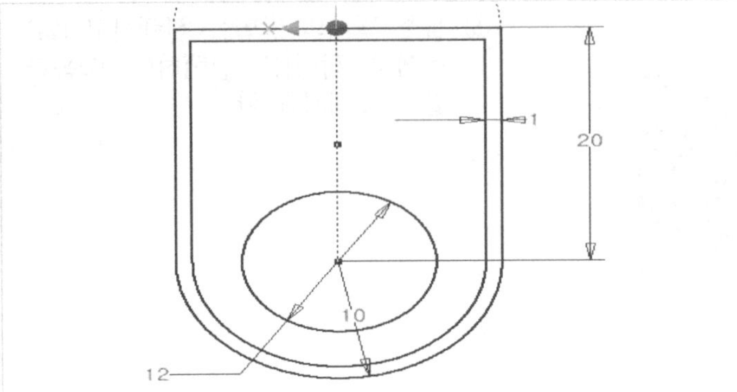

① XZ 평면을 선택하고 [2D 스케치 작성]을 선택하여 다음과 같이 스케치를 한다.

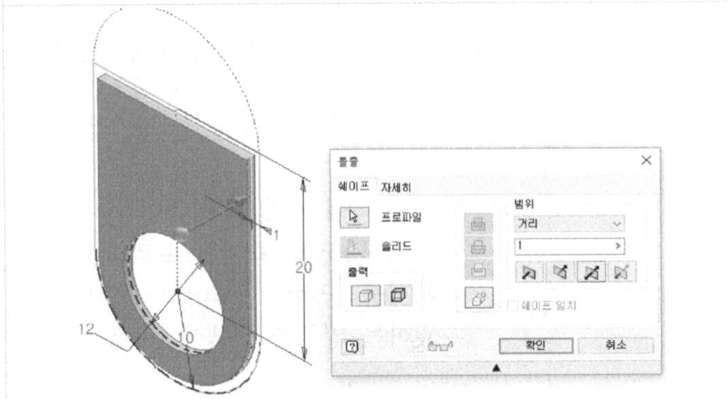

② 돌출을 실행하고 1 mm, 대칭을 지정하여 돌출을 한다.

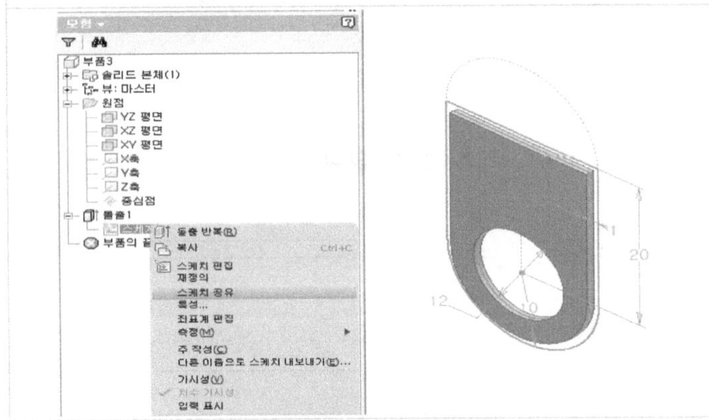

③ 스케치1 위에서 마우스 우측버튼을 눌러 [스케치 공유]를 선택한다.

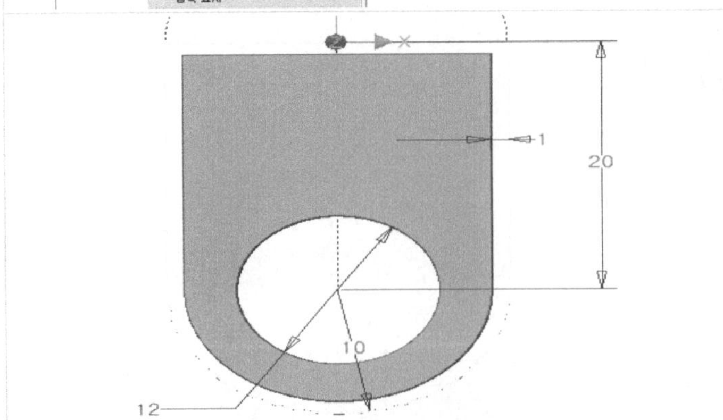

④ 돌출1 객체의 앞면을 선택하고 [2D 스케치 작성]을 선택하여 다음과 같이 스케치를 한다.
형상 투영을 한다.

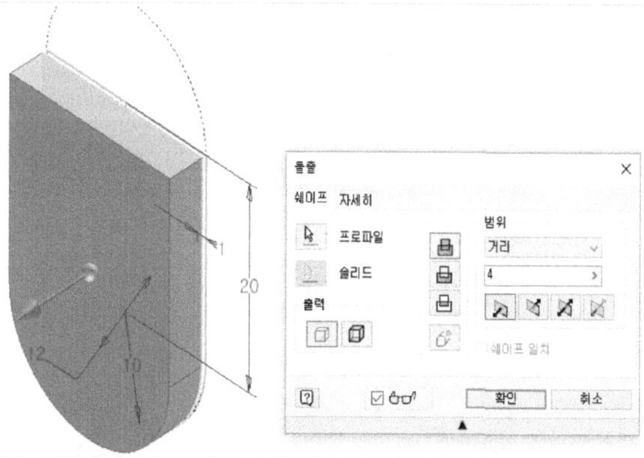	⑤ 돌출을 실행하고 4 mm 돌출을 한다.
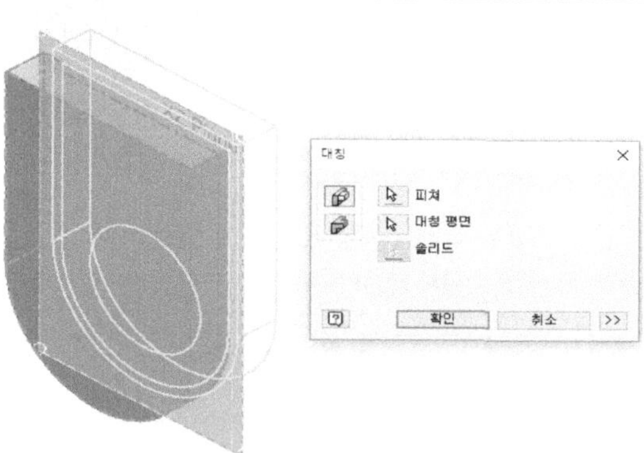	⑥ 대칭복사를 실행하고 XZ 평면을 기준으로 대칭복사를 한다.
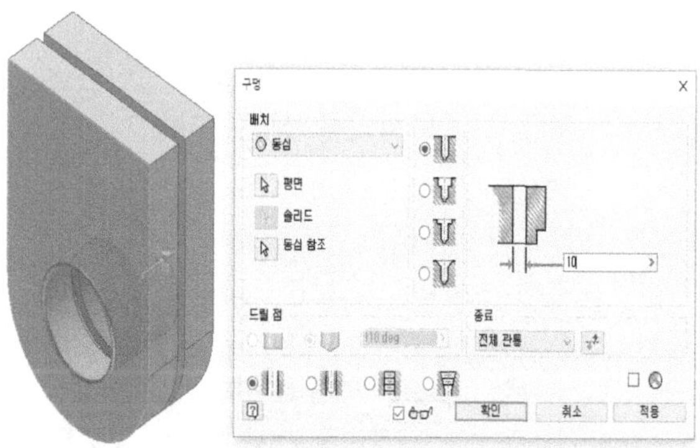	⑦ 구멍을 실행하고 다음과 같이 지정하여 구멍을 생성한다.
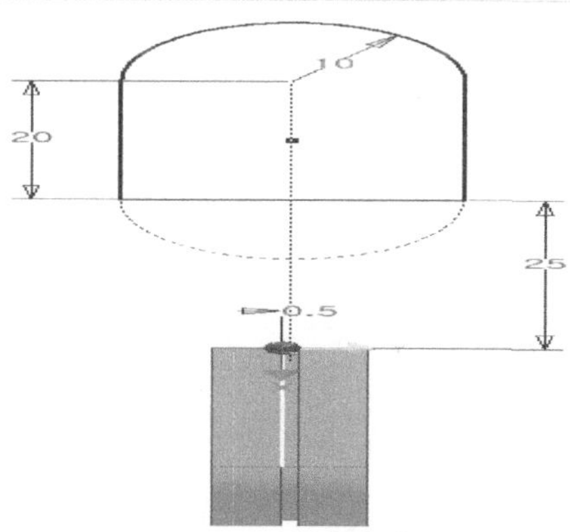	⑧ 돌출2 객체의 우측면을 선택하고 스케치를 실행한다.

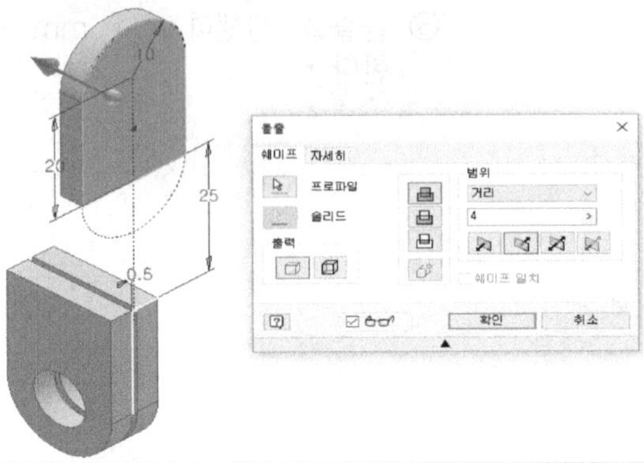

⑨ 돌출을 실행하고 4 mm 돌출을 한다.

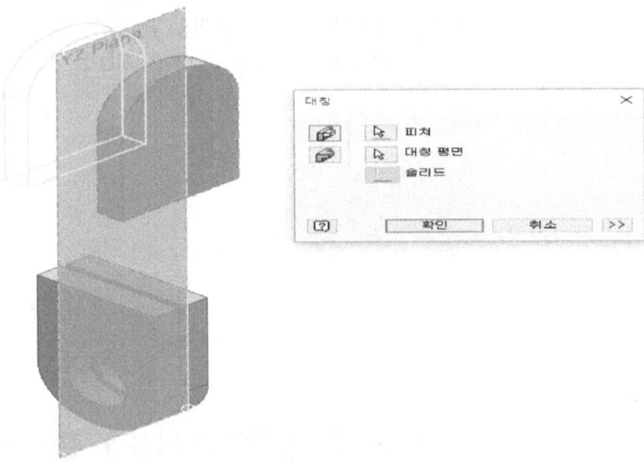

⑩ 대칭복사를 실행하고 YZ 평면을 기준으로 대칭복사를 한다.

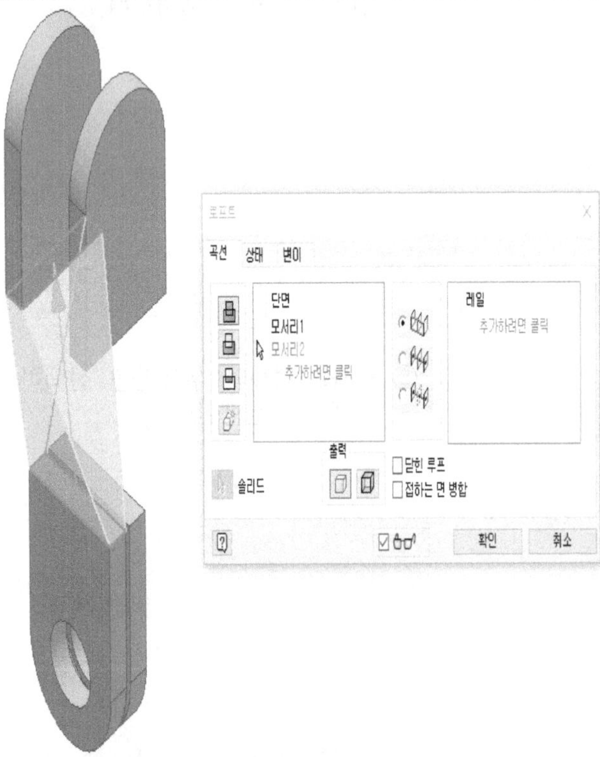

⑪ 로프트를 실행하고 다음과 같이 모서리를 선택한다.

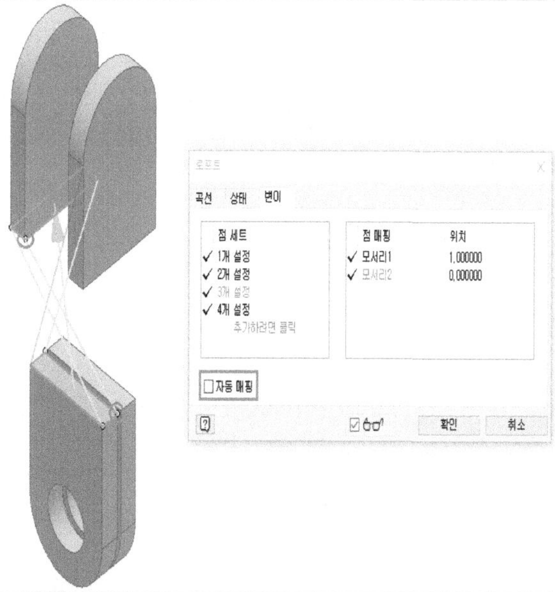

⑫ [변이]를 선택, 자동 매핑을 해제, 각각의 선분을 선택하고 꼭지점을 찍어 점을 이동한다. 4개 모두 이동한다.

- **점 세트에서 ?개 설정을 선택하면 빨강색으로 선택되고 이동하고자하는 점을 선택하면 이동된다.**

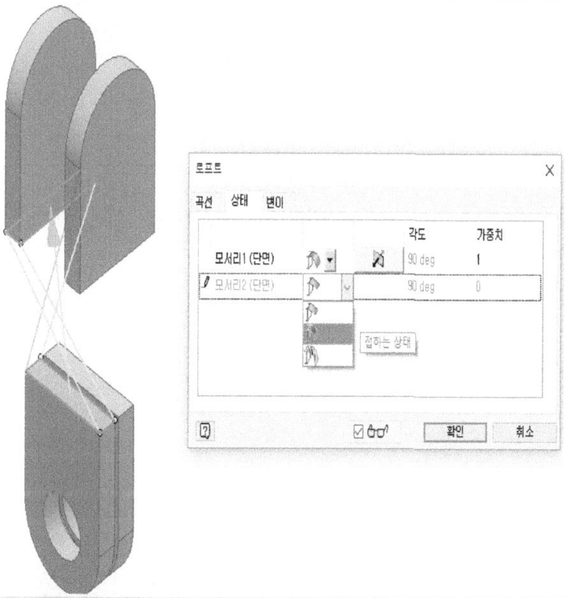

⑬ [상태]를 선택하고 [접하는 상태]를 선택한다.

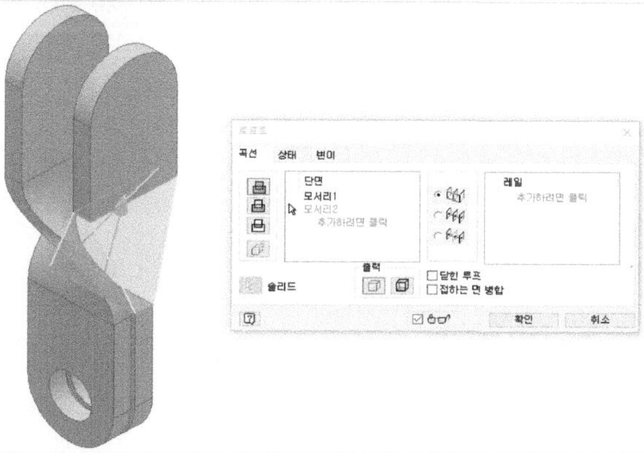

⑭ 로프트를 실행하고 다음과 같이 모서리를 선택한다.

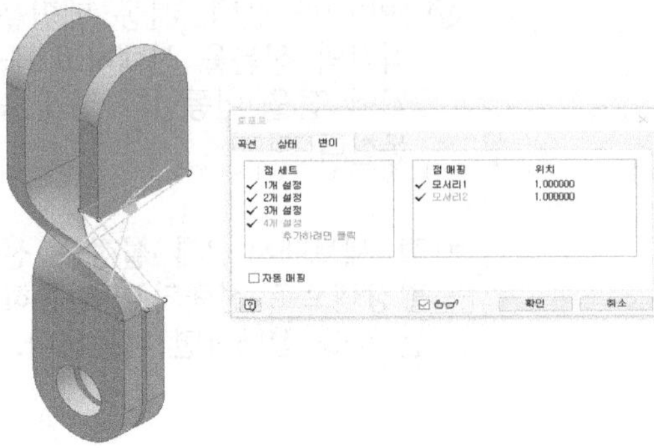	⑮ [변이]를 선택, 자동 매핑을 해제, 각각의 선분을 선택하고 꼭 지점을 찍어 점을 이동한다. 4개 모두 이동한다.
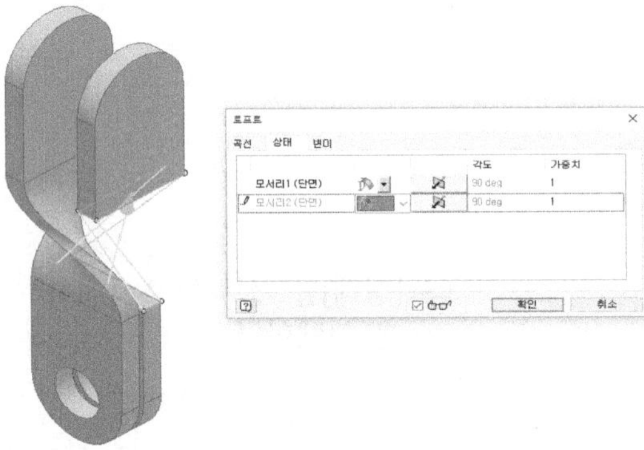	⑯ [상태]를 선택하고 [접하는 상태]를 선택한다.
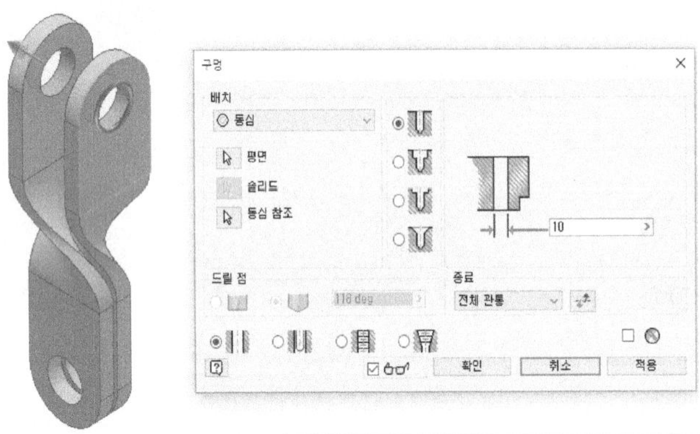	⑰ 구멍을 실행하고 다음과 같이 지정하여 구멍을 생성한다.
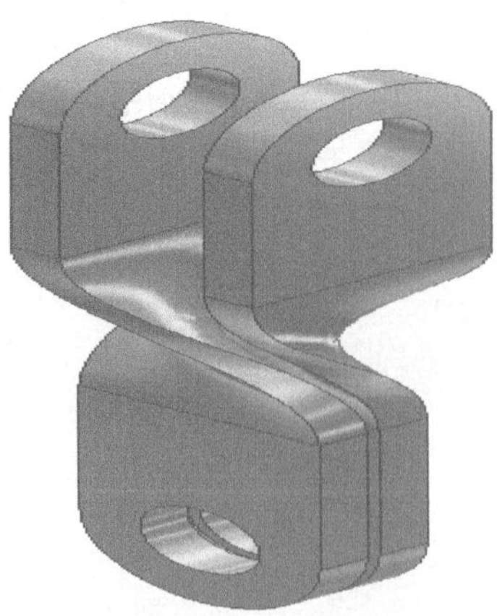	★ **완성 결과**

3-4 스윕(Sweep)

프로파일(Profile)이 경로(Path)를 따라서 Solid를 생성한다.

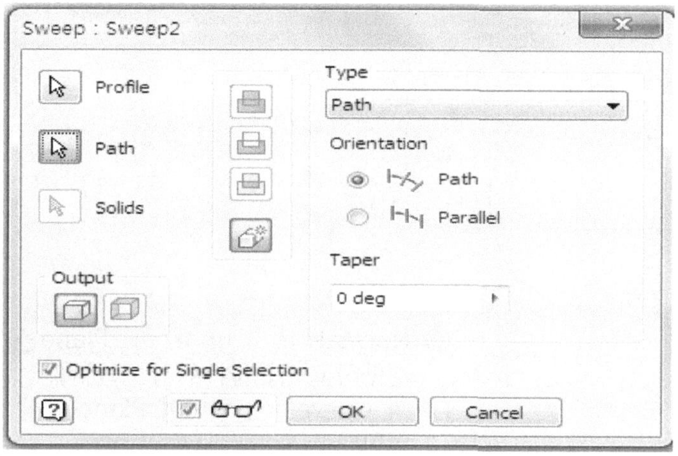

★ **Profile : 프로파일을 선택한다.**

★ **Path : 경로 선분을 선택한다.**

★ **Type**

- Path : 프로파일과 경로를 지정할 수 있다.
- Path & Guide Rail : 프로파일과 경로, 가이드 레일을 지정할 수 있다.
- Path & Guide Surface : 프로파일과 경로, 가이드 Surface를 지정힐 수 있다.

★ **Orientation**

- Path : 프로파일이 경로를 따라서 회전하면서 스윕 객체를 생성한다.
- Parallel : 프로파일이 경로를 따라서 회전하지 않고 평행을 유지하면서 스윕 객체를 생성한다.

★ **Taper : 각도를 지정한다.**

[예제 1] 스윕(Sweep)

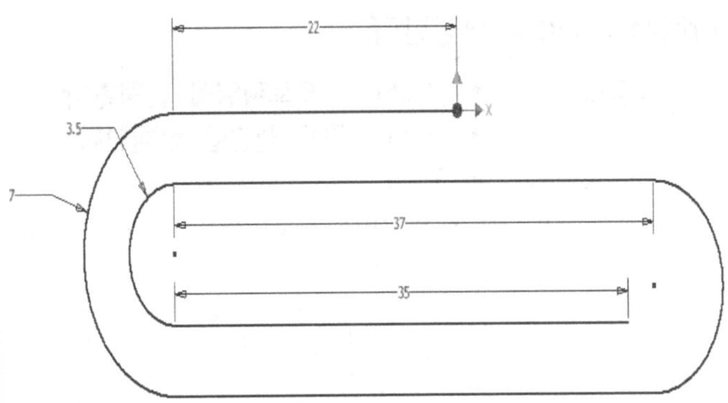

① XY 평면을 선택하고 [2D 스케치 작성]을 선택한다.

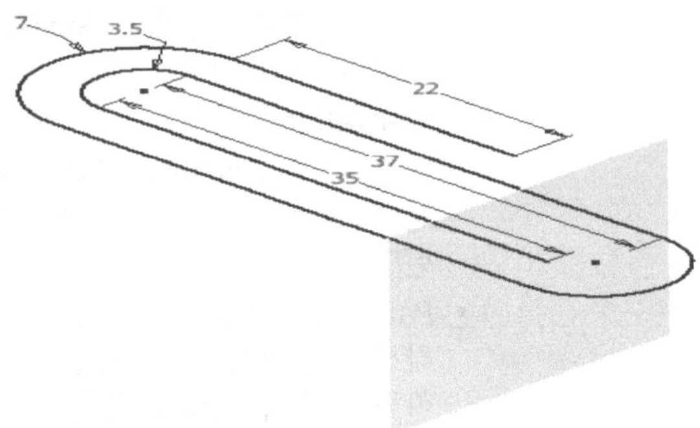

② Normal to Curve at Plane을 실행하고 임의의 위치 선분의 점과 Curve를 선택하여 Plane을 생성한다.

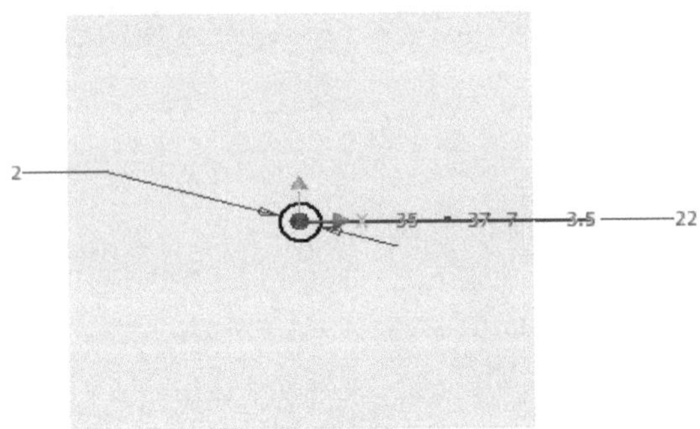

③ 평면1을 선택하고 [새 스케치(New Sketch)]를 선택한다.

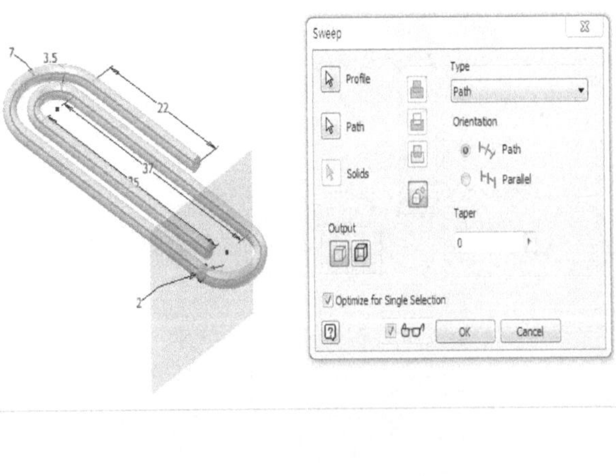

④ 스윕(Sweep)을 실행하고 Profile : Sketch.2를 선택, Path : Sketch.1을 선택하여 스윕 객체를 생성한다.

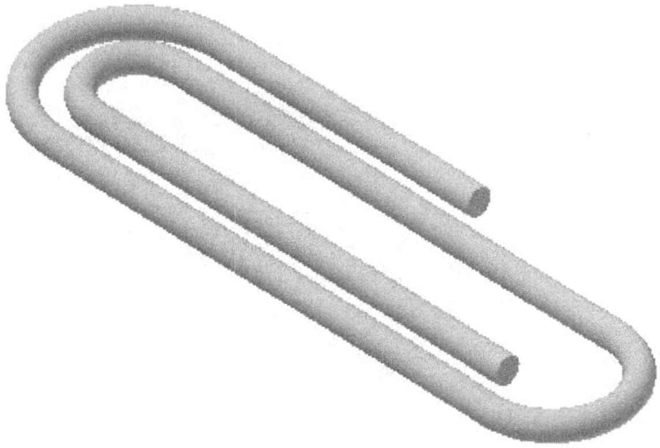

★ 스윕(Sweep) 예제 완성

⑤ 스윕 예제1로 저장한다.

[예제 2] 스윕(Sweep) - 베벨기어

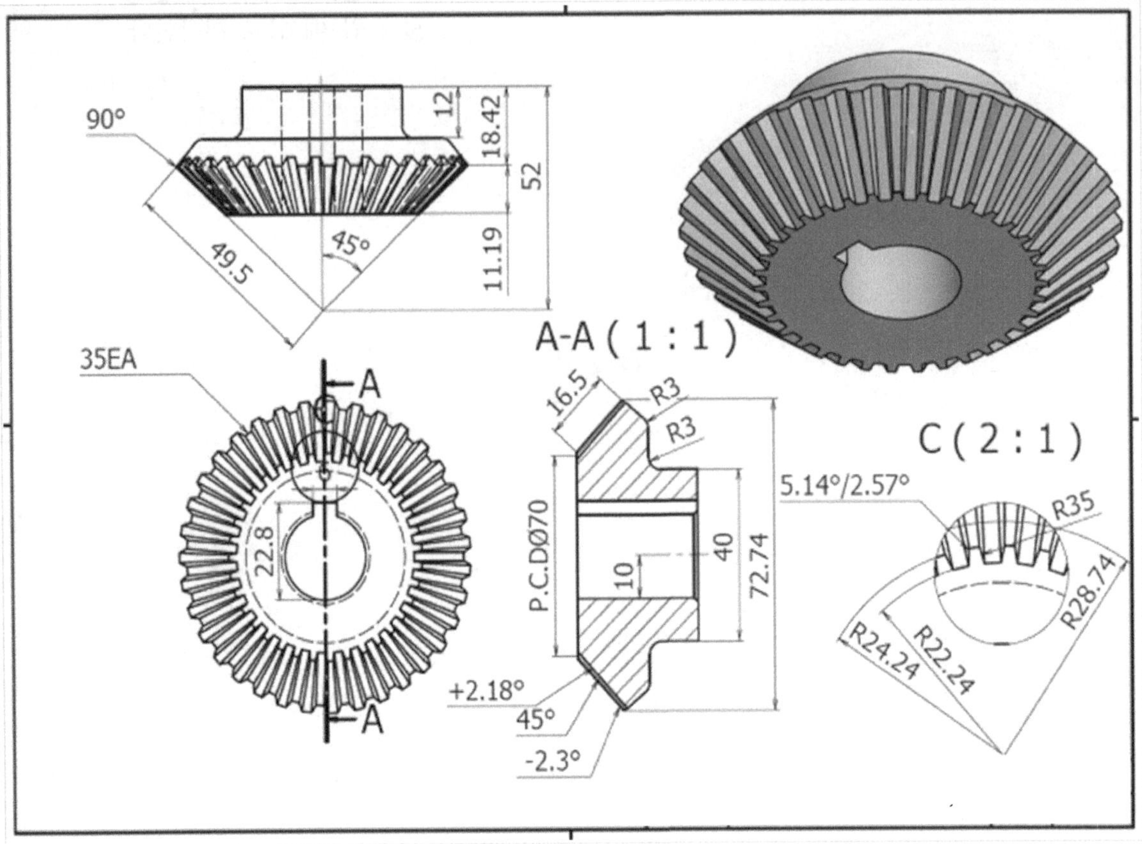

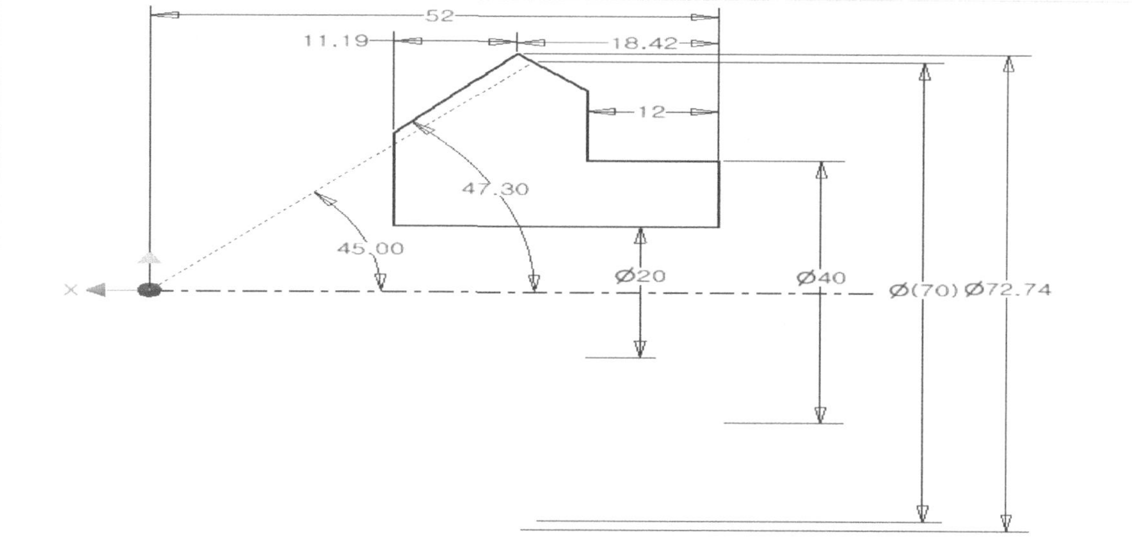

① XZ 평면을 선택하고 [2D 스케치 작성]을 선택한다.

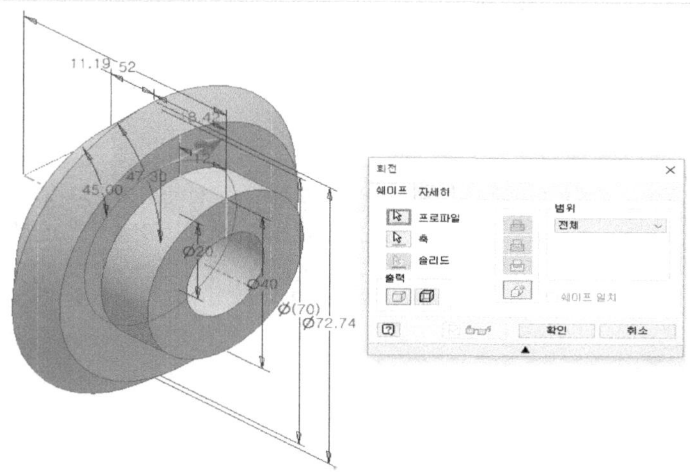

② 회전을 실행하고 360도 회전을 한다.

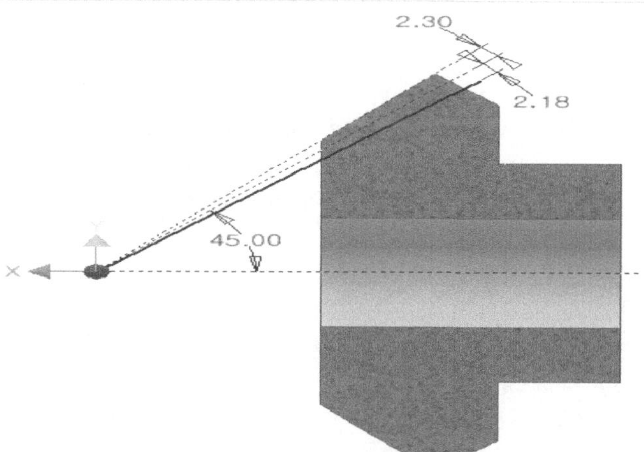

③ XZ 평면을 선택하고 [2D 스케치 작성]을 선택한다.

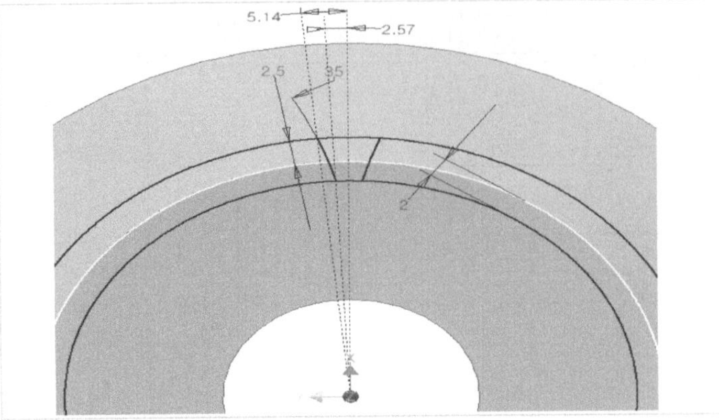

④ 회전 객체의 좌측면을 선택하고 [2D 스케치 작성]을 선택한다.

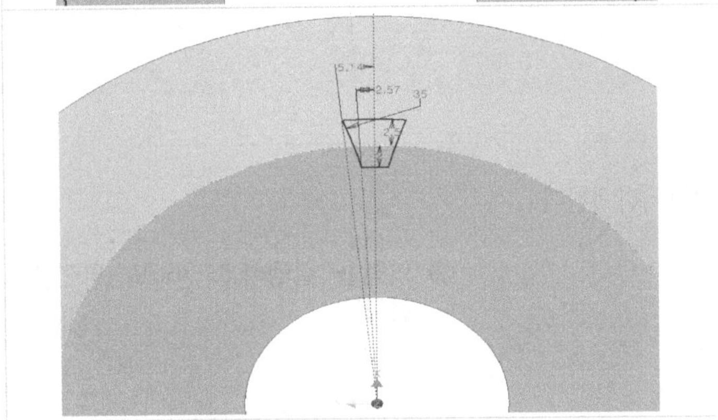

⑤ 다음과 같이 스케치를 정리한다.

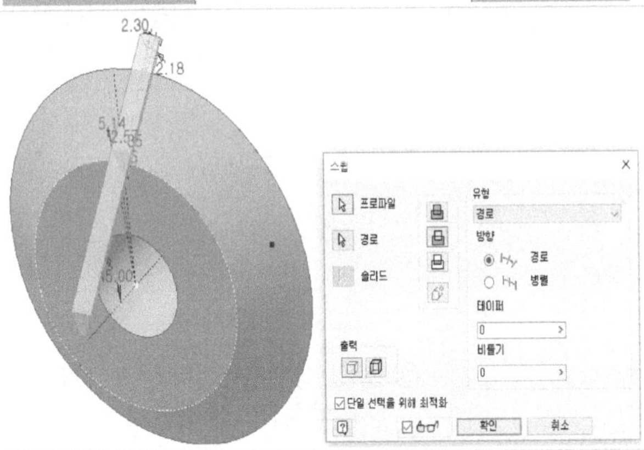

⑥ 스윕(Sweep)을 실행하고 Profile : 스케치.3을 선택, 경로 : 스케치.2를 선택, 차집합을 선택하여 스윕 컷을 생성한다.

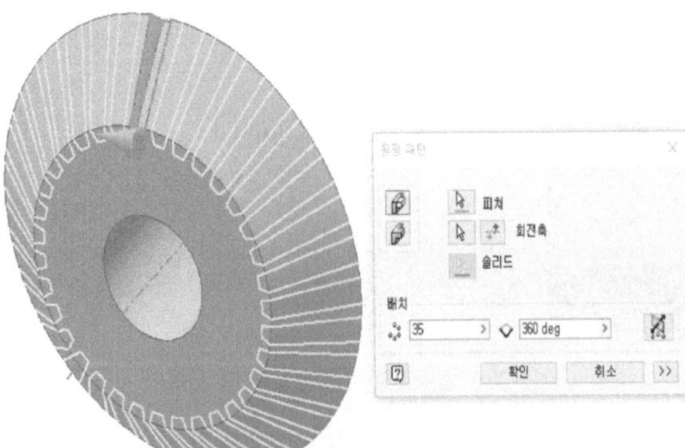

⑦ 원형 패턴을 실행하고 스윕 컷 객체를 선택, 패턴 수 : 35를 지정하여 패턴복사 한다.

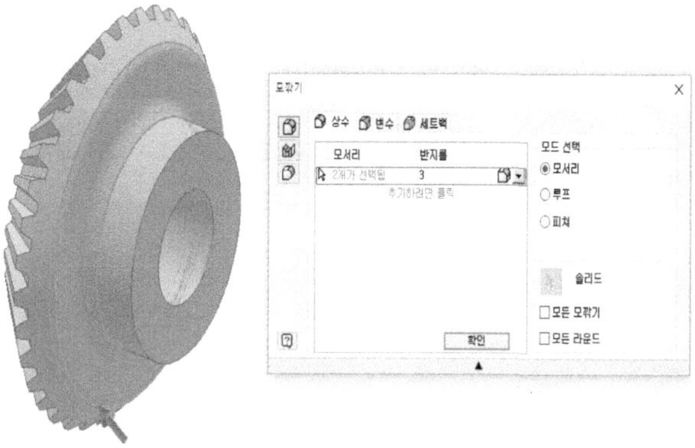

⑧ Fillet을 실행하고 반경 : 3 mm로 필렛을 하다.

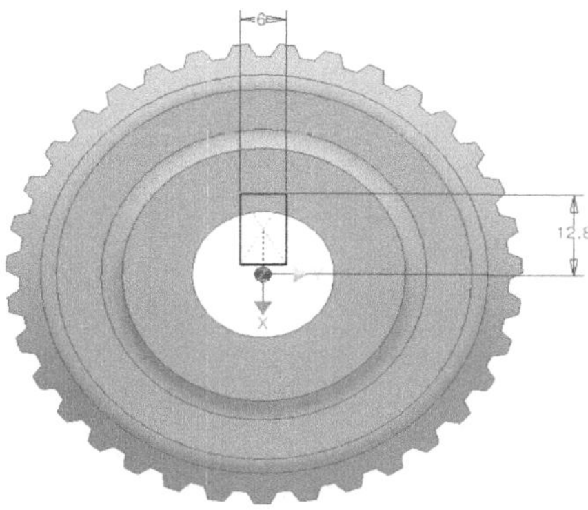

⑨ 회전 객체의 우측면을 선택하고 [2D 스케치 작성]을 선택한다.

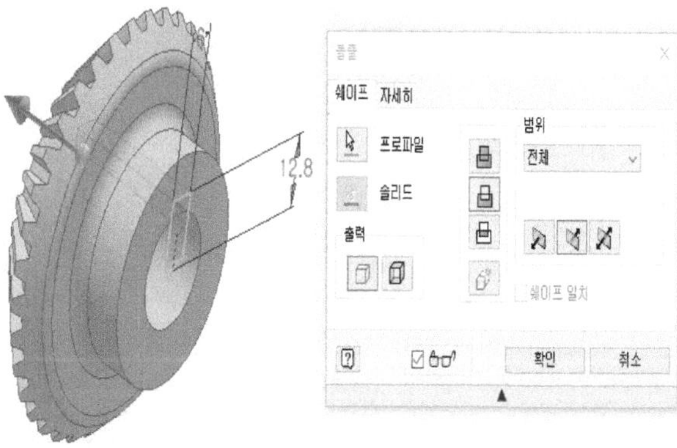

⑩ 돌출을 실행하고 차집합을 지정, 관통을 한다.

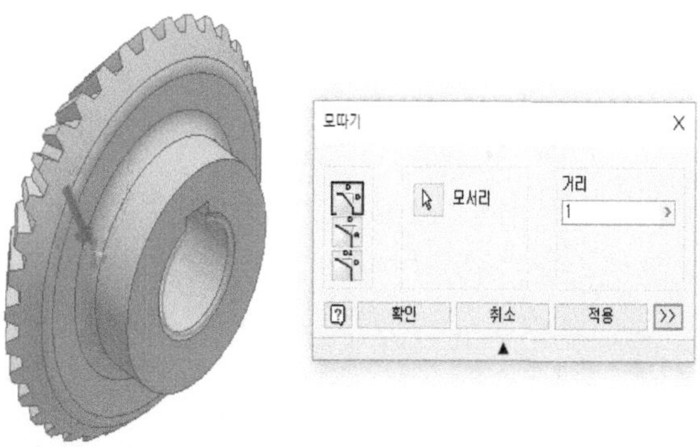

⑪ 모따기(Chamfer)를 실행하고 Distance : 1 mm를 지정하여 모따기를 한다.

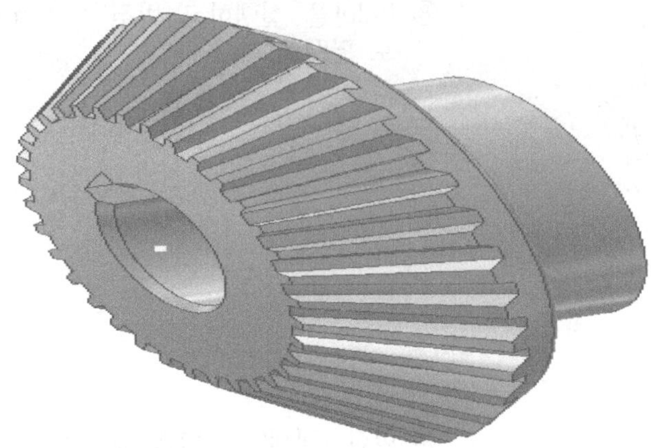

★ **완성결과**

⑫ 스윕 예제2로 저장한다.

3-5 보강대(Rib)

지지대를 생성한다.

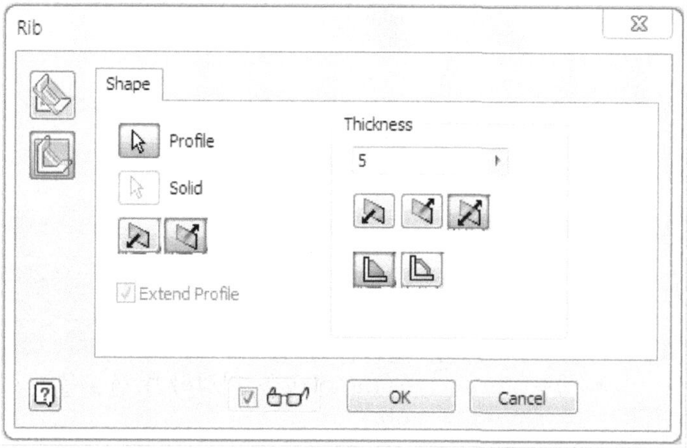

★ **Mode**

- : Normal to Sketch Plane - 스케치 평면에 수직으로 보강대를 생성한다.
- : Parallel to Sketch Plane - 스케치 평면에 평행하게 보강대를 생성한다.

★ **Profile : 프로파일을 선택한다.**

★ **Thickness : 두께를 지정한다.**

[예제1] 보강대(Lib)

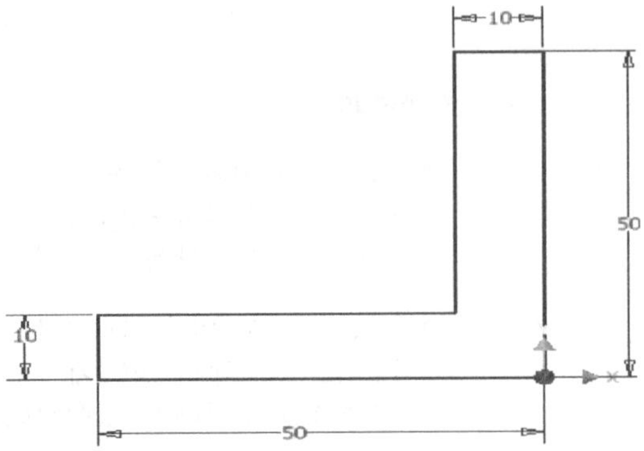

① XZ 평면을 선택하고 [2D 스케치 작성]을 선택하여 다음과 같이 스케치를 한다.

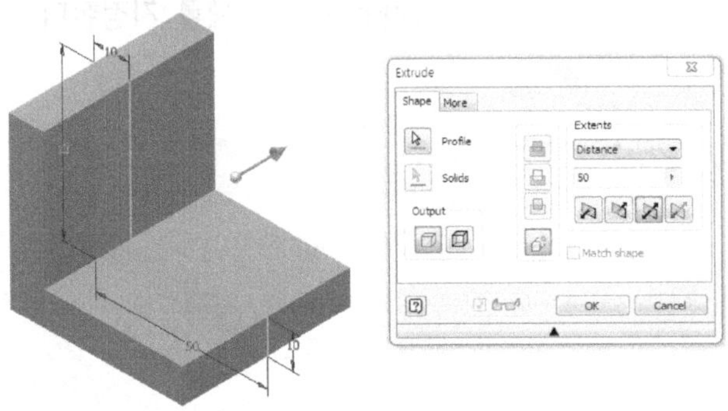

② 돌출을 실행하고 50 mm, Symmetry를 지정하여 돌출을 한다.

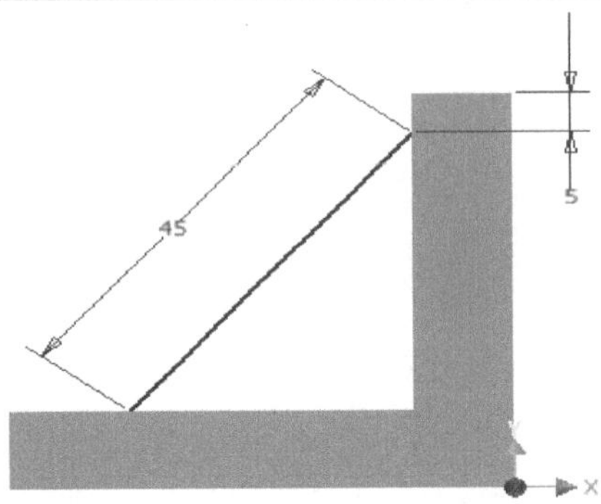

③ XZ 평면을 선택하고 [새 스케치를 선택하여 다음과 같이 스케치를 한다.

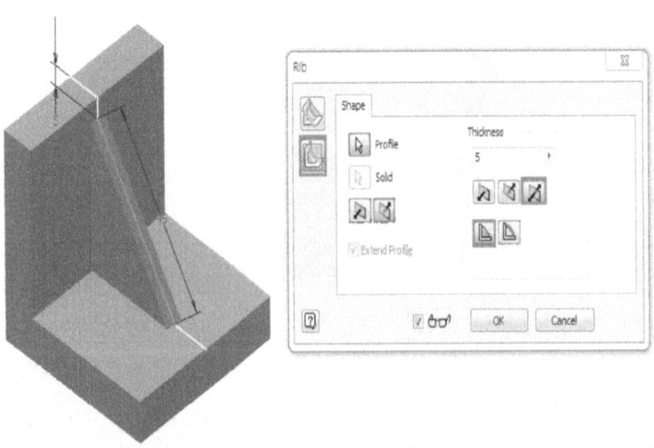

④ 보강대(Rib)를 실행하고 Profile : Sketch.2를 선택, 두께 : 5mm, 양방향을 지정, Parallel to Sketch Plane을 지정하여 보강대를 생성한다.

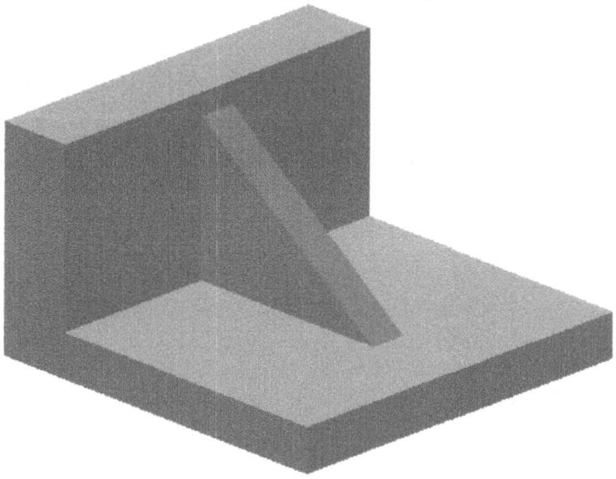

★ **보강대(Rib) 예제 완성**

⑤ 보강대 예제1로 저장한다.

[예제2] 보강대(Lib)

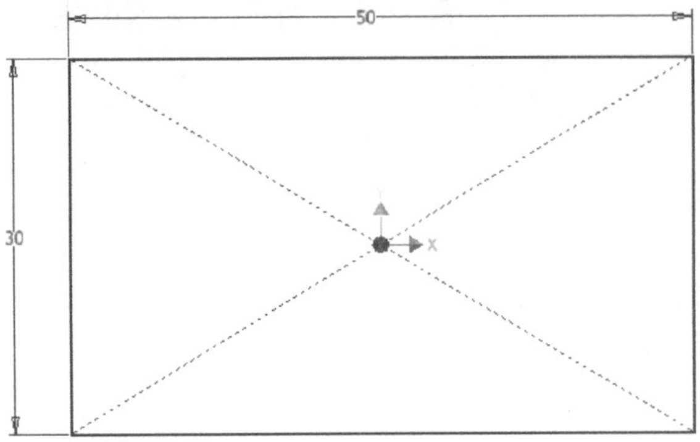

① XY 평면을 선택하고 [2D 스케치 작성]을 선택하여 다음과 같이 스케치를 한다.

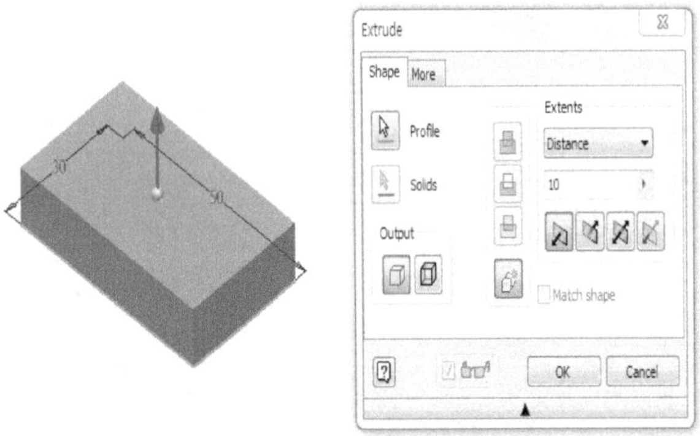

② 돌출을 실행하고 10 mm 돌출을 한다.

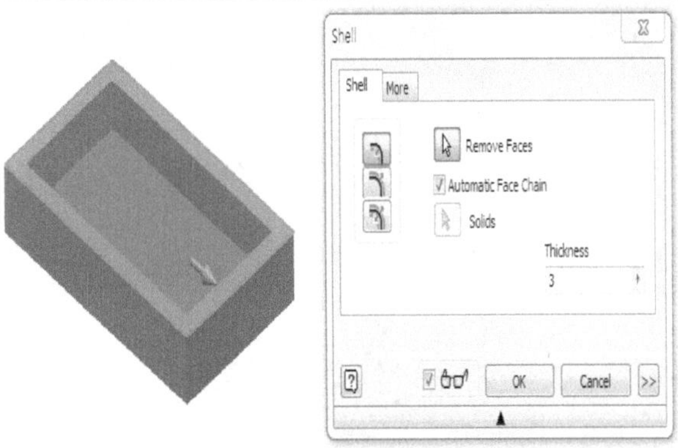

③ Shell을 실행하고 두께 : 3 mm로 쉘을 생성한다.

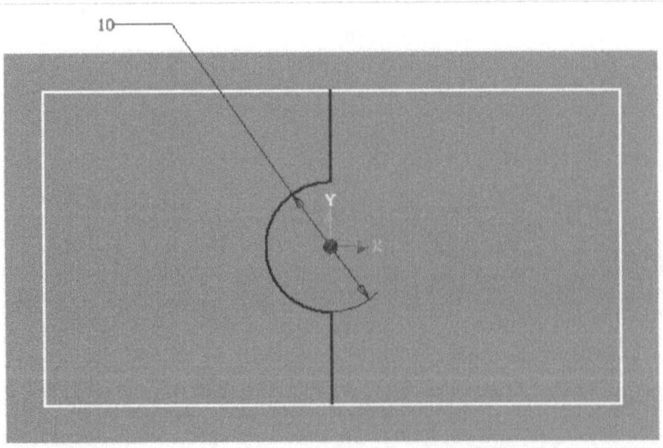

④ 돌출1 객체의 윗면을 선택하고 [새 스케치를 선택하여 다음과 같이 스케치를 한다.

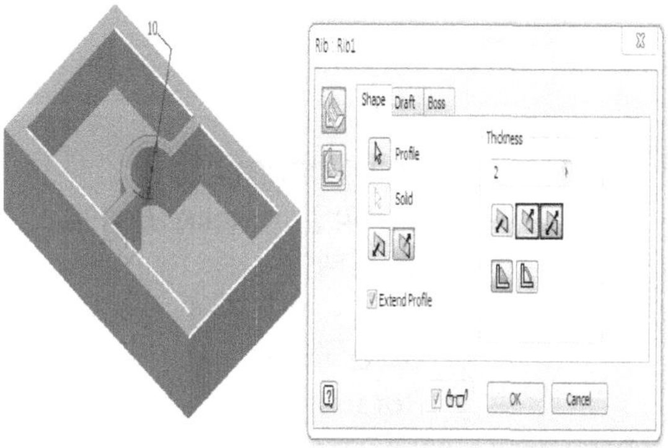	⑤ 보강대(Rib)를 실행하고 Profile : Sketch.2를 선택, 두께 : 2 mm, 양방향을 지정, Normal to Sketch Plane을 지정하여 보강대를 생성한다.
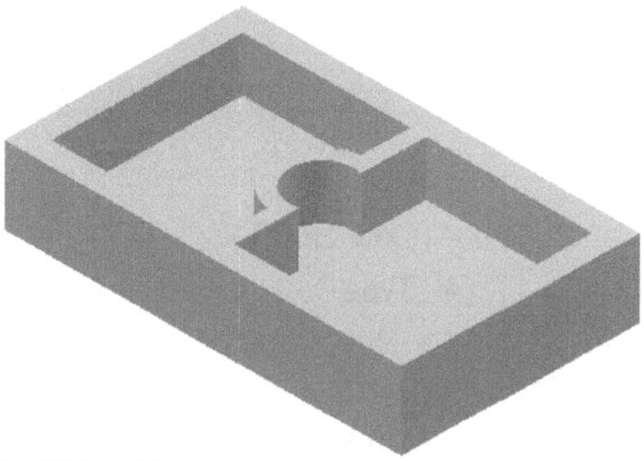	★ **보강대(Rib) 예제 완성** ⑥ 보강대 예제2로 저장한다.
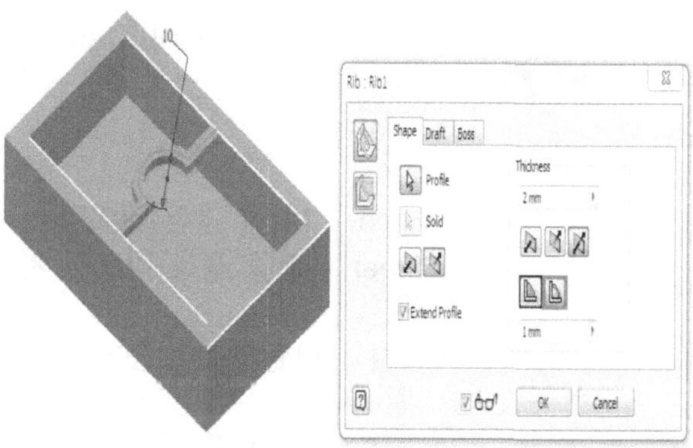	⑦ 보강대(Rib)를 더블클릭하여 Finite로 변경한다.
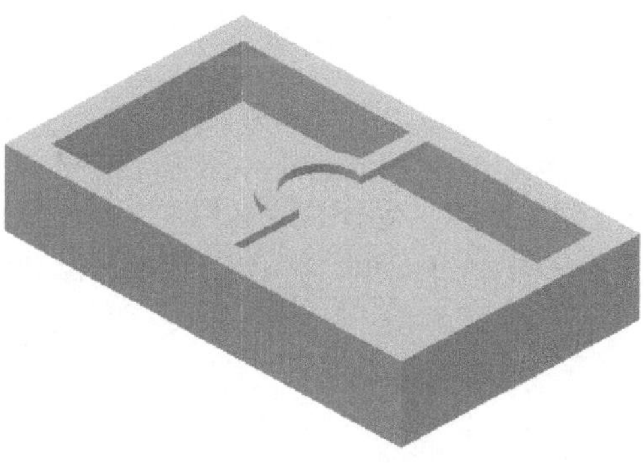	★ **보강대(Rib) 예제 완성**

3-6 코일(Coil)

스프링에서 경로를 만들어 준다.

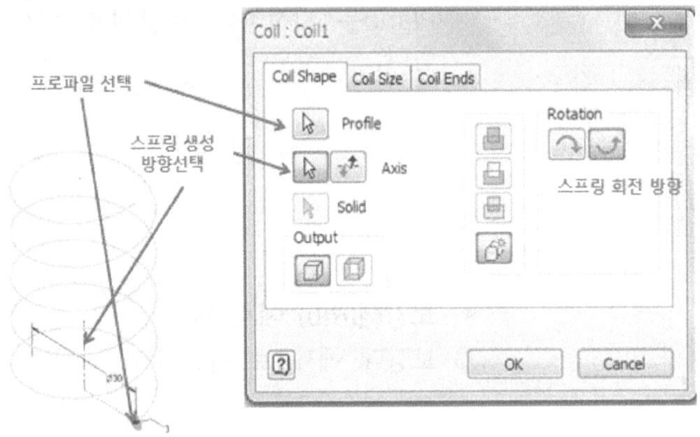

[Coil Shape]

★ **프로파일 : Helix 끝점에 있는 원을 선택한다.**

★ **Axis : 스프링이 생성될 방향 축을 선택한다.**

★ **Rotation**

- : Helix의 회전 방향이 시계방향 이다.
- : Helix의 회전 방향이 반시계방 향이다.

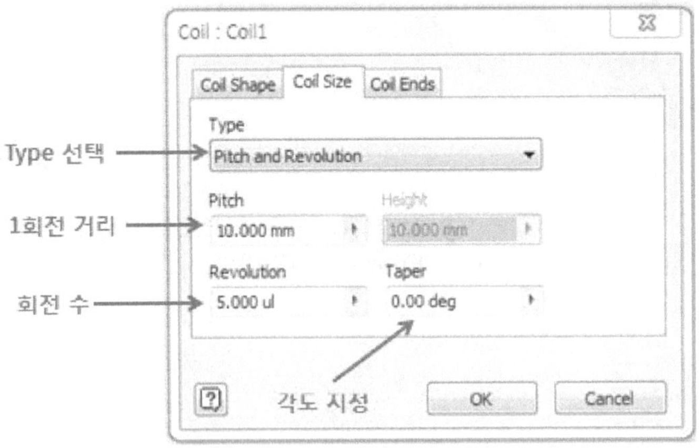

[Coil Size]

★ **Type**

- Pitch and Revolution : 피치와 회전수
- Revolution and Height : 회전수와 전체높이
- Pitch and Height : 피치와 전체높이
- Spiral : 스파이럴을 생성한다.

★ **Pitch : 1회전 거리 값이다.**

★ **Taper : 코일 생성 각도를 지정한다.**

- +값 : 바깥쪽으로 증가하면서 코일 생성
- -값 : 안쪽으로 감소하면서 코일 생성

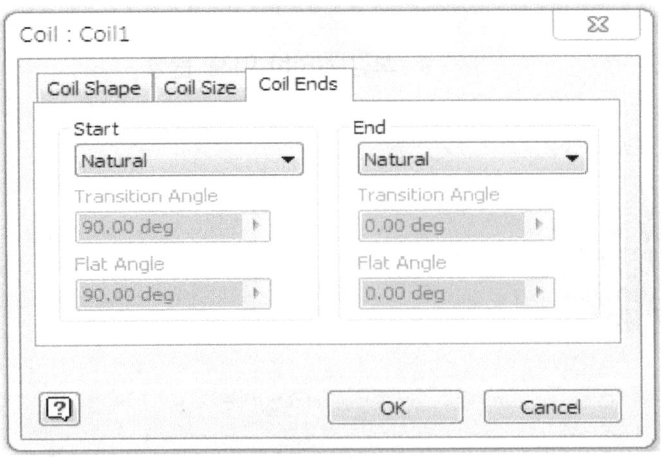

[Coil Ends]

- Natural : 코일 지정 원상태로 끝을 생성한다.
- Flat : 코일 끝부분을 평평하게 생성 한다.

[예제1] 코일(Coil)

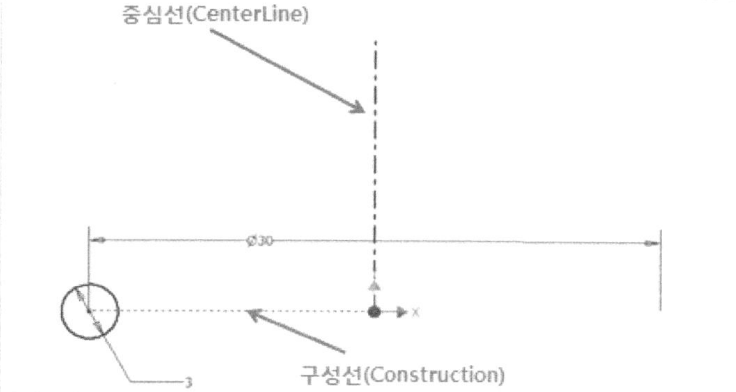

① XZ 평면을 선택하고 [2D 스케치 작성]을 선택하여 다음과 같이 스케치를 한다.

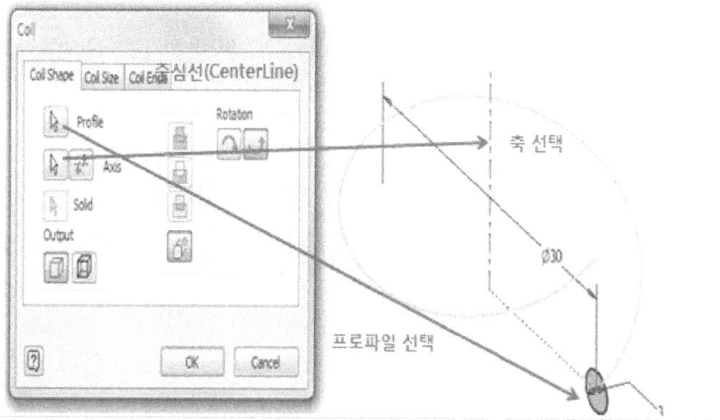

② 코일(Coil)을 실행하고 Profile과 Axis를 선택한다.

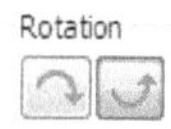

▶ : 시계방향과 반시계 방향 지정할 수 있다.

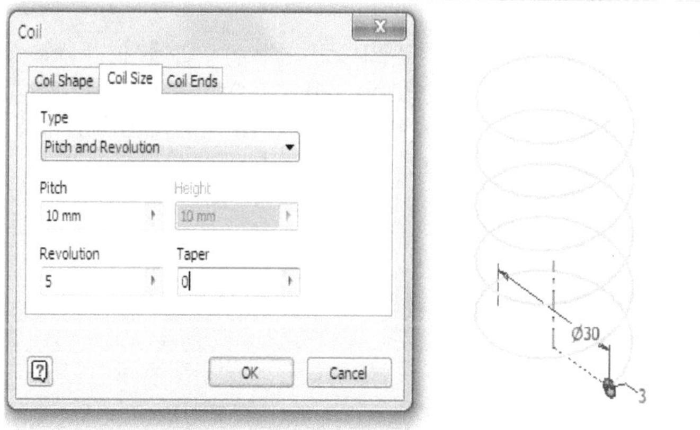

③ 코일(Coil Size) 탭에서 Type : Pitch and Revol ution을 지정, Pitch : 10mm, Revolution : 5로 지정한다.

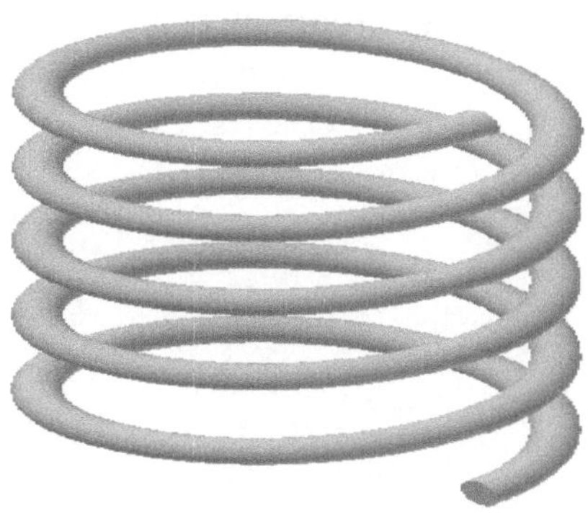

★ **코일(Coil) 결과**

[예제2] 코일(Coil)

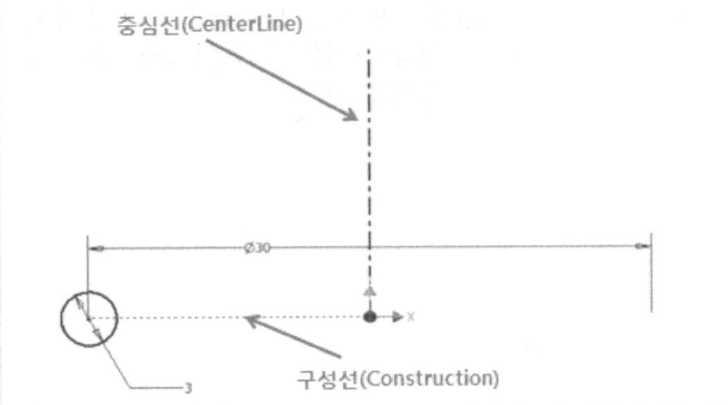

① XZ 평면을 선택하고 [2D 스케치 작성]을 선택하여 다음과 같이 스케치를 한다.

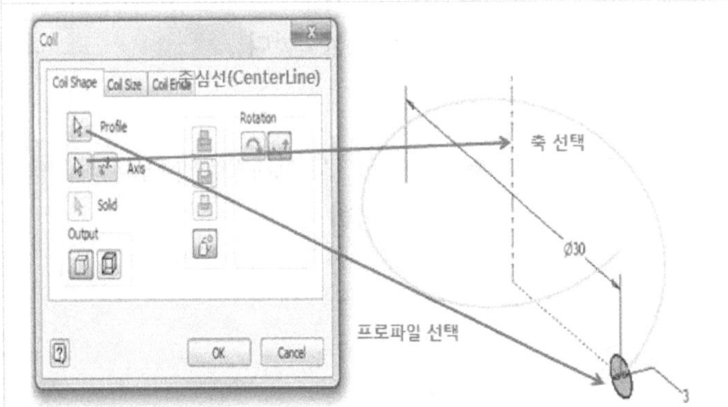

② 코일(Coil)을 실행하고 Profile과 Axis를 선택한다.

Rotation

▶ : 시계방향과 반시계 방향 지정할 수 있다.

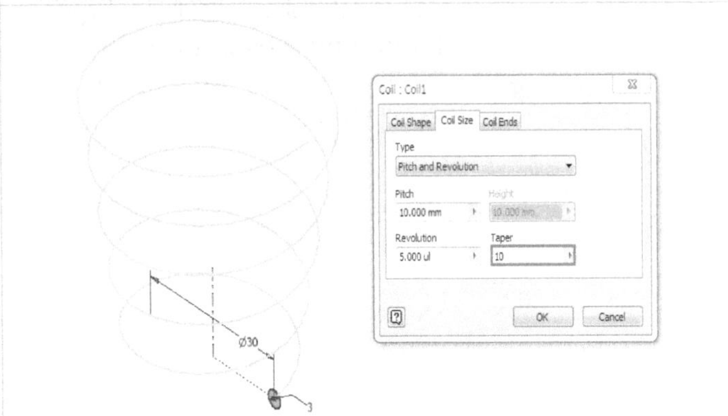

③ 코일(Coil Size) 탭에서 Type : Pitch and Revo lution을 지정, Pitch : 10mm, Revolution : 5, Taper : 10deg로 지정한다.

★ **코일(Coil) 결과**

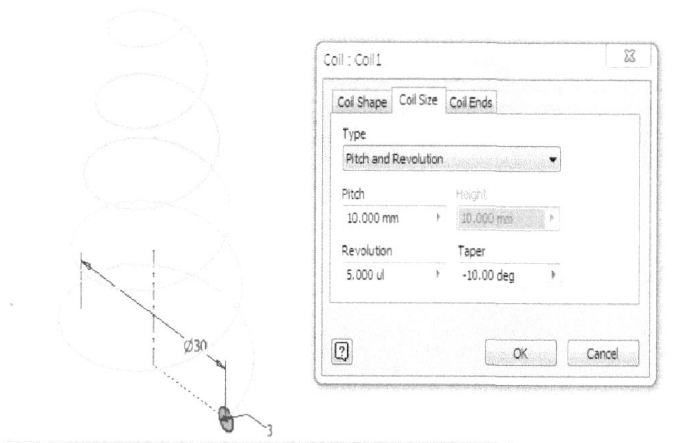

④ 탐색기에서 코일(Coil)을 더블클릭 하여 Taper : -10deg로 지정한다.

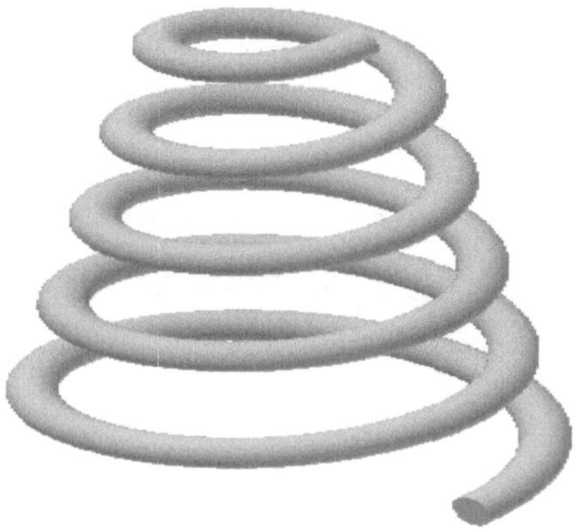

★ **코일(Coil) 결과**

[예제3] 코일(Coil)

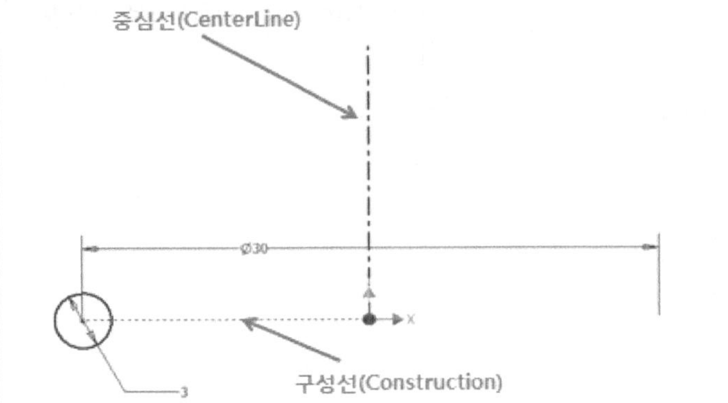

① XZ 평면을 선택하고 [2D 스케치 작성]을 선택한다.

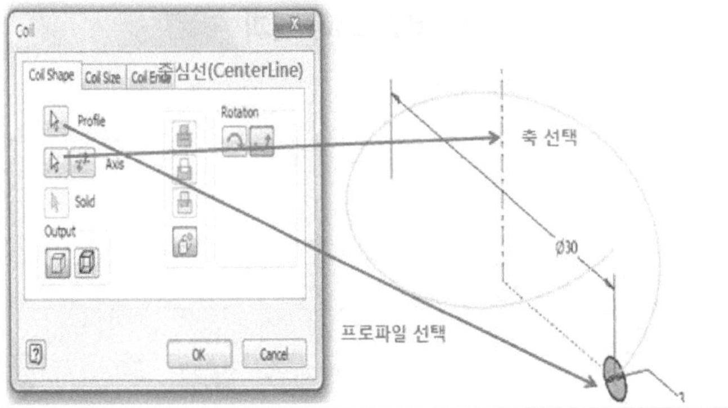

② 코일(Coil)을 실행하고 Profile과 Axis를 선택한다.

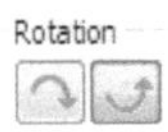

▶ : 시계방향과 반시계 방향 지정할 수 있다.

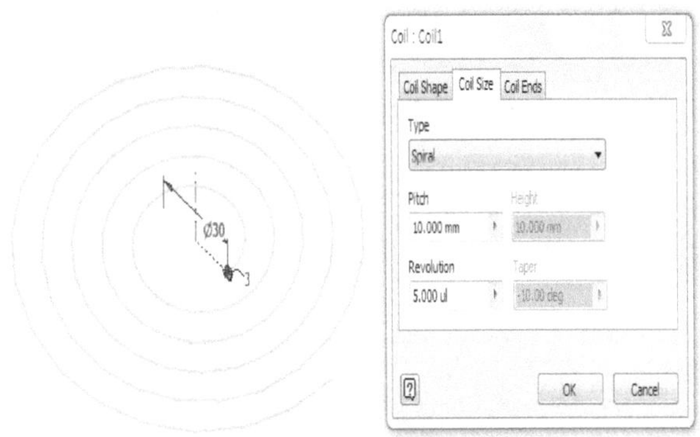

③ 코일(Coil Size) 탭에서 Type : Spiral을 지정, Pitch : 10 mm, Revolution : 5를 지정한다.

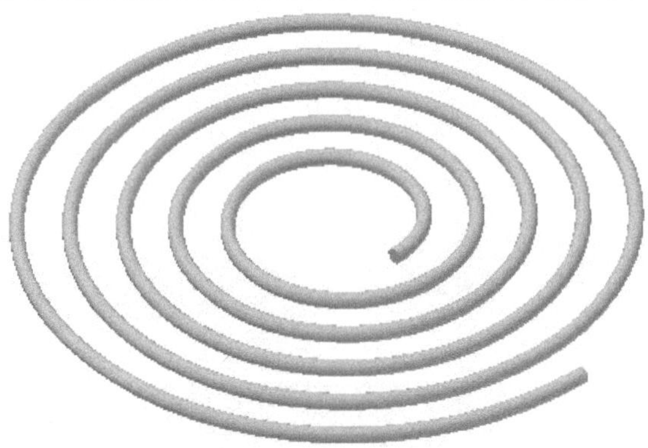

★ **코일(Coil) 결과**

[예제4] 코일(Coil)

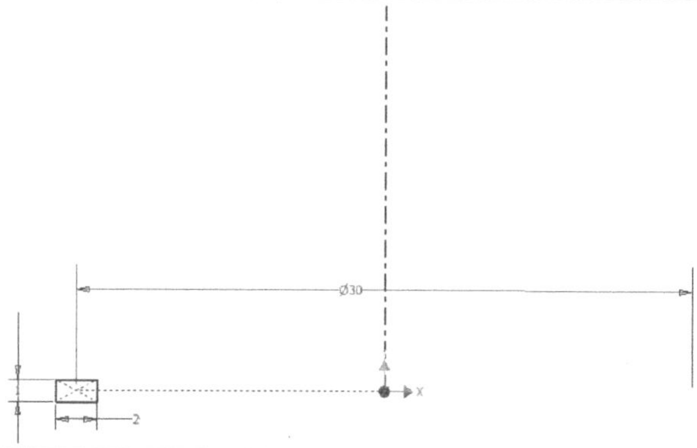

① XZ 평면을 선택하고 [2D 스케치 작성]을 선택한다.

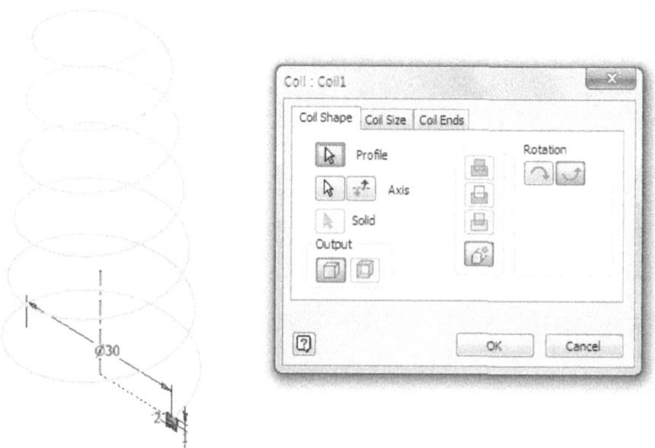

② 코일(Coil)을 실행하고 Profile과 Axis를 선택한다.

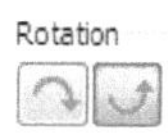

▶ : 시계방향과 반시계 방향 지정할 수 있다.

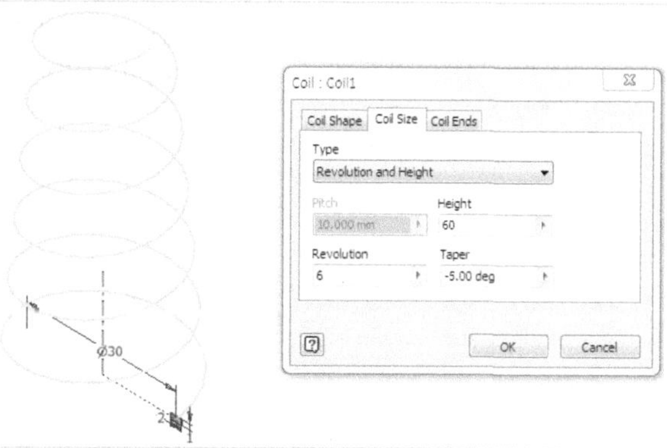

③ 코일(Coil Size) 탭에서 Type : Revolution and Height를 지정, Height : 60 mm, Revolution : 6, Taper : -5deg를 지정한다.

★ **코일(Coil) 결과**

[예제5] 코일(Coil)

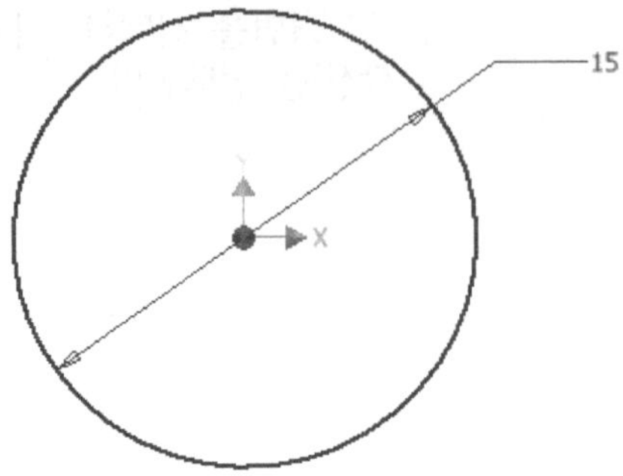

① XY 평면을 선택하고 [2D 스케치 작성]을 선택한다.

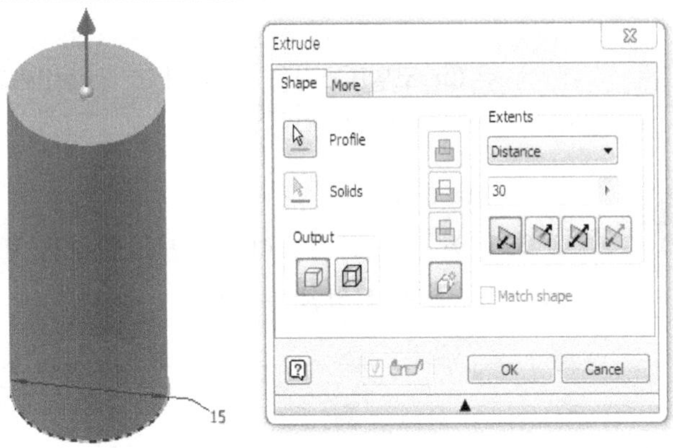

② 돌출을 실행하고 30 mm 돌출을 한다.

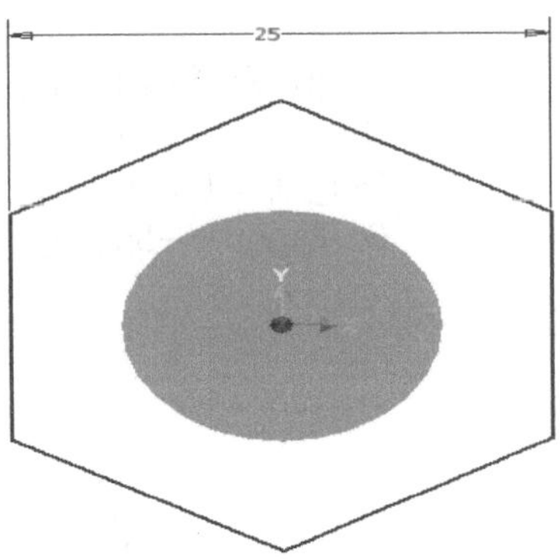

③ 돌출1의 윗면을 선택하고 [새 스케치(New Ske tch)]를 선택하여 다음과 같이 스케치를 한다.

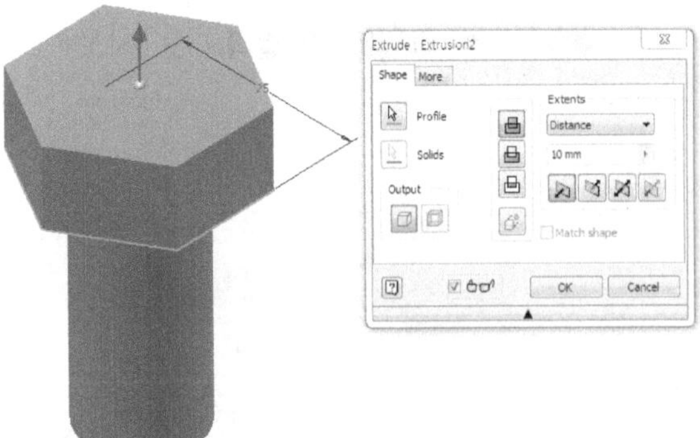

④ 돌출을 실행하고 10 mm 돌출을 한다.

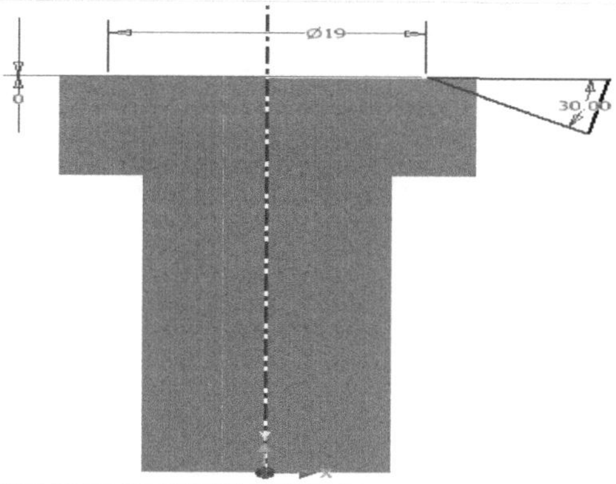

⑤ XZ 평면을 선택하고 [새 스케치]를 선택하여 다음과 같이 스케치를 한다.

[뷰]- 그래픽 슬라이스 또는 F7을 선택하여 절단모서리 투영으로 절단된 모서리가 보이도록 한다.

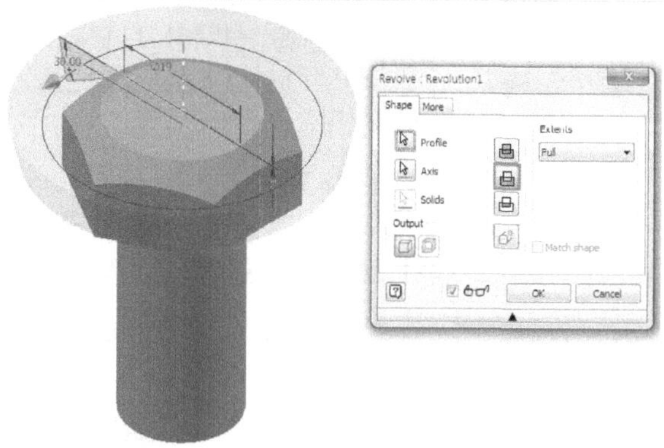

⑥ 회전을 실행하고 회전 컷(Cut)을 선택, 360deg 회전 컷을 한다.

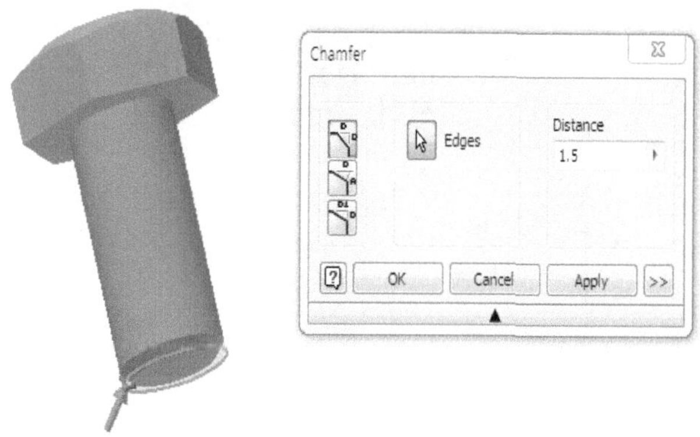

⑦ 모따기(Chamfer)를 실행하고 Distance : 1.5 mm, 45deg를 지정한다.

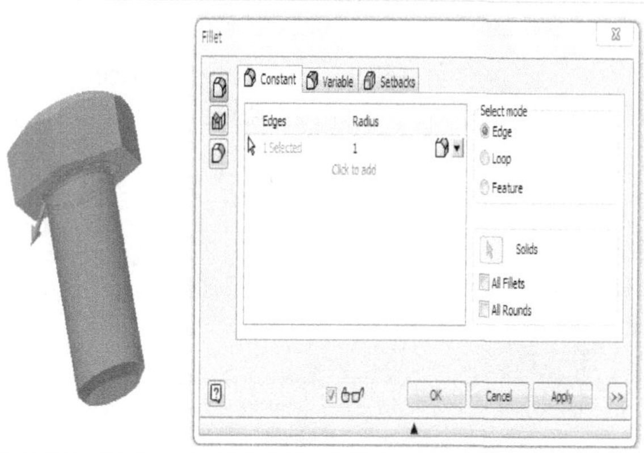

⑧ 모깎기를 실행하고 반경 : 1 mm로 필렛을 한다.

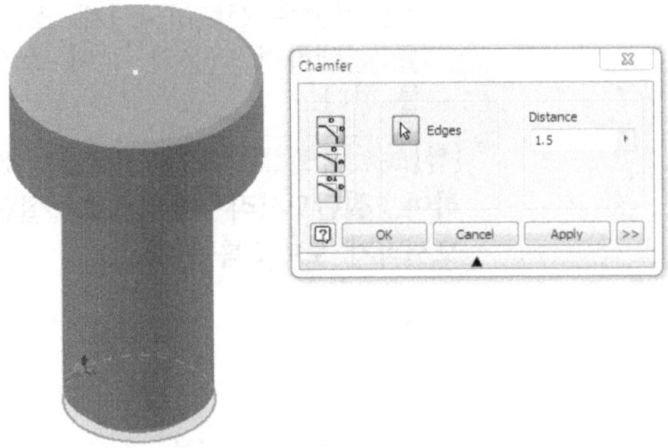

⑨ 모따기(Chamfer)를 실행하고 Distance : 1.5 mm, 45deg를 지정한다.

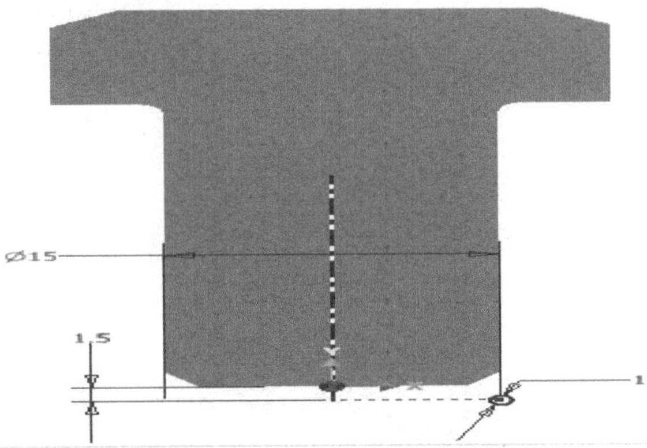

⑩ XZ 평면을 선택하고 [새 스케치]를 선택하여 다음과 같이 스케치를 한다.

[뷰]- 그래픽 슬라이스 또는 F7을 선택하여 절단모서리 투영으로 절단된 모서리가 보이도록 한다.

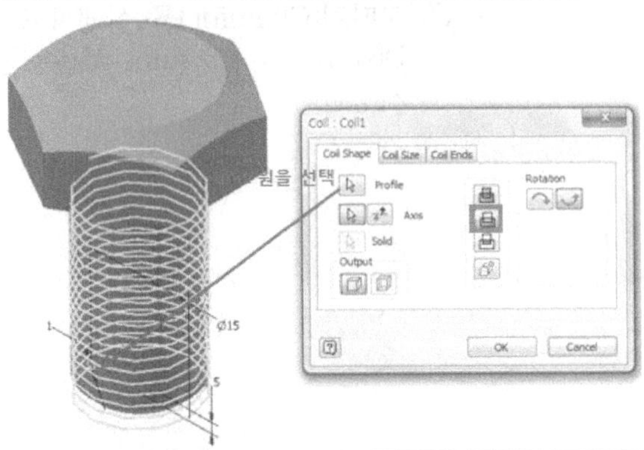

⑪ 코일(Coil)을 실행하고 Profile : 1 mm 원을 선택, 방향 : 중심축을 선택, Cut을 선택 한다.

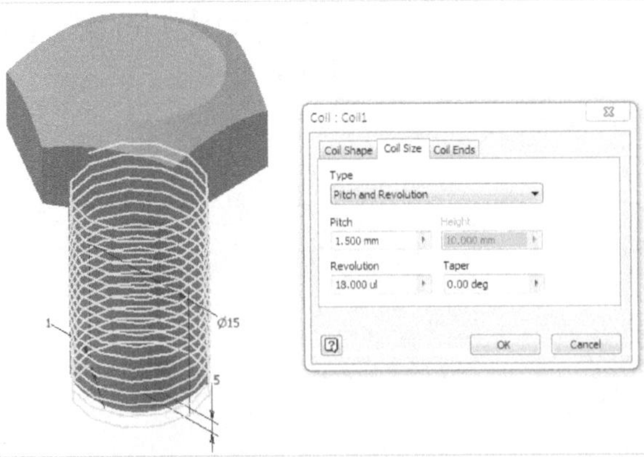

⑫ [Coil Size]탭을 선택, Type : Pitch and Revo lution, Pitch : 1.5 mm, Revolution : 18을 지정한다.

⑬ 코일(Coil)로 컷한 면을 선택하고 [새 스케치]를 선택하여 다음과 같이 스케치를 한다.

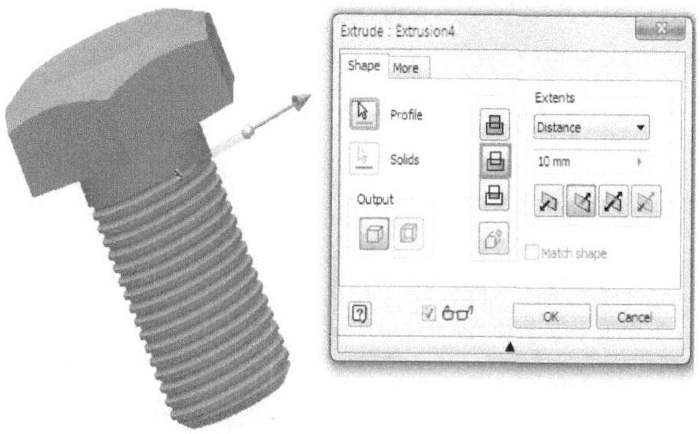

⑭ 돌출을 실행하고 컷(Cut)을 선택, 10 mm 돌출 컷을 한다.

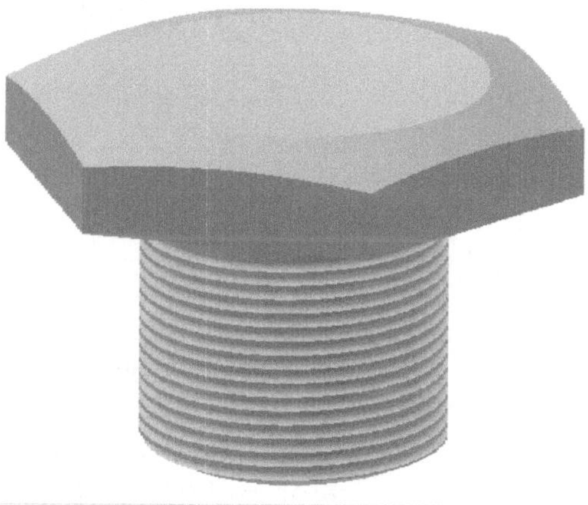

★ **Bolt 결과**

[예제6] 코일(Coil), 스윕(Sweep)

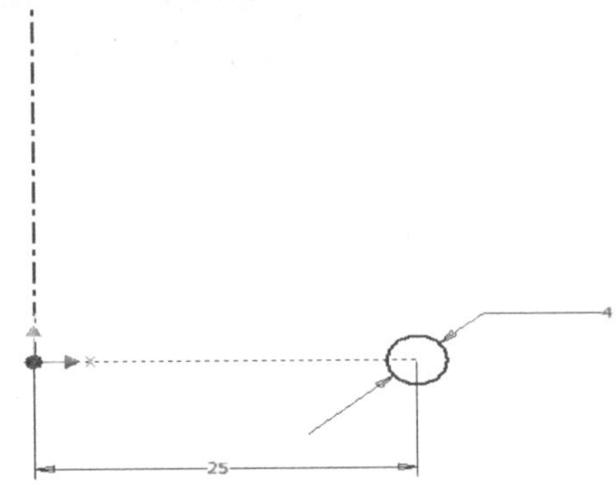

① YZ 평면을 선택하고 [2D 스케치 작성]을 선택한다.

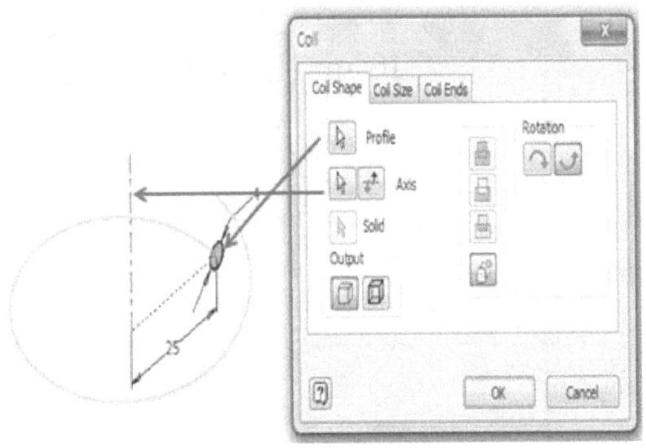

② 코일(Coil)을 실행하고 Profile과 Axis를 선택한다.

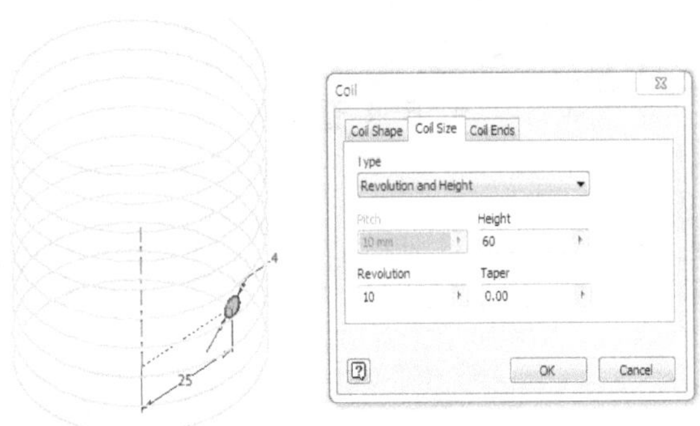

③ [Coil Size]탭을 선택하고 Revolution : 10, Hei ght : 60 mm를 지정한다.

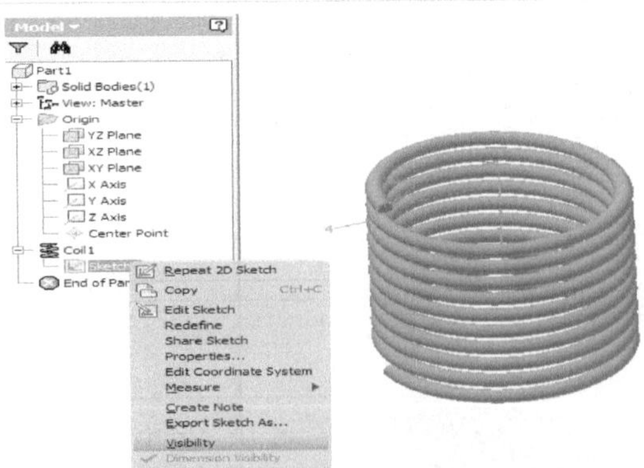

④ 검색기에서 Coil안에 Sketch.1을 선택, 마우스 우측 버튼을 눌러 [가시성(Visibility)을 선택하여 보이기를 한다.

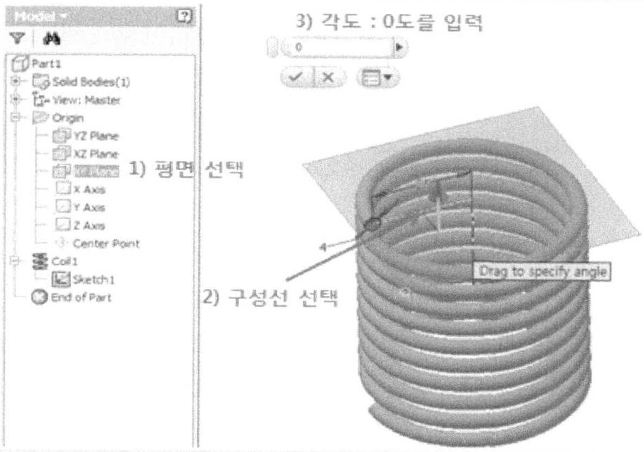

⑤ 평면(Plane)을 실행하고
- XY 평면을 선택
- 구성선을 선택
- 각도 : 0도를 입력한다.

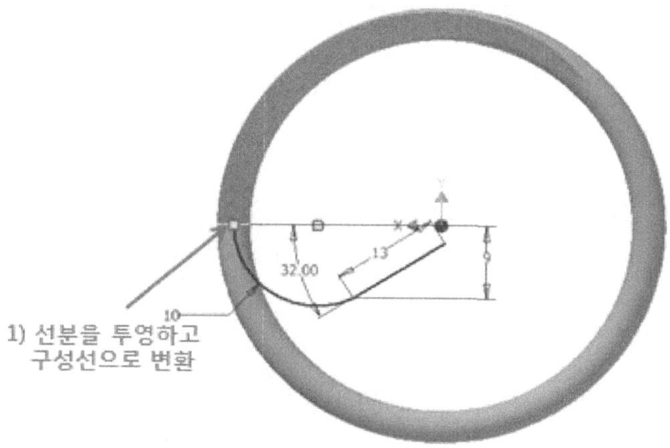

⑥ 작업 평면1을 선택하고 [새 스케치]를 선택한다.

⑦ 그래픽 슬라이스(F7)를 선택하여 단면보기를 한다.

⑧ 원 모서리를 선택하고 형상을 투상하고 구성선으로 변환한다.
구성선 중심과 원호의 끝점을 일치 구속을 하고 다음과 같이 스케치를 한다.

[뷰]- 그래픽 슬라이스 또는 F7을 선택하여 절단모서리 투영으로 절단된 모서리가 보이도록 한다.

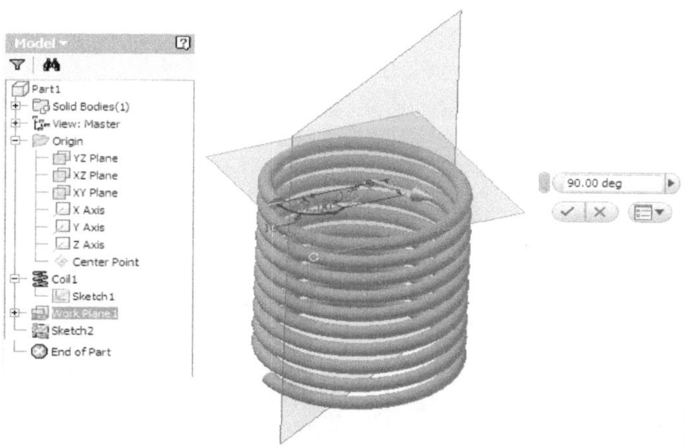

⑨ 평면(Plane)을 실행하고 작업평면1을 선택, Sketch.2의 직선 선분을 선택, 90도 각도를 입력하여 평면을 생성한다.

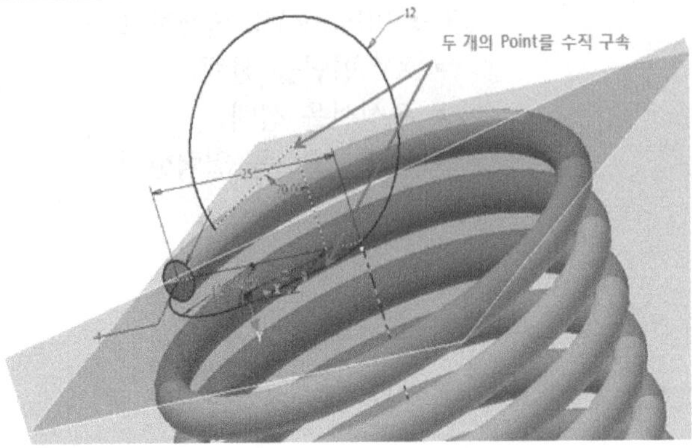

⑩ 작업 평면2를 선택하고 [새 스케치]를 선택하여 다음과 같이 스케치를 한다.

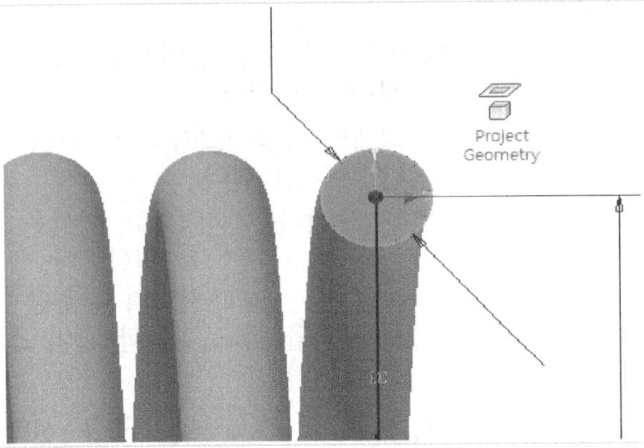

⑪ 원 끝면을 선택하고 [새 스케치]를 선택하여 다음과 같이 원의 모서리를 선택 Project Geometry를 선택하여 투영한다.

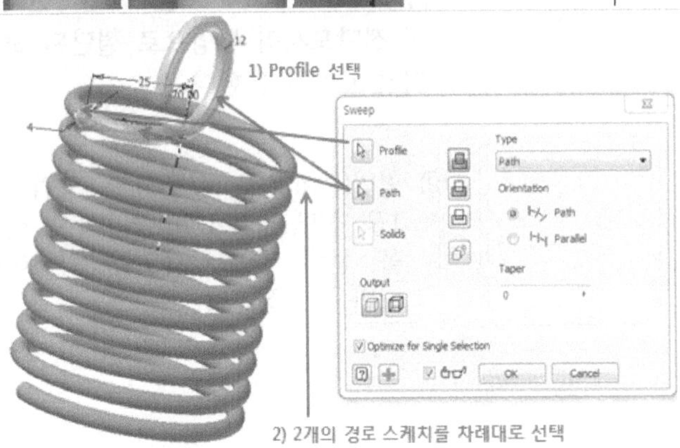

⑫ 스윕(Sweep)을 실행하고 Profile : 형상 투상한 원을 선택, Path : Sketch.2와 Sketch.3을 차례대로 선택한다.

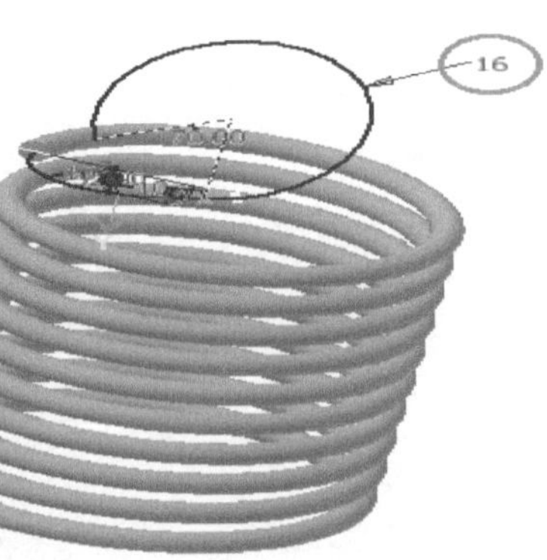

⑬ Sketch.2를 더블클릭하여 원호의 반지름을 16 mm로 변경한다.

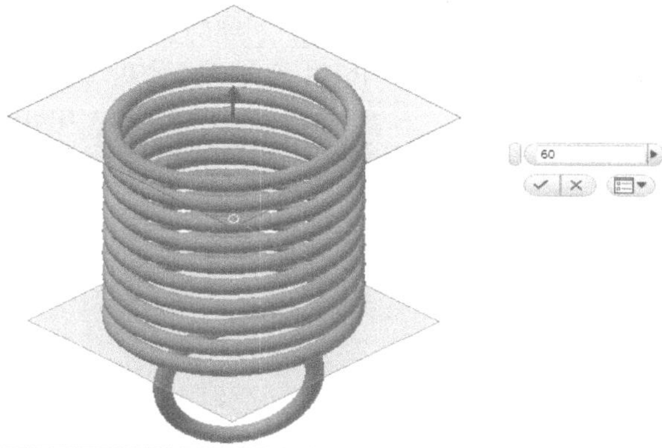

⑭ 평면에서 간격띄우기을 실행하고 XY 평면을 기준으로 60 mm 위치에 평면을 생성한다.

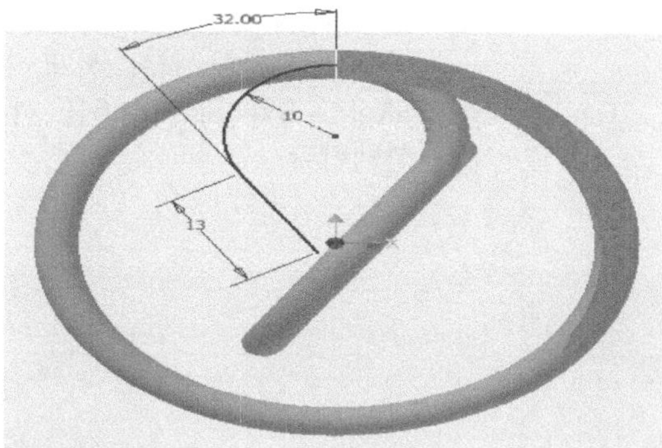

⑮ 작업 평면3을 선택하고 [새 스케치]를 선택하여 다음과 같이 스케치를 한다.

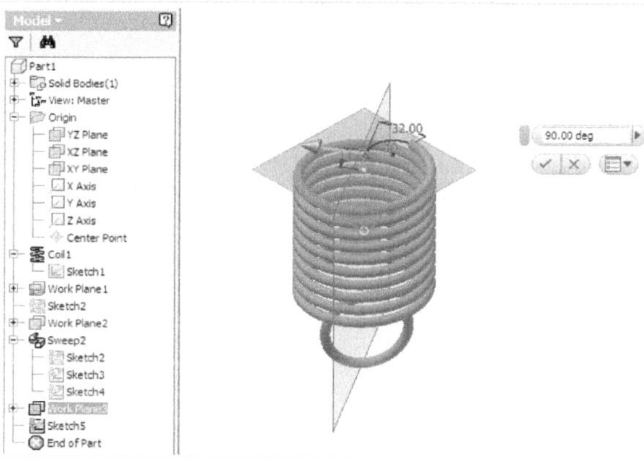

⑯ 평면(Plane)을 실행하고 작업평면3을 선택, Sketch.5의 직선 선분을 선택, 90도 각도를 입력하여 평면을 생성한다.

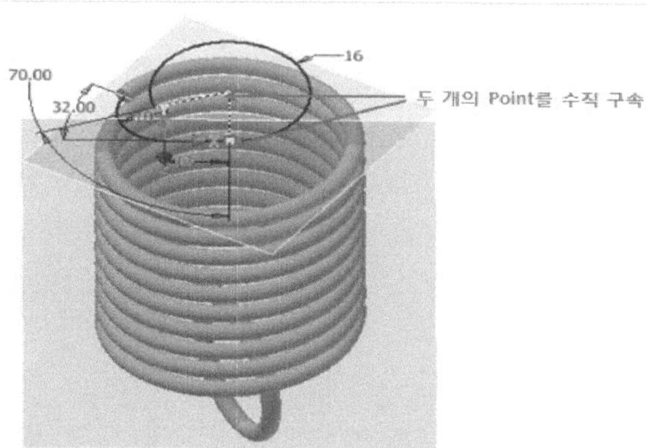

⑰ 작업 평면2를 선택하고 [새 스케치]를 선택하여 다음과 같이 스케치를 한다.

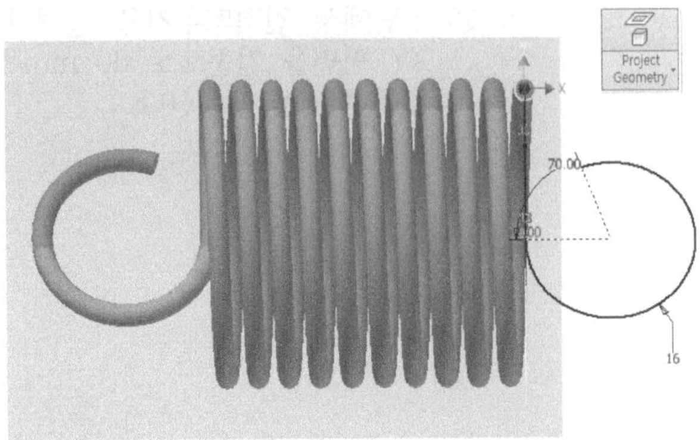

⑱ 원 끝면을 선택하고 [새 스케치]를 선택하여 다음과 같이 원의 모서리를 선택 Project Geo metry를 선택하여 투영한다.

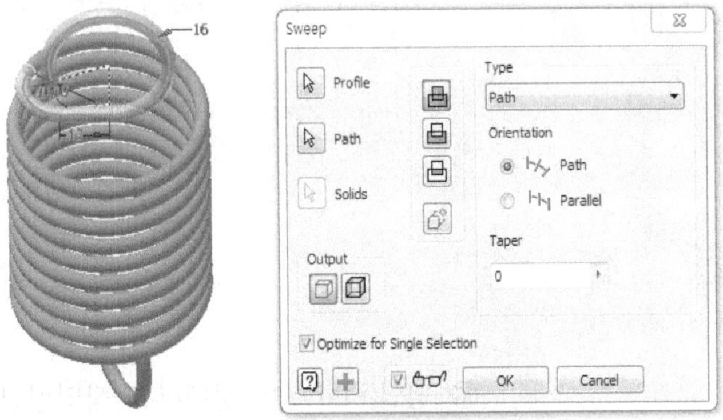

⑲ 스윕(Sweep)을 실행하고 Profile : 형상 투상한 원을 선택, Path : Sketch.5와 Sketch.6을 차례대로 선택한다.

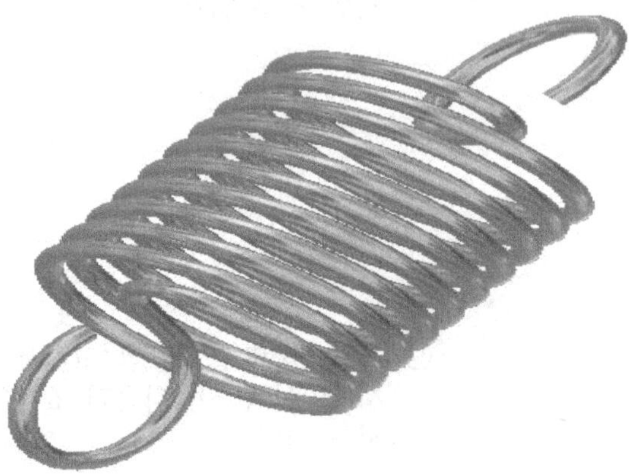

★ 인장 스프링 결과

⑳ 인장 스프링으로 저장한다.

3-7 엠보스

객체를 볼록/오목하게 엠보스 객체를 생성한다.

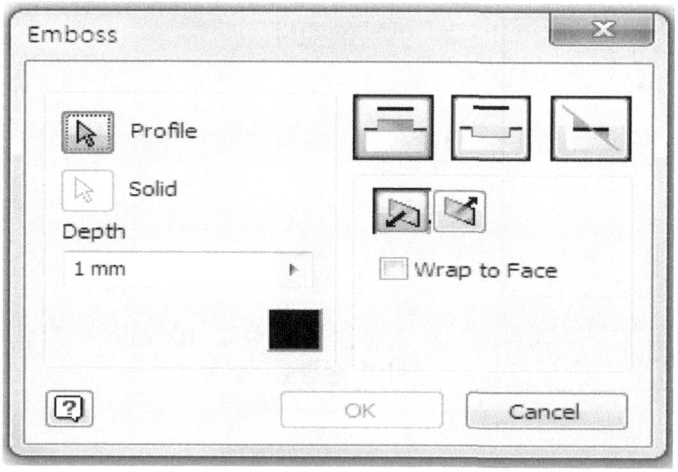

★ **Profile : 엠보스할 프로파일을 선택한다.**

★ **Depth : 깊이를 지정한다.**

★ **Type**

- (Emboss from face) : 객체를 볼록하게 생성한다.
- (Engrave from face) : 객체를 오목하게 생성한다.
- (Emboss/Engrave from Plane) : 객체를 평면을 기준으로 볼록/오목하게 생성한다.

★ **Wrap to Face : 평면 또는 곡면을 감싸게 생성한다.**

[예제1] 엠보스

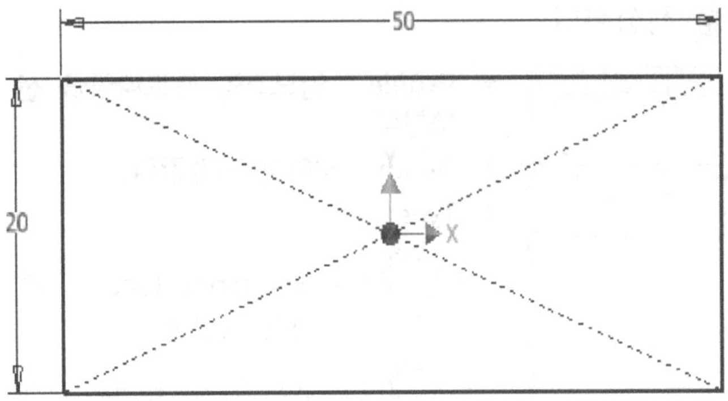

① XZ 평면을 선택하고 [2D 스케치 작성]을 선택하여 다음과 같이 스케치를 한다.

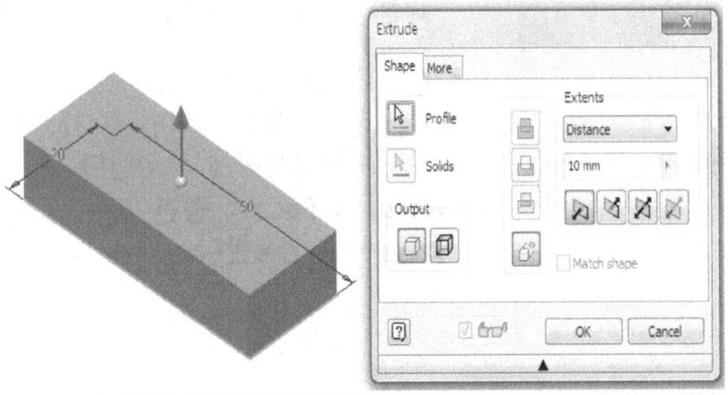

② 돌출을 실행하고 10 mm를 지정하여 돌출을 한다.

③ XY 평면을 선택하고 [새 스케치를 선택하여 다음과 같이 글자를 입력 한다.

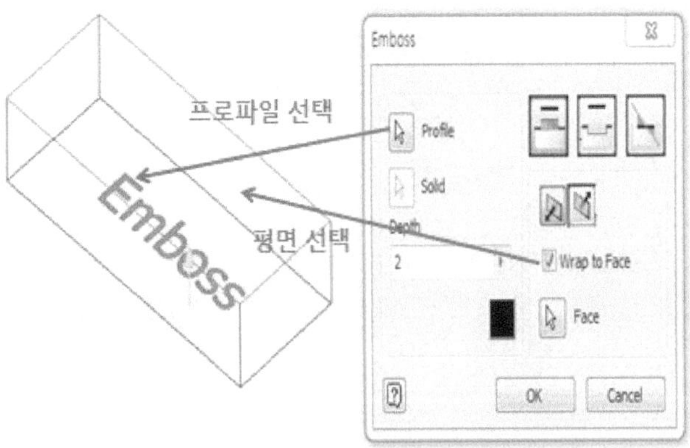

④ [View]-[Visual Style]-[Wireframe]을 선택한다.

⑤ 엠보스를 실행하고 Profile Sketch.2를 선택, Depth : 2 mm, Wrap to Fa ce를 체크, 돌출1의 윗면을 선택한다.

★ **엠보스 예제 완성**

⑥ Emboss 예제1로 저장한다.

[예제2] 엠보스

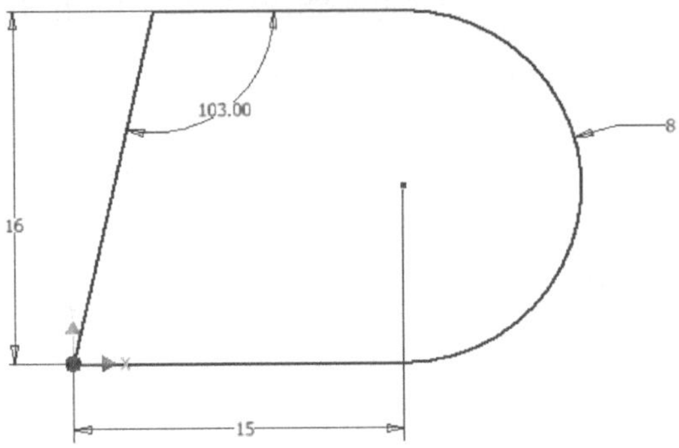

① XY 평면을 선택하고 [2D 스케치 작성]을 선택하여 다음과 같이 스케치를 한다.

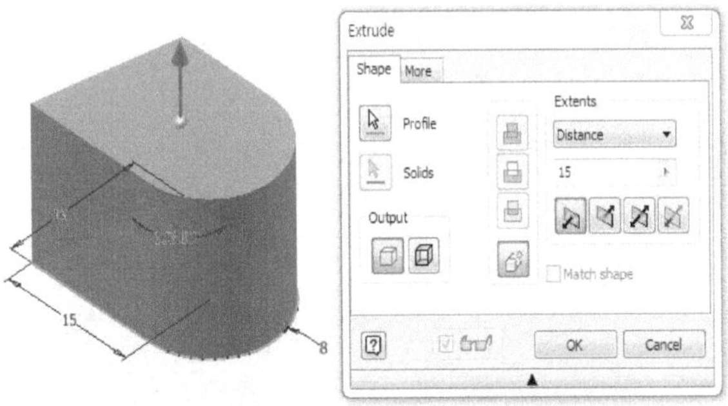

② 돌출을 실행하고 15 mm를 지정하여 돌출을 한다.

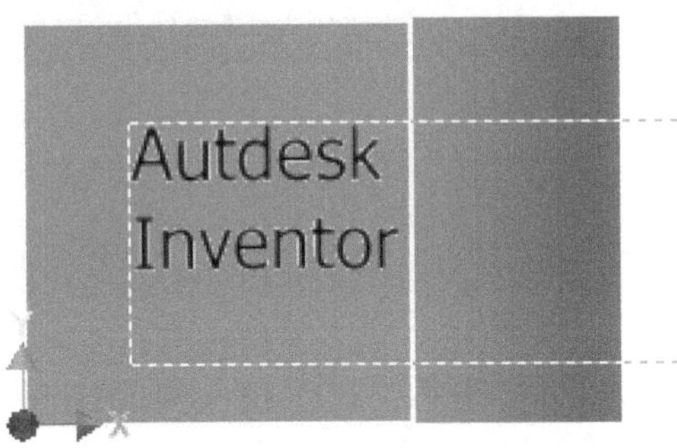

③ 돌출1 객체의 앞면을 선택하고 [새 스케치를 선택하여 다음과 같이 글자를 입력한다.

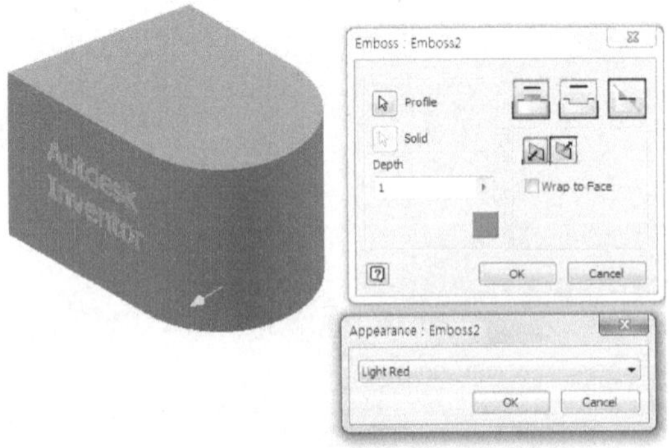

④ 엠보스를 실행하고 Profile : Sketch.2를 선택, Depth : 1 mm, 볼록 유형을 선택한다.

★ **엠보스 볼록 객체 생성**

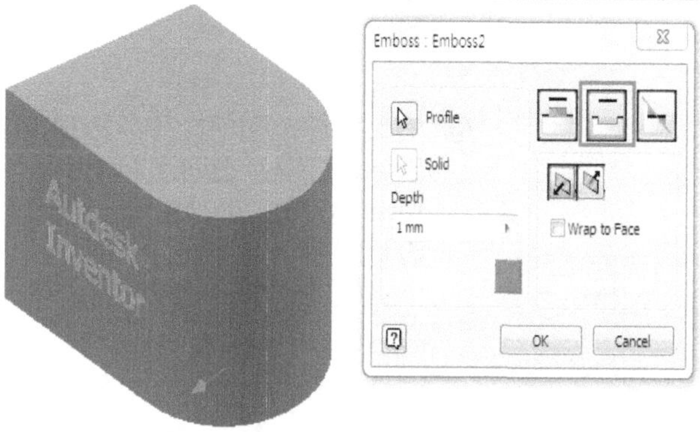

⑤ 엠보스를 실행하고 Profile : Sketch.2를 선택, Depth : 1 mm, 오목 유형을 선택한다.

★ **엠보스 오목 객체 생성**

⑥ [Tangent to Surface and Parallel to Plane]을 선택하고 곡면과 YZ 평면을 선택하여 평면을 생성한다.

⑦ 평면1을 선택하고 [새 스케치(New Sketch)를 선택하여 다음과 같이 글자를 입력 한다.

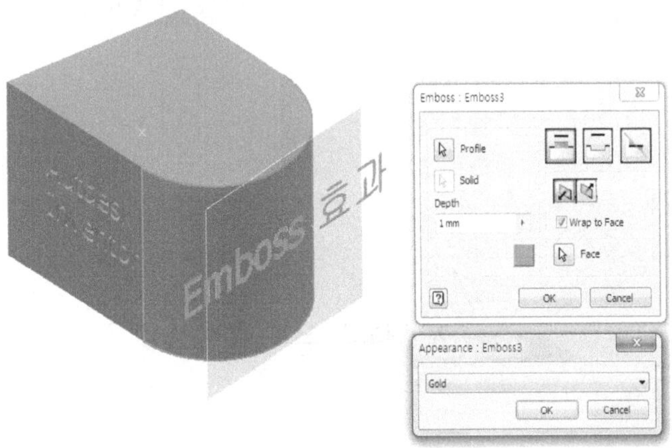

⑧ 엠보스를 실행하고 Profile : Sketch.3을 선택, Depth : 1 mm, Wrap to Face를 선택, 돌출1 객체의 곡면을 선택한다.

★ **엠보스 예제 완성**

⑨ Emboss 예제2로 저장한다.

3-8 Derive(전사=파생)

파생 부품은 기존 부품을 참조하여 본체 및 스케치, 작업 피처, 매개변수 등의 기타 정보를 연관적으로 복사하는 새 부품이다. 파생 조립품은 기존 조립품을 참조하는 새 부품이다. 파생된 부품 또는 조립품에 피처를 추가할 수 있다. 새 피처가 기준 구성요소에 추가되거나 파생 피처가 편집된 경우 변경 내용이 파생 부품에 업데이트된다.

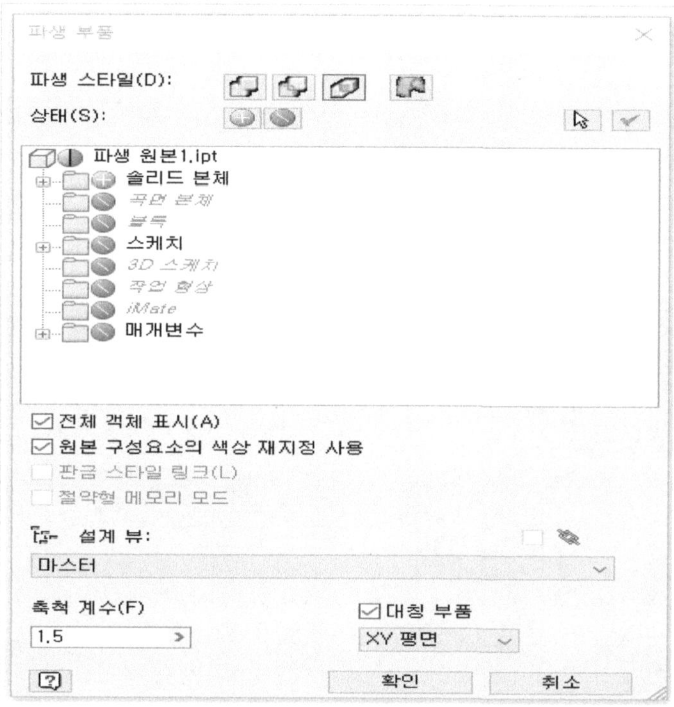

★ **파생 스타일**

-  : 평면형 면 사이의 이음매가 병합된 단일 솔리드 본체
-  : 평면형 면 사이의 이음매가 유지된 솔리드 본체
-  : 각 솔리드를 솔리드 본체로 유지
-  : 작업 곡면으로서의 본체

★ **축척 계수** : 원본을 기준으로 배율을 지정하여 확대 또는 축소를 할 수 있다.

★ **대칭 부품** : 평면을 선택하여 부품간 대칭복사를 하여 새로운 부품을 생성한다.

[예제1] 파생(Derive)

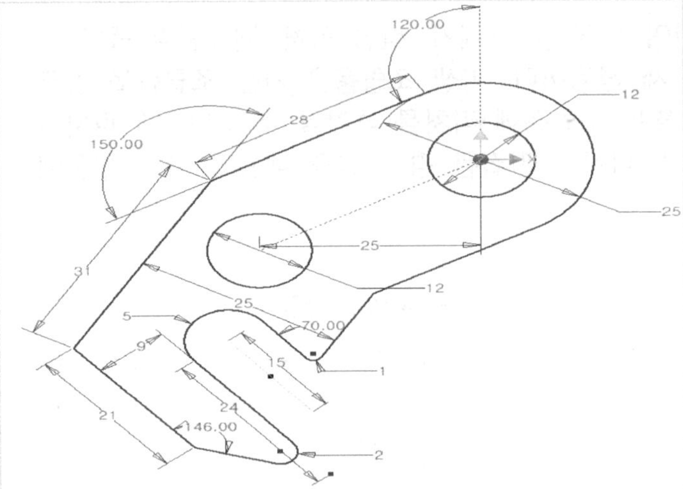

① XY 평면을 선택하고 [2D 스케치 작성]을 선택하여 다음과 같이 스케치를 한다.

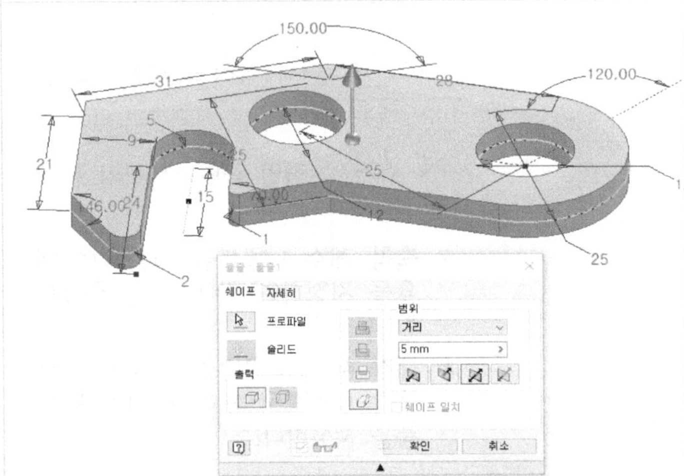

② 돌출을 실행하고 5 mm, 대칭을 지정하여 돌출을 한다.

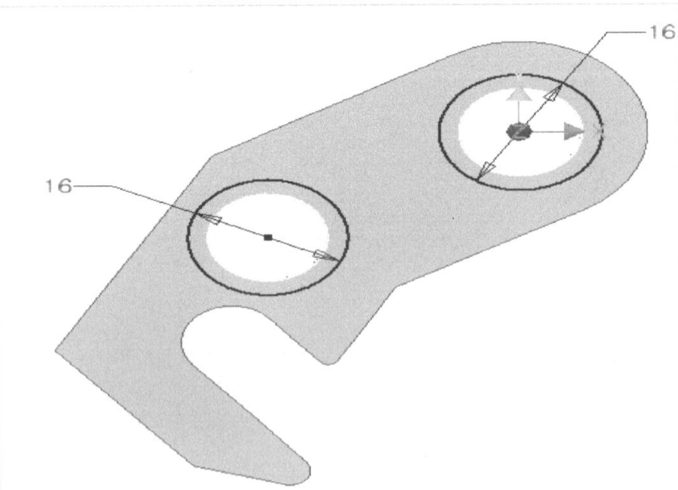

③ 돌출1 객체의 윗면을 선택하고 [새 스케치를 선택하여 다음과 같이 스케치를 한다.

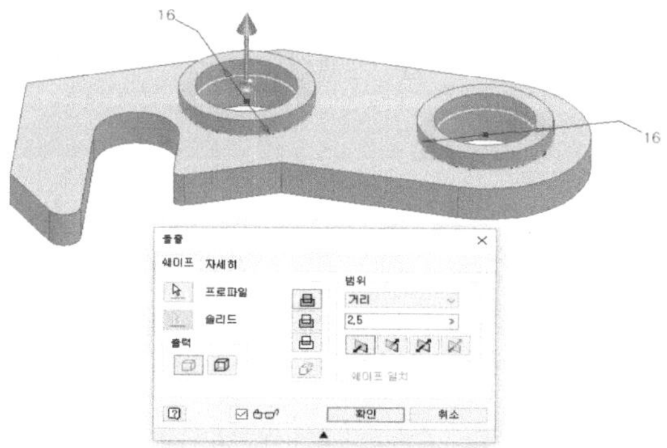

④ 돌출을 실행하고 2.5 mm로 돌출을 한다.

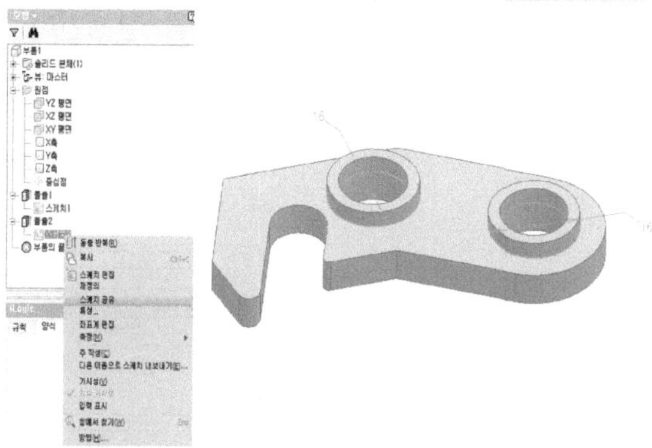

⑤ 스케치2 위에서 마우스 우측 버튼을 눌러 [스케치 공유]를 선택한다.

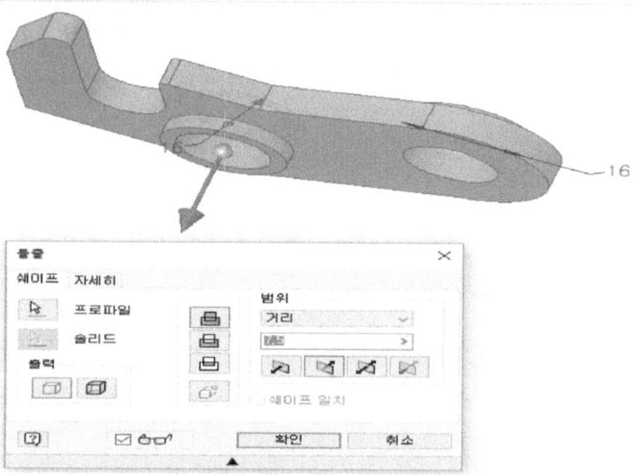

⑥ 돌출을 실행하고 7.5 mm로 돌출을 한다.

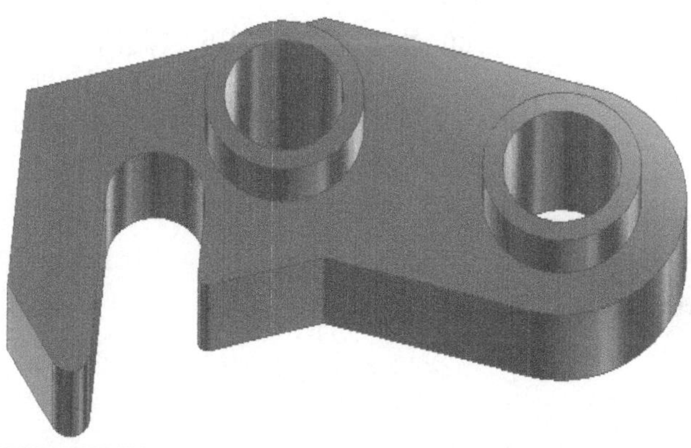

★ 완성 결과

⑦ 파생 원본1로 저장한다.

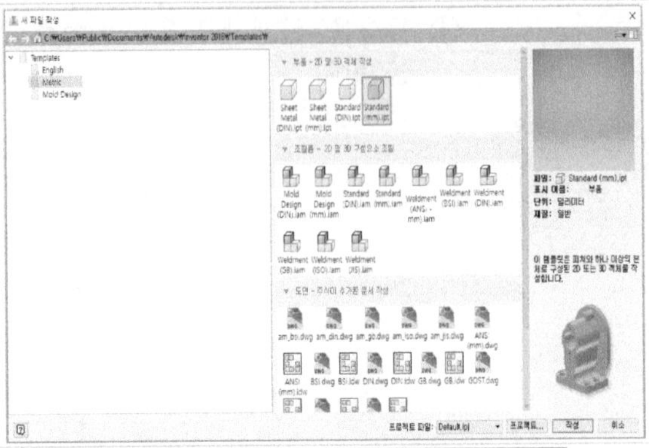	⑧ [새로 만들기]-[Standard.ipt(mm)]를 선택한다.
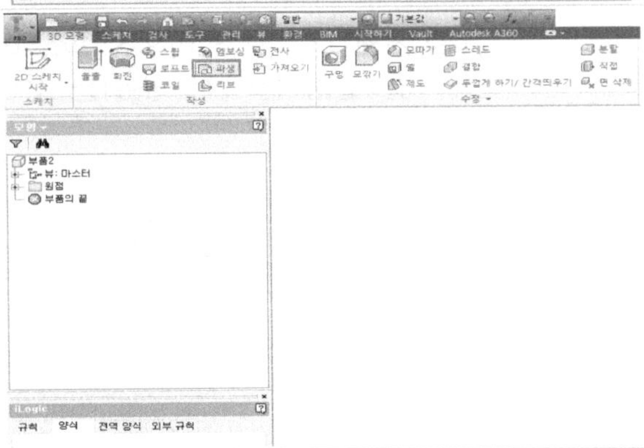	⑨ [3D 모형]-[파생]을 실행한다.
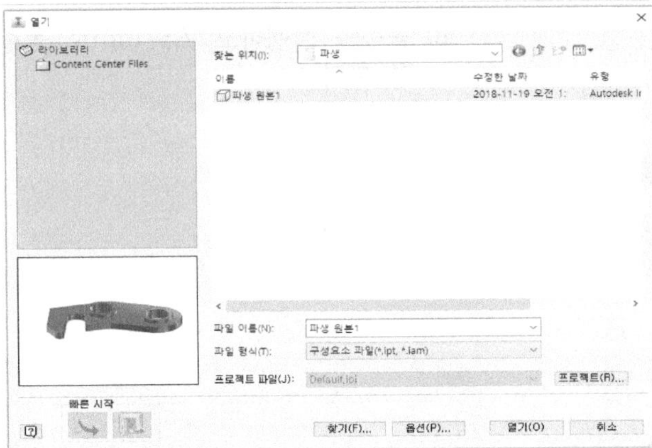	⑩ 파생 원본1을 선택하여 [열기]를 선택한다.
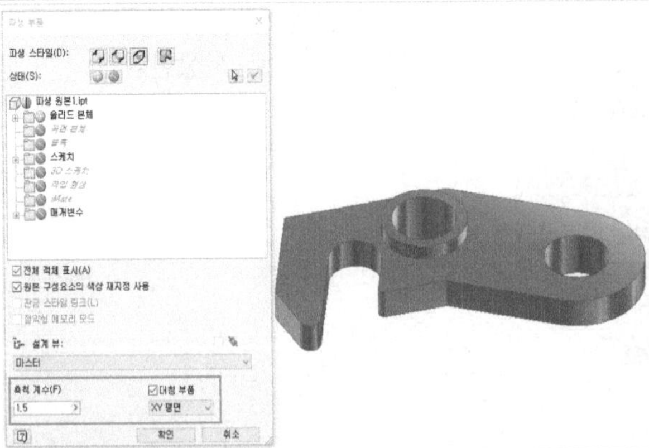	⑪ 축척 계수 : 1.5, 대칭부품을 선택, XY평면을 원본보다 1.5배 크게, XY 평면을 기준으로 대칭을 수행하여 새롭게 생성된다.

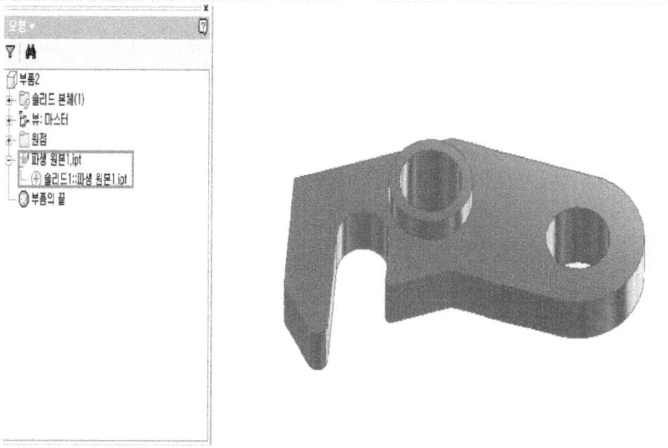

⑫ 파생되어 새롭게 생성한 부품은 히스토리가 없다.
변경을 하려면 원본 파일에서 수정을 해야 한다.

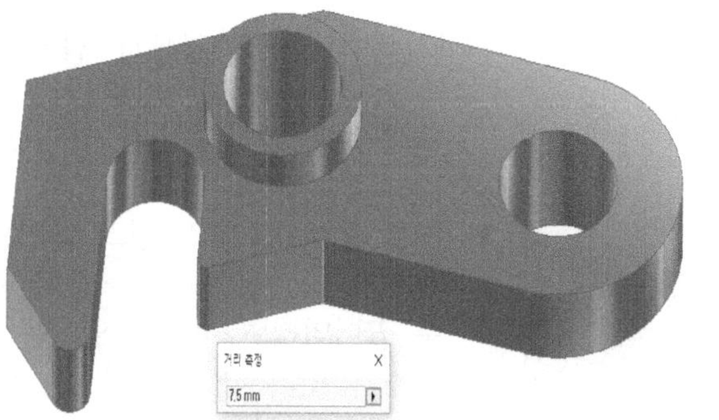

⑬ [검사]-[거리]를 실행하고 변경 전 길이를 측정해본다.
변경 전 길이 : 7.5 mm

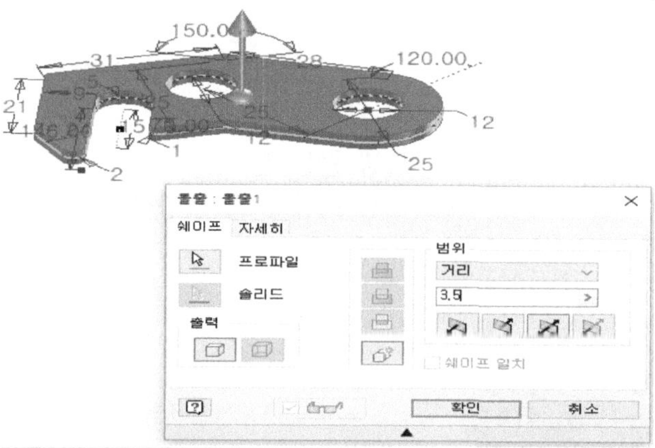

⑭ [열기]-[파생 원본1]을 연다.

⑮ 돌출1 객체를 더블클릭하여 거리 : 3.5 mm로 변경한다.

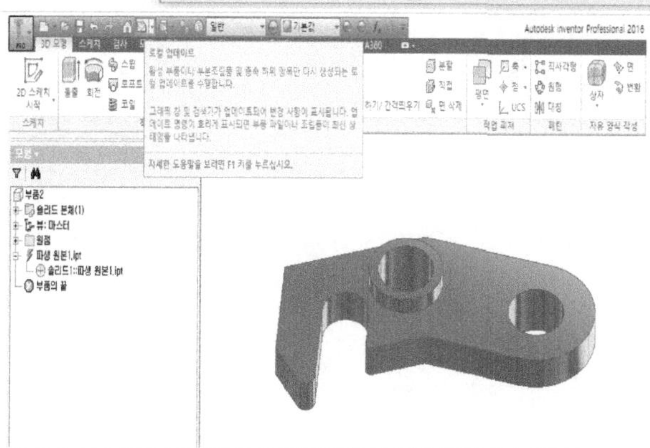

⑯ [로컬 업데이트]를 선택한다. 로컬 업데이트를 선택해야 원본에서 변경한 내용이 업데이트 된다.

▶ **로컬 업데이트** : 원본파일에서 변경한 사항을 파생파일에 반영을 해 준다.

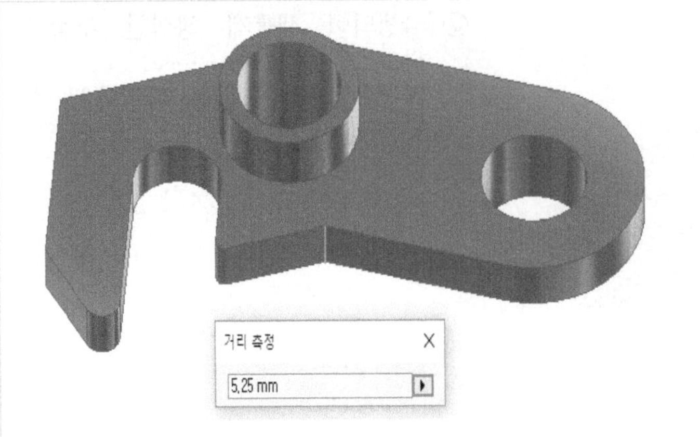

⑰ [검사]-[거리]를 실행하고 변경 전 길이를 측정해본다.
변경 후 길이 : 5.25 mm

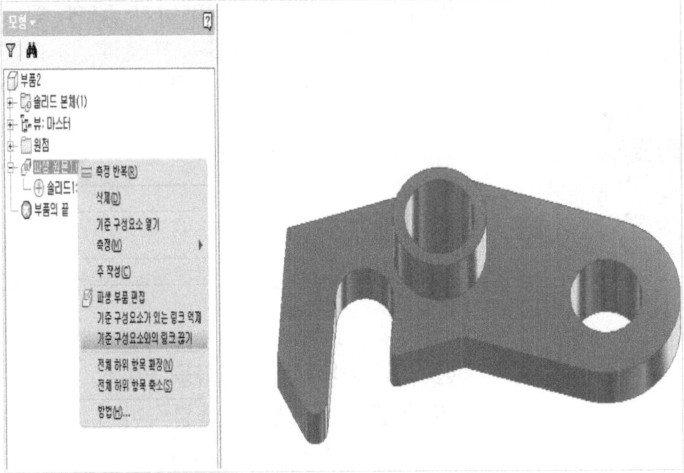

⑱ [검색기]-[파생 원본1] 위에서 마우스 우측 버튼을 눌러 [기준 구성요소와의 링크 끊기]을 선택한다.

▶ 기준 구성요소와의 링크 끊기 : 원본 파일과 링크를 끊어준다. 링크를 끊어버리면 파생 파일에는 히스토리가 없기 때문에 변경을 할 수 없다.

★ 파생 완성 결과

⑲ 파생 파일.ipt로 저장한다.

3-9 Decal

부품 면에 레이블, 상표명 아트, 로고, 보증 스티커 등 제조 요구 사항을 나타내는 이미지를 적용하여 전사 피처를 작성한다. 조립품에서 다른 구성요소를 깔끔하게 나타내거나 패키지를 손상시키지 않기 위해 후미진 곳에 전사를 적용할 수 있다. 이미지는 비트맵, Word 문서 또는 Excel 스프레드시트일 수 있다.

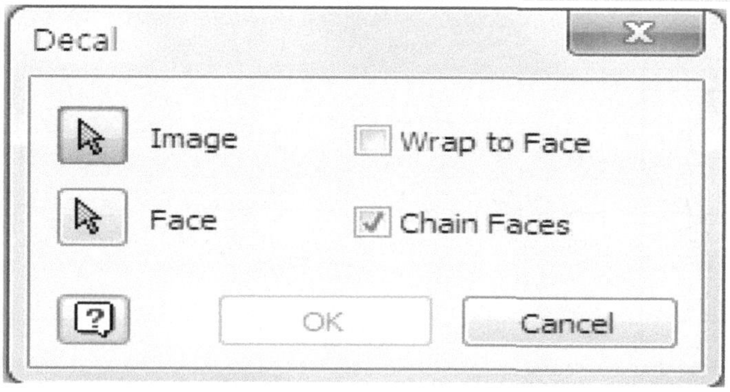

★ **Image** : .jpg, .doc 또는 .xls 형식의 이미지를 선택한다. doc 및 .xls 파일에서 인쇄 가능 영역이 선택되어 있으며 고유 형식을 유지하고 있다. 이미지 크기를 조절할 수 있지만 종횡비는 그대로 유지된다.

치수 및 구속조건을 사용하여 스케치에 이미지를 배치한다.

★ **Face** : 전사를 적용할 면을 선택한다.

★ **Wrap to Face** : 이미지를 하나 이상의 표면에 감쌀지 여부를 지정된다.

★ **Chain Faces** : 모서리 위와 같은 인접 면에 전사를 적용한다.

[예제1] 전사(Decal)

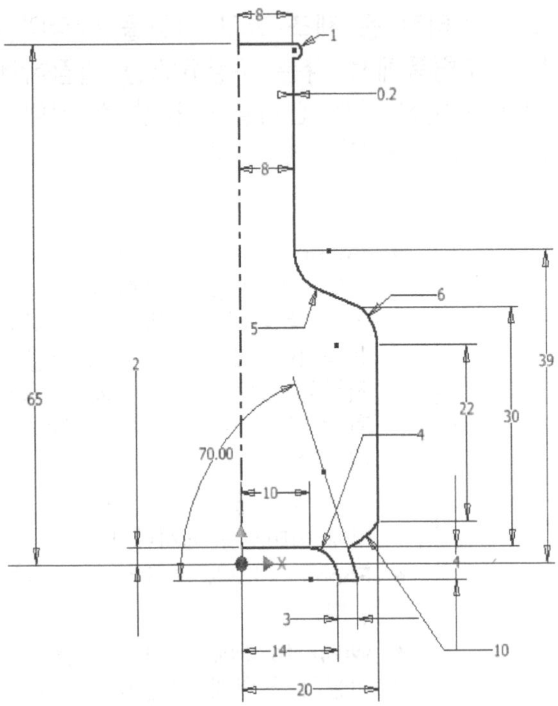

① XZ 평면을 선택하고 [2D 스케치 작성]을 선택하여 다음과 같이 스케치를 한다.

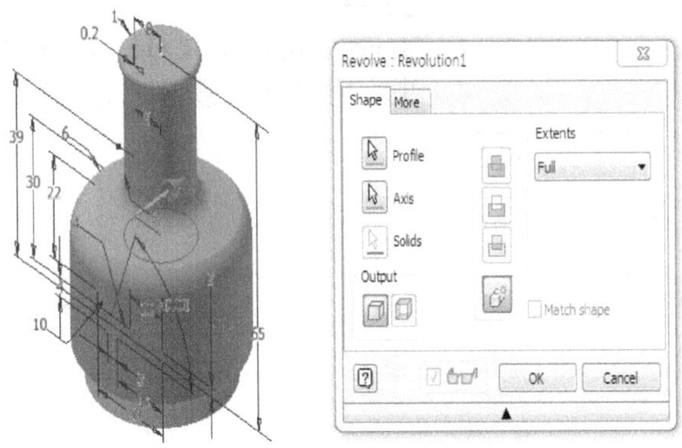

② 회전을 실행하고 360도 회전을 한다.

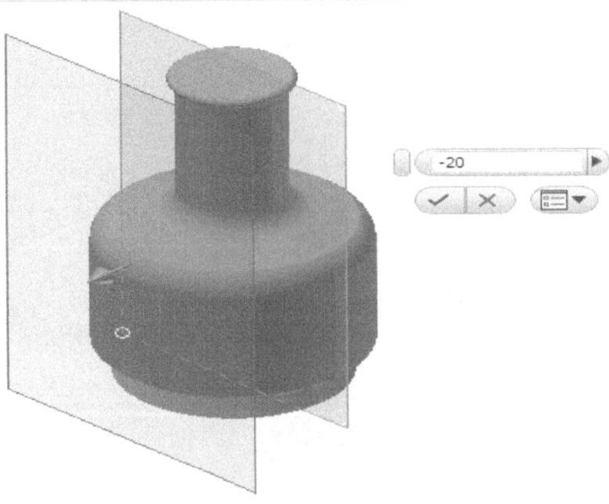

③ 평면에서 간격띄우기를 실행하고 XZ 평면을 기준으로 -20 mm 위치에 Plane을 생성한다.

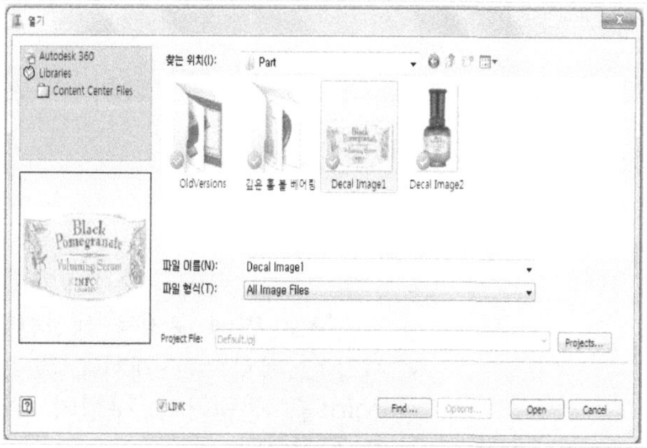

④ 평면1을 선택하고 [2D 스케치 작성]을 선택한다.

Image를 실행하고 준비한 이미지를 선택한다.

⑤ 다음과 같이 이미지를 위치시킨다.

⑥ 데칼(Decal)을 실행하고 Image : 이미지가 들어있는 스케치를 선택, Face : 이미지를 전사할 면을 선택, Wrap to Face를 선택한다.

=데칼(전사)

★ **완성 결과**

⑦ 데칼 예제1로 저장한다.

3-10 구멍(Hole)

파라메트릭 드릴, 카운터 보어, 접촉 공간 또는 카운터 싱크 구멍, 피처 구멍을 생성

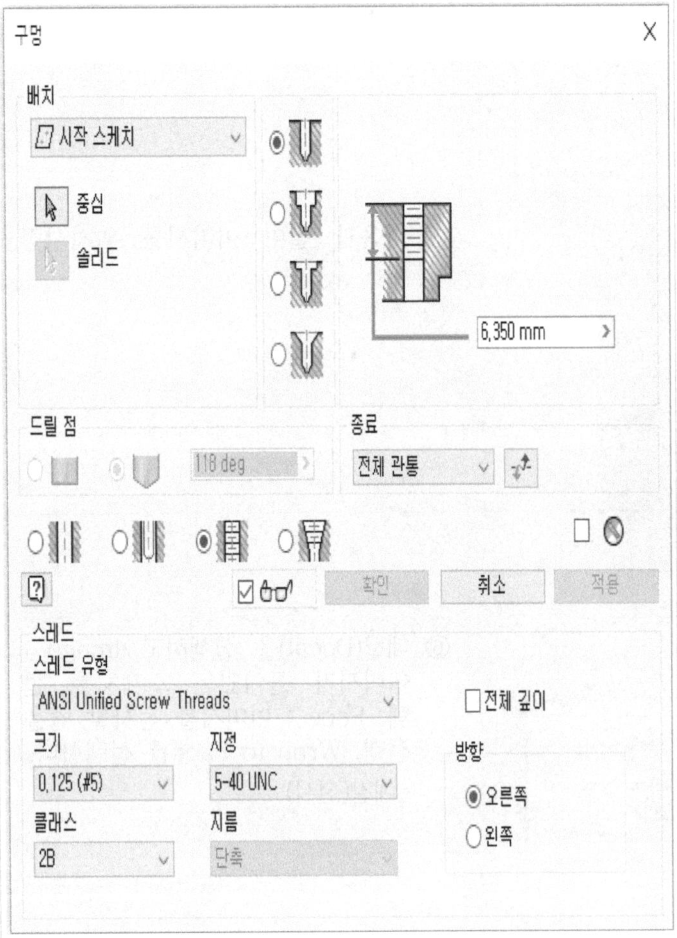

★ **배치**

- 선형 : 두 개의 선형 모서리를 기준으로 면에 구멍을 생성한다.
- 시작 스케치 : 스케치에 포함된 Point를 선택하여 구멍의 위치를 지정한다.
- 동심 : 원형 모서리 또는 원통형 면과 동심인 평면의 구멍을 생성한다.
  평면(Face) : 구멍을 배치할 평면형 면 또는 작업 평면을 선택한다.
  동심 참조 : 구멍 중심의 배치를 위해 참조하는 객체를 선택한다. 원 모서리 또는 원통형 면을 선택한다.
- 점 위 : 작업점과 일치하며 축, 모서리 또는 작업 평면을 기준으로 배치되는 구멍을 생성한다.
  Point : 구멍 중심으로 설정할 작업점을 선택한다.
  방향 : 구멍 축의 방향을 지정한다.
- 구멍 축에 수직인 평면형 면 또는 작업평면
- 구멍 축에 평행한 모서리 또는 축

★ **구멍 유형**

- : 드릴 구멍
- : 카운터 보어
- : 접촉 공간
- : 카운터 싱크

★ **드릴 점 : 드릴 점에 대한 플랫(Flat) 또는 각도을 설정한다.**

★ **종료 유형**

- 거리 : 구멍 깊이에 대해 양의 값을 사용한다. 평면형 면 또는 작업 평면에서 수직인 깊이를 측정한다.
- 전체 관통 : 모든 면을 관통하여 구멍을 연장한다.
- 지정면까지 : 구멍을 지정된 평면형 면에서 종료한다.

★ **스레드 유형**

- (단순 구멍) : 스레드가 없는 단순 구멍
- (틈새 구멍) : 선택된 조임쇠에 맞는 구멍을 생성한다.
- (탭 구멍) : 스레드가 있는 구멍을 생성 한다.
- (테이퍼 탭 구멍) : 테이퍼 스레드가 있는 구멍을 생성한다.

[예제1] 구멍(Hole) - Housing

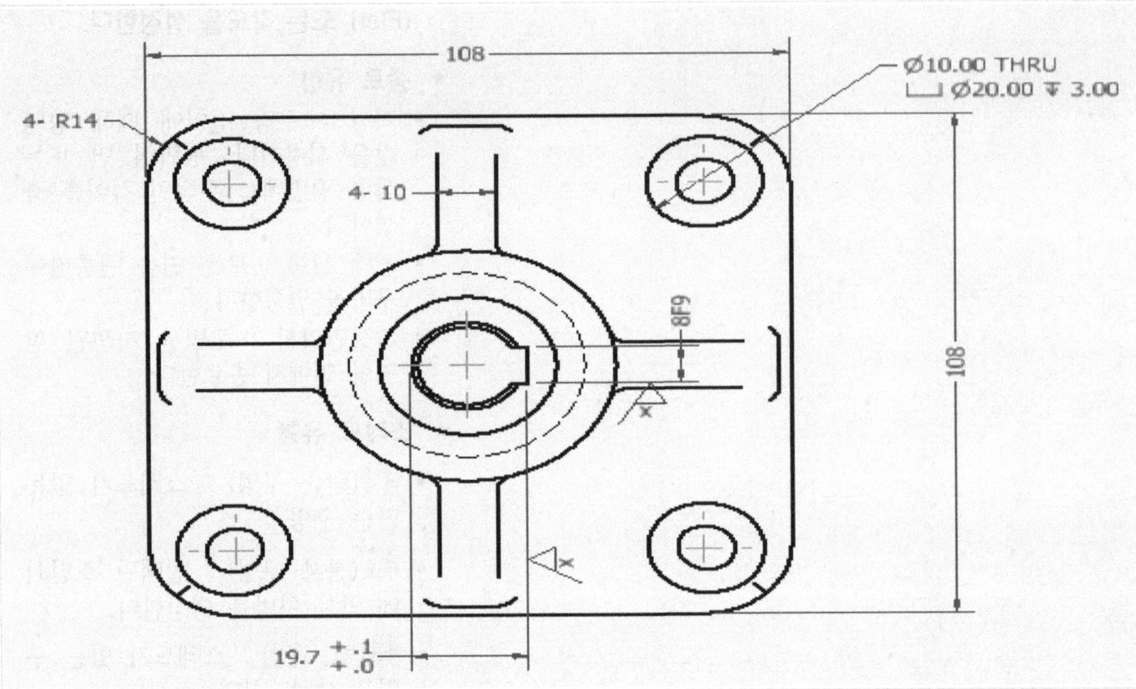

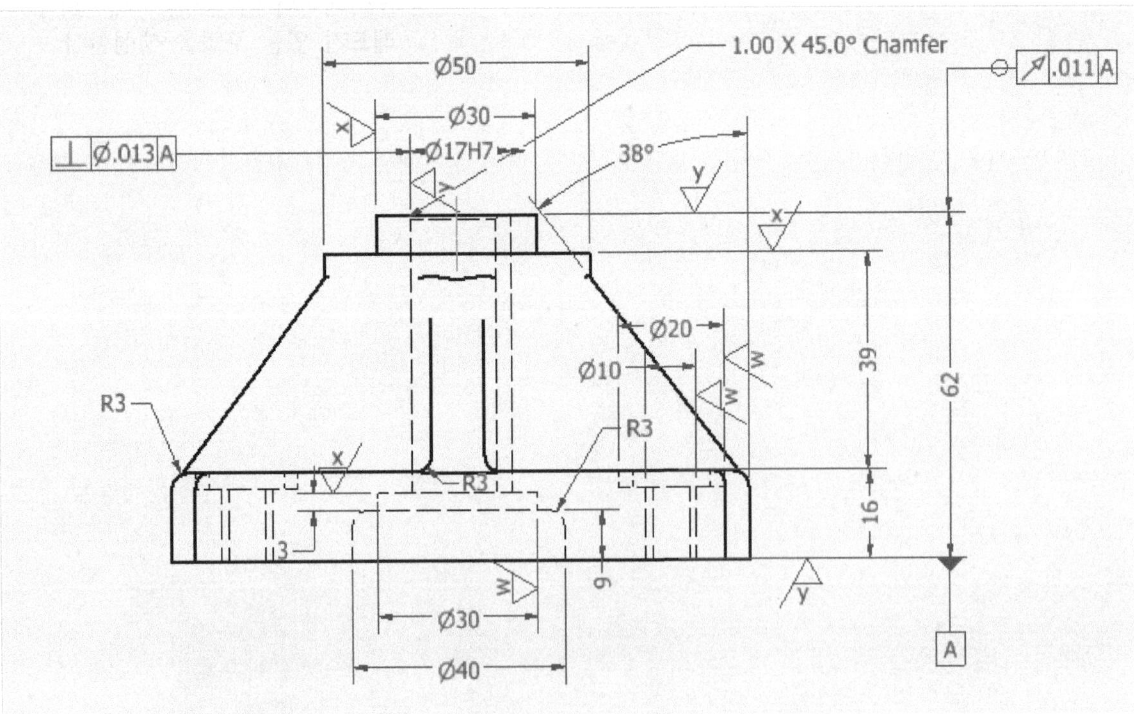

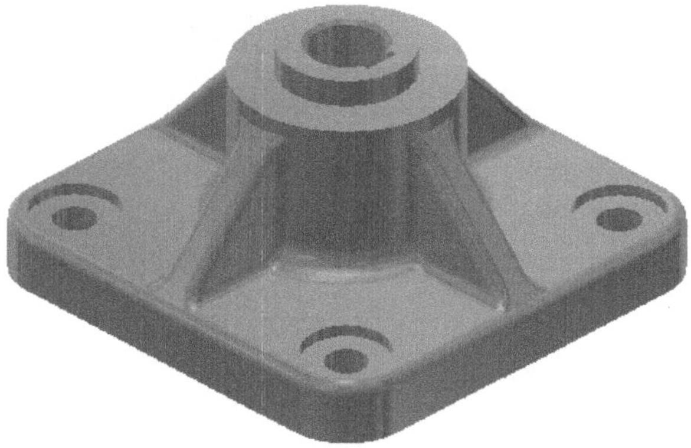

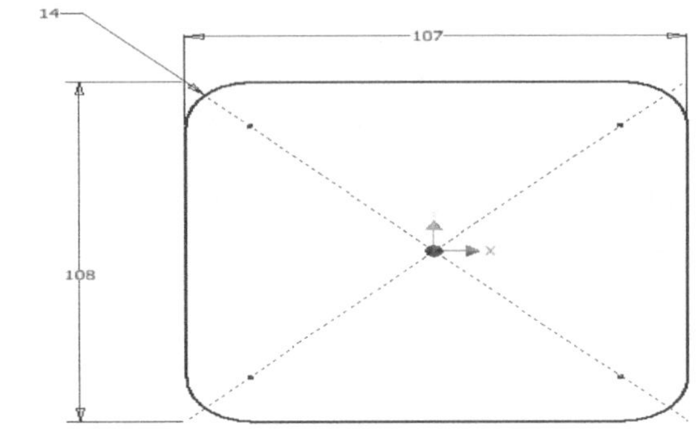

① XY 평면을 선택하고 [2D 스케치 작성]을 선택하여 다음과 같이 스케치를 한다.

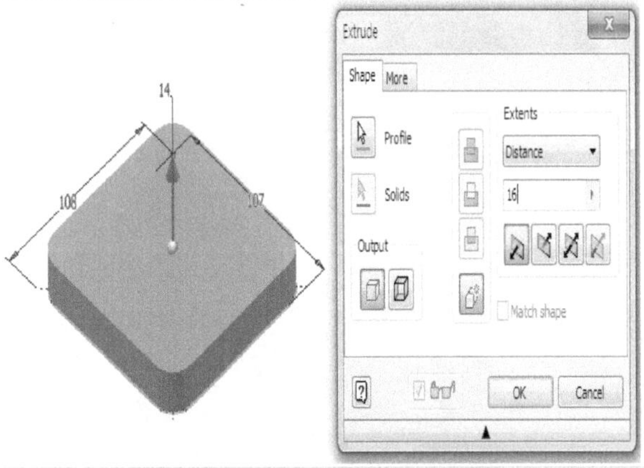

② 돌출을 실행하고 16 mm 돌출을 한다.

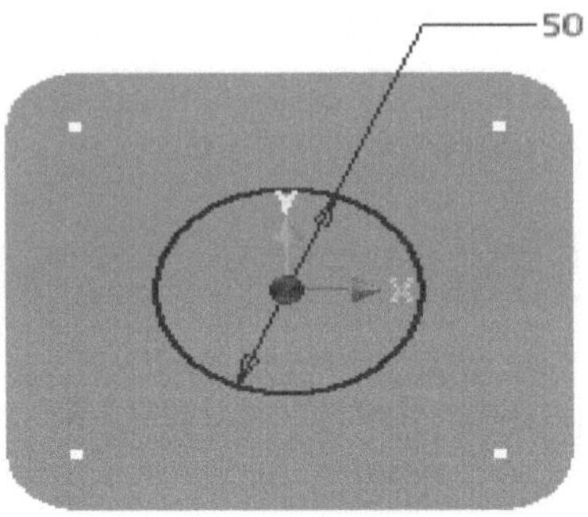

③ 돌출 객체1의 윗면을 선택하고 [새 스케치를 선택하여 다음과 같이 스케치를 한다.

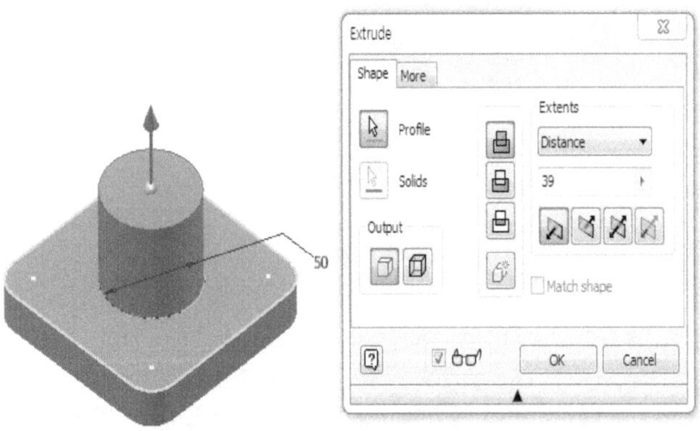

④ 돌출을 실행하고 39 mm 돌출을 한다.

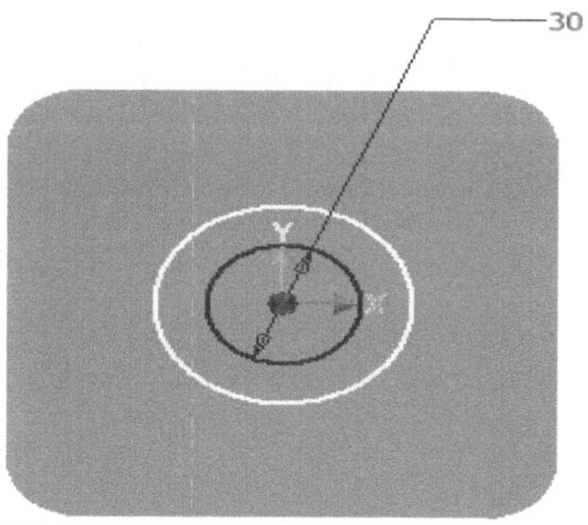

⑤ 돌출 객체2의 윗면을 선택하고 [새 스케치를 선택하여 다음과 같이 스케치를 한다.

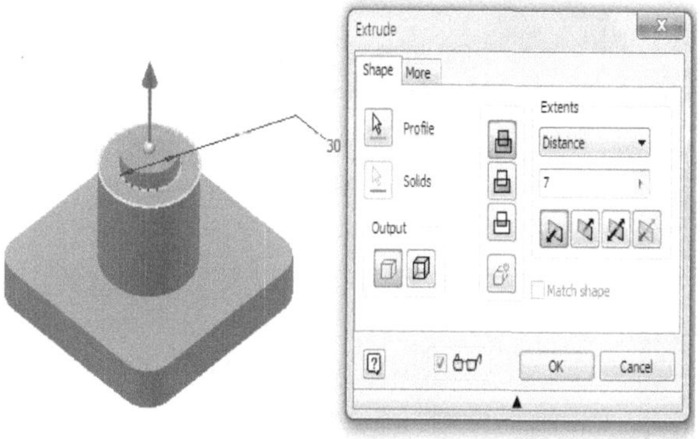

⑥ 6) 돌출을 실행하고 7 mm 돌출을 한다.

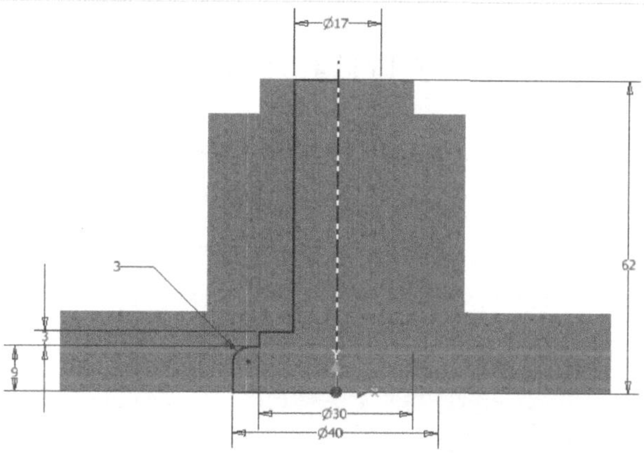

⑦ XZ 평면을 선택하고 [2D 스케치 작성]을 선택하여 다음과 같이 스케치를 한다.

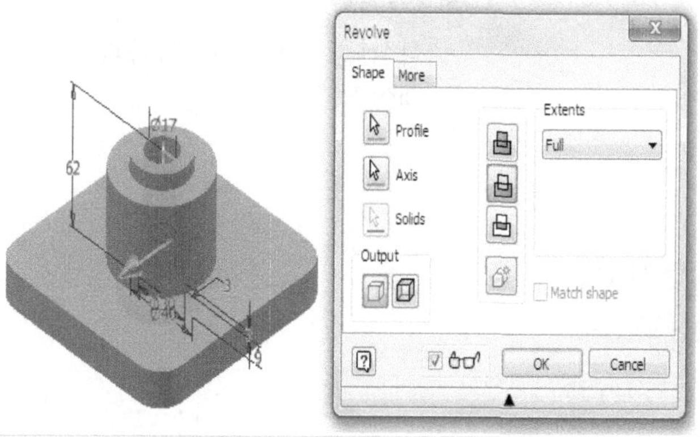

⑧ 회전을 실행하고 Cut을 지정하여 360도 회전 컷을 한다.

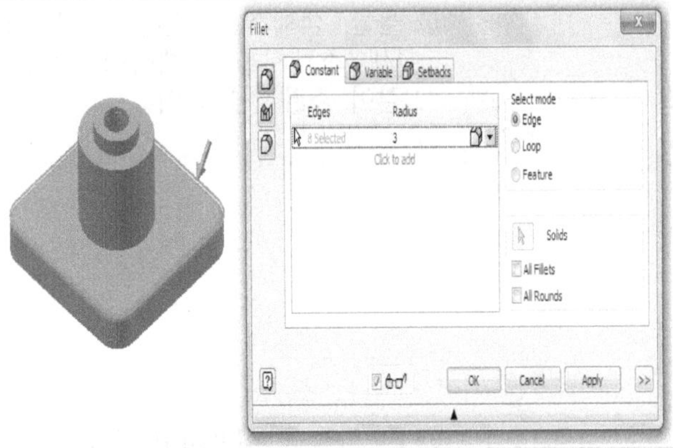

⑨ Fillet을 실행하고 반경 : 3 mm로 필렛을 한다.

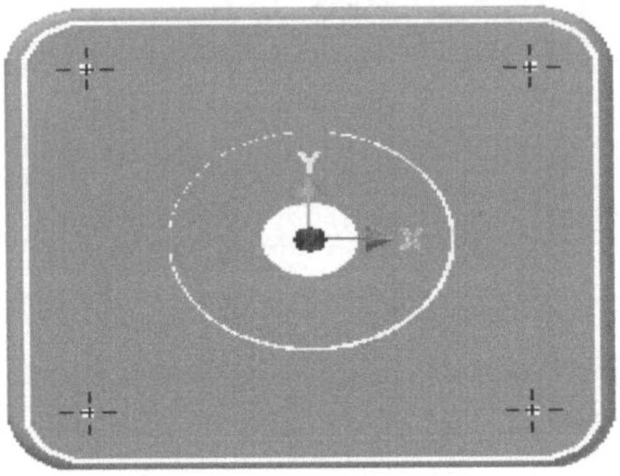

⑩ 돌출 객체1의 윗면을 선택하고 [새 스케치를 선택하여 다음과 같이 스케치를 한다.
구멍 위치 : Point 4개를 찍는다.

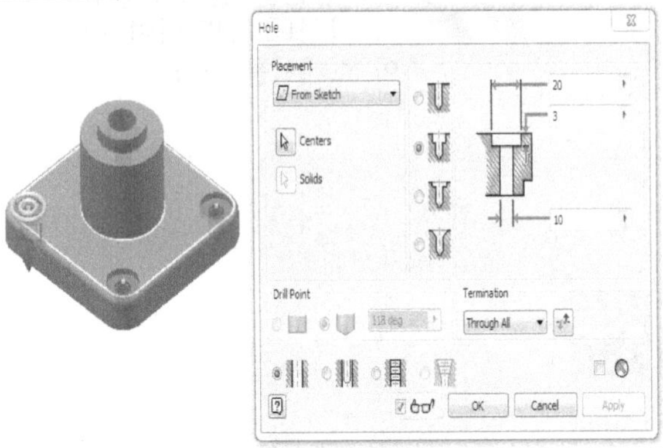

⑪ Hole을 실행하고 구멍 위치 : Sketch5를 선택, 구멍유형 : Counterbored, 다음과 같이 지정하여 구멍을 생성한다.

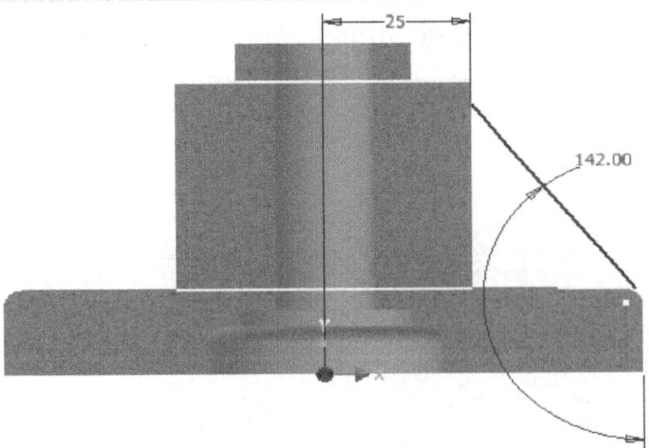

⑫ XZ 평면을 선택하고 [2D 스케치 작성]을 선택하여 다음과 같이 스케치를 한다.

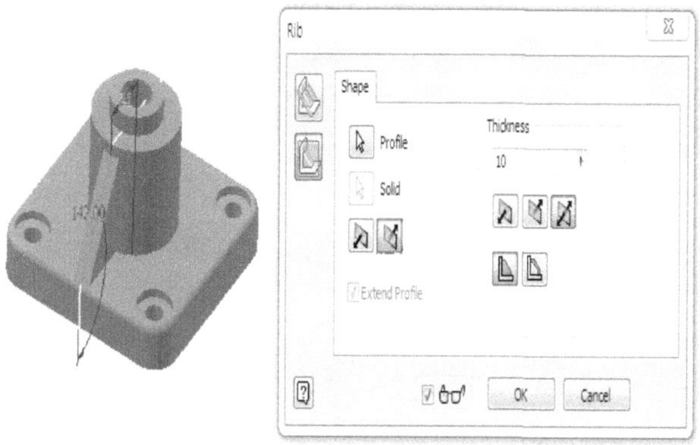

⑬ 보강대(Rib)를 실행하고 두께 : 10 mm을 지정하여 보강대를 생성한다.

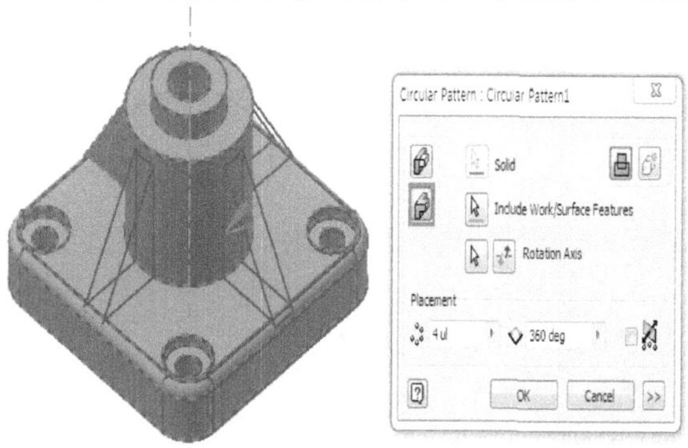

⑭ 원형 패턴을 실행하고 Include Work/Surface Features : 보강대 객체 선택, Rotation Axis : 원기둥을 선택, 패턴 수 : 4를 지정하여 패턴복사 한다.

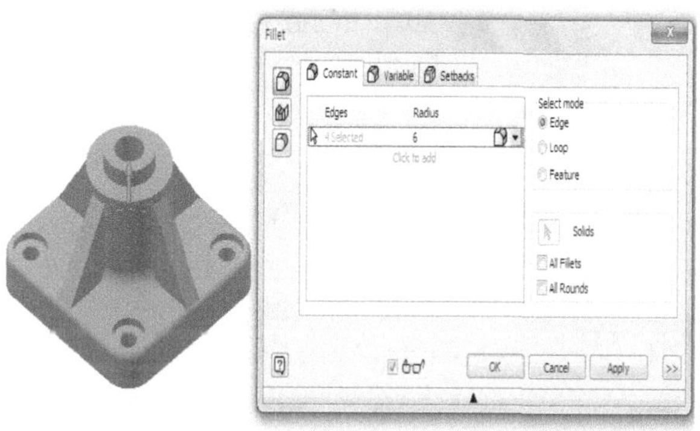

⑮ Fillet을 실행하고 반경 : 6 mm로 필렛을 한다.

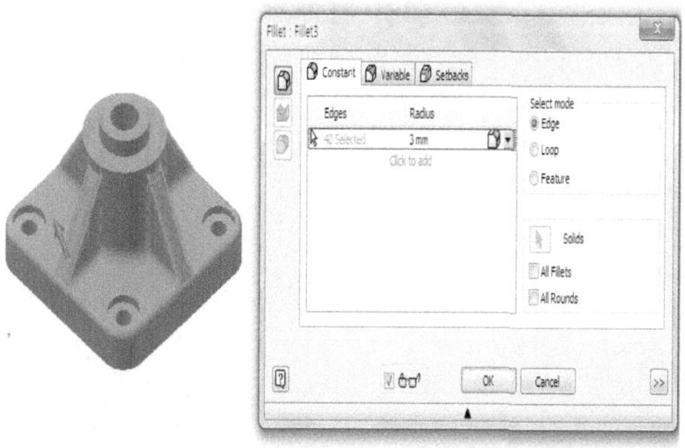

⑯ Fillet을 실행하고 반경 : 3 mm로 필렛을 한다.

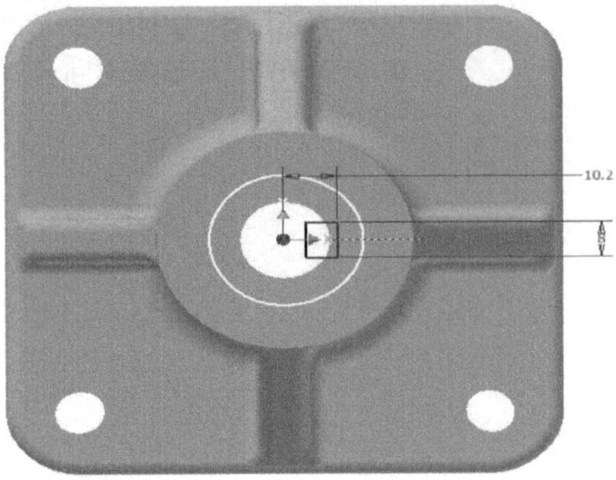

⑰ 돌출 객체3의 윗면을 선택하고 [새 스케치를 선택하여 다음과 같이 스케치를 한다.

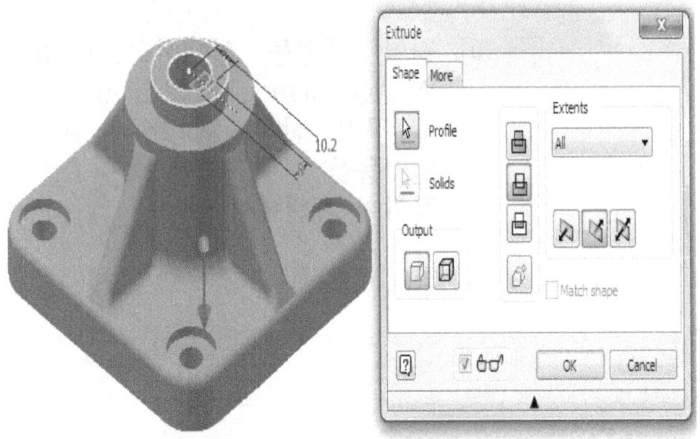

⑱ 돌출을 실행하고 Cut을 지정, 관통을 한다.

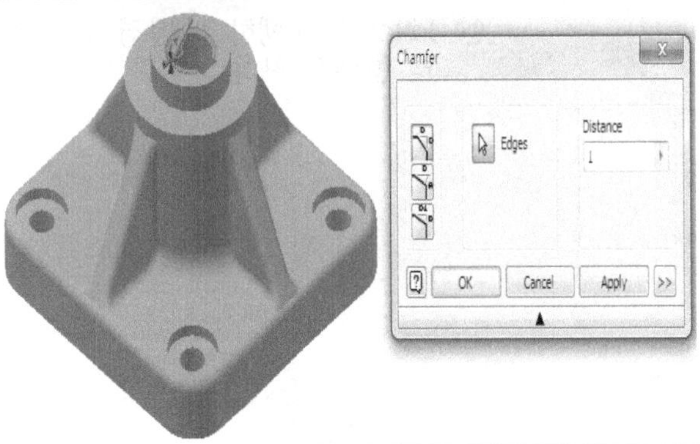

⑲ 모따기(Chamfer)를 실행하고 Distance : 1 mm를 지정하여 모따기를 한다.

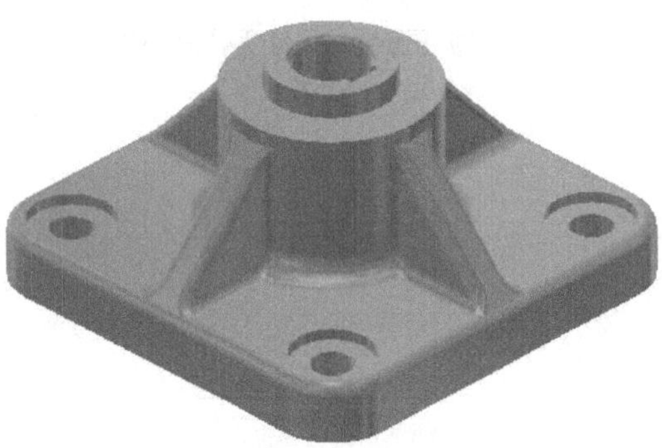

★ **완성 결과**

⑳ 구멍 예제1로 저장한다.

[예제2] 구멍(Hole)

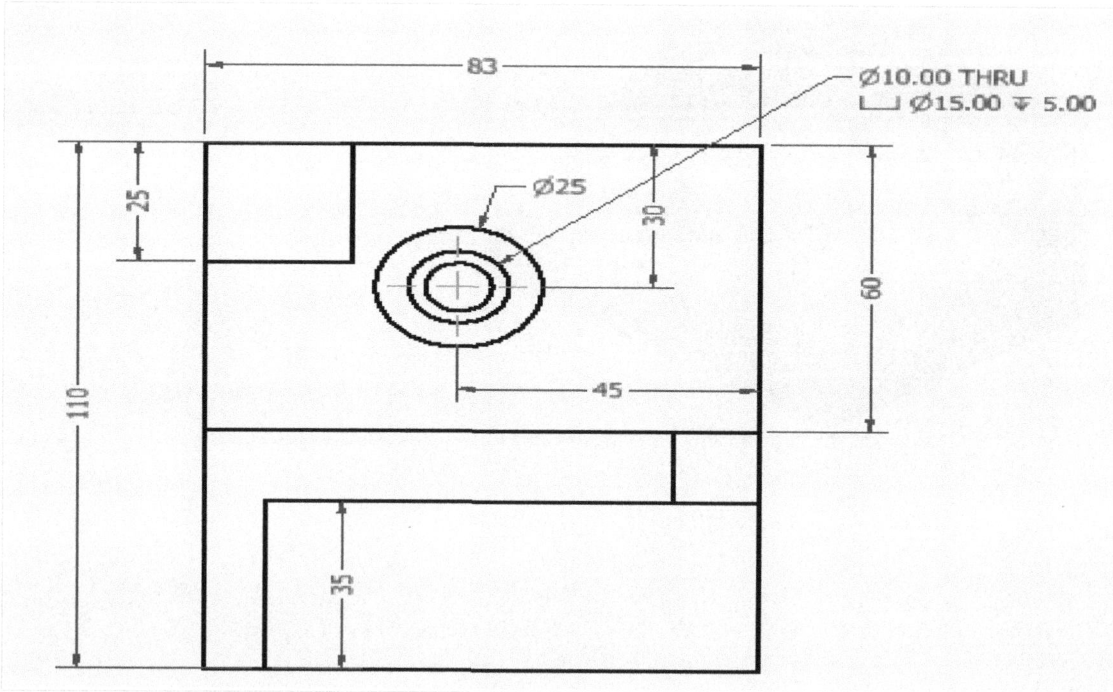
83
Ø10.00 THRU
⌴ Ø15.00 ↧ 5.00
Ø25
25
30
60
110
45
35

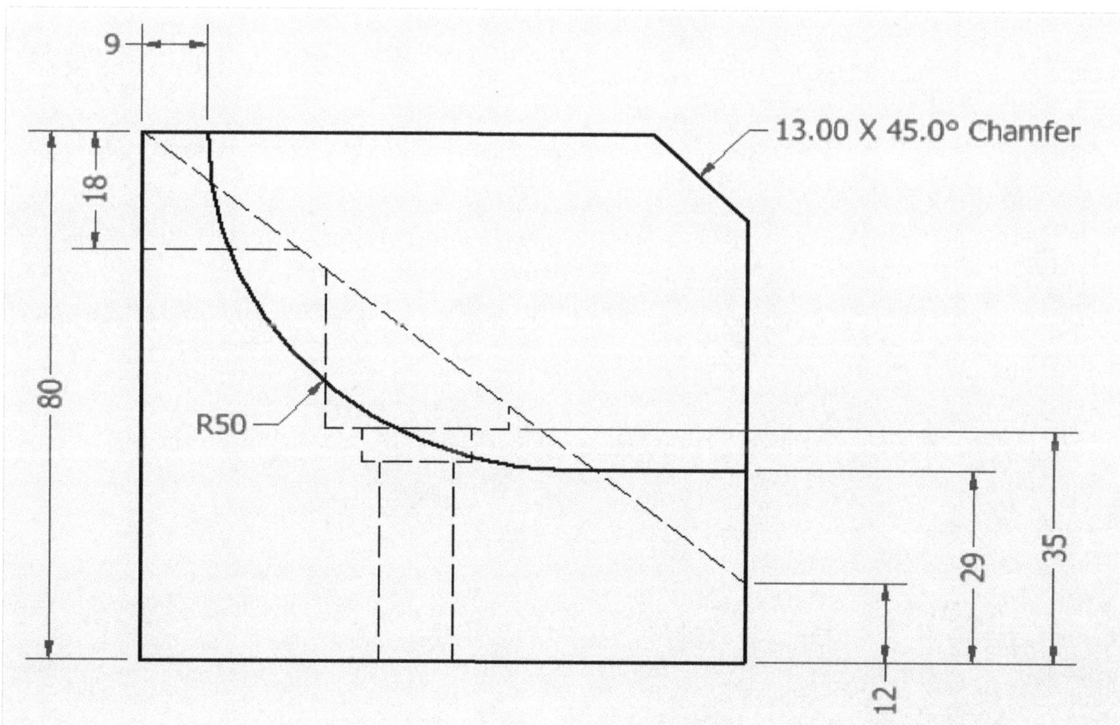
9
13.00 X 45.0° Chamfer
18
80
R50
29
35
12

[예제3] 구멍(Hole)

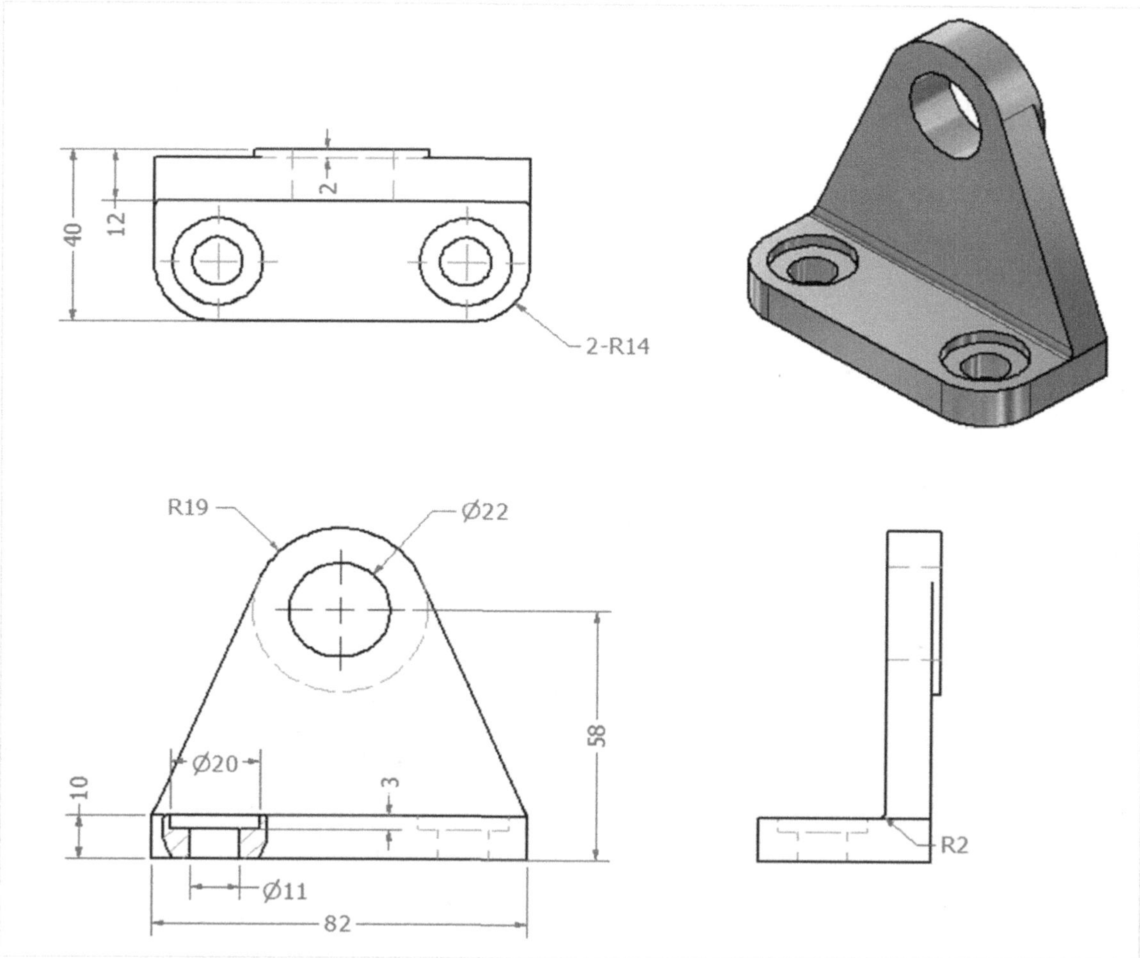

40
12
2
2-R14
R19
Ø22
58
Ø20
10
3
Ø11
82
R2

3-11 모깎기(Fillet)

필렛을 생성한다.

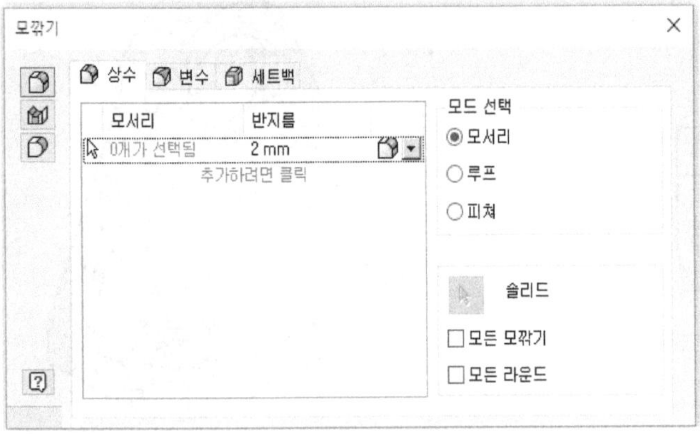

★ **[상수]**
필렛을 일정한 반경으로 필렛을 한다.

- 모드 선택
  - 모서리 : 모서리를 하나하나 선택한다.
  - 루프 : 면을 선택하면 면에 있는 모서리가 모두 선택된다.
  - 피처 : Solid 객체를 선택하면 모든 모서리가 선택된다.
-  : 면 모깎기- 두면과 반경을 입 력하여 필렛을 한다.
-  : 전체 둥근 모깎기 - 세 개의 면을 선택하여 필렛을 한다.

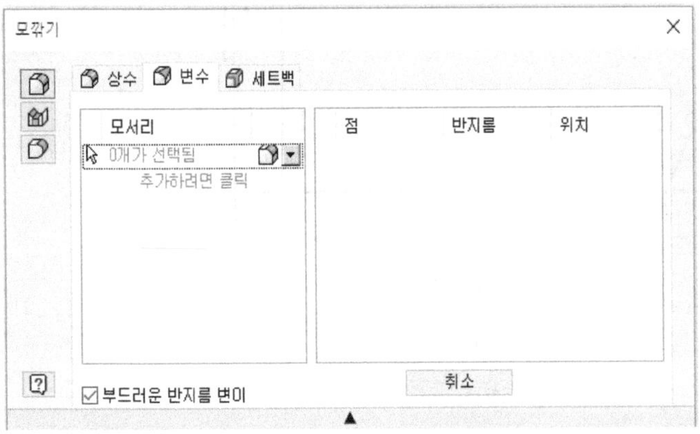

★ **[변수]**
하나의 모서리에서도 위치마다 다른 필렛 반경 값을 지정하여 필렛을 한다.

- **모서리** : 모서리를 선택한다.
- **점** : 기본 선택으로 Start, End가 존재하고 나머지 위치는 모서리의 임의의 위치를 선택하여 추가한다.
- **반지름** : 반경을 각각 입력한다.
- **위치** : Point의 위치가 나타난다. 위치 수정이 가능하다.

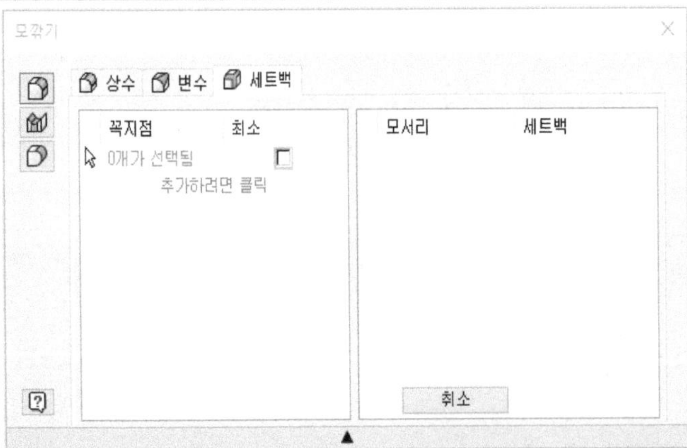

★ **[세트백] 탭**

[예제1] 모깎기 - 상수

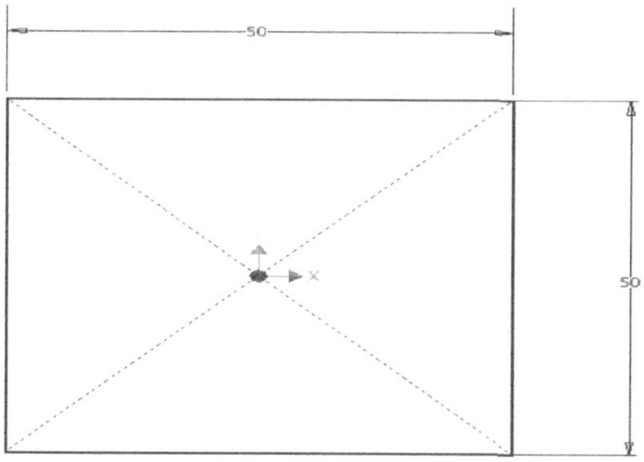

① XY 평면을 선택하고 [2D 스케치 작성]을 선택하여 다음과 같이 스케치를 한다.

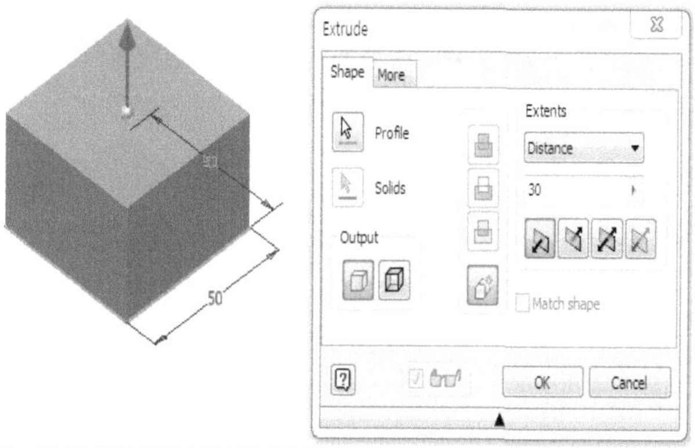

② 돌출을 실행하고 30 m 돌출을 한다.

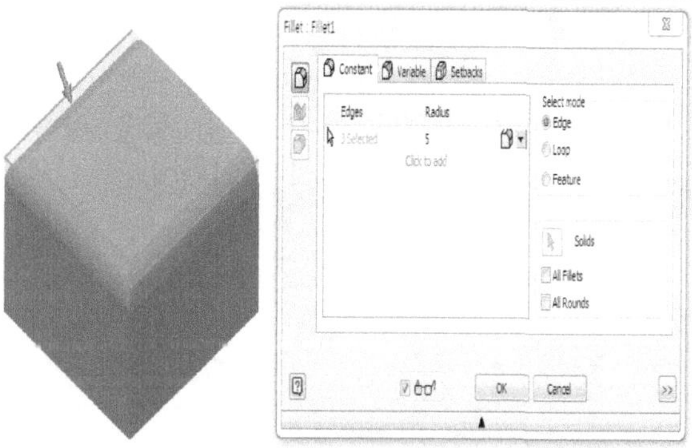

③ 모깎기를 실행하고 반경 : 5 m로 모서리 3개를 선택하여 필렛을 한다.

★ **모깎기 예제**

[예제2] 모깎기(Fillet) - 변수

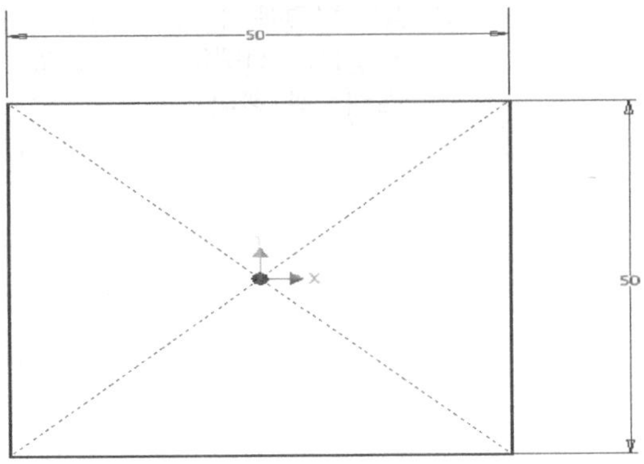

① XY 평면을 선택하고 [2D 스케치 작성]을 선택하여 다음과 같이 스케치를 한다.

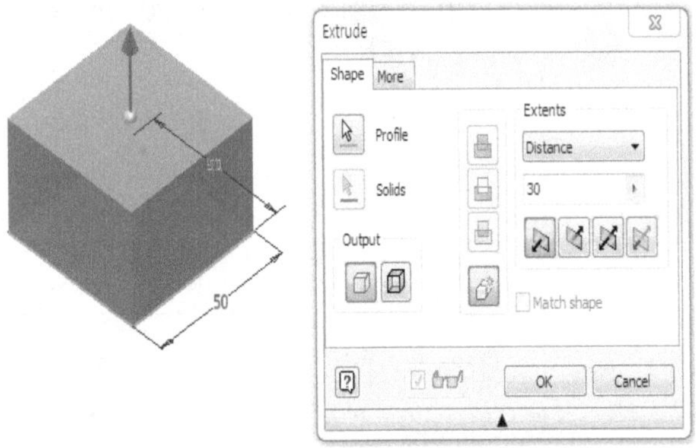

② 돌출을 실행하고 30 mm 돌출을 한다.

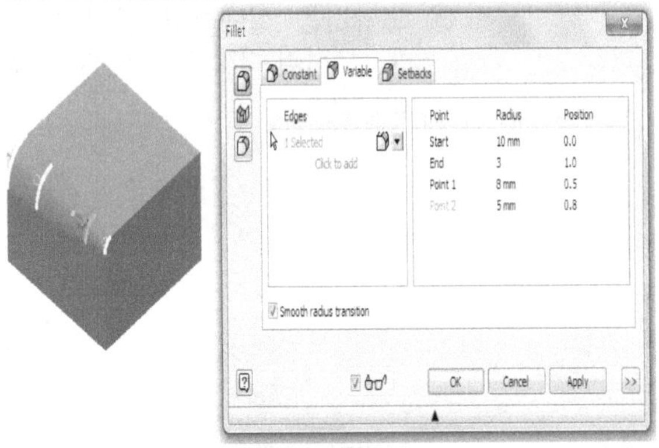

③ 모깎기를 실행하고 [변수]을 선택, 다음과 같이 임의의 위치를 선택 추가, 반경 값을 다음과 같이 다르게 부여한다.

★ **모깎기 예제**

[예제3] 모깎기- 세트백

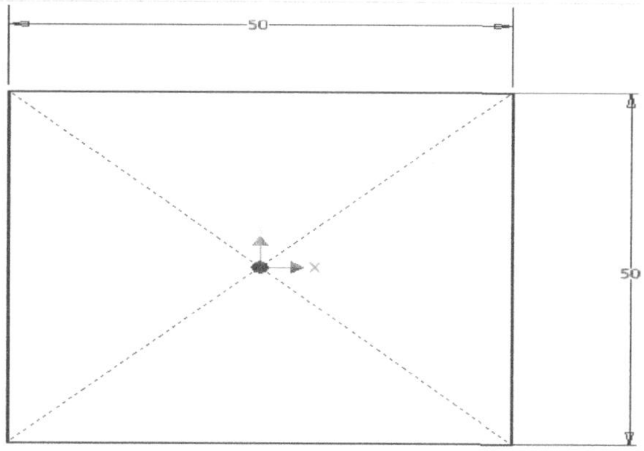	① XY 평면을 선택하고 [2D 스케치 작성]을 선택하여 다음과 같이 스케치를 한다.
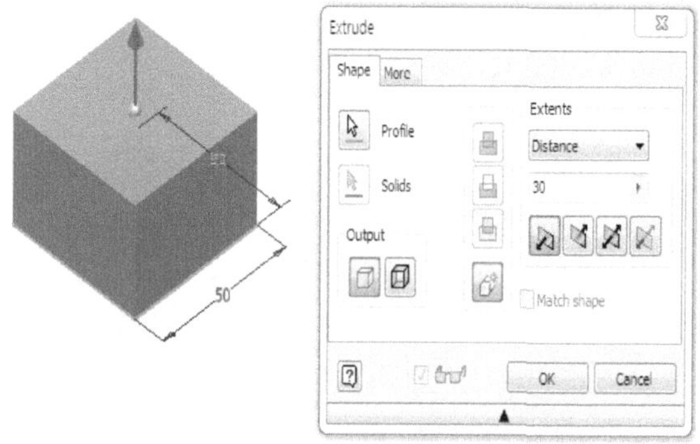	② 돌출을 실행하고 30 mm 돌출을 힌다.
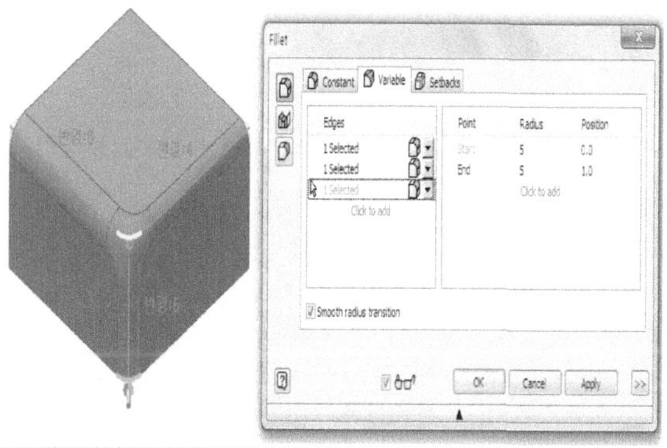	③ 모깎기를 실행하고 [변수]을 선택, 다음과 같이 임의의 위치를 선택 추가, 반경 값을 다음과 같이 다르게 부여한다.
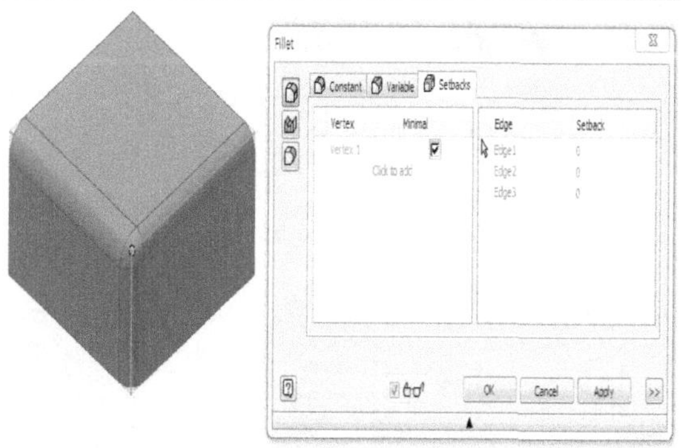	④ [세트백]탭을 선택하고 Vertex를 체크, 세 개의 모서리가 모인 정점을 선택한다.

	★ 모깎기 예제

3-12 모따기(Chamfer)

모따기를 생성한다.

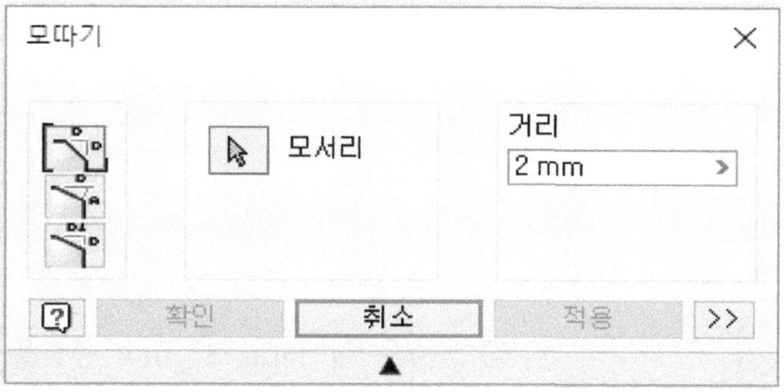

★ **Mode**

-  : 모따기 거리값을 지정한다.
-  : 모따기 거리값과 각도를 지정 한다.
-  : 모따기 거리값1과 거리값2를 지정한다.

[예제1] 모따기(Chamfer)

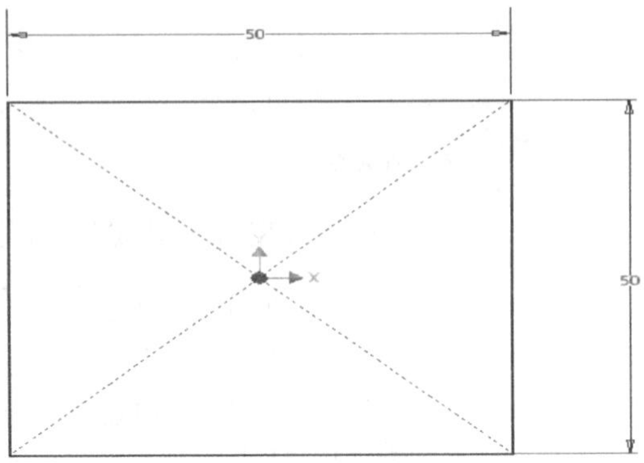	① XY 평면을 선택하고 [2D 스케치 작성]을 선택하여 다음과 같이 스케치를 한다.
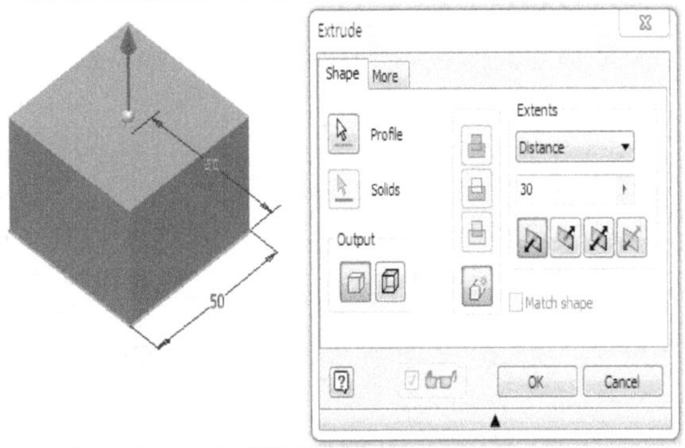	② 돌출을 실행하고 30 mm 돌출을 한다.
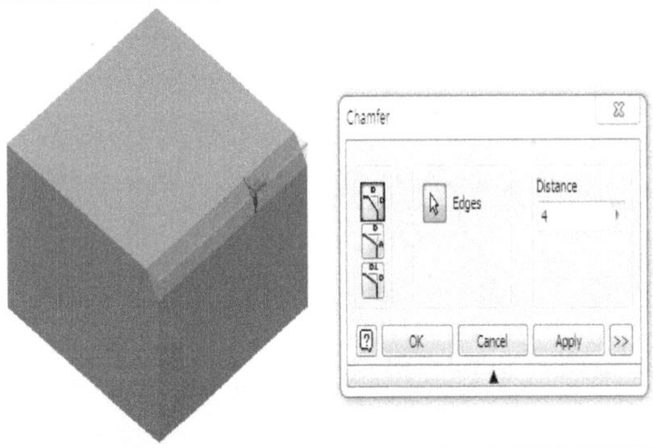	③ 모따기를 실행하고 모서리를 선택, 같은 거리값으로 모따기를 한다.
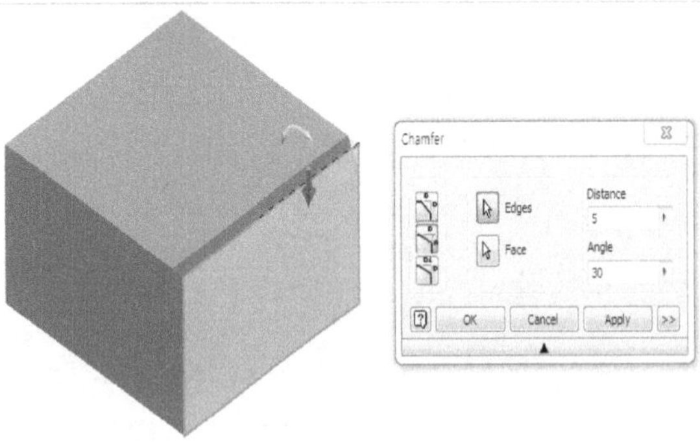	④ 모따기를 실행하고 ▪ 거리를 측정할 면을 선택, ▪ 모따기를 할 모서리를 선택, ▪ 거리값과 각도를 입력한다.

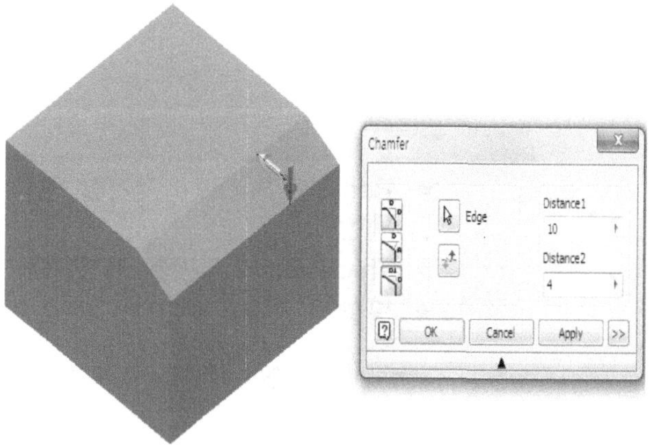

⑤ 모따기를 실행하고 모서리를 선택, 거리값1과 거리값2를 지정한다.

★ **모따기 예제 완성**

3-13 쉘(Shell)

쉘을 생성한다.

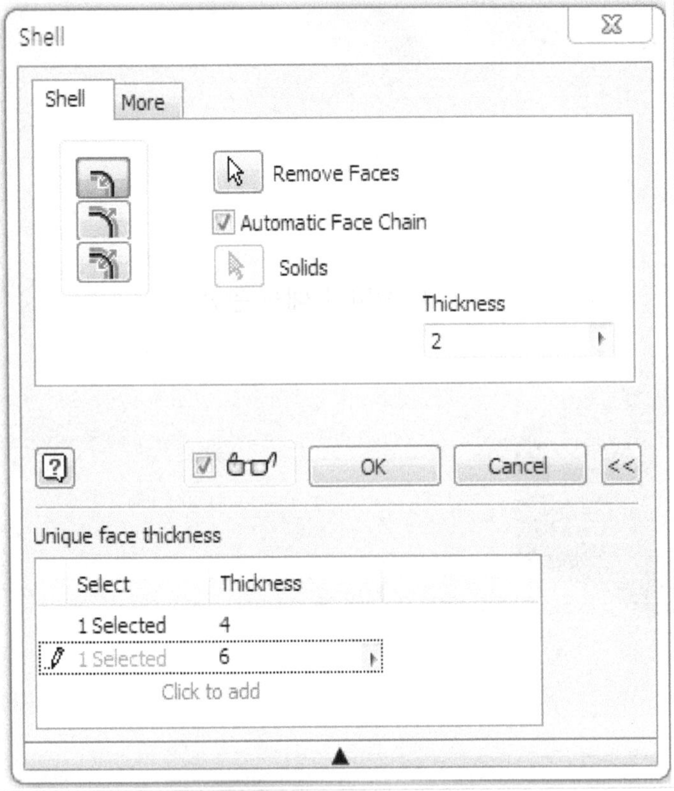

★ **Remove Faces : 제거할 면을 선택한다.**

★ **Thickness : 두께를 지정한다.**

★ **방향**

-  : 쉘 두께가 객체 안쪽으로 주 워진다.
-  : 쉘 두께가 객체 바깥쪽으로 주워진다.
-  : 쉘 두께가 양쪽으로 주워 진 다.

★ **Unique face Thickness : 선택한 면마다 다른 두께를 부여할 수 있다.**

[예제1] 쉘(Shell)

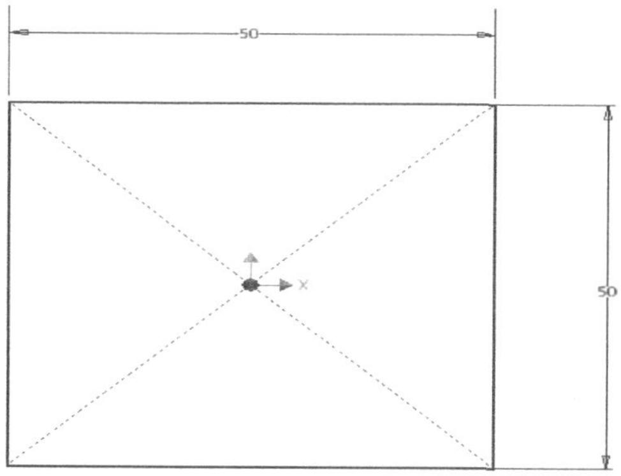

① XY 평면을 선택하고 [2D 스케치 작성]을 선택하여 다음과 같이 스케치를 한다.

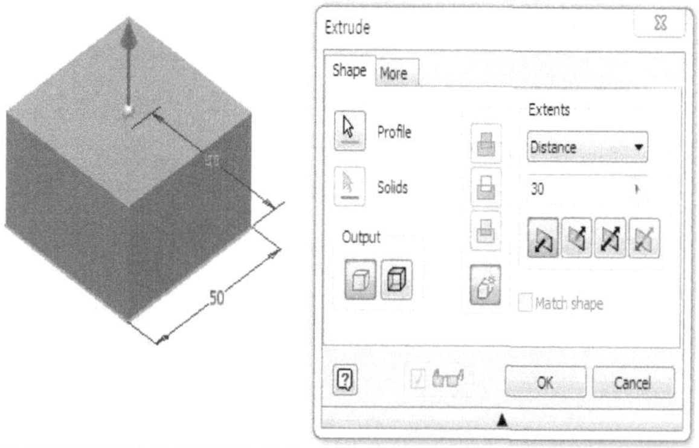

② 돌출을 실행하고 30 mm 돌출을 한다.

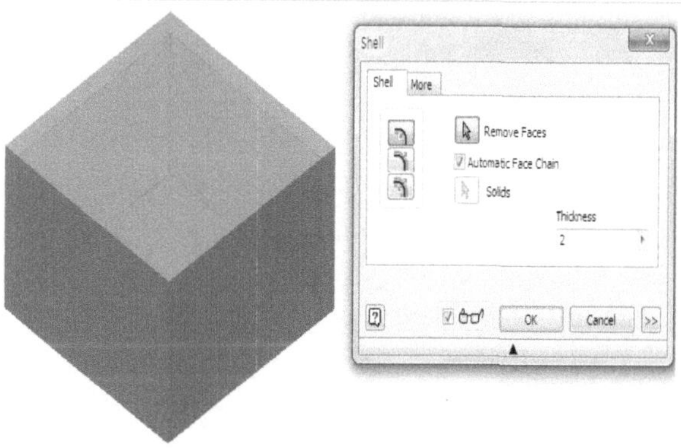

③ 쉘을 실행하고 두께 : 2 mm를 지정, 제거할 면을 선택하지 않고 확인을 한다.

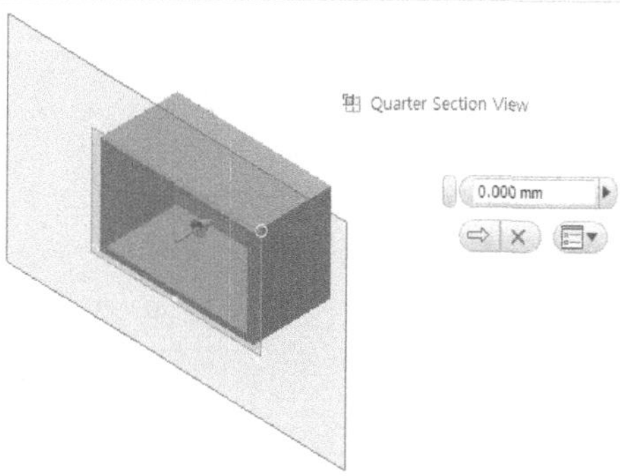

④ XZ 평면을 선택하고 [View]-[Quarter Section View]를 선택하여 단면을 잘라본다.

⑤ 단면 보기

⑥ 다시 [View]-[Quarter Section View]를 선택하여 단면 보기를 해제한다.

[예제2] 쉘(Shell)

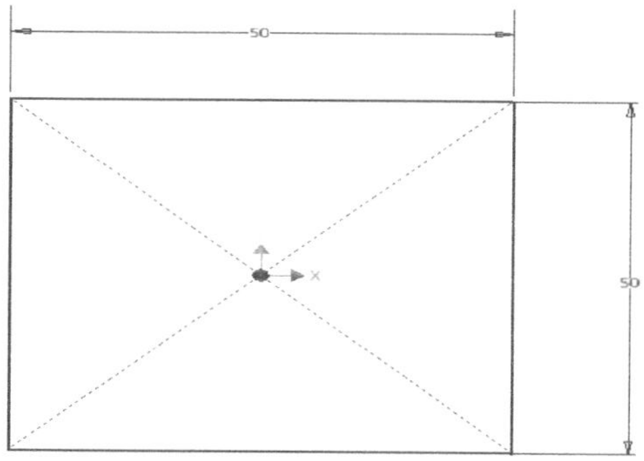

① XY 평면을 선택하고 [2D 스케치 작성]을 선택하여 다음과 같이 스케치를 한다.

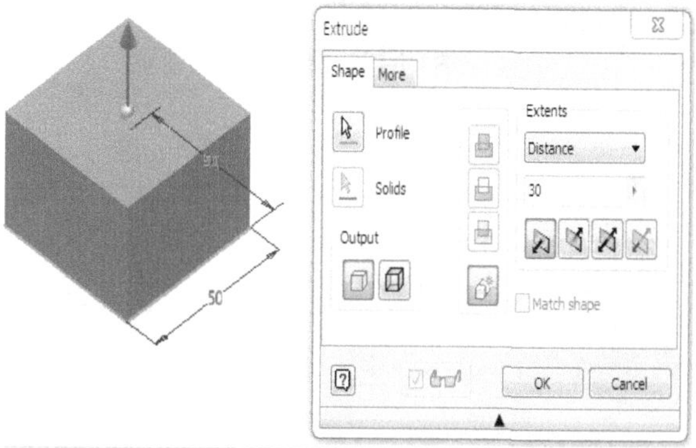

② 돌출을 실행하고 30 mm 돌출을 한다.

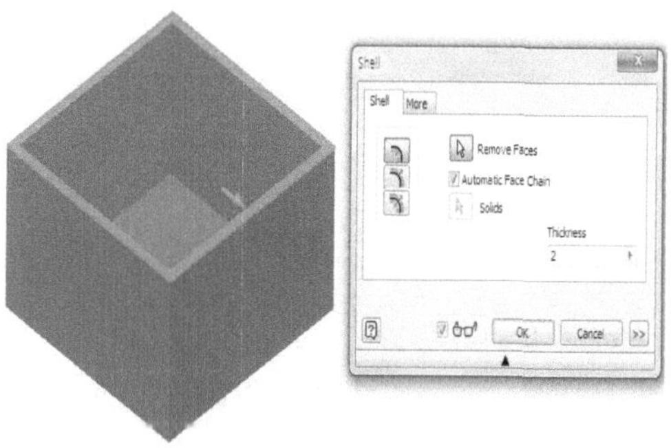

③ 쉘을 실행하고 두께 : 2 mm를 지정, 제거할 면 : 돌출1의 윗면을 선택한다.

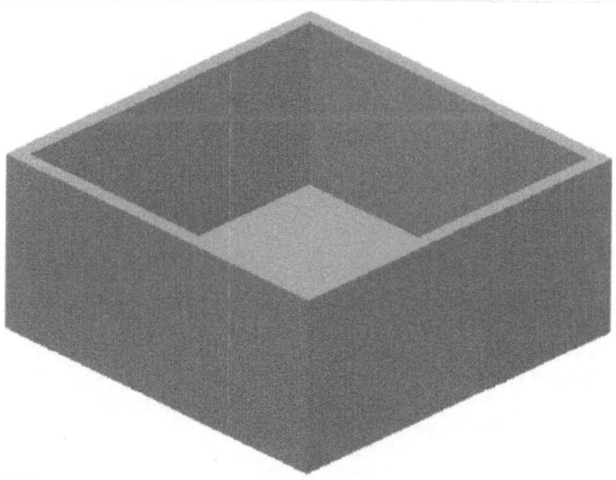

★ **쉘(Shell) 결과**

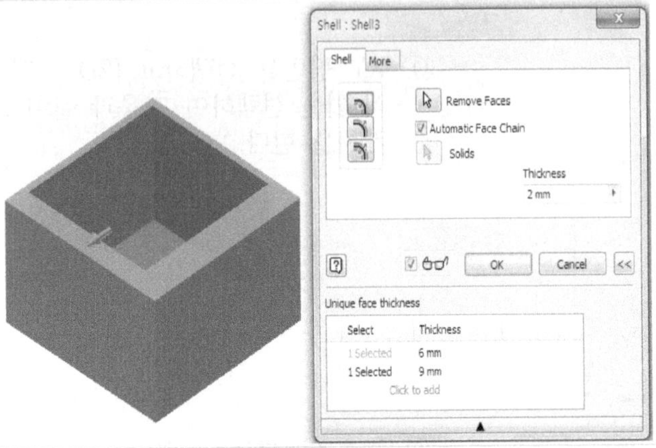

④ 검색기에서 쉘을 더블클릭하여 다음과 같이 다중 두께를 지정한다.
앞면을 선택하여 두께 : 6 mm, 우측면을 선택하여 두께 : 9 mm를 지정한다.

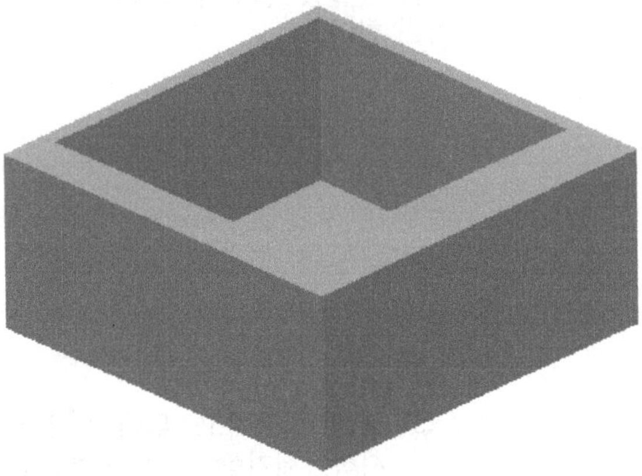

★ **다중 쉘(Shell) 결과**

3-14 구배(Draft)

경사면(구배)을 생성하는 기능이다.

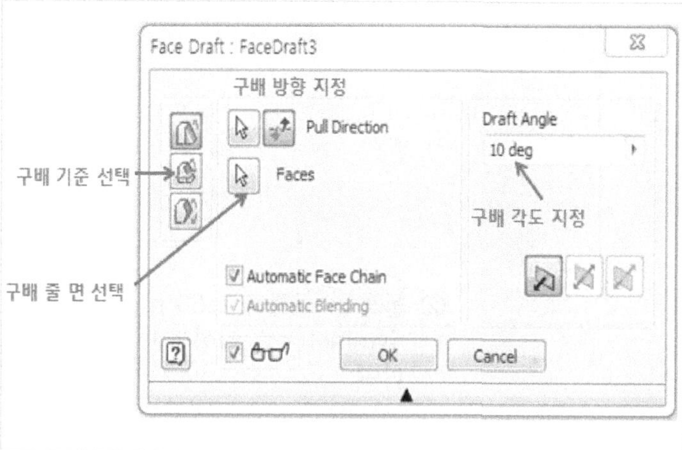

★ (Fixed Edge) : 모서리로부터 구배가 주어진다, 선택한 모서리는 고정된다.

★ (Fixed Plane) : 고정면을 선택, 구배줄 면을 선택하여 구배를 준다.

★ (Parting Line) : 분할선을 이용하여 구배를 준다.

★ **Draft Angle** : 구배 각도를 지정한다.

[예제1] 구배(Draft)

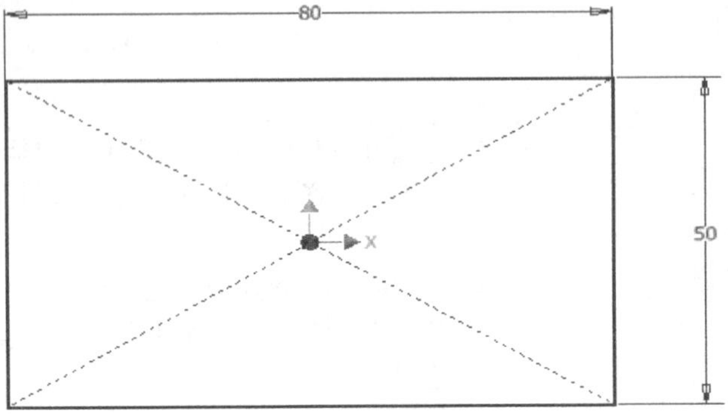

① XY 평면을 선택하고 [2D 스케치 작성]을 선택한다.

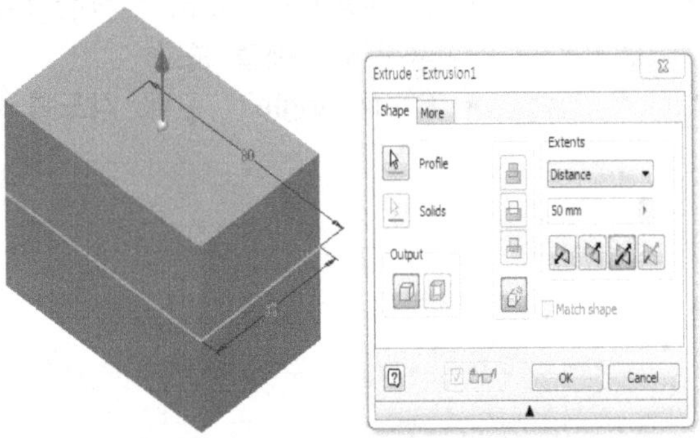

② 돌출을 실행하고 50 mm, Symmetry를 지정하여 돌출을 한다.

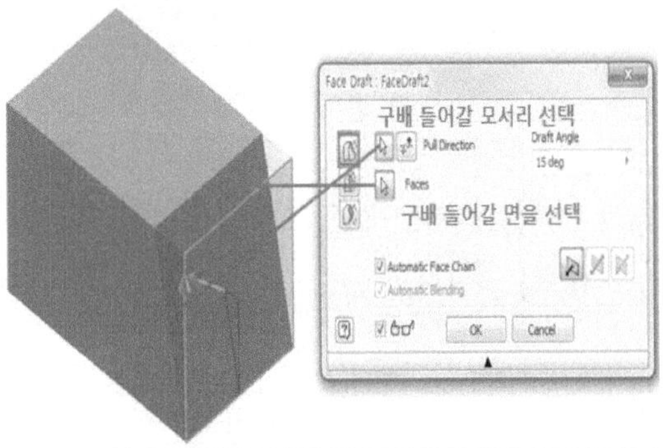

③ 구배(Draft)를 실행하고 (Fixed Edge)를 선택, Pull Direction : 구배 들어갈 모서리를 선택, Faces : 구배 들어갈 면을 선택, Draft Angle : 15deg를 지정한다.

★ **Draft 결과**

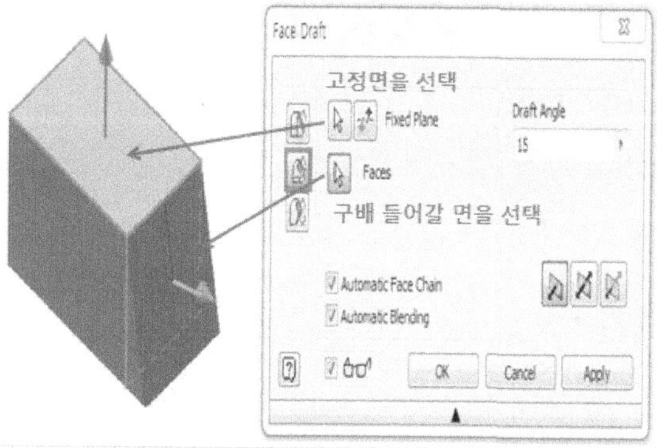

④ 구배(Draft)를 실행하고 (Fixed Plane)를 선택, Fixed Plane : 고정면(돌출1 객체의 윗면)을 선택, Faces : 구배 들어갈 면을 선택, Draft Angle : 15deg를 지정한다.

★ **Draft 결과**

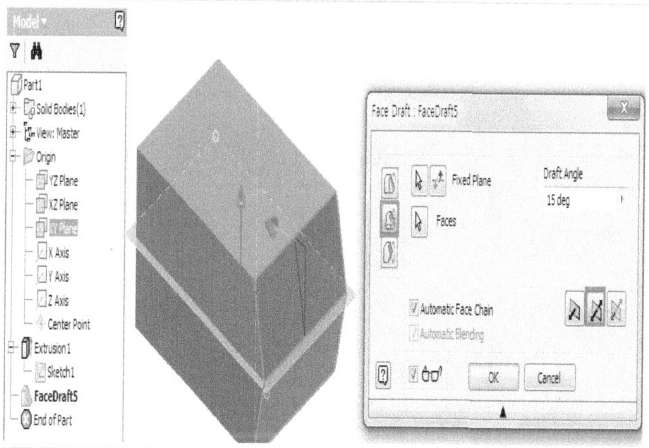

⑤ 구배(Draft)를 실행하고 (Fixed Plane)를 선택, Fixed Plane : XY 평면을 선택, Faces : 구배 들어갈 면을 선택, Draft Angle : 15deg를 지정한다.

XY 평면을 기준으로 대칭 형태의 구배가 들어간다.

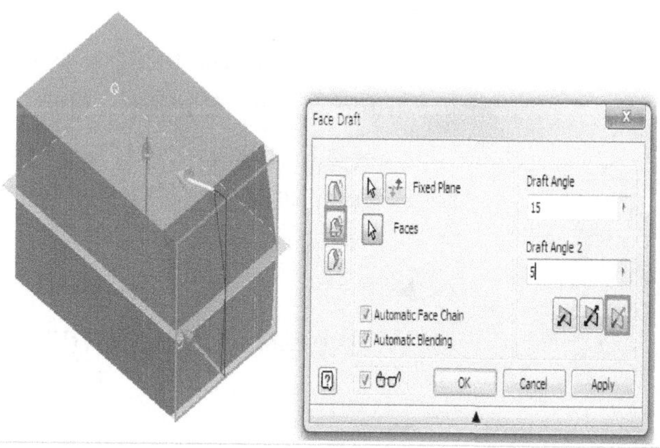

⑥ 구배(Draft)를 실행하고 (Fixed Plane)를 선택, Fixed Plane : XY 평면을 선택, Faces : 구배 들어갈 면을 선택, Asymmetric을 선택, Draft Angle : 15deg, Draft Angle 2 : 5deg를 지정한다.

★ **Draft 결과**

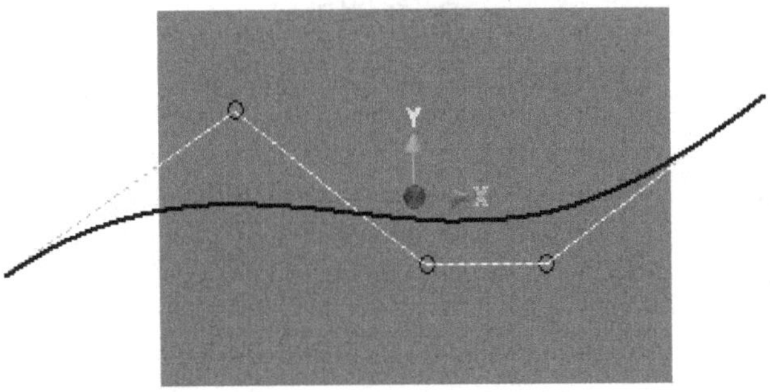

⑦ XZ 평면을 선택하고 [새 스케치를 선택하여 다음과 같이 스케치를 한다. Spline으로 곡선을 스케치 한다.

[View]-Slice Graphics 또는 F7을 선택하여 단면보기를 한다.

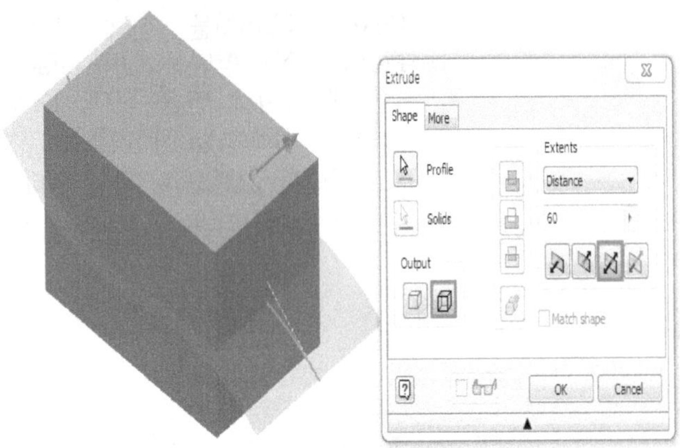

⑧ 돌출을 실행하고 60 mm, Symmetric을 지정, Surface( )를 선택하여 돌출을 한다.

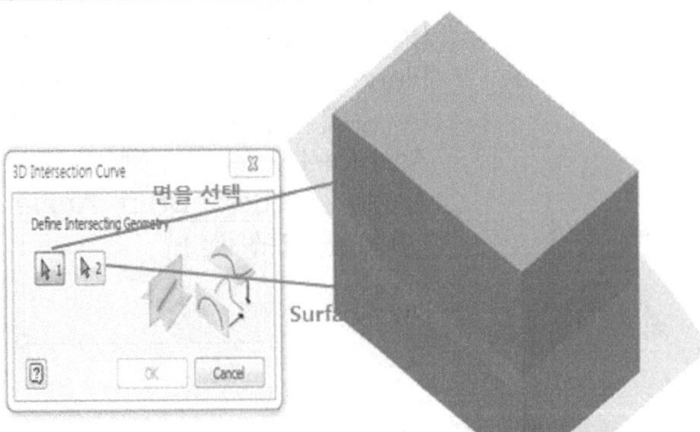

⑨ Create 3D Sketch를 실행하고 Intersection Curve를 선택, 1 : 돌출1 객체의 앞면을 선택, 2 : Surface를 선택한다.

▶ Intersection Curve : 면과 Surface를 선택하여 교차 선분을 생성한다.

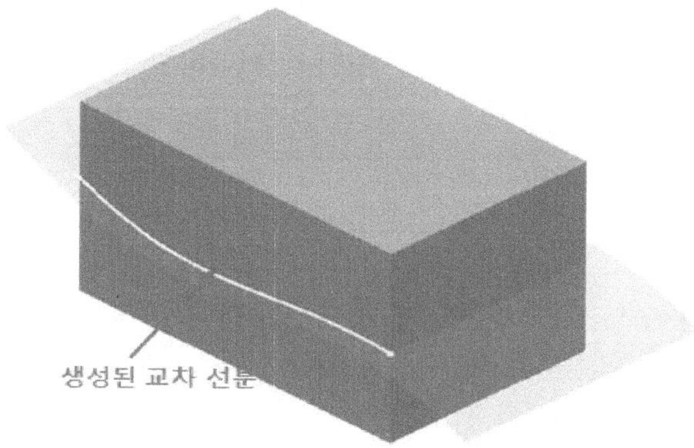

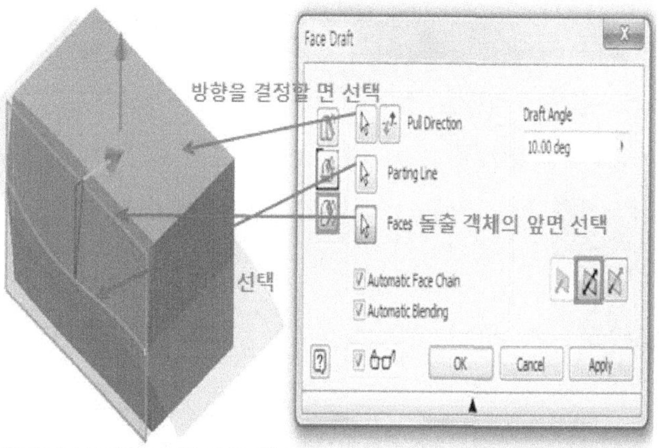

⑩ 구배(Draft)를 실행하고 [icon] (Parting Line)를 선택, Pull Direction : 돌출1 객체의 윗면을 선택, Parting Line : 교차 선분을 선택, Faces : 구배 들어갈 면을 선택, Symmetric을 지정, Draft Angle : 10deg를 지정한다.

★ **Draft 결과**

[예제1] 구배(Draft)

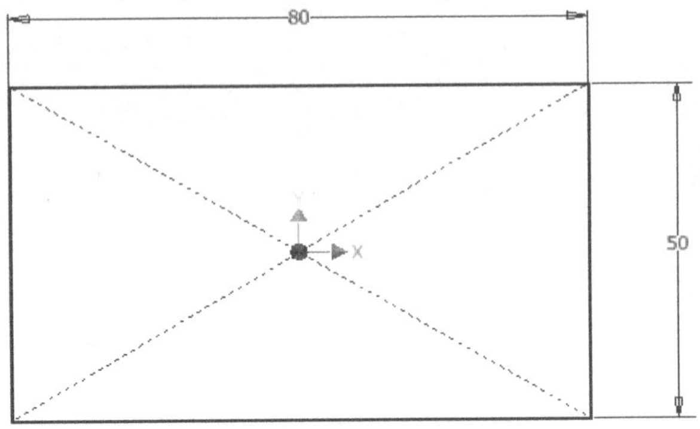

① XY 평면을 선택하고 [2D 스케치 작성]을 선택한다.

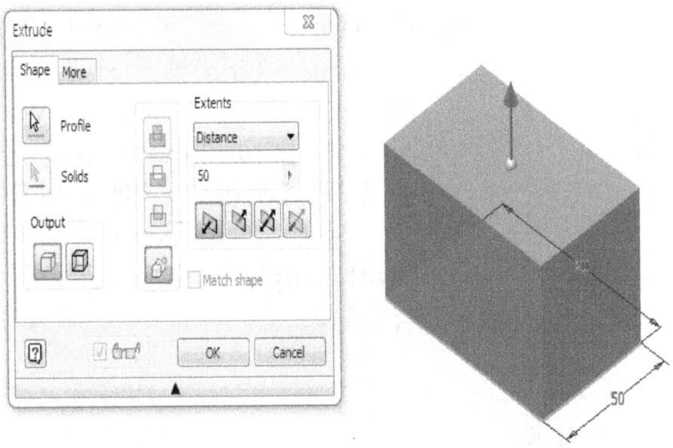

② 돌출을 실행하고 50 mm 돌출을 한다.

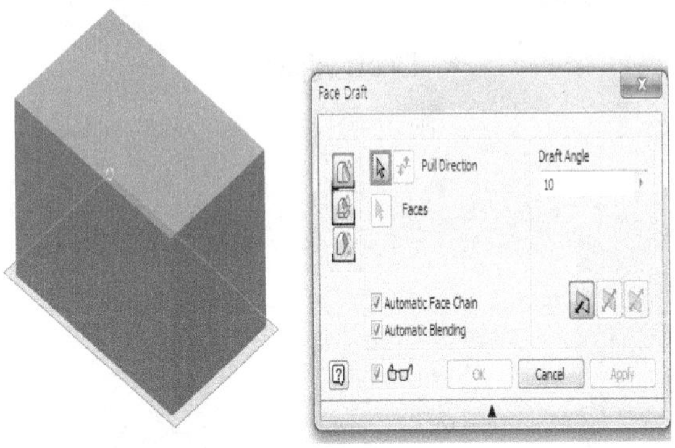

③ 구배(Draft)를 실행하고 구배 기준면 : XY 평면을 선택, Draft Angle : 10deg를 지정한다.

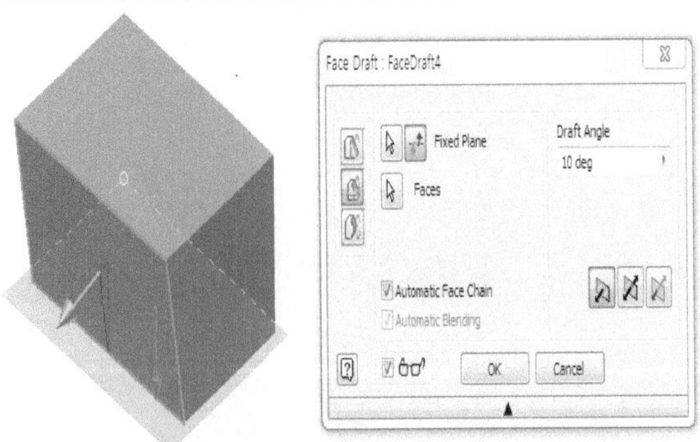

④ 구배 줄 면 : 돌출1 객체의 앞면을 선택한다.

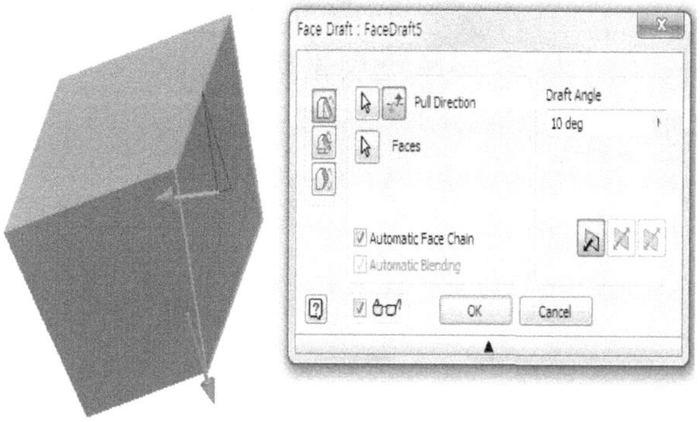	⑤ Draft를 실행하고 구배각도 : 10deg, 구배 기준면 : XY 평면을 선택, 구배 줄 면 : 돌출1의 뒷면을 선택하여 구배를 준다.
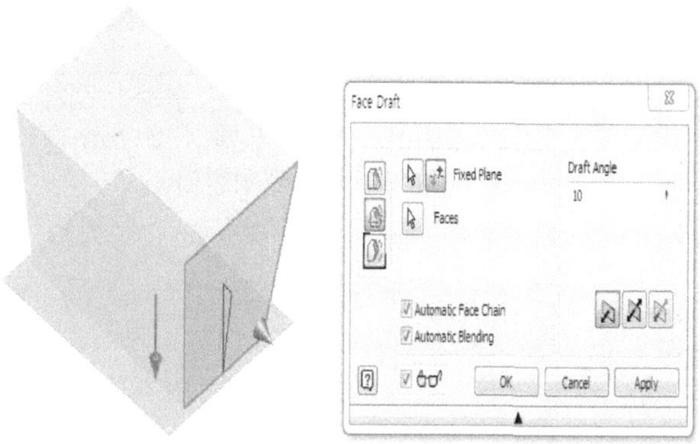	⑥ Draft를 실행하고 구배각도 : 10deg, 구배 기준면 : XY 평면을 선택, 구배 줄 면 : 돌출1의 우측면을 선택하여 구배를 준다.
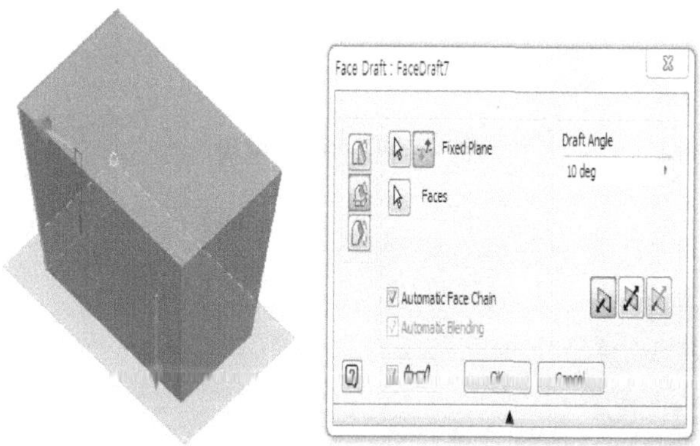	⑦ Draft를 실행하고 구배각도 : 10deg, 구배 기준면 : XY 평면을 선택, 구배 줄 면 : 돌출1의 좌측면을 선택하여 구배를 준다.
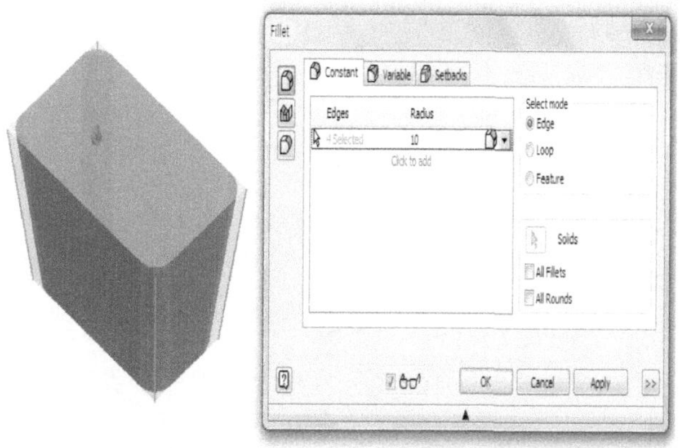	⑧ 모깎기를 실행하고 반경 : 10 mm로 필렛을 한다.

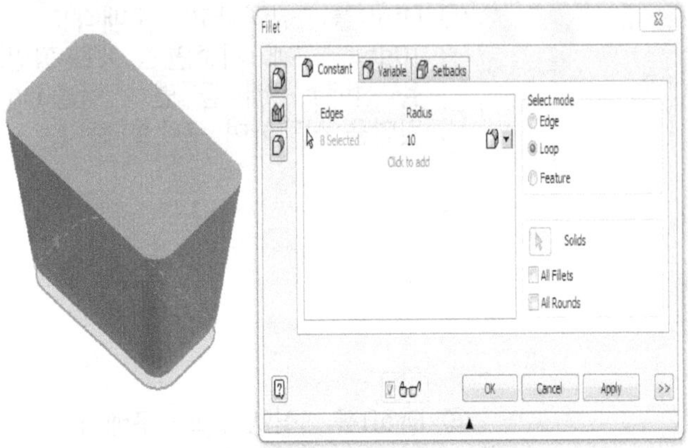

⑨ 모깎기를 실행하고 반경 : 10 mm로 필렛을 한다.

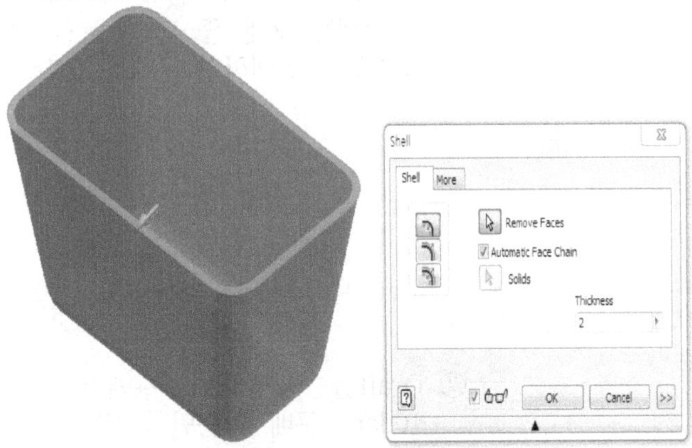

⑩ Shell을 실행하고 돌출1 객체의 윗면을 선택, 두께 : 2 mm를 지정하여 쉘을 생성한다.

★ 구배(Draft) 결과

[예제2] 구배(Draft)

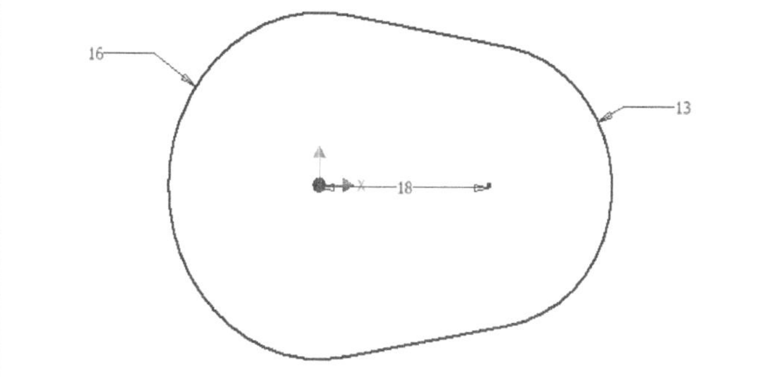

① XY 평면을 선택하고 [2D 스케치 작성]을 선택한다.

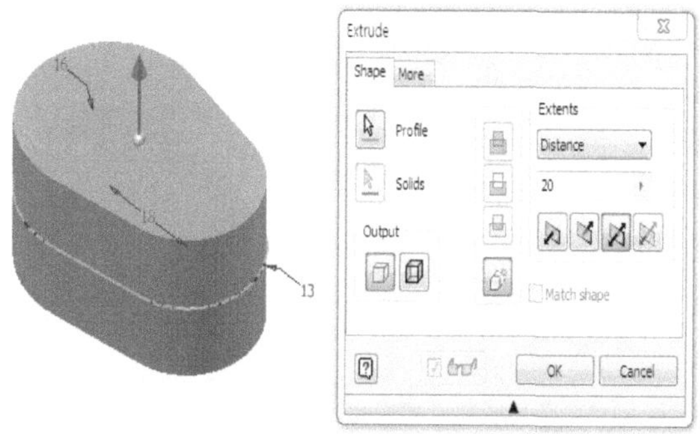

② 돌출을 실행하고 20 mm, Symmetric을 지정하여 돌출을 한다.

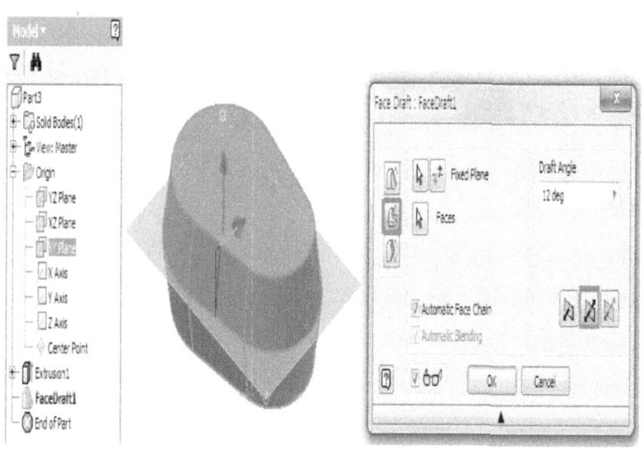

③ 구배(Draft)를 실행하고 고정면 : XY 평면을 선택, Faces : 돌출1 객체의 원기둥면을 선택, Symmetric을 지정, Draft Angle : 12deg를 지정한다.

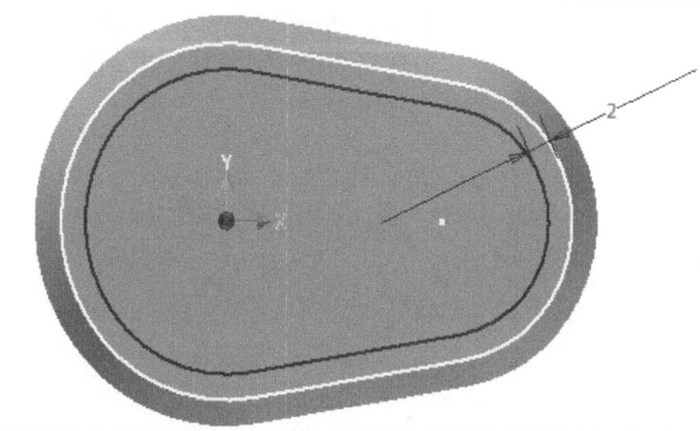

④ 돌출1 객체의 윗면을 선택하고 새 스케치를 선택하여 다음과 같이 스케치를 한다.

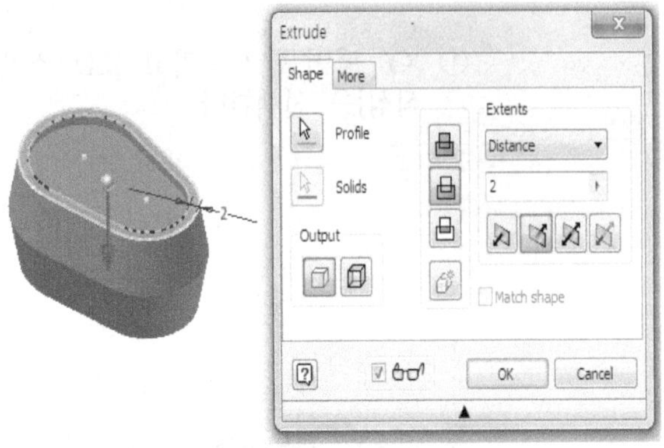

⑤ 돌출을 실행하고 차집합을 선택, 2 mm, 돌출 컷을 한다.

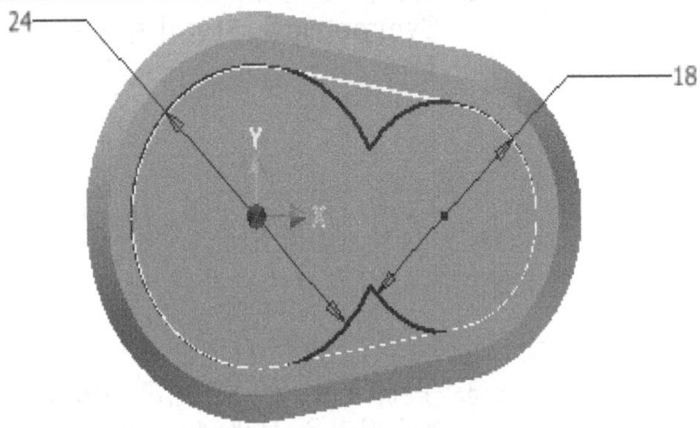

⑥ 돌출2 객체의 윗면을 선택하고 새 스케치를 선택하여 다음과 같이 스케치를 한다.

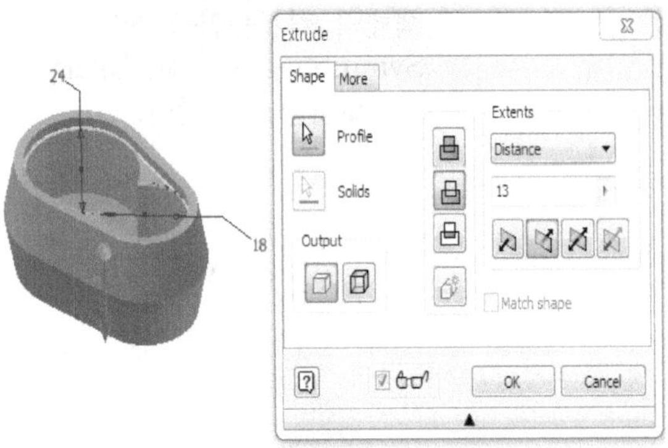

⑦ 돌출을 실행하고 차집합을 선택, 13 mm, 돌출 컷을 한다.

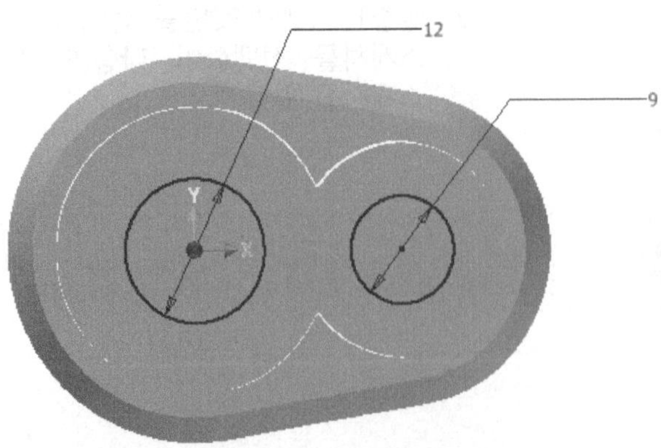

⑧ 돌출3 객체의 윗면을 선택하고 새 스케치를 선택하여 다음과 같이 스케치를 한다.

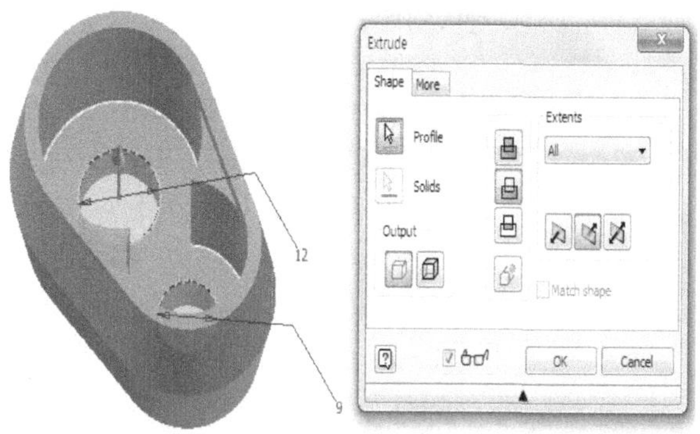

⑨ 돌출을 실행하고 차집합을 선택, All을 선택, 돌출 컷을 한다.

⑩ 평면에서 간격띄우기을 실행하고 YZ 평면을 기준으로 220 mm 위치에 평면을 생성한다.

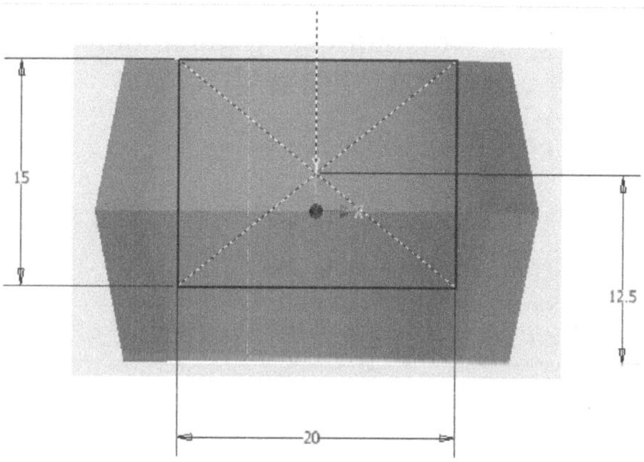

⑪ 평면1을 선택하고 새 스케치(New Sket ch)를 선택하여 다음과 같이 스케치를 한다.

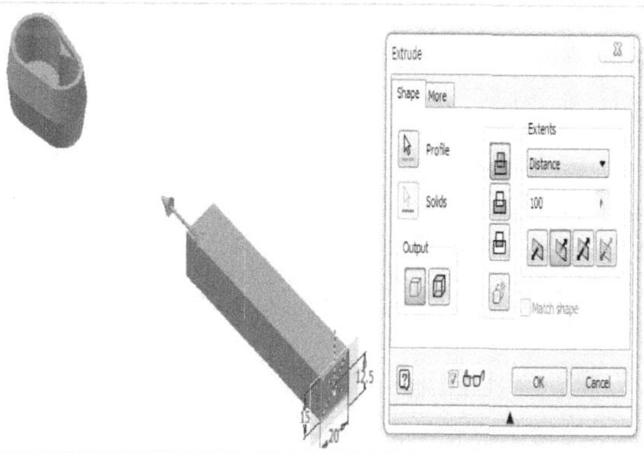

⑫ 돌출을 실행하고 100 mm, 돌출을 한다.

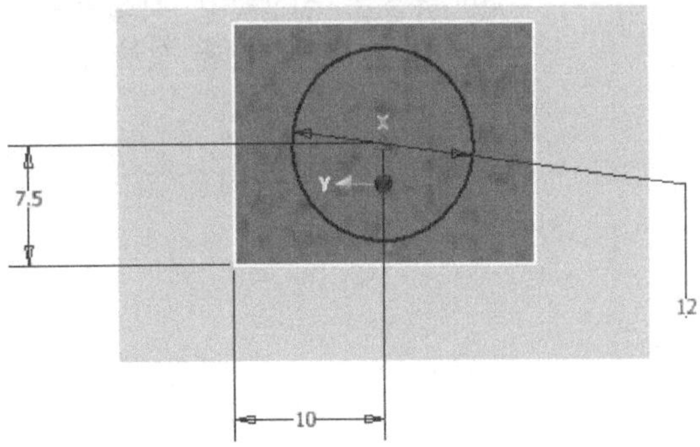

⑬ 13) 돌출5 객체의 좌측면을 선택하고 새 스케치를 선택하여 다음과 같이 스케치를 한다.

[View]-Slice Graphics 또는 F7을 선택하여 단면보기를 한다.

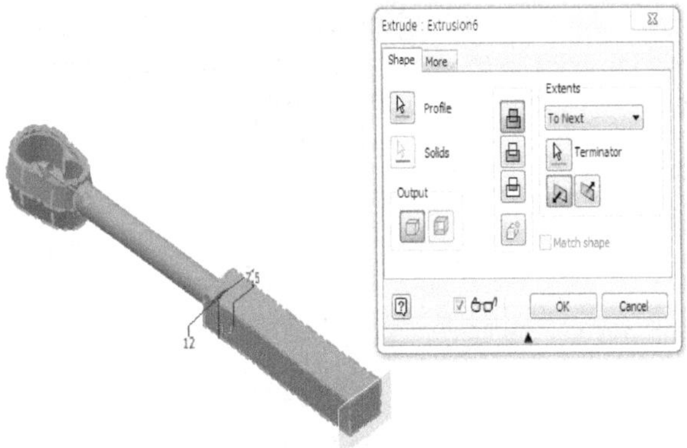

⑭ 돌출을 실행하고 접합(Join)을 선택, To Next를 지정하여 돌출을 한다.

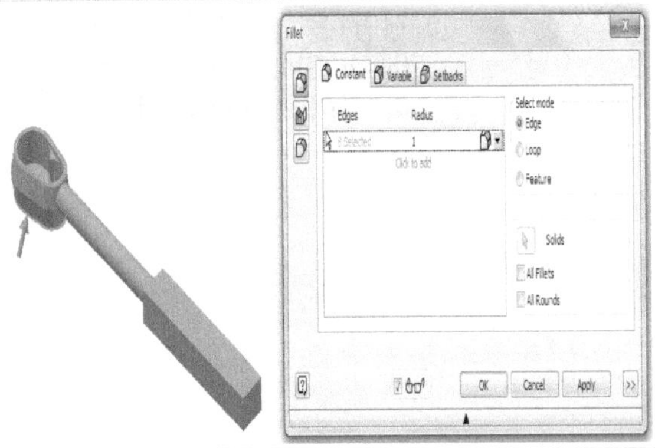

⑮ 모깎기를 실행하고 반경 : 1 mm로 필렛을 한다.

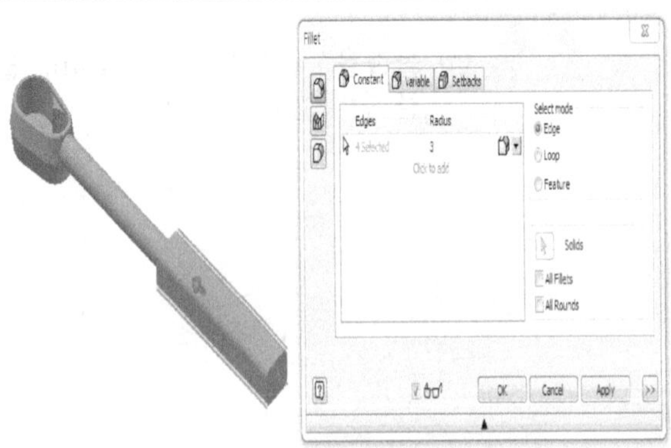

⑯ 모깎기를 실행하고 반경 : 10 mm로 필렛을 한다.

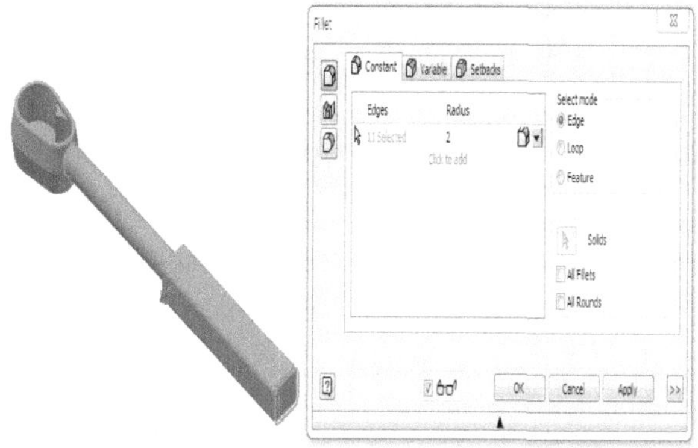

⑰ 모깎기를 실행하고 반경 : 2mm 로 필렛을 한다.

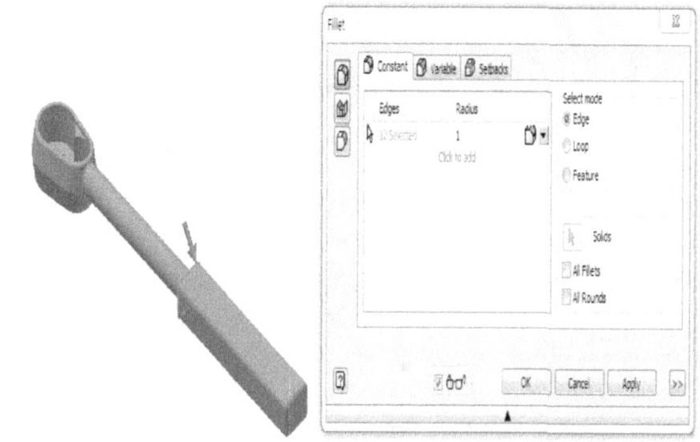

⑱ 모깎기를 실행하고 반경 : 1 mm 로 필렛을 한다.

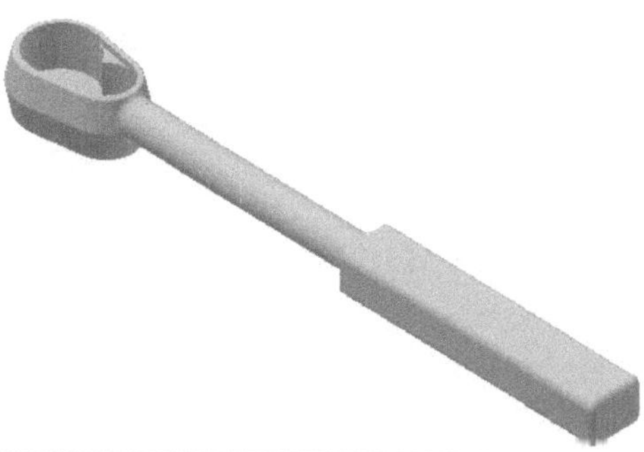

★ **완성 결과**

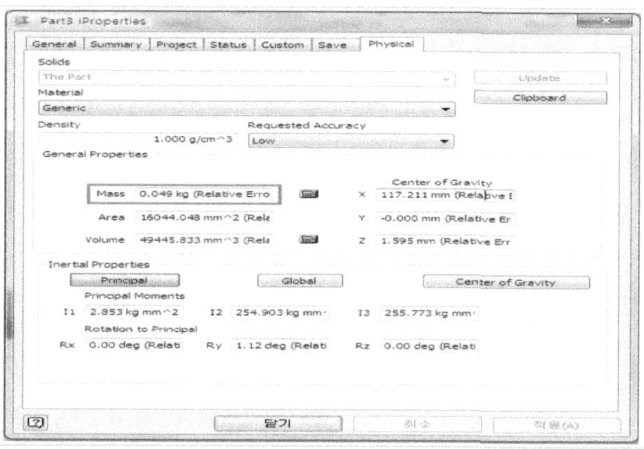

⑲ [File]-[IProperties]를 선택하고 [Physical] 탭을 선택, 재질 없음(Generic), Mass : 0.049 kg의 질량이 측정되었다.

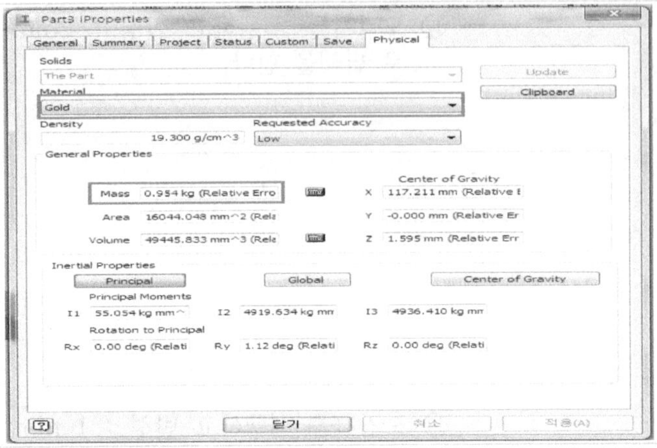

⑳ Material : Gold를 지정, Mass : 0.954kg의 질량이 측정되었다.

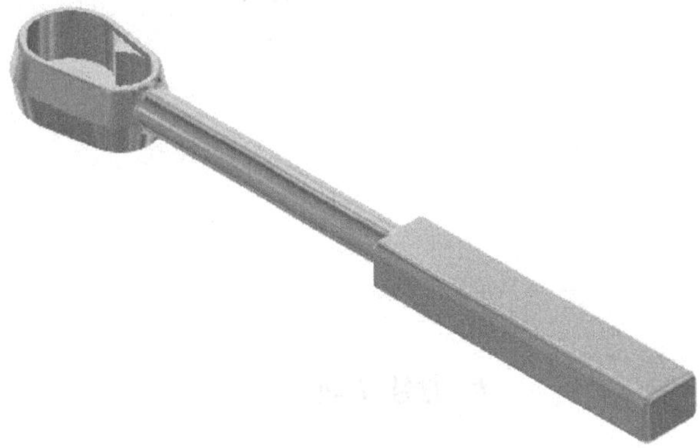

★ 재질을 적용한 결과

[예제3] Draft - 가공 CAM 1

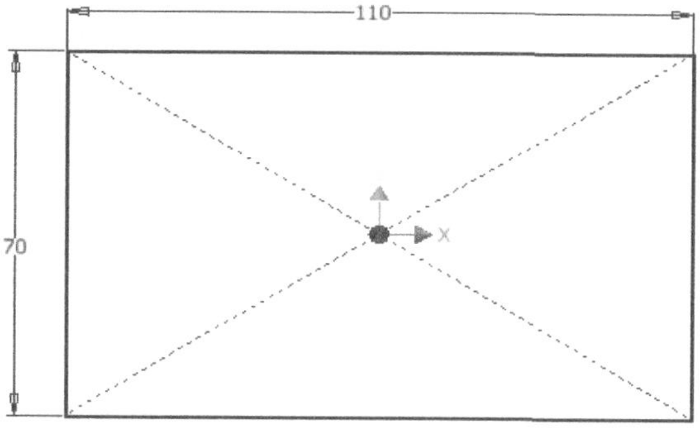

① XY 평면을 선택하고 [2D 스케치 작성]을 선택한다.

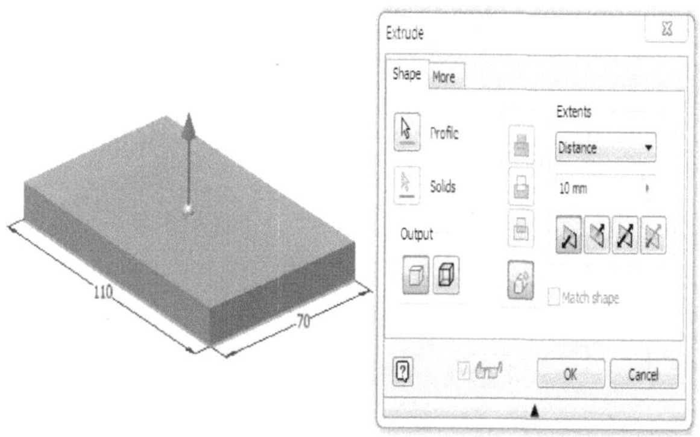

② 돌출을 실행하고 10 mm 돌출을 한다.

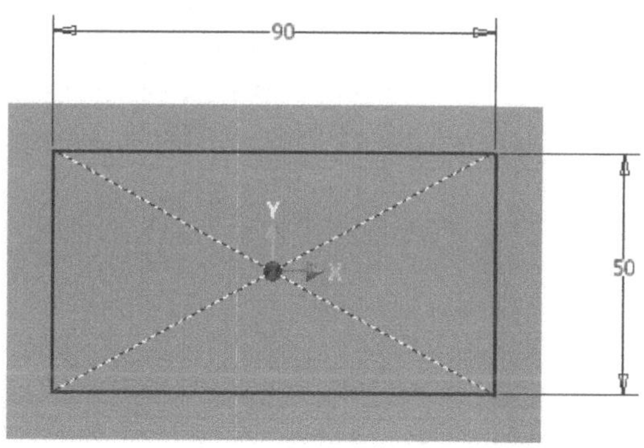

③ 돌출1의 윗면을 선택하고 [새 스케치(New Sketch)]를 선택하여 다음과 같이 스케치를 한다.

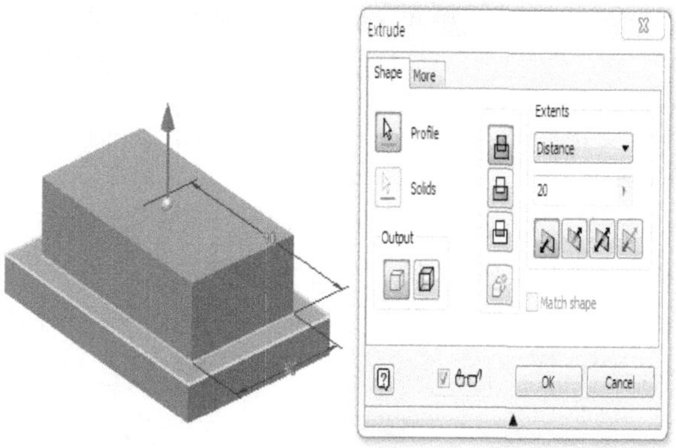

④ 돌출을 실행하고 20 mm 돌출을 한다.

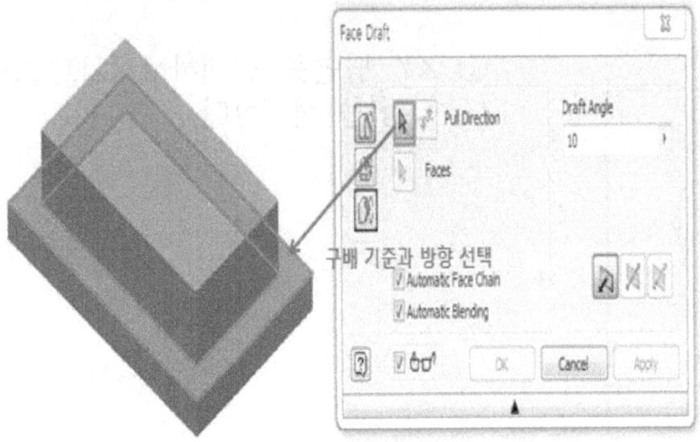

⑤ Draft를 실행하고 구배각도 : 10deg, 구배 기준면을 선택한다.

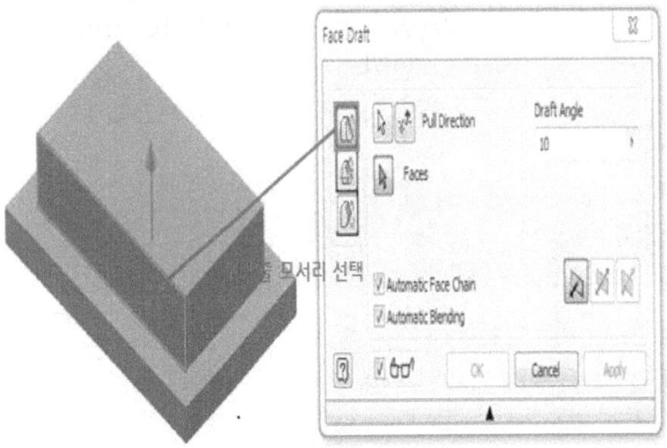

⑥ 구배 들어갈 돌출2의 앞면을 선택한다.

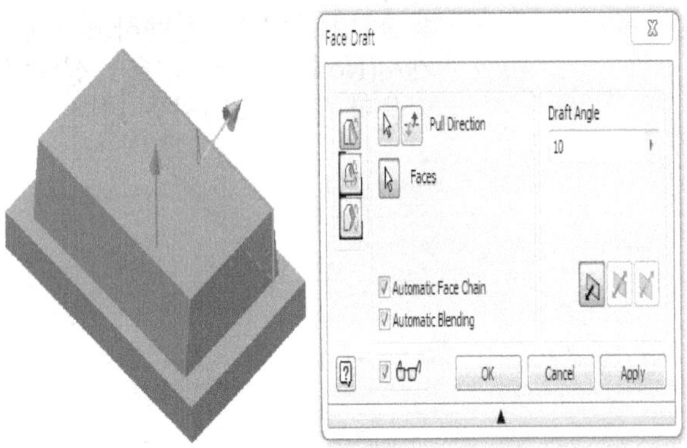

⑦ Draft를 실행하고 구배각도 : 10deg, 구배 기준면 : 돌출1의 윗면을 선택, 구배 줄 면 : 돌출2의 뒷면을 선택하여 구배를 준다.

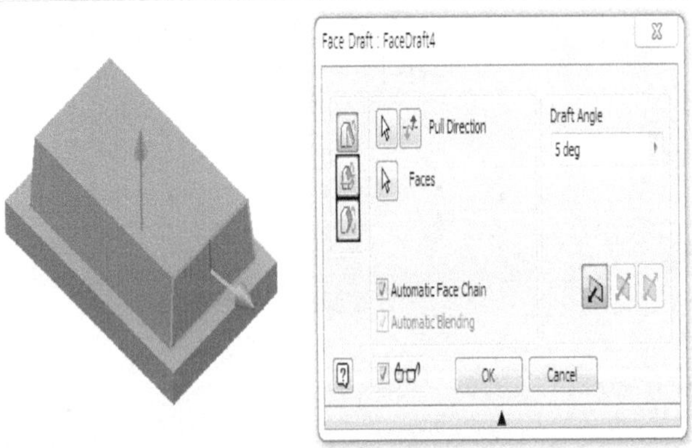

⑧ 8Draft를 실행하고 구배각도 : 5deg, 구배 기준면 : 돌출1의 윗면을 선택, 구배 줄 면 : 돌출2의 우측면을 선택하여 구배를 준다.

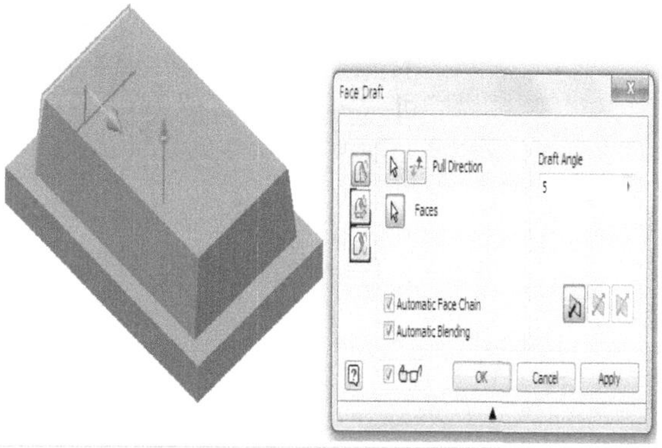

⑨ Draft를 실행하고 구배각도 : 5deg, 구배 기준면 : 돌출1의 윗면을 선택, 구배 줄 면 : 돌출2의 좌측면을 선택하여 구배를 준다.

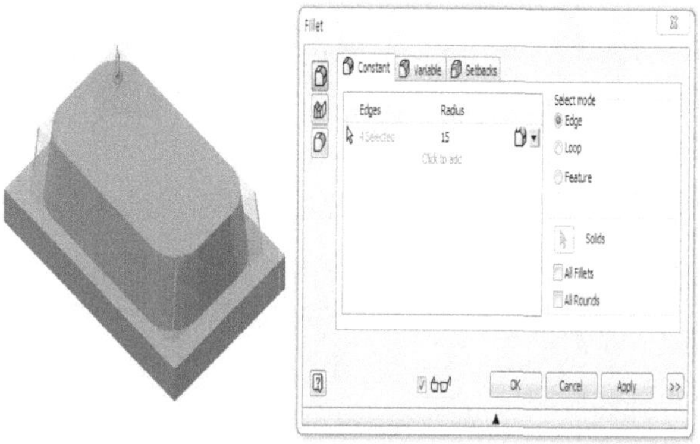

⑩ 모깎기를 실행하고 반경 : 15 mm로 필렛을 한다.

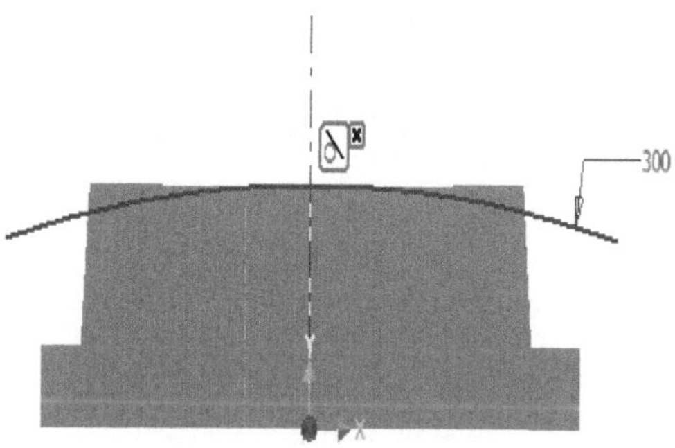

⑪ XZ 평면을 선택하고 [새 스케치]를 선택하여 다음과 같이 스케치를 한다.

[뷰]- 그래픽 슬라이스 또는 F7을 선택하여 절단모서리 투영으로 절단된 모서리가 보이도록 한다.

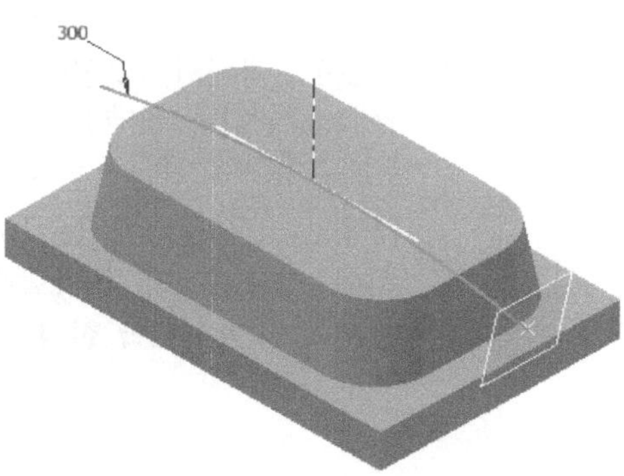

⑫ Normal to Curve at Point 을 실행하고 Sketch.3의 끝점을 선택하여 수직 평면을 생성한다.

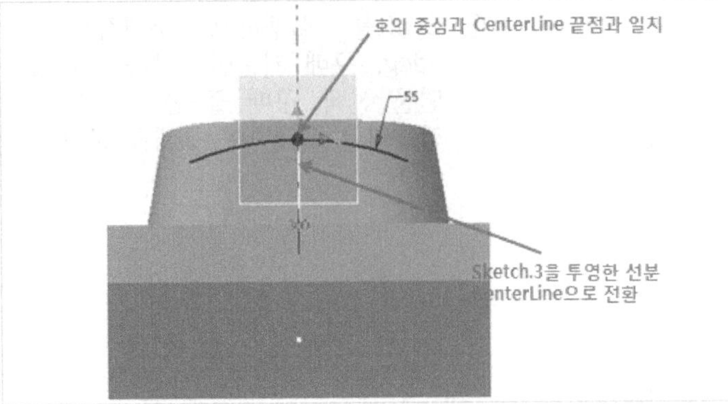

⑬ 평면1을 선택하고 [새 스케치(New Sketch)]를 선택하여 다음과 같이 스케치를 한다.

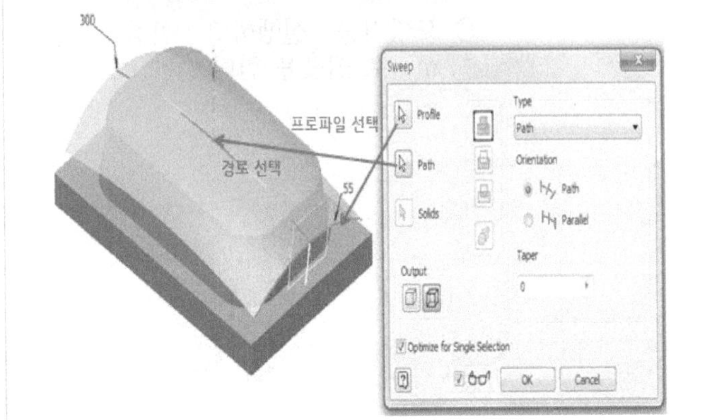

⑭ 스웝(Sweep)을 실행하고 Profile : Sketch.3, Path : Sketch.4를 선택하여 스웝 곡면을 생성한다.

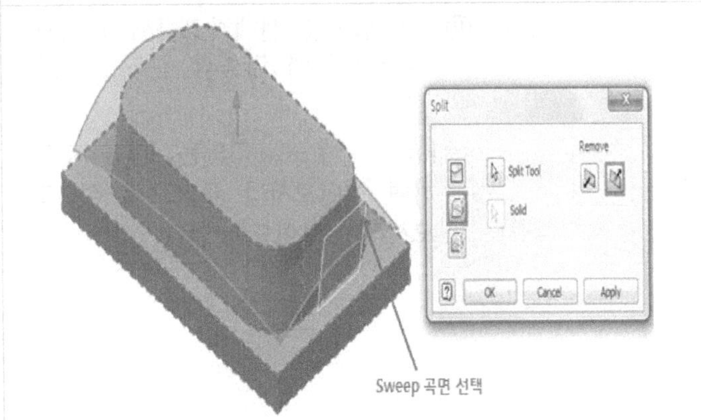

⑮ 분할(Split)을 실행하고 Trim Solid를 선택, Sweep 곡면을 선택하여 윗부분을 잘라낸다.

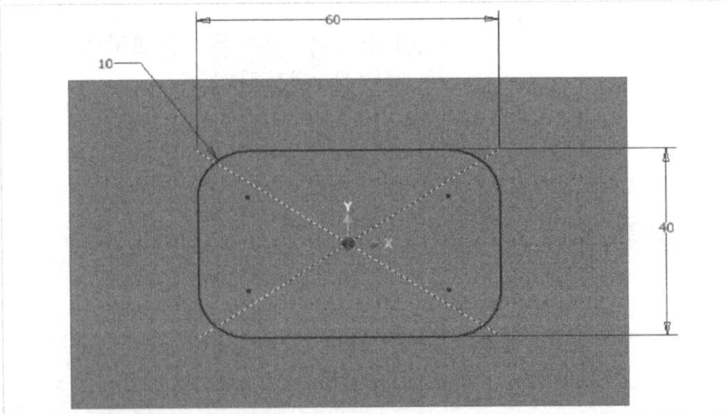

⑯ 돌출1 객체의 윗면을 선택하고 [새 스케치]를 선택하여 다음과 같이 스케치를 한다.

[뷰]- 그래픽 슬라이스 또는 F7을 선택하여 절단모서리 투영으로 절단된 모서리가 보이도록 한다.

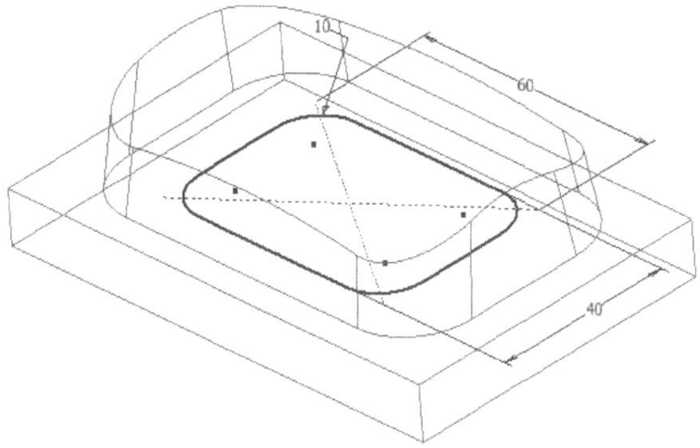

⑰ Visual Style에서 Wireframe Model edges only 을 선택한다.

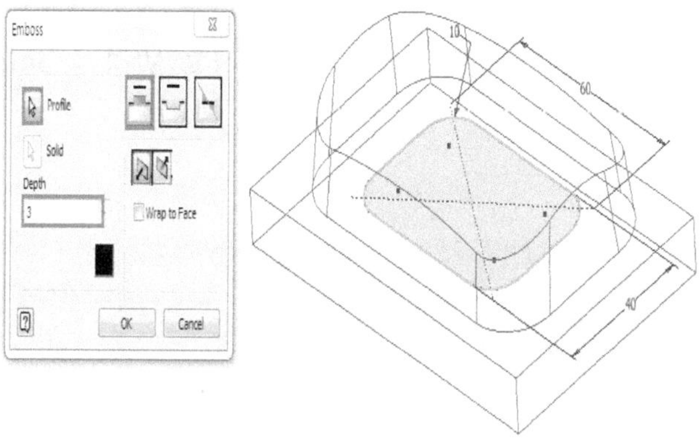

⑱ 엠보스를 실행하고 깊이 : 3 mm, Emboss to Face를 선택하여 엠보스를 선택한다.

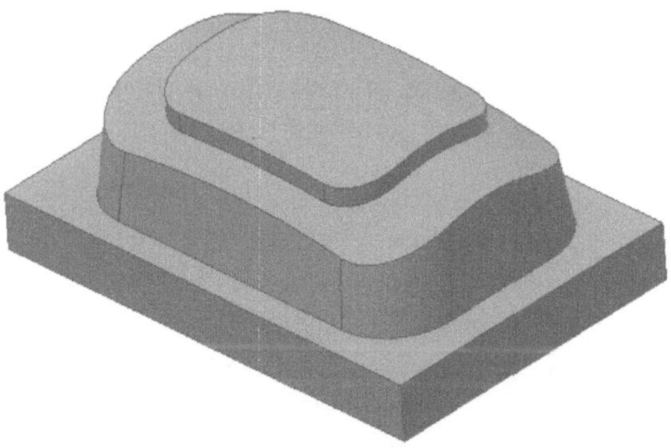

⑲ Shaded with Edges Smooth shaded model with visible edges 을 선택한다.

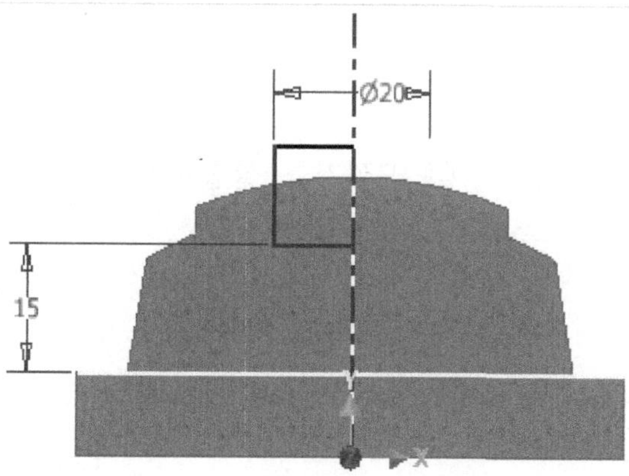

⑳ YZ 평면을 선택하고 [새 스케치]를 선택하여 다음과 같이 스케치를 한다.

[뷰]- 그래픽 슬라이스 또는 F7을 선택하여 절단모서리 투영으로 절단된 모서리가 보이도록 한다.

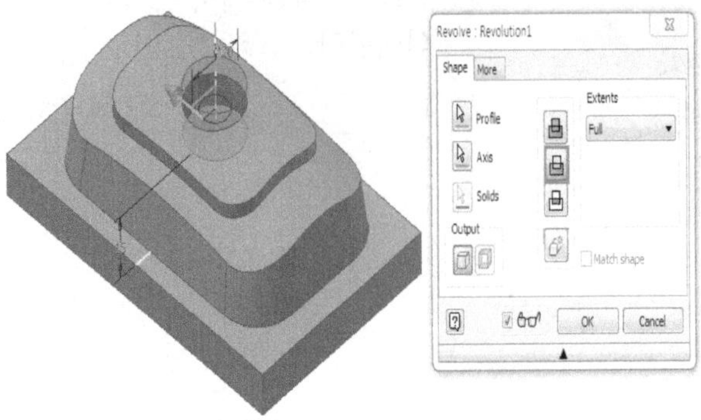

㉑ 회전을 실행하고 회전 컷(Cut)을 선택, 360deg 회전 컷을 한다.

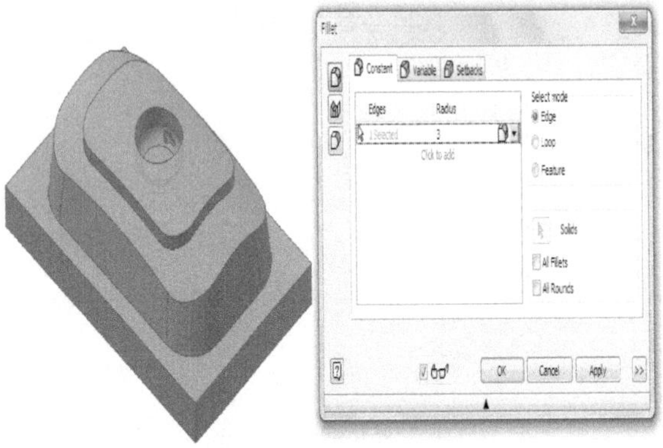

㉒ 모깎기를 실행하고 반경 : 3mm로 필렛을 한다.

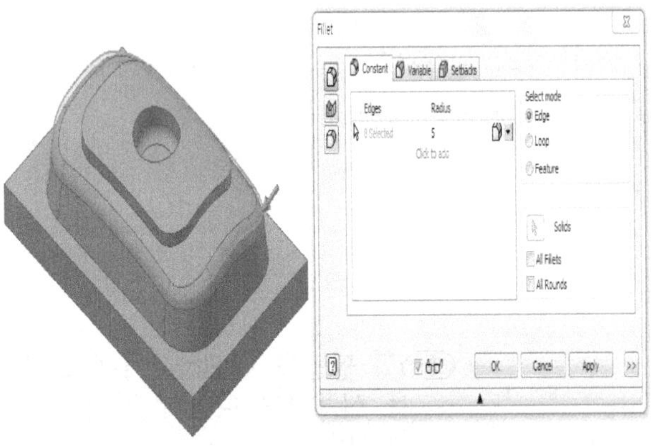

㉓ 모깎기를 실행하고 반경 : 5mm로 필렛을 한다.

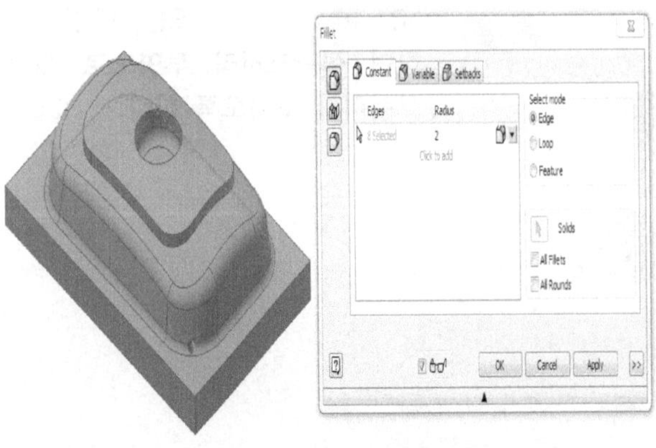

㉔ 모깎기를 실행하고 반경 : 2mm로 필렛을 한다.

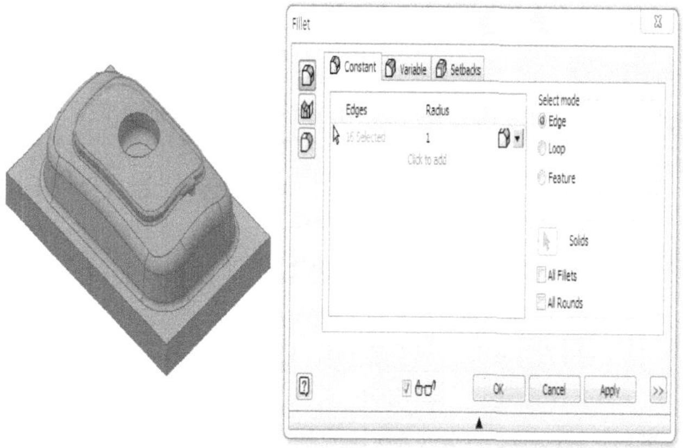

㉕ 모깎기를 실행하고 반경 : 1 mm 로 필렛을 한다.

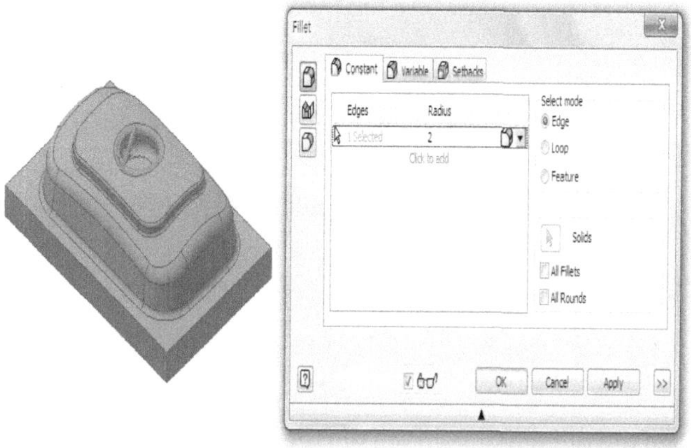

㉖ 모깎기를 실행하고 반경 : 2 mm 로 필렛을 한다.

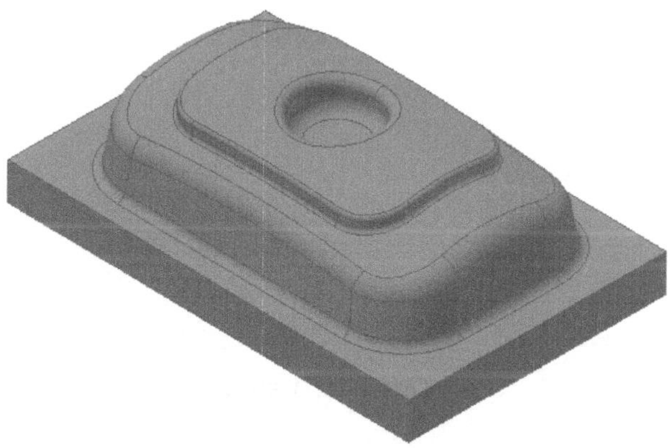

★ **완성 결과**

㉗ 가공 Cam 1로 저장한다.

3-15 스레드(Thread)

숫나사와 암나사에 나사산을 생성한다.

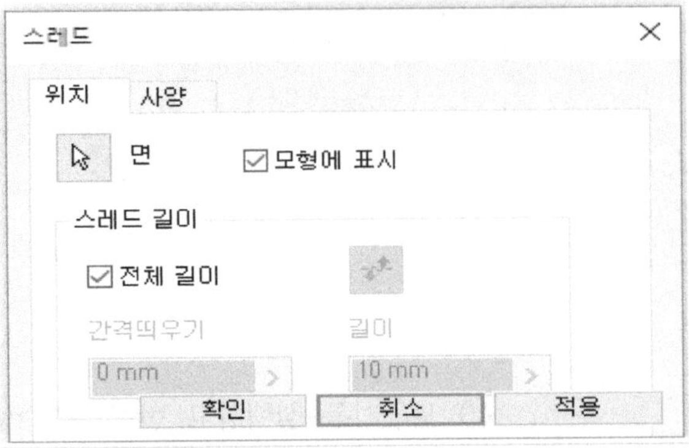

★ **위치**

- 면 : 스레드를 넣을 면을 선택한다.
- 스레드 길이
  - -전체길이 : 선택한 면 전체 길이에 스레드를 넣는다.
  - -오프셋 : 오프셋 거리만큼 띄운다.
  - -길이 : 스레드를 넣을 거리를 지정한다.

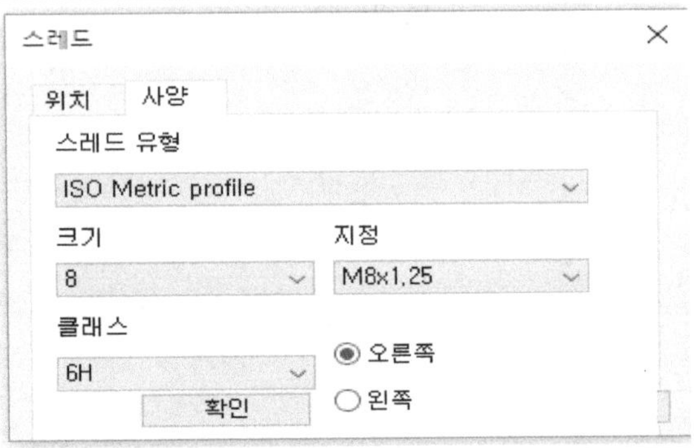

★ **사양**

- 스레드 유형 : 스레드 타입을 선택한다.
- 크기 : 스레드 지름을 지정한다.

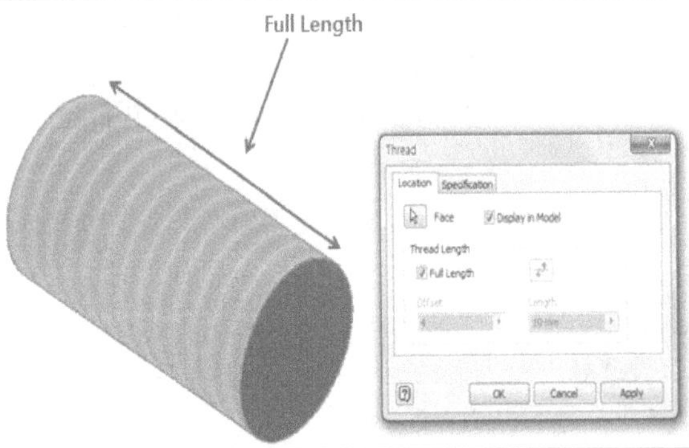

★ **Full Length**

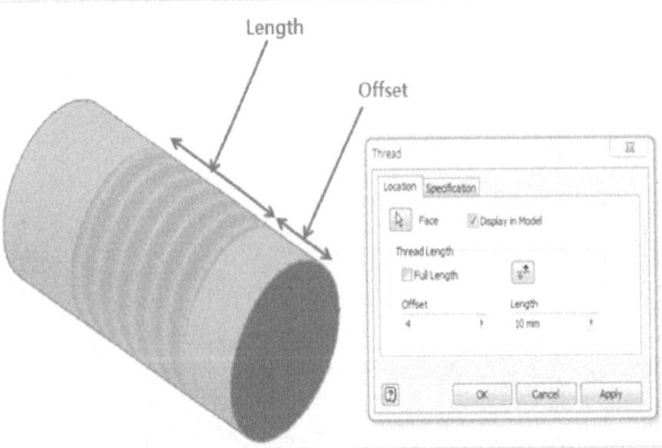

★ **Offset & Length**

[예제1] 스레드(Thread)

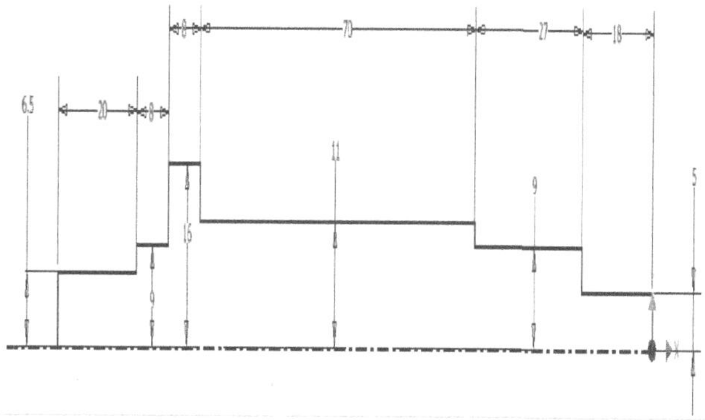

① XZ 평면을 선택하고 [2D 스케치 작성]을 선택하여 다음과 같이 스케치를 한다.

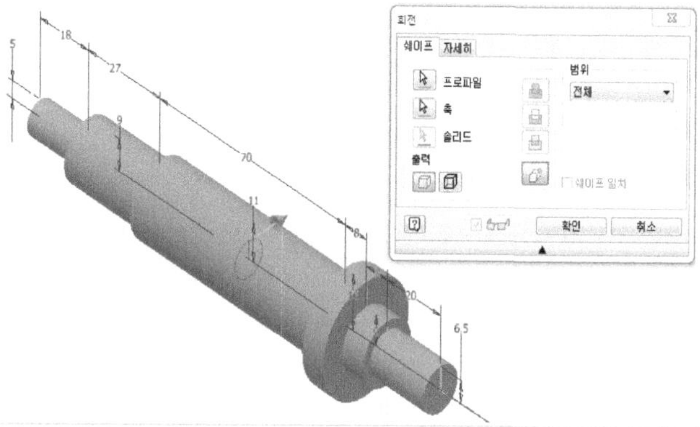

② 회전을 실행하고 360도 회전을 한다.

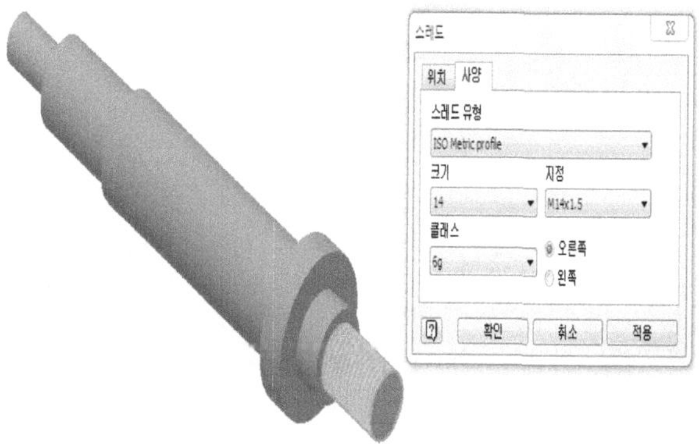

③ 스레드를 실행하고 원기둥을 선택, 스레드 유형 : ISO Metric profile을 선택, 크기 : 14를 지정하여 스레드를 생성한다.

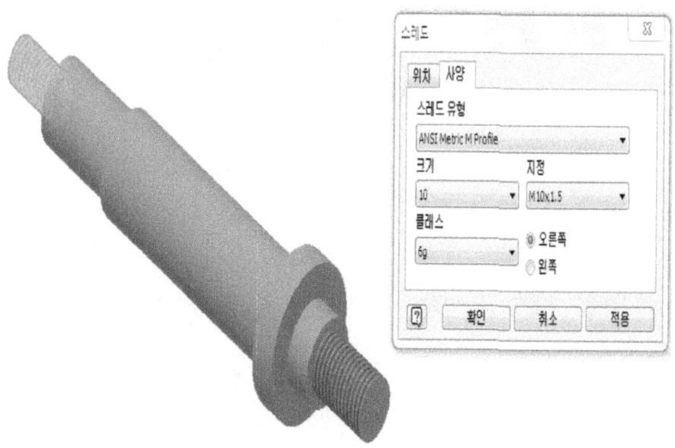

④ 스레드를 실행하고 원기둥을 선택, 스레드 유형 : ISO Metric profile을 선택, 크기 : 10을 지정하여 스레드를 생성한다.

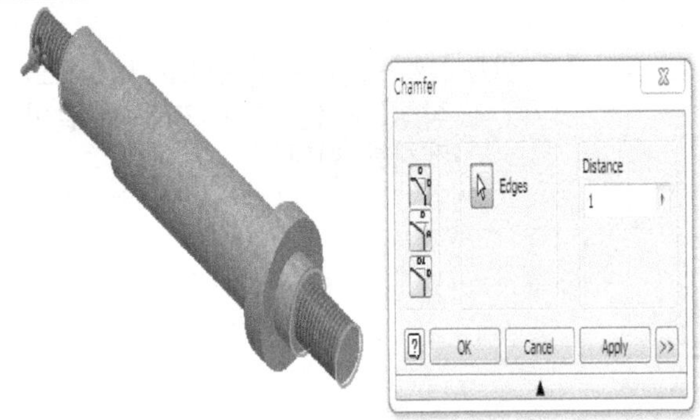

⑤ 모따기을 실행하고 거리 : 1 mm 로 지정하여 모따기를 한다.

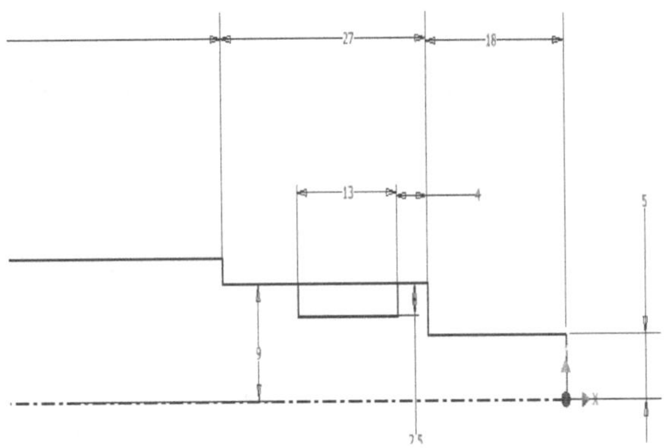

⑥ 스케치1을 더블클릭하여 다음과 같이 수정한다.

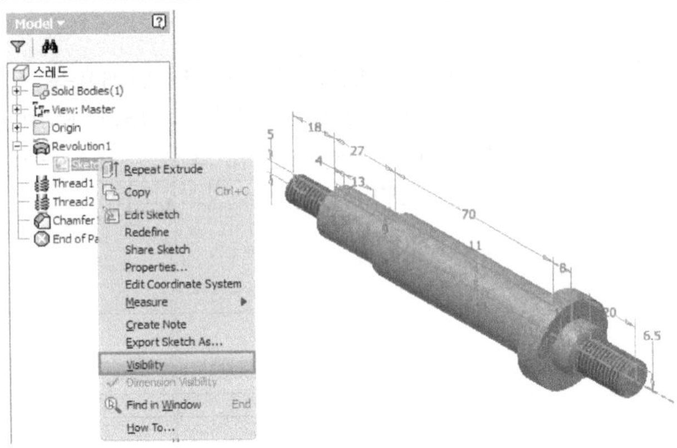

⑦ 스케치1 위에서 마우스 우측버튼을 눌러 [Visib ility]를 선택한다.

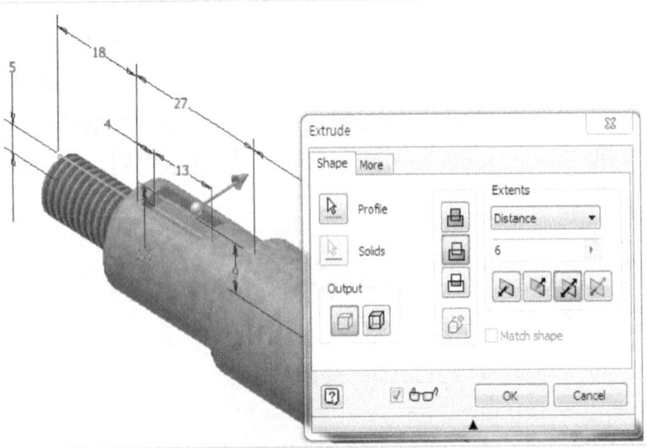

⑧ 돌출을 실행하고 차집합을 선택, 스케치1의 홈 부분을 선택, 6 mm 로 돌출 컷을 한다.

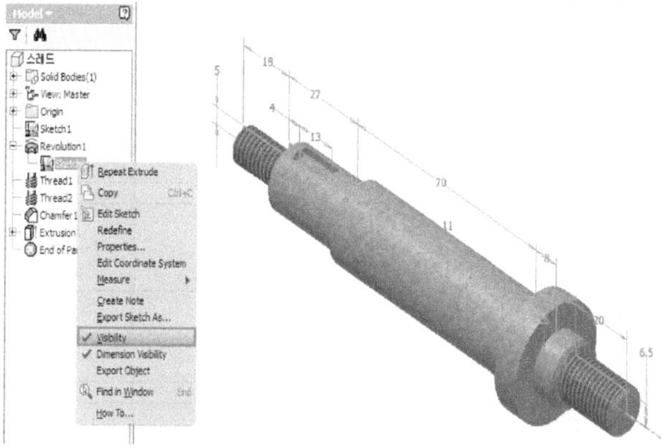

⑨ 스케치1 위에서 마우스 우측버튼을 눌러 [Visib ility]를 선택을 해제한다.

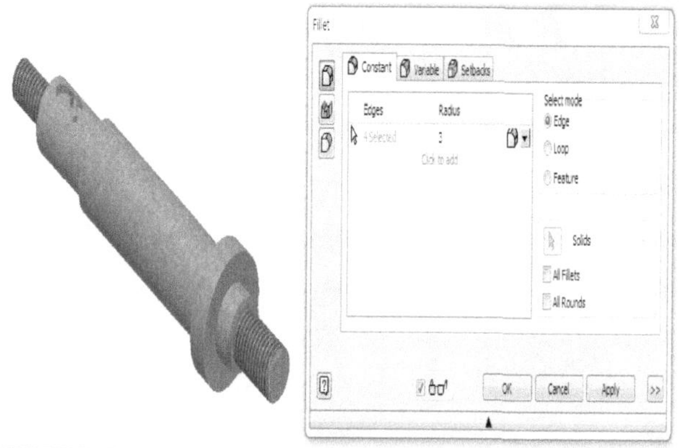

⑩ 모깎기를 실행하고 반경 : 3 mm로 필렛을 한다.

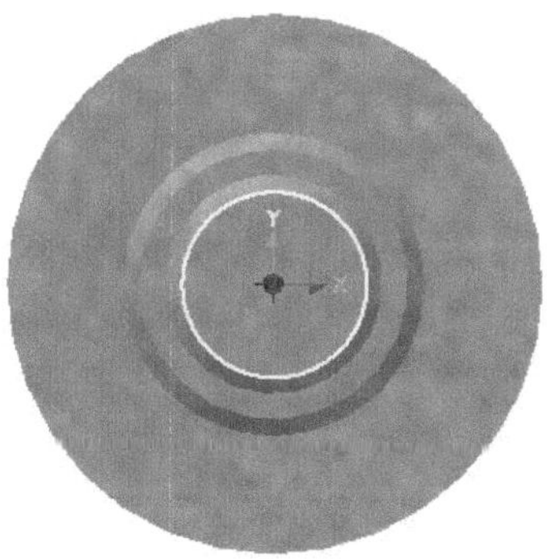

⑪ 회전1 객체의 우측면을 선택, 마우스 우측버튼을 눌러 [새 스케치]를 선택하여 중심부에 Poi nt를 찍는다.

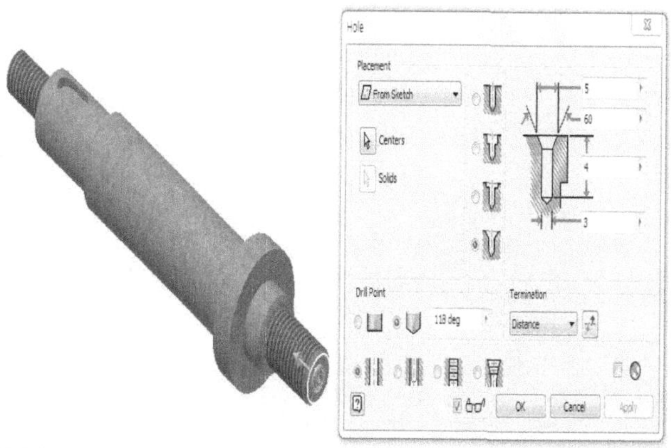

⑫ 스케치1을 더블클릭하여 다음과 같이 수정한다.

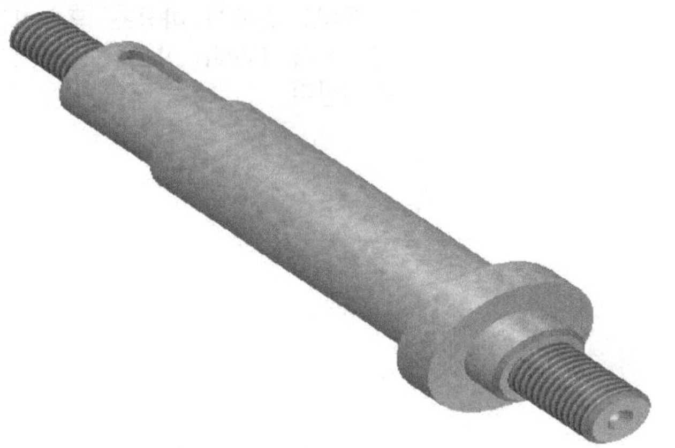	★ **스레드 예제 완성** ⑬ Thread 예제1로 저장한다.

[예제2] 스레드(Thread)

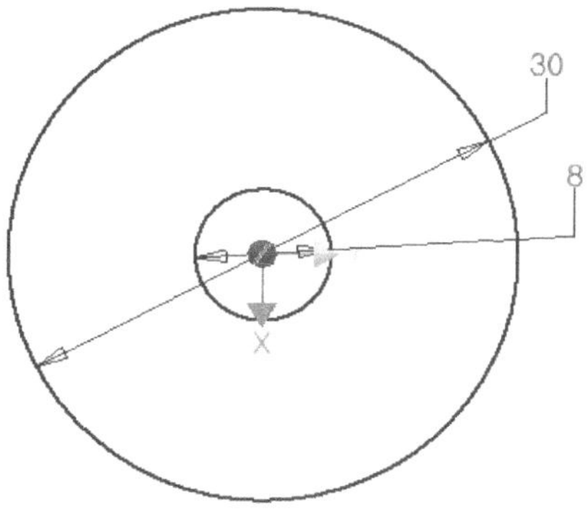

① XY 평면을 선택하고 스케치를 실행한다.

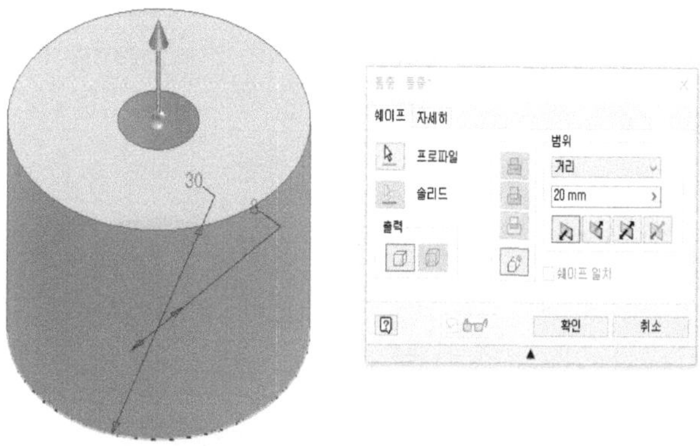

② 돌출을 실행하고 20 mm 돌출을 한다.

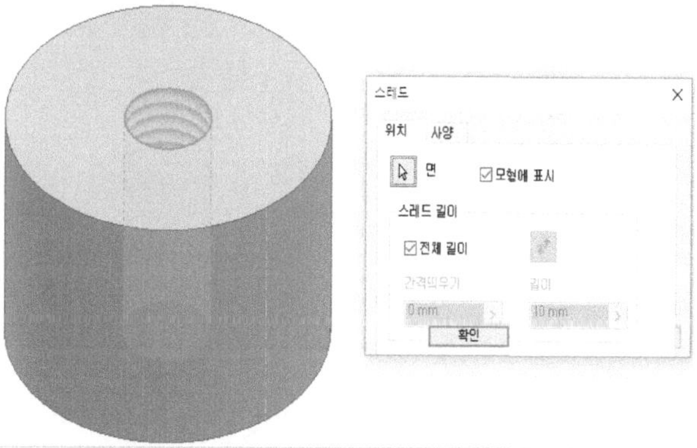

③ 스레드를 실행하고 면 : 구멍 면을 선택, 스레드 길이 : 전체 길이를 지정한다.

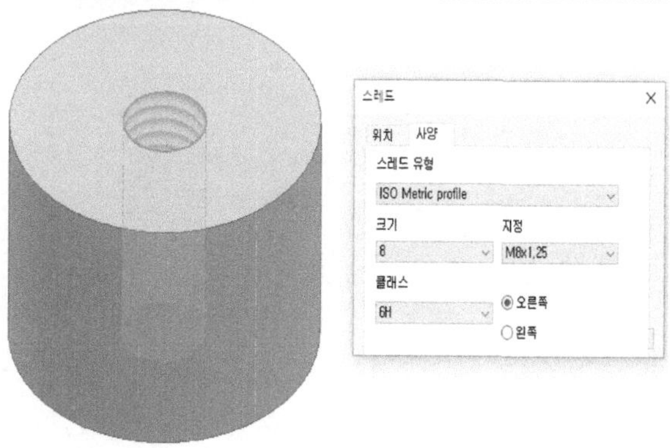

④ 사양을 선택하고 스레드 유형 : ISO Metric profile과 크기 : 8을 지정한다.

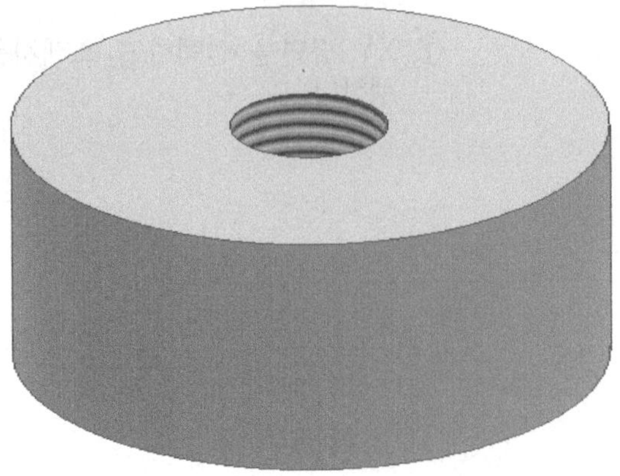

★ 완성 결과

3-16 분할(Split)

곡면을 투영한 스케치로 분할, Solid를 곡면으로 분할한다.

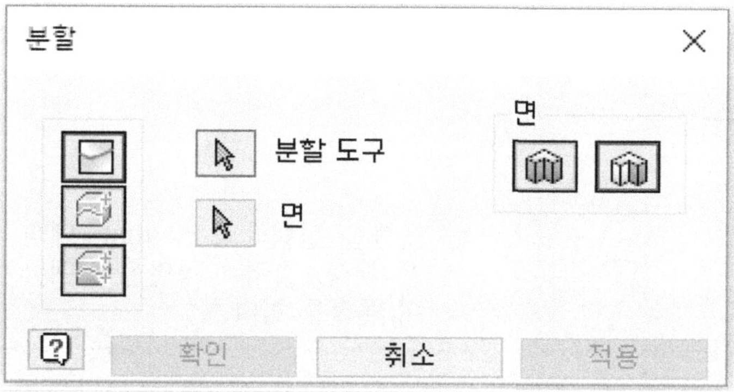

★ 분할 도구 : 분할 기준 객체를 선택한다.

★ Solid : 분할시킬 Solid를 선택한다.

★ Remove : 제거 방향을 선택한다.

[예제1] 분할(Split) : 투영한 스케치로 곡면 분할하기

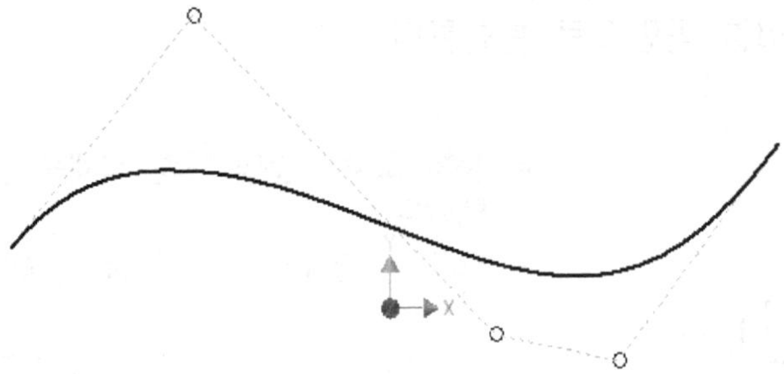

① XZ 평면을 선택하고 [2D 스케치 작성]을 선택하여 다음과 같이 스케치를 한다.

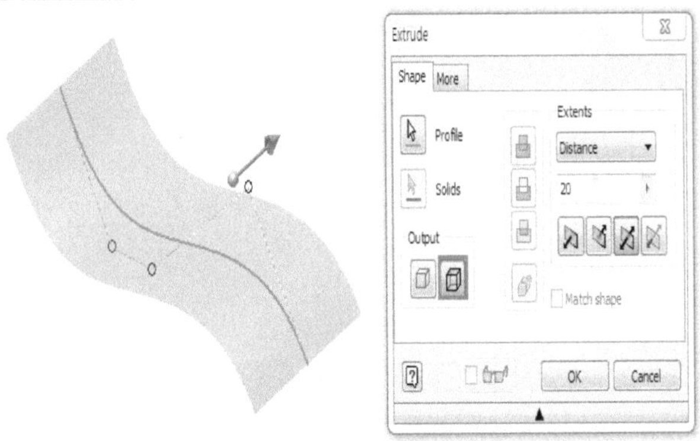

② 돌출을 실행하고 20 mm, 대칭을 지정, 출력 : 곡면을 선택하여 돌출을 한다.

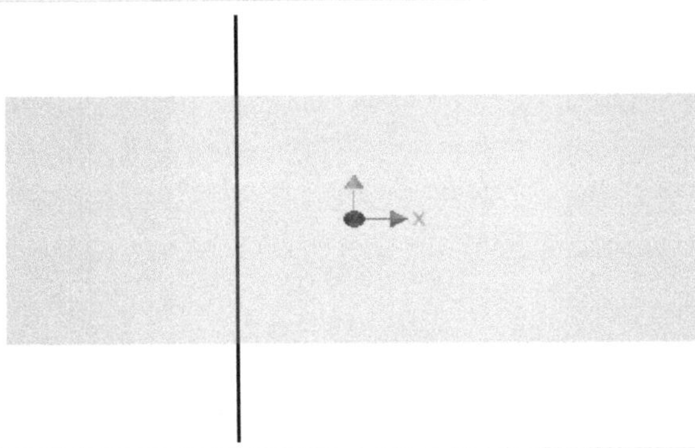

③ XY 평면을 선택하고 [새 스케치를 선택하여 다음과 같이 스케치를 한다.

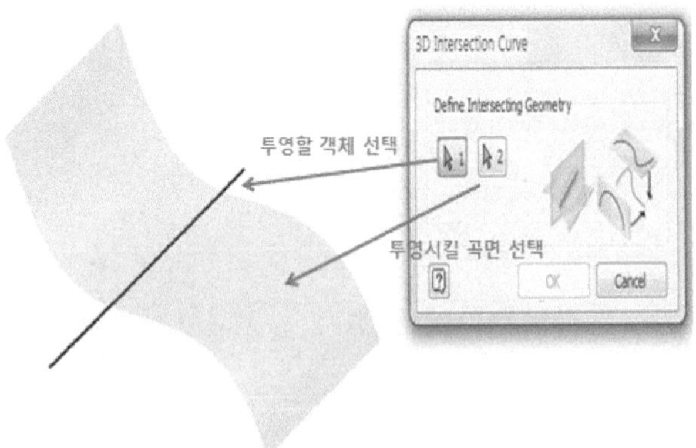

④ Create 3D Sketch를 실행하고 Intersection Cur ve를 선택, 다음과 같이 지정하여 곡면에 투영한다.

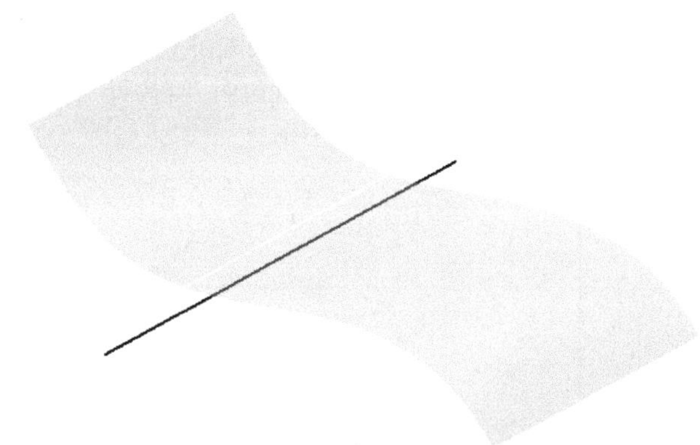

⑤ 3D Sketch를 종료한다.

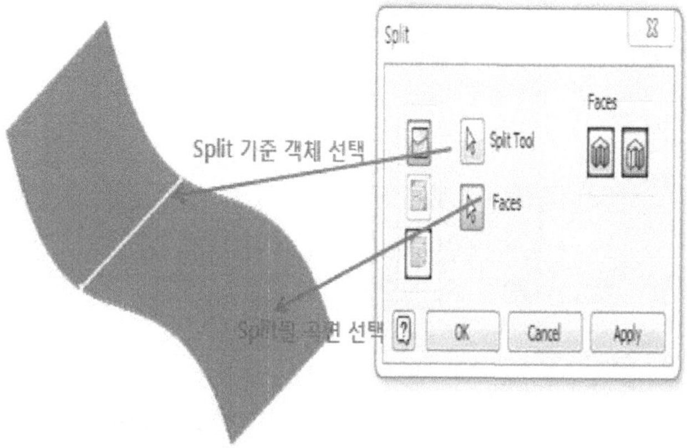

⑥ Split을 실행하고 투영된 스케치로 곡면을 잘라낸다.

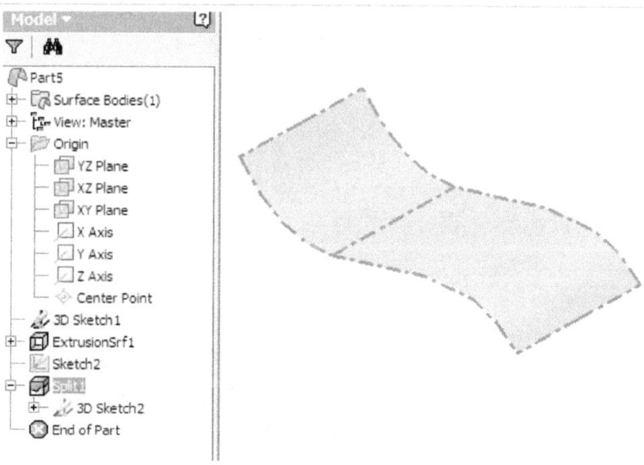

★ **Split 결과**

[예제2] 분할(Split) : Solid를 곡면으로 분할하기

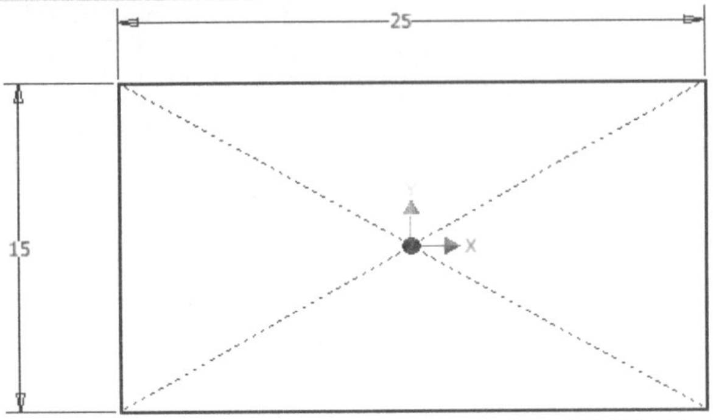

① XY 평면을 선택하고 [2D 스케치 작성]을 선택하여 다음과 같이 스케치를 한다.

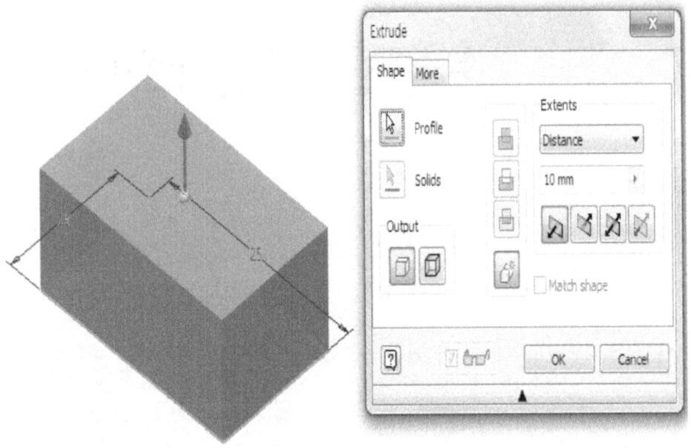

② 돌출을 실행하고 10 mm 돌출을 한다.

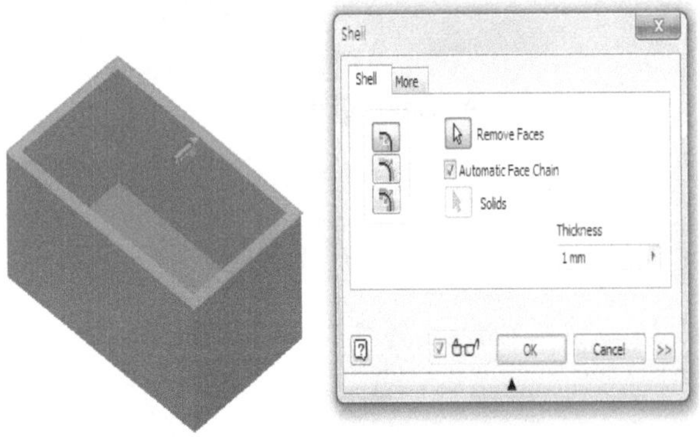

③ Shell을 실행하고 Thickness : 1mm로 돌출 객체의 윗면을 선택하여 쉘을 생성한다.

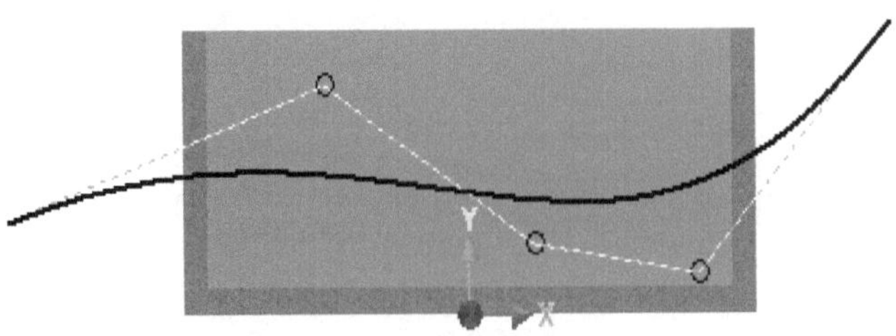

④ XZ 평면을 선택하고 [2D 스케치 작성]을 선택하여 다음과 같이 스케치를 한다.

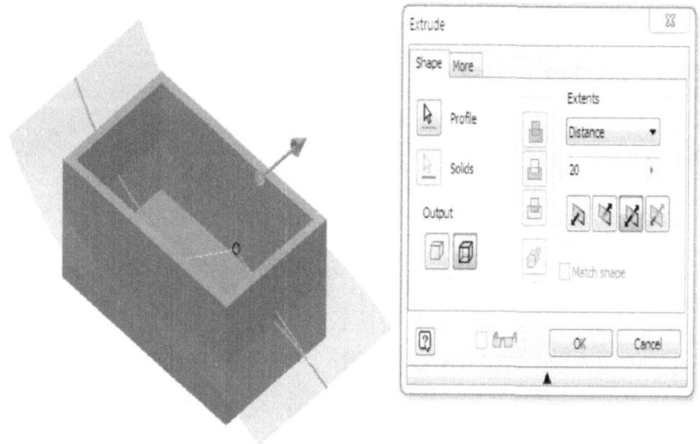

⑤ 돌출을 실행하고 20 mm, 대칭을 지정, 출력 : 곡면으로 돌출을 한다.

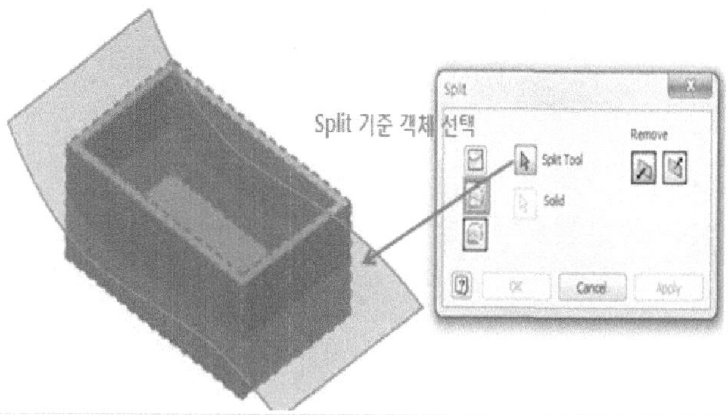

⑥ 분할을 실행하고 분할 도구 : 곡면을 선택한다.

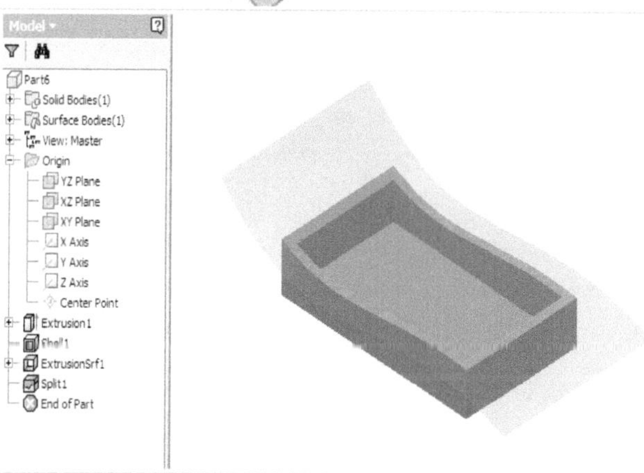

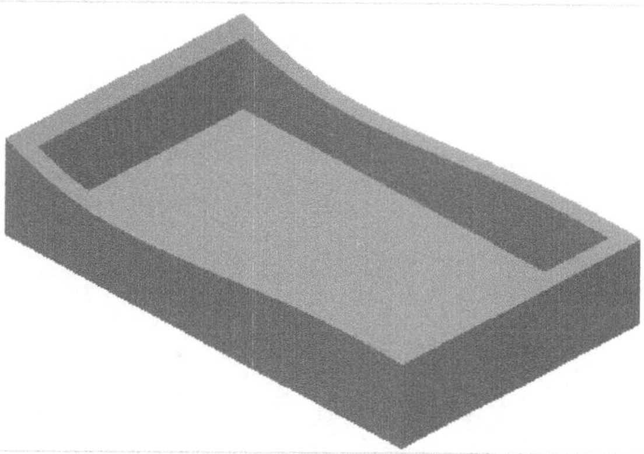

★ **Split 결과**

3-17 결합

분리되어 있는 Solid를 결합, 차집합, 교집합을 할 수 있다.

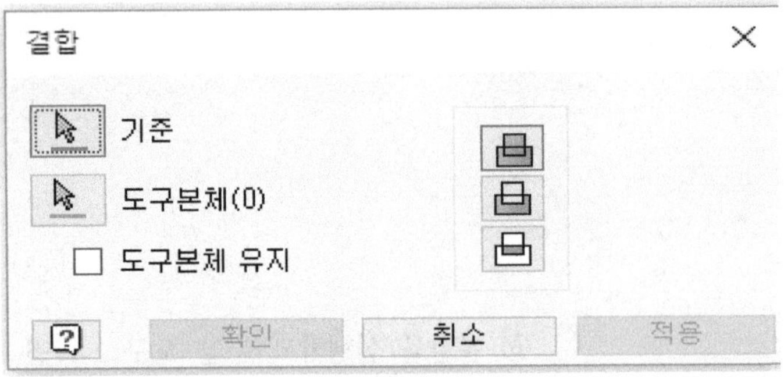

★ **기준 : 기본 Solid를 선택한다.**

★ **도구본체(0)**

- 접합(Join) : 결합할 Solid를 선택한다.
- 차집합 : 기본 Solid에서 차집합될 Solid를 선택한다.
- 교집합(Intersect) : 교집합 할 Solid를 선택한다.

[예제1] 결합(Combine)

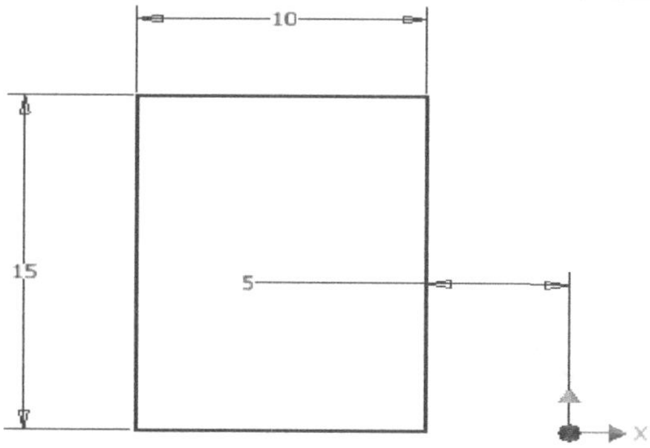

① YZ 평면을 선택하고 [2D 스케치 작성]을 선택하여 다음과 같이 스케치를 한다.

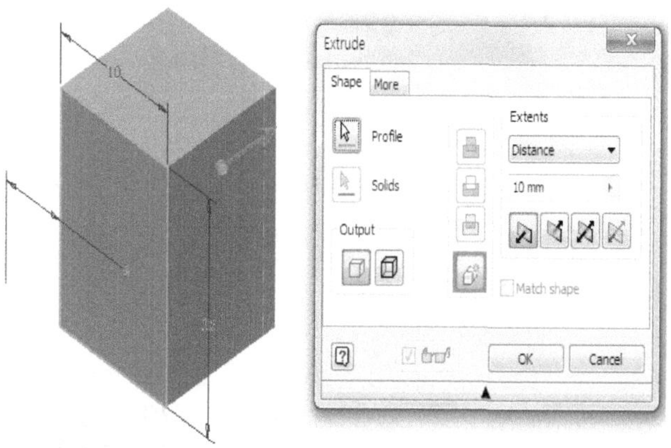

② 돌출을 실행하고 10 mm 돌출을 한다.

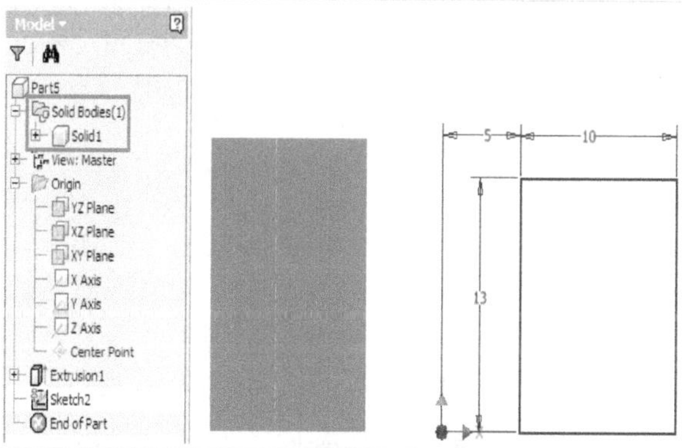

③ YZ 평면을 선택하고 [2D 스케치 작성]을 선택하여 다음과 같이 스케치를 한다.

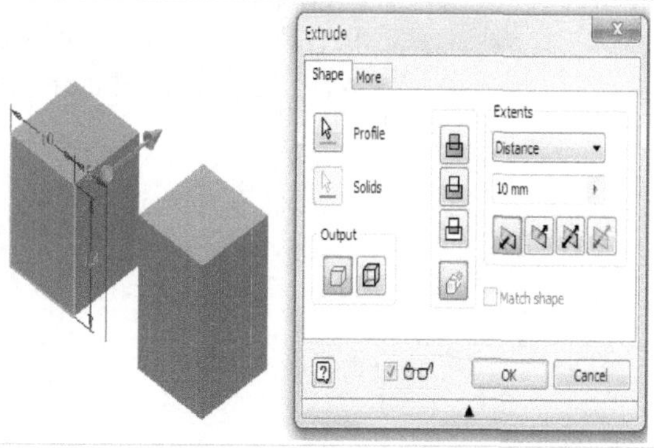

④ 돌출을 실행하고 10 mm 돌출을 한다.

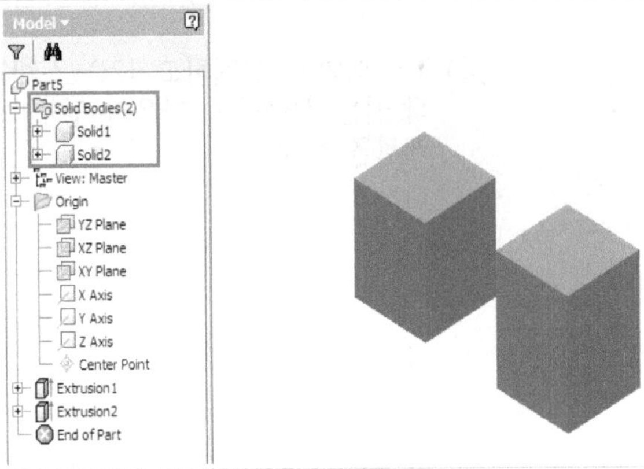

⑤ 다음과 같이 두 개의 Solid가 생성되었다.

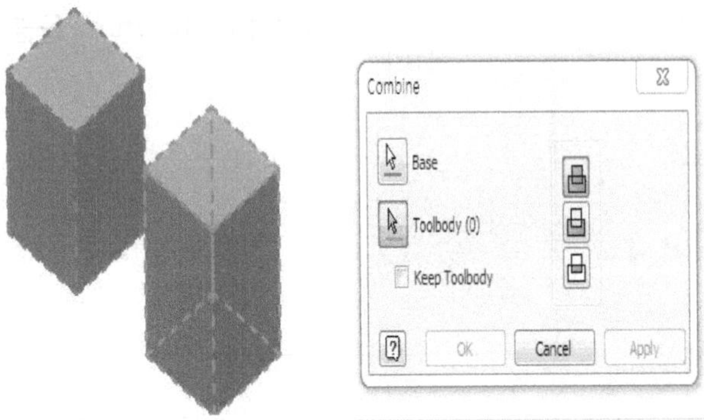

⑥ 결합 실행하고 두 개의 Solid를 선택하여 결합한다.

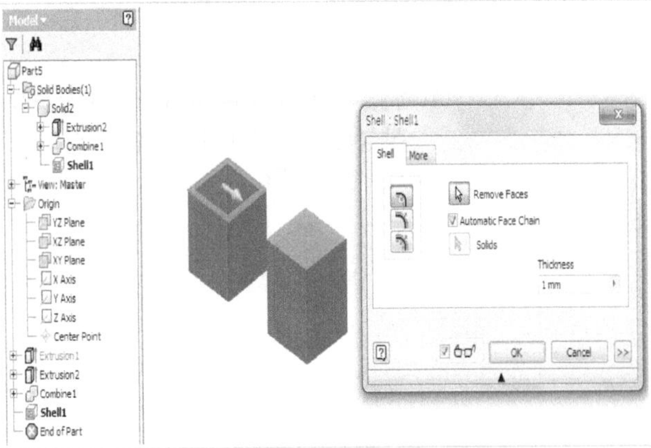

⑦ 쉘을 실행하고 두께 : 1 mm를 지정, 다음과 같이 제거할 면을 선택하여 쉘을 생성한다.

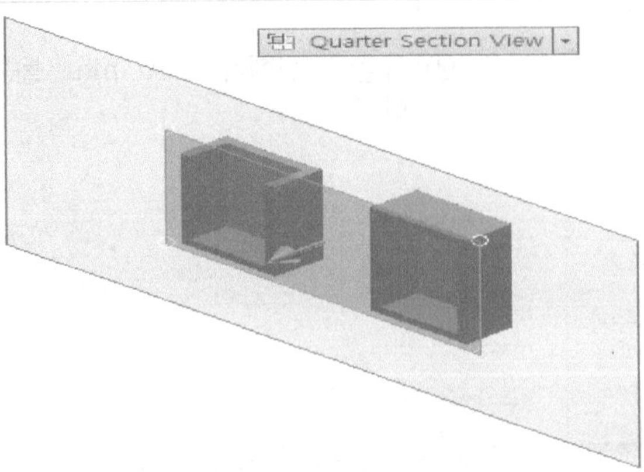

⑧ 돌출 객체의 중간에 평면을 만들고 평면을 선택, Quarter Section View를 실행하여 단면을 잘라본다.

★ **Combine 결과**

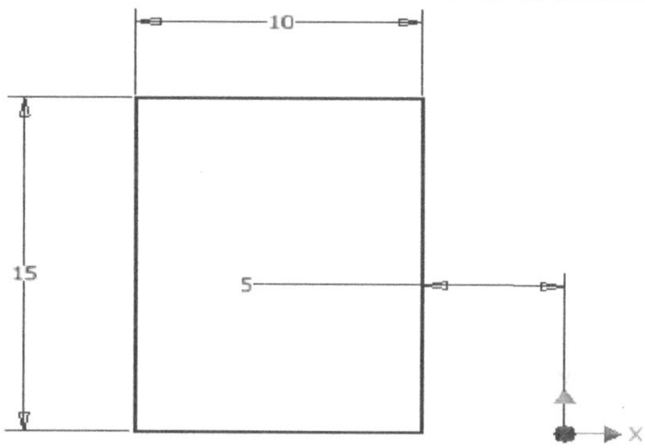

⑨ 중간에 만든 평면을 선택하고 [2D 스케치 작성]을 선택하여 다음과 같이 스케치를 한다.

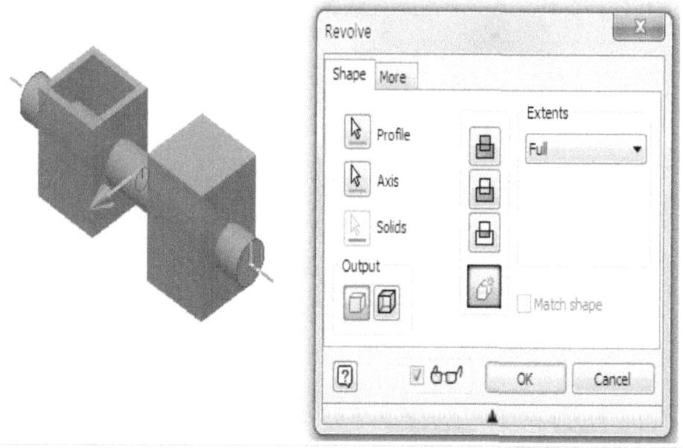

⑩ 회전을 실행하고 New Solid를 선택, 360도 회전을 한다.

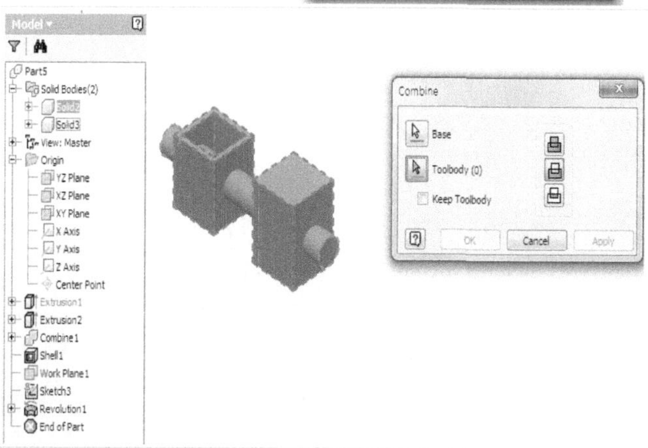

⑪ 결합 실행하고 Base : Solid1과 도구본체 : Sol id3을 선택하여 차집합을 한다.

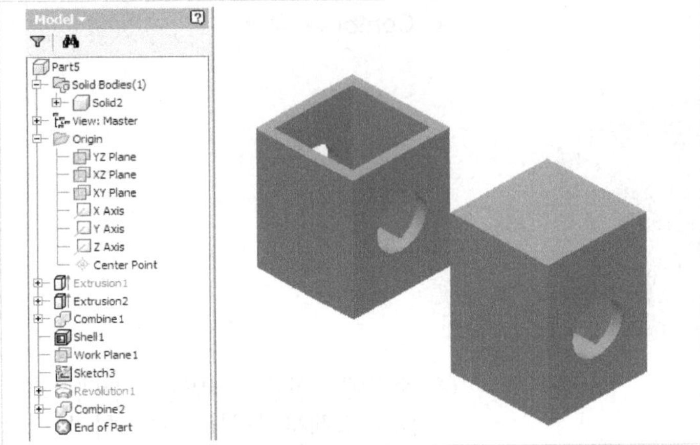
Model
Part5
Solid Bodies(1)
Solid2
View: Master
Origin
YZ Plane
XZ Plane
XY Plane
X Axis
Y Axis
Z Axis
Center Point
Extrusion1
Extrusion2
Combine1
Shell1
Work Plane1
Sketch3
Revolution1
Combine2
End of Part

★ 결합(Combine)

[예제2] 결합(Combine)

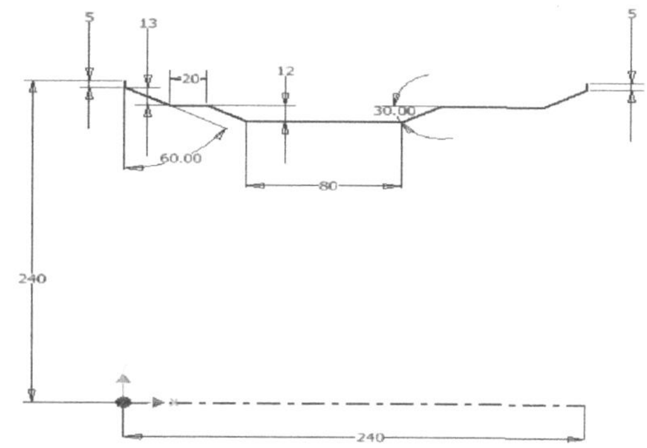

① YZ 평면을 선택하고 [2D 스케치 작성]을 선택하여 다음과 같이 스케치를 한다.

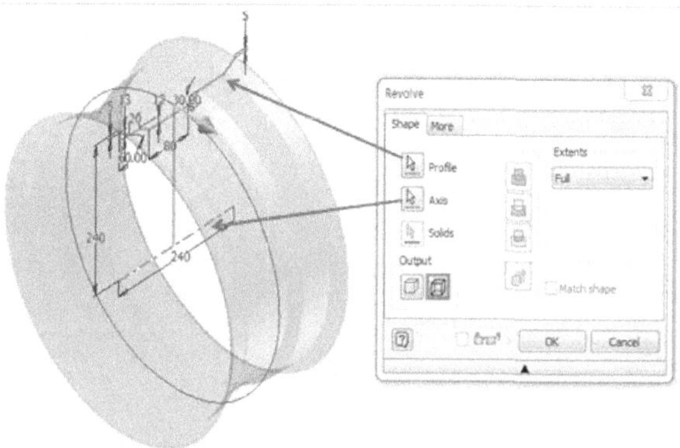

② 회전을 실행하고 Profile과 축을 선택, 출력 : 곡면을 선택하여 360도 회전을 한디,

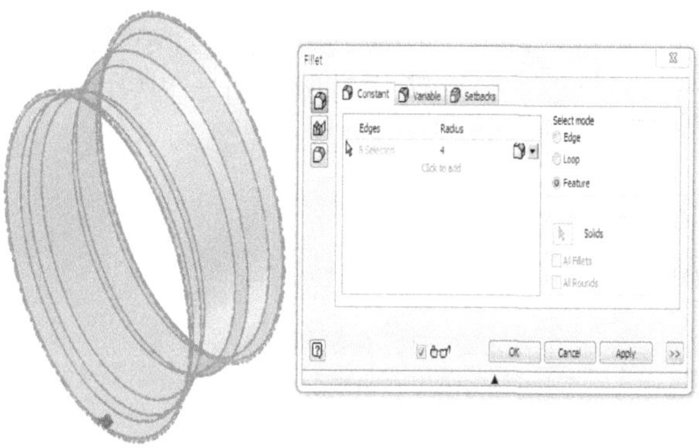

③ 필렛을 실행하고 반경 : 4 mm, 선택모드 : 피처를 선택, 회전객체를 선택하여 필렛을 한다.

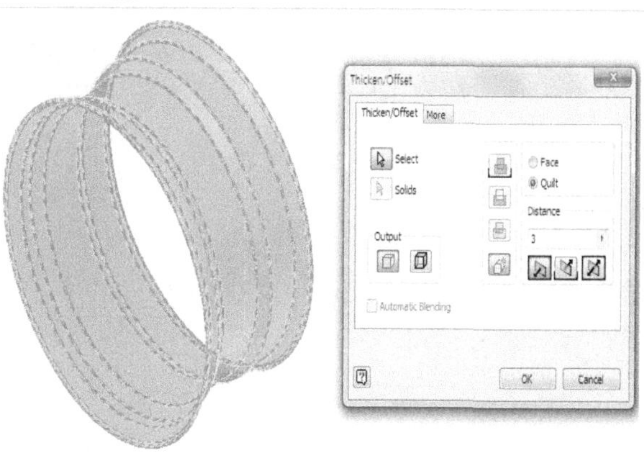

④ Thicken/Offset을 실행하고 회전 객체를 선택, 모드 : 퀼트를 지정, 거리 : 3 mm를 지정한다.

⑤ 평면을 실행하고 회전객체의 앞면과 뒷면을 선택하여 중간에 평면을 생성한다.

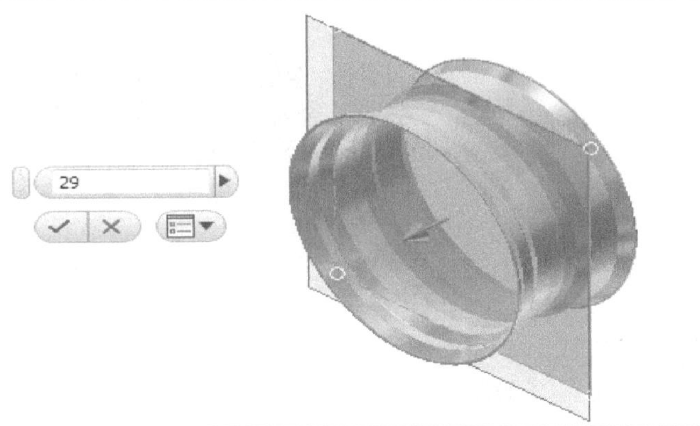

⑥ 평면에서 간격띄우기을 실행하고 평면1을 기준으로 29 mm 앞쪽에 평면을 생성한다.

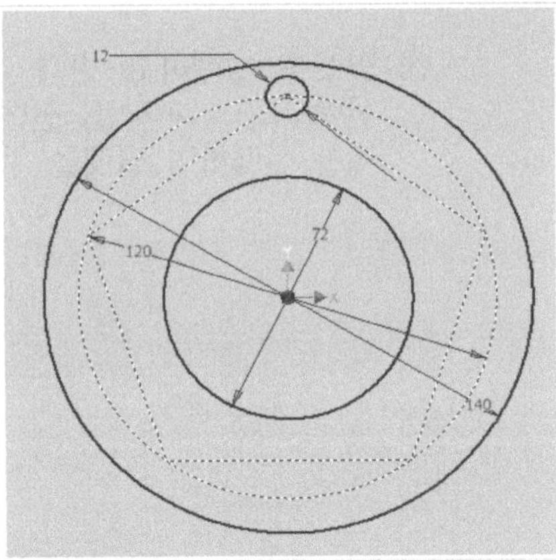

⑦ 평면2를 선택하고 [새 스케치(New Sketch)]를 선택하여 다음과 같이 스케치를 한다.

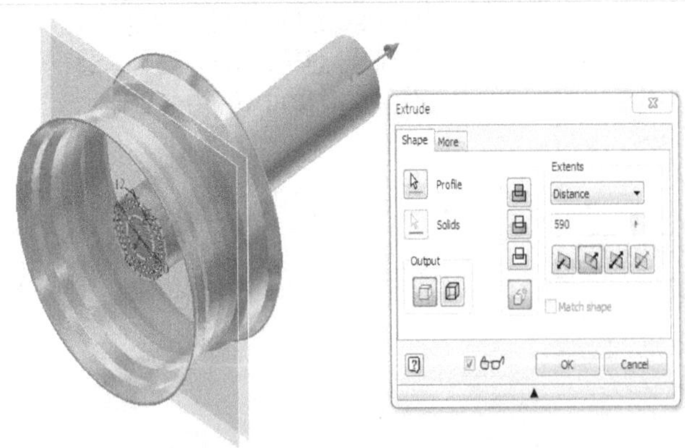

⑧ 돌출을 실행하고 New Solid를 선택, 590 mm 돌출을 한다.

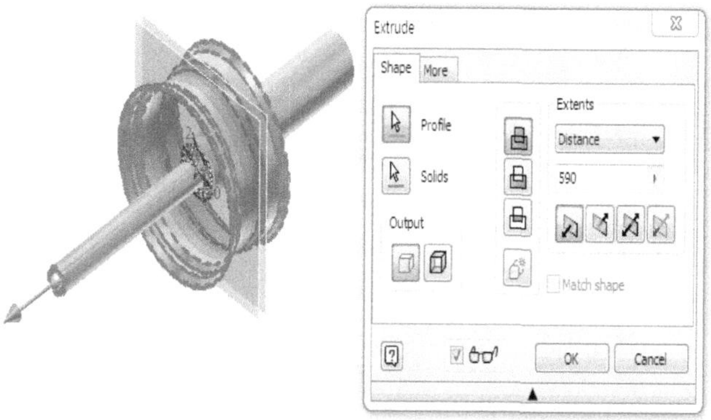

⑨ 돌출을 실행하고 590 mm 돌출을 한다.

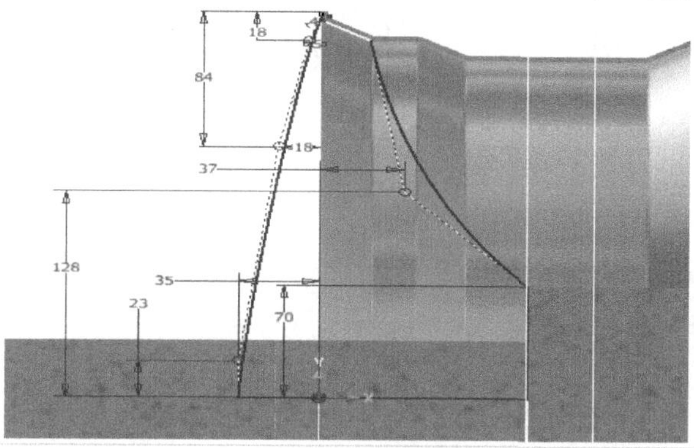

⑩ YZ 평면을 선택하고 [2D 스케치 작성]을 선택하여 다음과 같이 스케치를 한다.

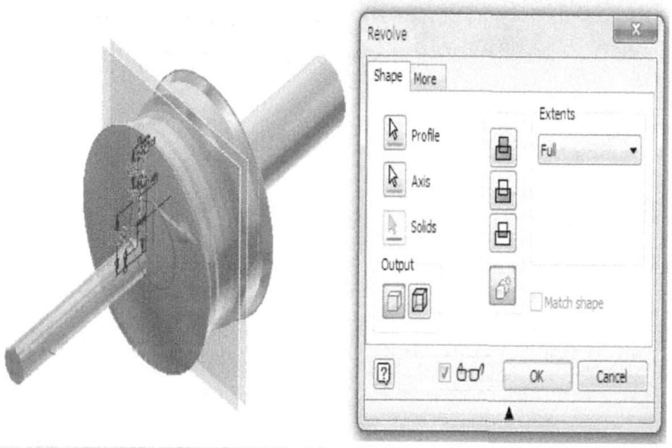

⑪ 회전을 실행하고 New Solid를 선택, 360도 회전을 한다,

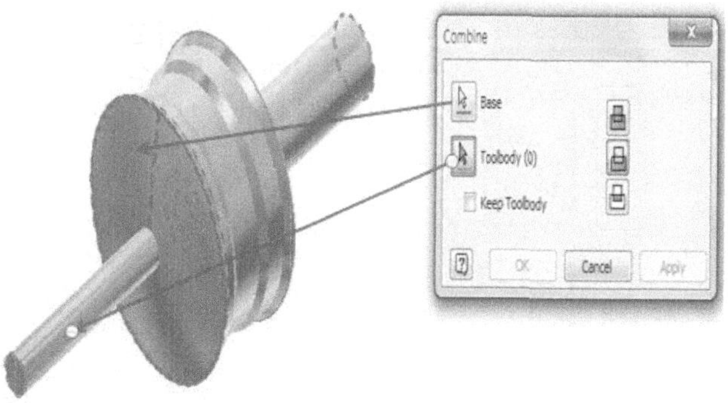

⑫ 결합 실행하고 차집합을 선택, 다음과 같이 선택한다.

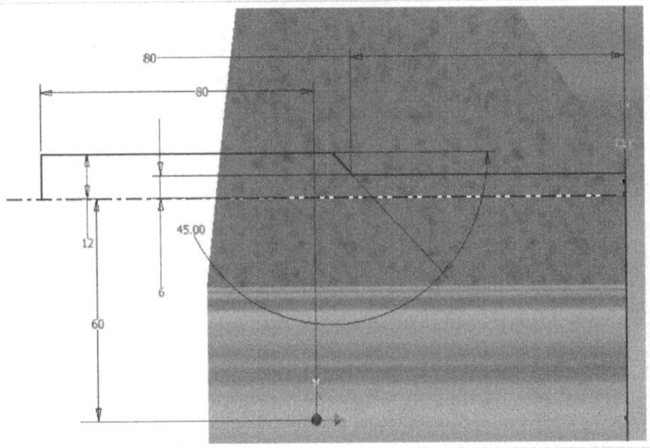

⑬ YZ 평면을 선택하고 [새 스케치]를 선택하여 다음과 같이 스케치를 한다.

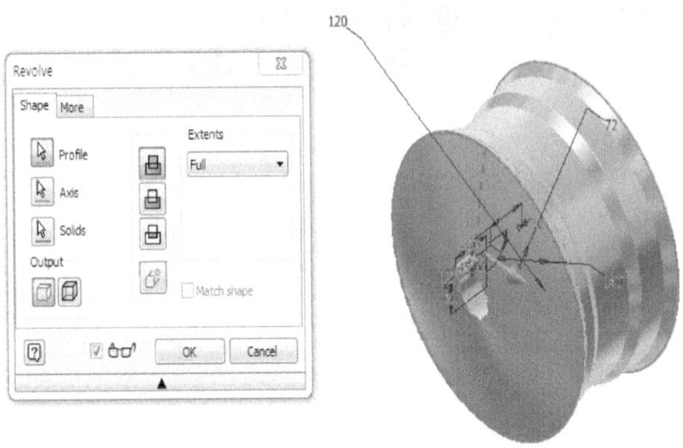

⑭ 회전을 실행하고 New Solid를 선택, 360도 회전을 한다,

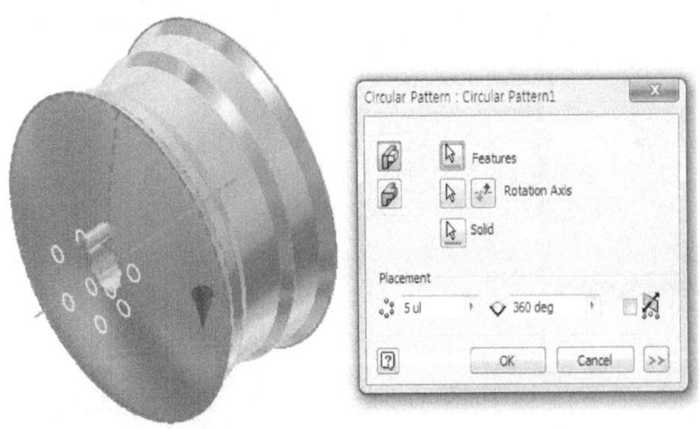

⑮ 원형 패턴을 실행하고 회전축 : 원기둥 선택, 패턴 수 : 5, 회전객체2를 패턴 복사 한다.

⑯ 결합 실행하고 차집합을 선택, 다음과 같이 선택한다.

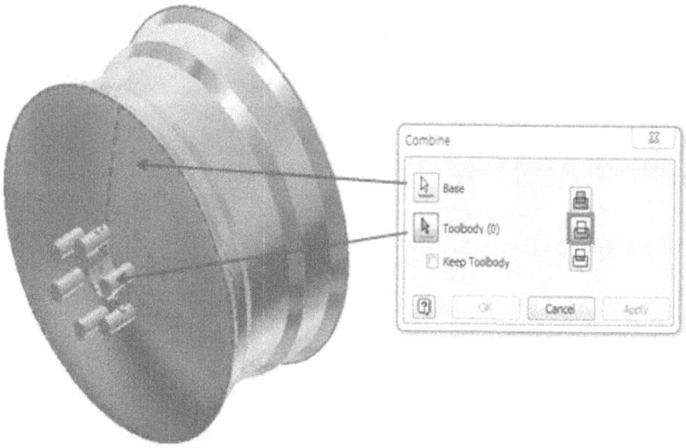

⑰ 평면에서 간격띄우기를 실행하고 회전객체의 앞면을 기준으로 50 mm 앞쪽에 평면을 생성한다.

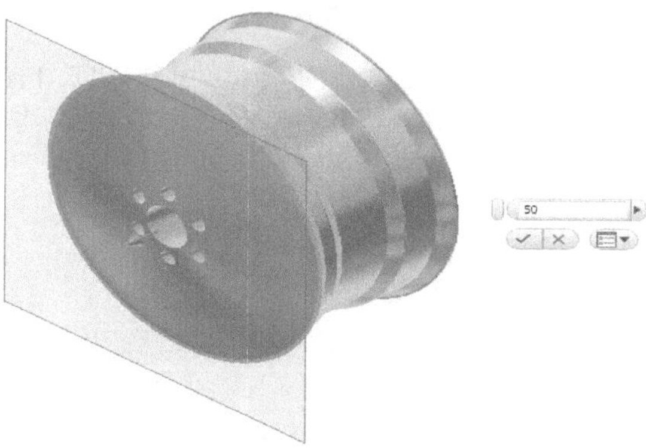

⑱ 회전 객체의 앞면을 선택하고 [새 스케치]를 선택하여 다음과 같이 스케치를 한다.

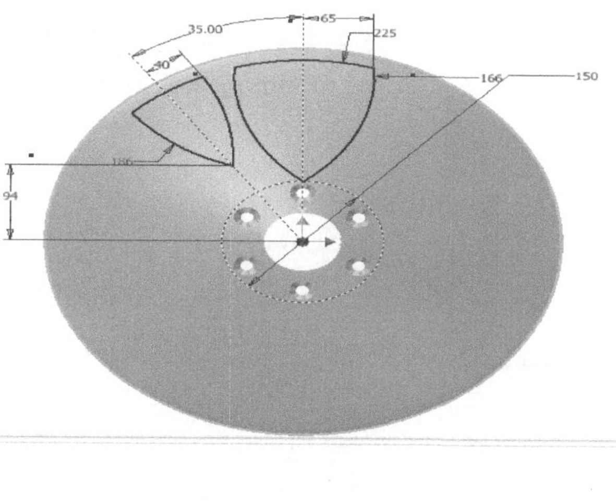

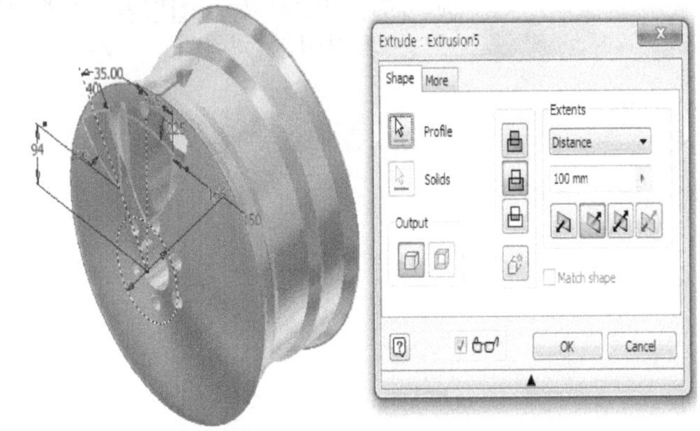

⑲ 돌출을 실행하고 차집합을 선택, 100mm 돌출 컷을 한다.

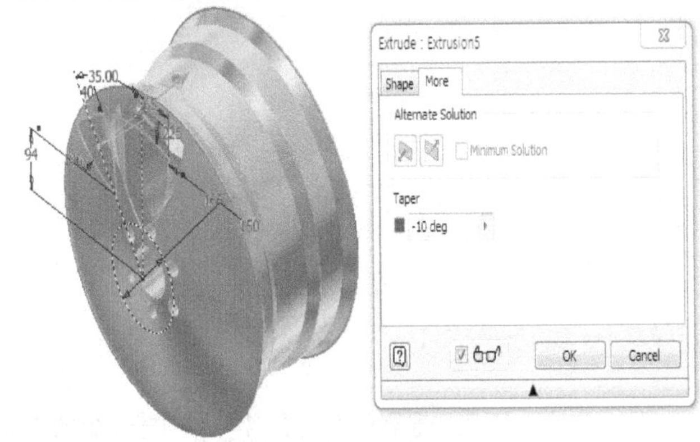

⑳ [More]탭을 선택하고 테이퍼 : -10도를 지정한다.

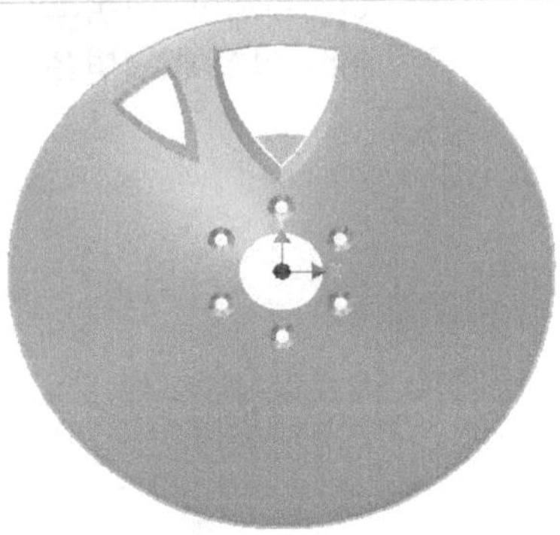

㉑ 돌출 컷을 한 면을 선택, Project Geomtry를 선택하여 다음 부분을 투영한다.

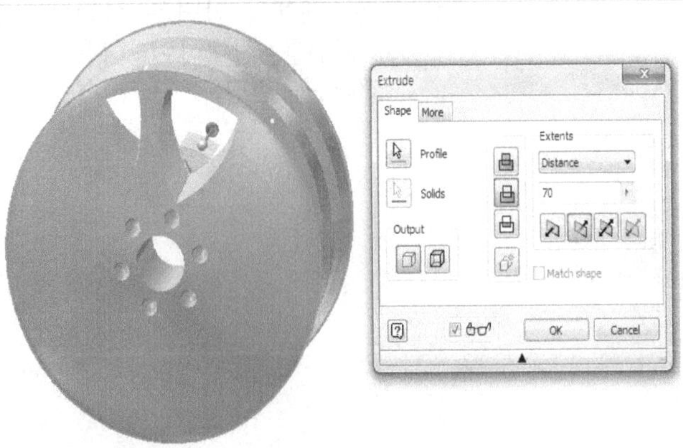

㉒ 돌출을 실행하고 차집합을 선택, 70 mm 돌출 컷을 한다.

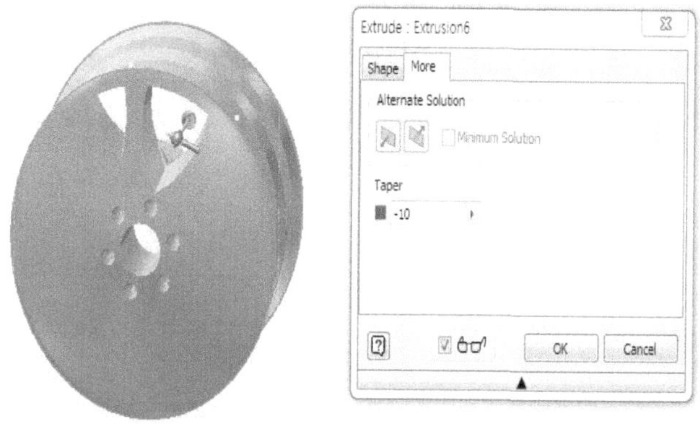

㉓ [More]탭을 선택하고 테이퍼 : -10도를 지정한다.

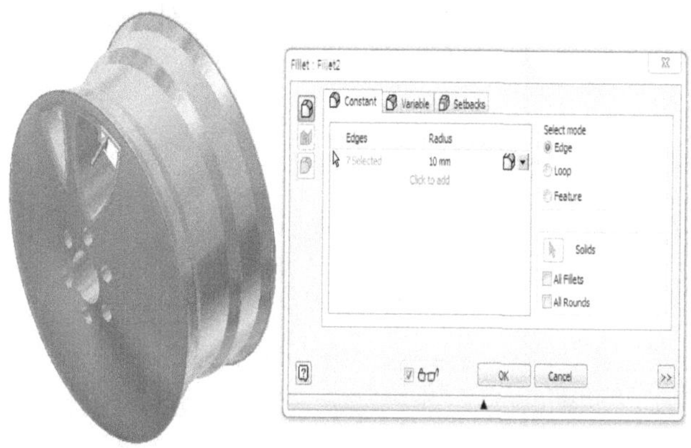

㉔ 필렛을 실행하고 반경 : 10 mm를 지정하여 필렛을 한다.

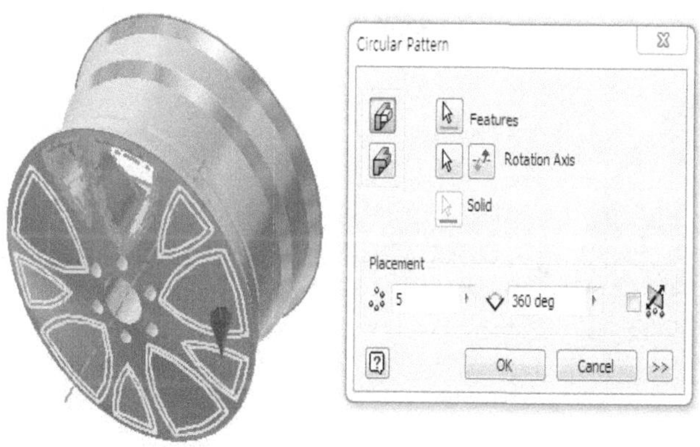

㉕ 원형 패턴을 실행하고 패턴 수 : 5, 회전축 : 원기둥을 선택, 돌출 객체5를 패턴복사 한다.

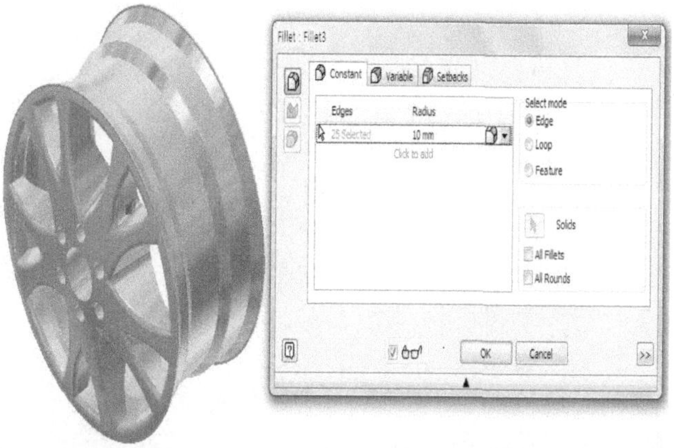

㉖ 필렛을 실행하고 반경 : 10 mm를 지정하여 필렛을 한다.

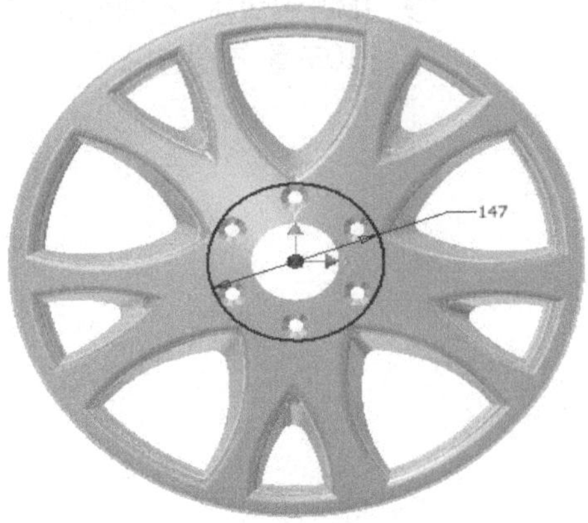

㉗ 평면3을 선택하고 [새 스케치]를 선택하여 다음과 같이 스케치를 한다.

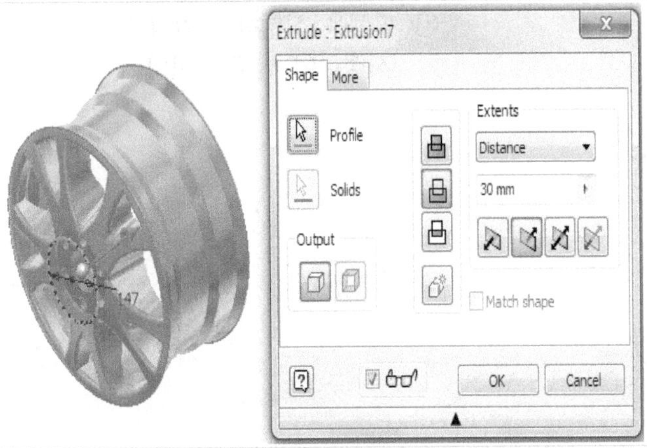

㉘ 돌출을 실행하고 차집합을 선택, 30 mm 돌출 컷을 한다.

★ **완성 결과**

3-18 면 이동

면을 이동한다. 거리만큼 더해지는 의미를 가지고 있다.

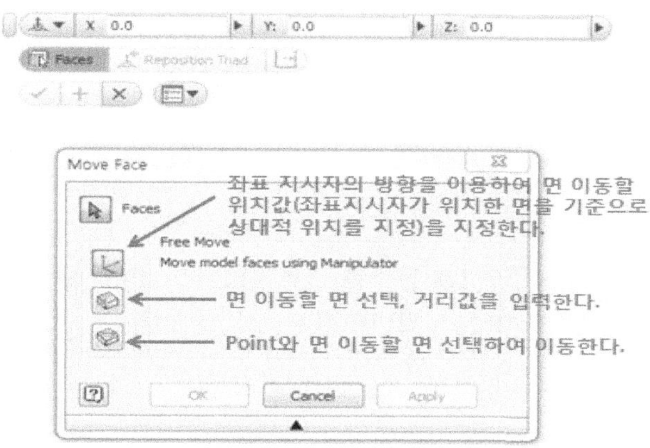

★ <u>모드</u>

-  : Normal to Sketch Plane - 스케치 평면에 수직으로 보강대를 생성한다.
-  : Parallel to Sketch Plane - 스케체 평면에 평행하게 보강대를 생성한다.

★ **Profile : 프로파일을 선택한다.**

★ **Thickness : 두께를 지정한다.**

[예제1] 면 이동(Move Face)

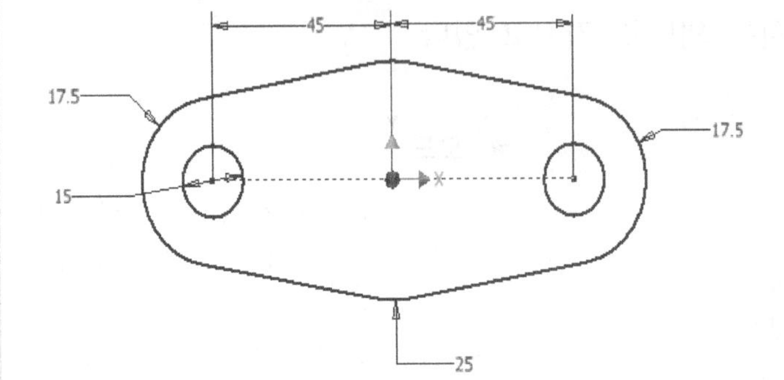

① XY 평면을 선택하고 [2D 스케치 작성]을 선택하여 다음과 같이 스케치를 한다.

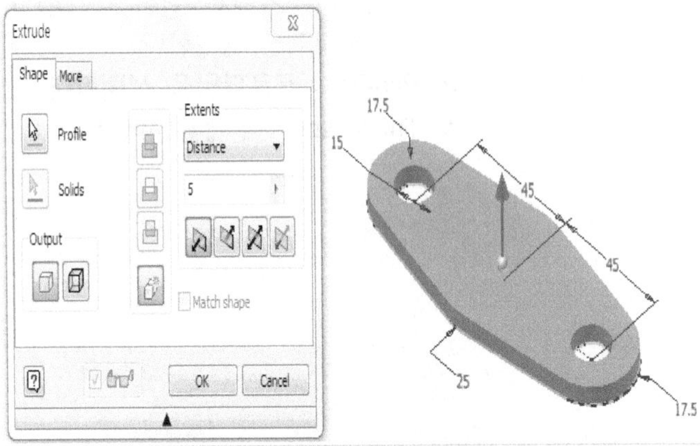

② 돌출을 실행하고 5 mm 돌출을 한다.

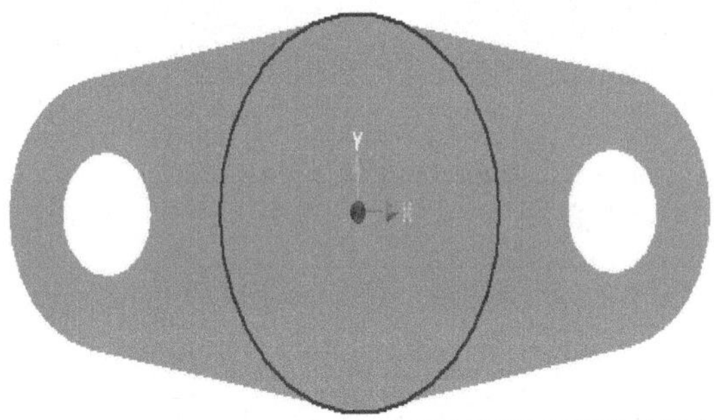

③ 돌출1 객체의 윗면을 선택하고 [새 스케치]를 선택하여 다음과 같이 스케치를 한다.

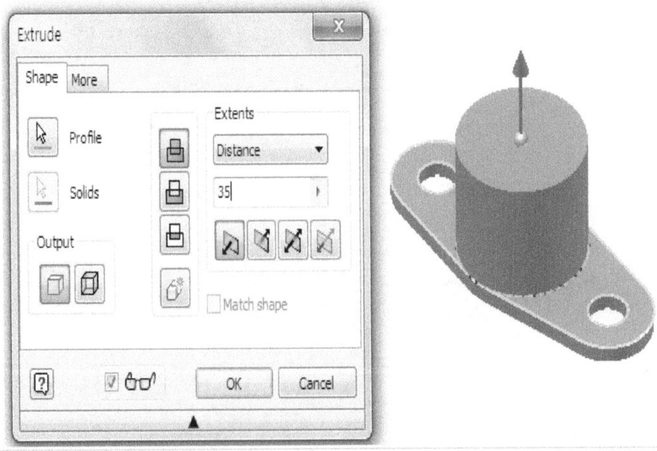

④ 돌출을 실행하고 35 mm 돌출을 한다.

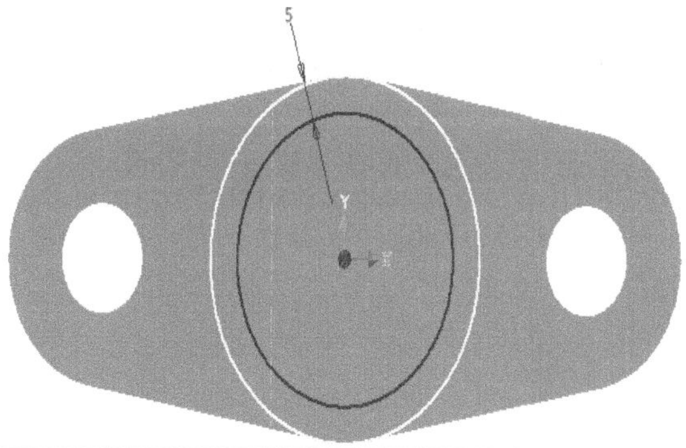

⑤ 돌출2 객체의 윗면을 선택하고 [새 스케치]를 선택하여 다음과 같이 스케치를 한다.

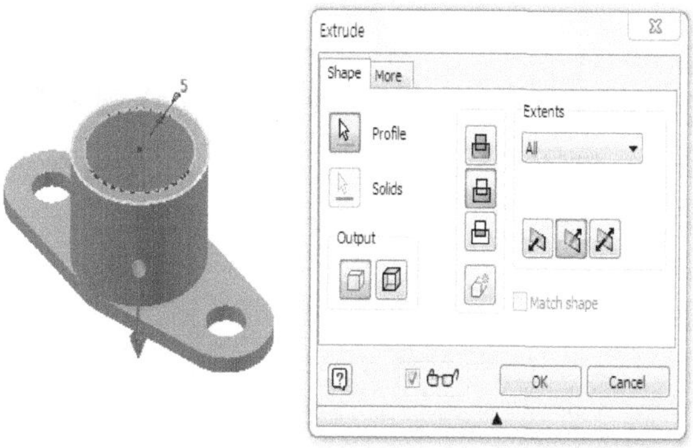

⑥ 돌출을 실행하고 차집합을 지정, 관통을 한다.

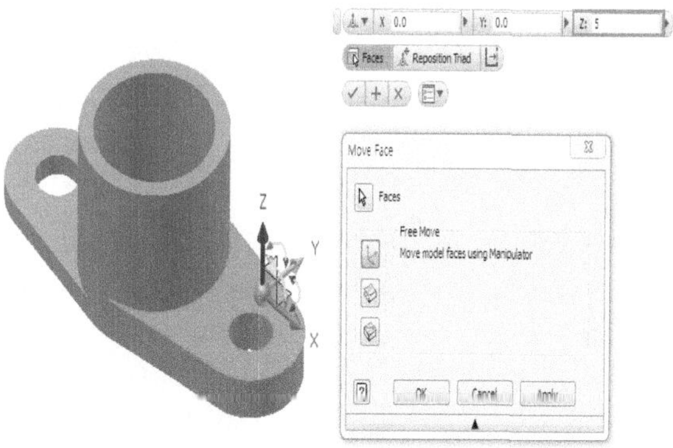

⑦ 면 이동을 실행하고 Z : 5 을 지정하여 면을 이동 한다.

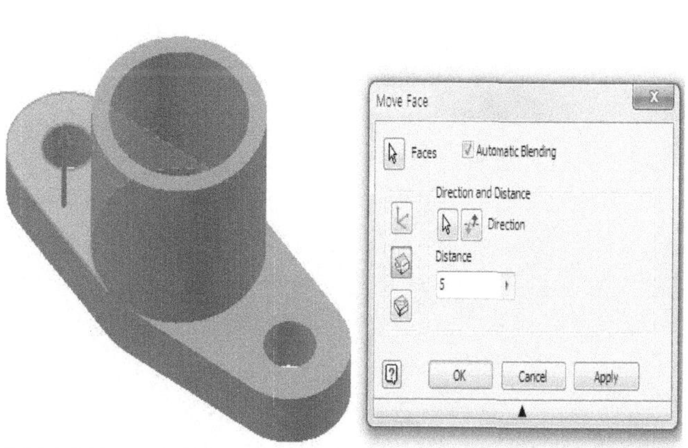

⑧ 면 이동(Move Face)을 실행하고 거리 : 5 mm을 지정하여 면을 이동 한다.

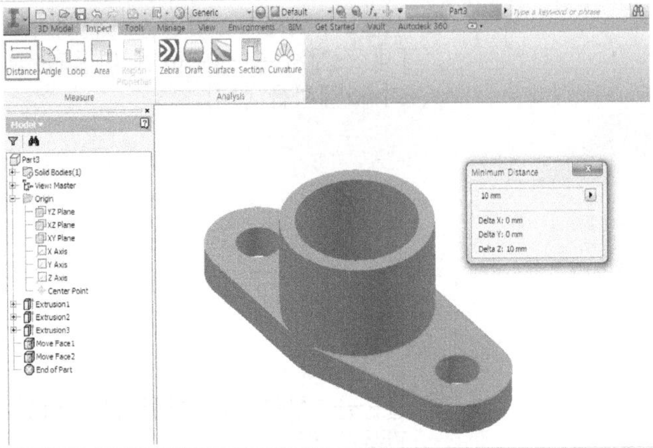

⑨ [Inspect]탭에서 거리 측정 기구를 사용하여 다음과 같이 거리를 측정해 본다.
돌출1 객체의 밑면과 면 이동한 윗면을 선택하여 거리를 측정해 본다.

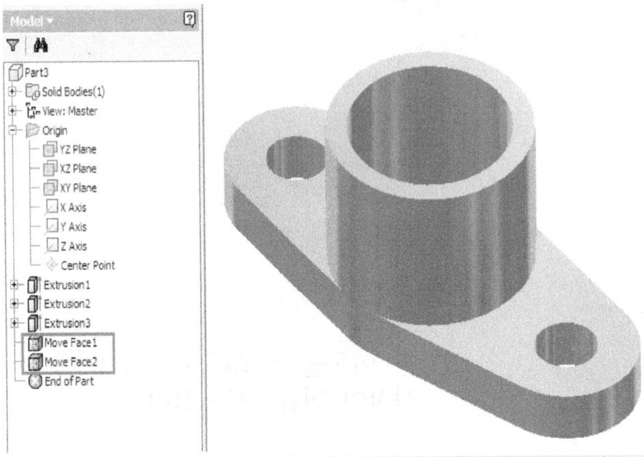

★ 면 이동(Move Face) 예제 완성

⑩ 면 이동 예제1로 저장한다.

3-19 Copy Object

Solid 객체 또는 면을 복사하는 기능이다.
부품 파일에서 형상을 복구 환경의 복합, 기준 곡면 또는 복구 본체로 복사하거나 이동한다. 조립품에서 곡면 또는 솔리드 형상을 한 부품에서 다른 부품으로 연관적으로 또는 비연관적으로 복사한다.

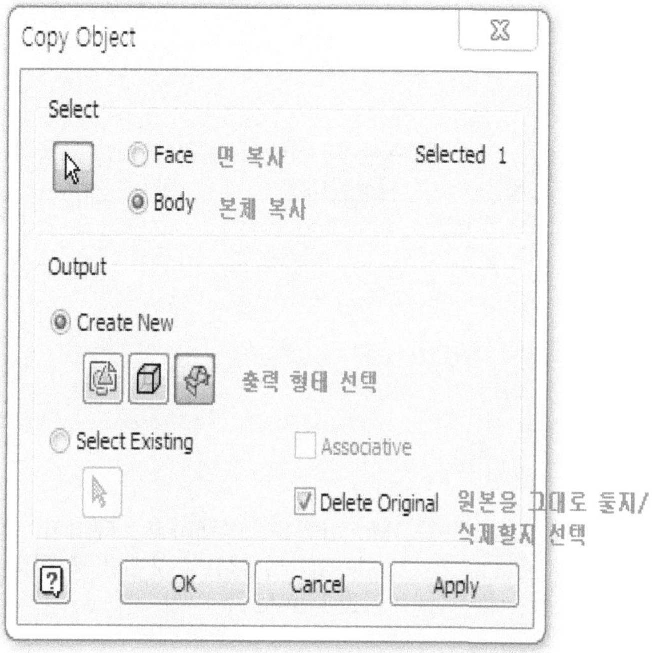

★ **Select**

- Face : 복사할 면만 선택
- Body : 복사할 본체를 선택

★ **Output**

- Create New : 새롭게 생성
- (Repaired Geometric) : 복구 본체로 복사한다.
- (Surface) : Surface로 출력된다.
- (Composite) : 복합체로 출력된다.

★ **Delete Original : 원본 객체를 그대로 둘지/삭제할지 선택한다.**

[예제1] Copy Object(객체 복사)

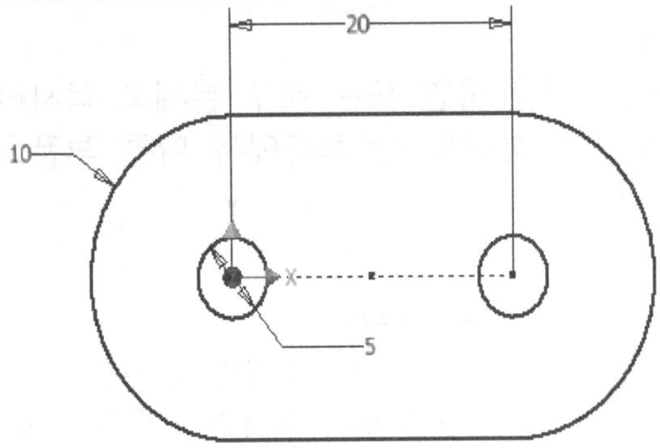

① [치 작성]을 선택하여 다음과 같이 스케치를 한다.

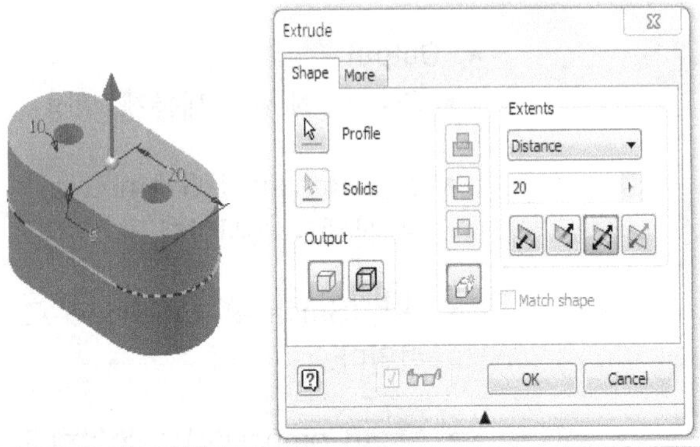

② 돌출을 실행하고 20 mm, 대칭을 지정한다.

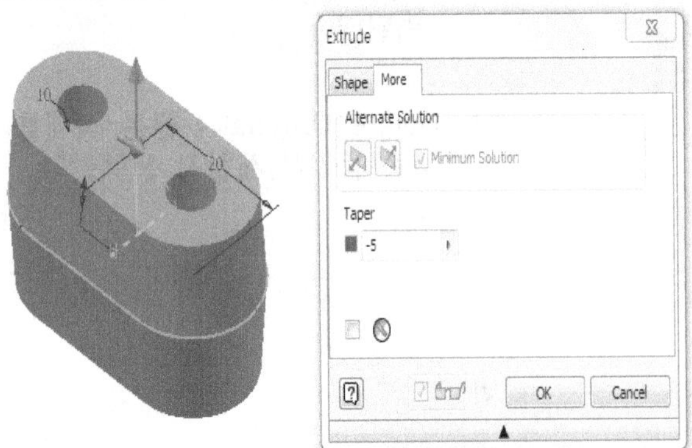

③ [More]탭을 선택하고 테이퍼 : -5deg를 지정하여 구배를 지정하여 돌출을 한다.

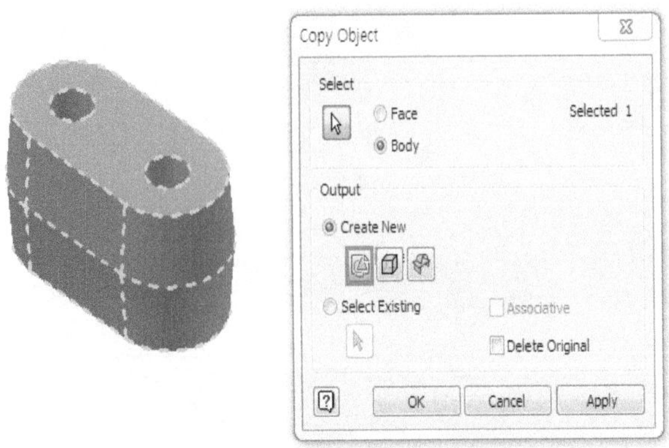

④ 객체 복사를 실행하고 Body를 선택, 출력에서 Repaired Geometric으로 생성한다.

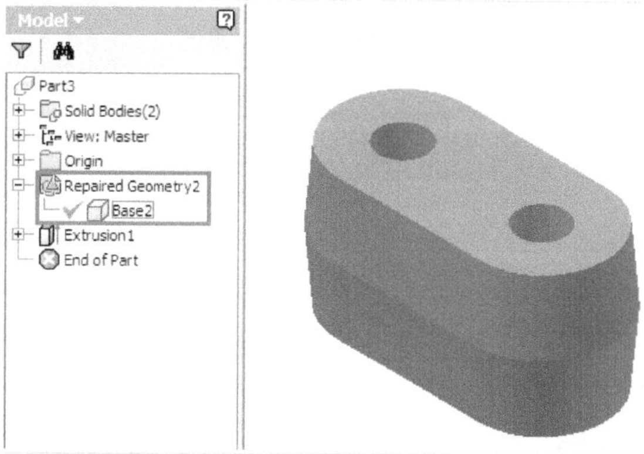

★ **Copy Object 예제 완성**

⑤ 객체 복사 예제로 저장한다.

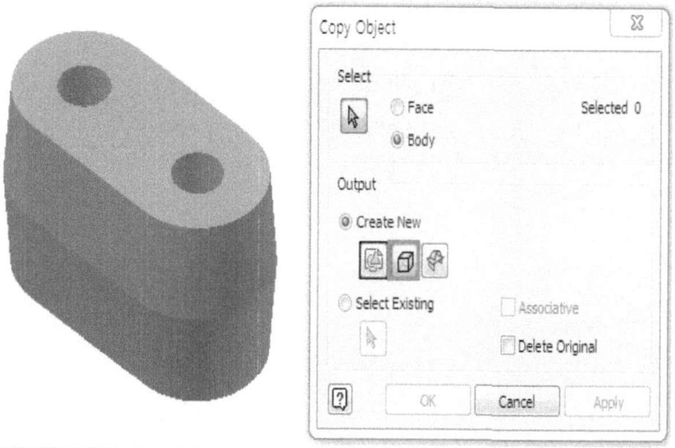

⑥ 객체 복사를 실행하고 Body를 선택, 출력에서 곡면으로 생성한다.

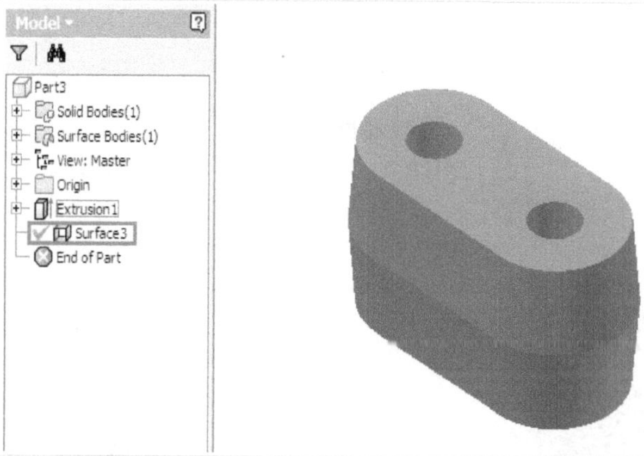

★ **Copy Object 생성**

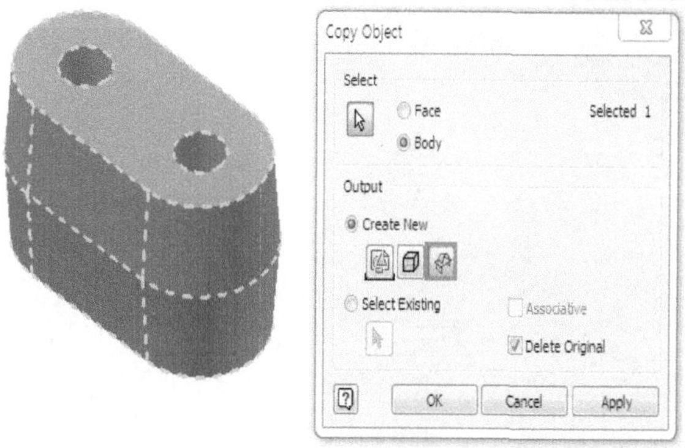

⑦ 객체 복사를 실행하고 Body를 선택, 출력에서 Composite으로 생성한다.

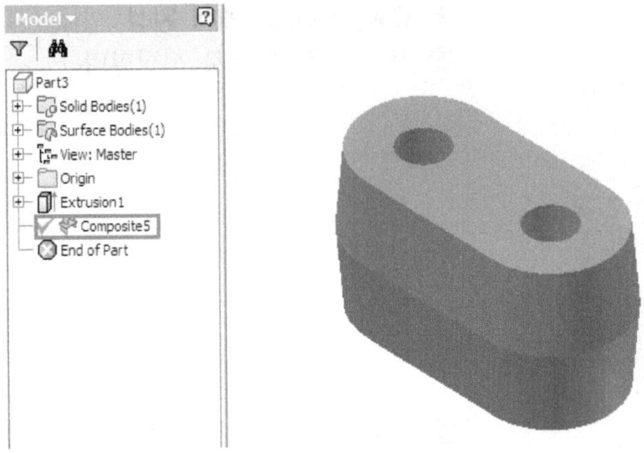

★ **Copy Object 생성**

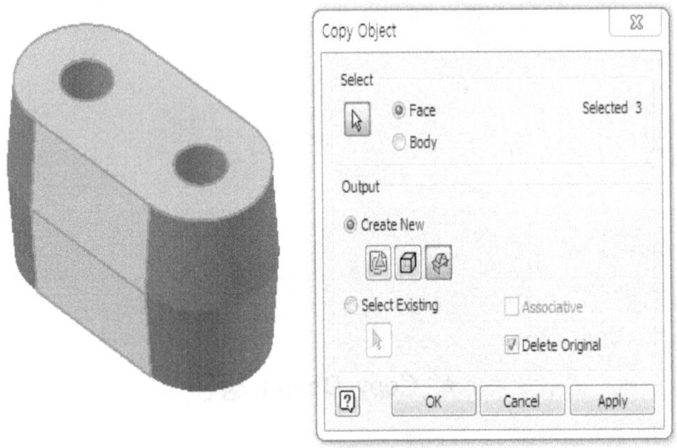

⑧ 객체 복사를 실행하고 면을 선택, 출력에서 Composite으로 생성한다.

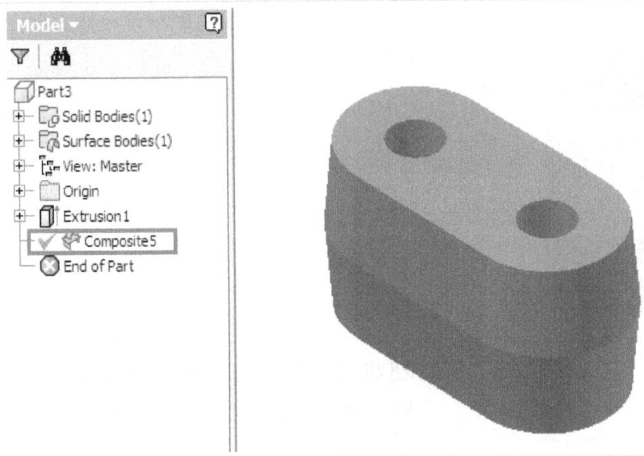

★ **객체복사 생성**

선택한 면만 Surface로 복사한다.

3-20 Move Bodies

Solid 객체를 X축, Y축, Z축으로 이동시키는 기능이다.

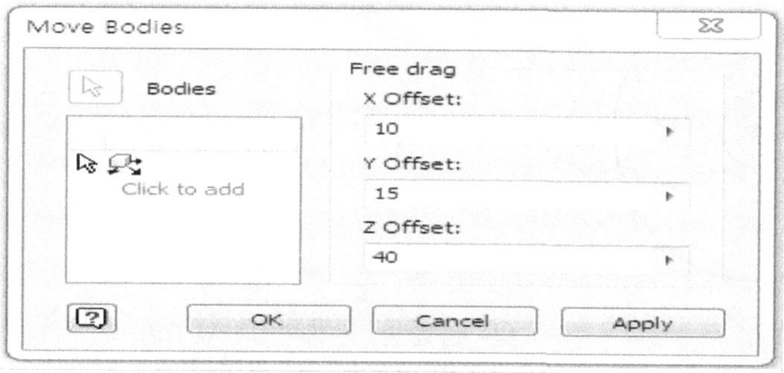

★ Solid 본체를 X, Y, Z 축으로 오프셋 값을 주어 이동시키거나 자유롭게 드래그 하여 이동할 수 있다.

[예제1] Move Bodies(본체 이동)

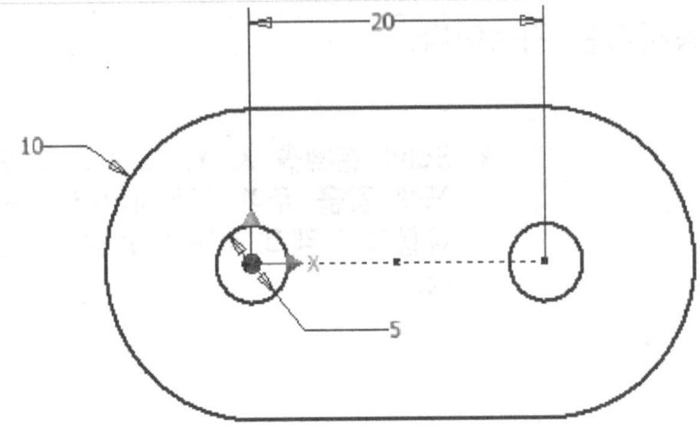

① XY 평면을 선택하고 [2D 스케치 작성]을 선택하여 다음과 같이 스케치를 한다.

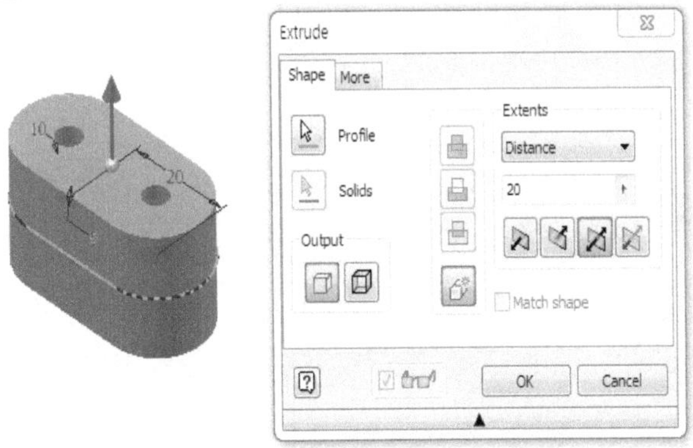

② 돌출을 실행하고 20 mm, Symmetry를 지정한다.

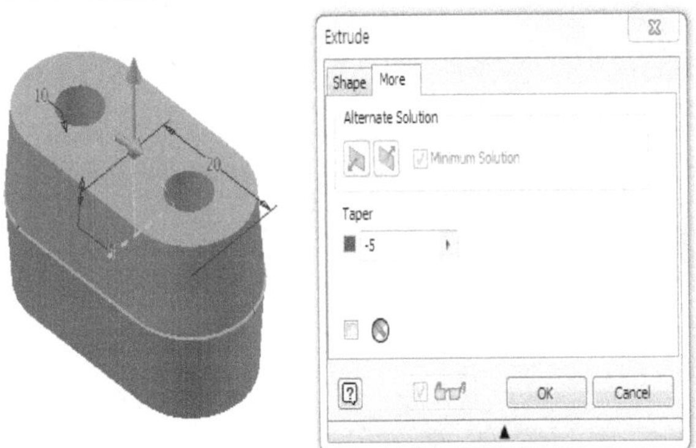

③ [More]탭을 선택하고 Taper : -5deg를 지정하여 구배를 지정하여 돌출을 한다.

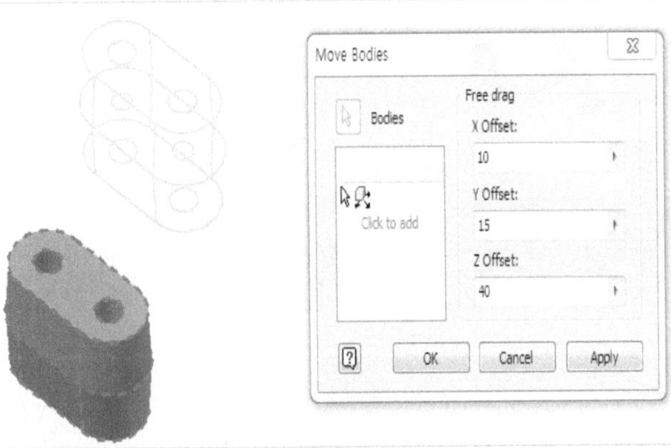

④ Move Bodies(본체 이동)를 실행하고 다음과 같이 오프셋 값을 지정하여 이동한다.

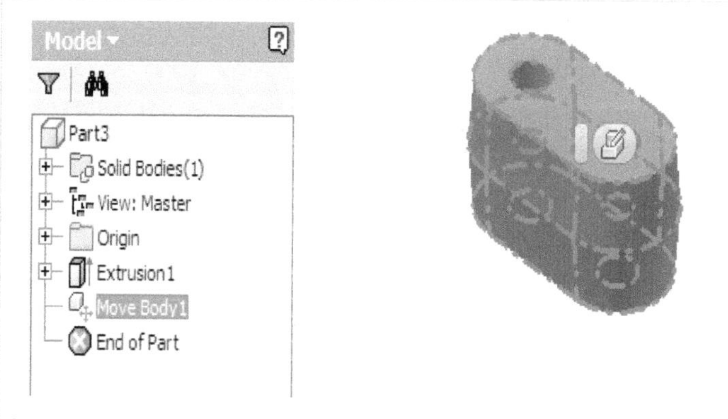

★ Move Bodies 예제 완성

⑤ 본체 이동 예제로 저장한다.

Inventor를 활용한
3D 모델링 Basic

2022년 9월 26일 인쇄 발행

역　　자 박홍주
발 행 인 송기수
발 행 처 도서출판 GS인터비전
편 집 처 도서출판 GS인터비전
인　　쇄 트윈벨미디어
등록번호 제 25100-2016-000050 호
I S B N 979-11-5576-293-6(93550)

주　　소 서울 은평구 증산로15길 69, 2층
전　　화 02-976-7898
팩　　스 02-6468-7898
홈페이지 gsintervision.co.kr
E-Mail gsinter7@gmail.com

정가 24,000원